조선시대 한문학 연구

조선시대 한문학 연구

초판1쇄 인쇄 2018년 7월 25일
초판1쇄 발행 2018년 7월 31일

지은이 | 김남형
펴낸이 | 신일희
펴낸곳 | 계명대학교출판부
42601 대구광역시 달서구 달구벌대로 1095
전화 053-580-6233 팩스 053-580-6235
등 록 | 1970. 9. 1.(신고번호 제347-1998-1호)

ISBN 978-89-7585-879-6 93810
값 16,000원

이 도서의 국립중앙도서관 출판예정도서목록(CIP)은 서지정보유통지원시스템 홈페이지(http://seoji.nl.go.kr)와 국가자료공동목록시스템(http://www.nl.go.kr/kolisnet)에서 이용하실 수 있습니다.(CIP제어번호: CIP2018023318)

조선시대
한문학 연구

김 남 형

계명대학교 출판부

책머리에

이 책은 필자가 지난 30여 년간 발표한 한문학 및 고문헌 관련 논문 가운데 13편을 뽑아 모은 논문집이다. 그럴싸한 설계도를 장만하고서도 건축 환경에 따라 이리저리 설계도를 바꾸거나, 설계도에 없는 건물들을 어지럽게 지어가는 한심한 건축가처럼 필자의 학문 설계도는 애초에 정밀성이 부족하였고, 현실의 난관을 돌파해 나갈만한 의지와 재능 또한 턱없이 모자랐다. 따라서 완정된 이론체계를 갖춘 저술은 시도하지도 못한 채 정년을 맞게 되었다. 돌아보면 참으로 허망하게 세월을 보낸 것이다.

이 책에 수록된 성호(星湖) 이익(李瀷)의 문학과 관련된 일련의 논문들은 성호의 문학세계를 온전히 조명하겠다는 의도하에 집필된 논문들이고, 고문헌 자료 관련 논고들은 필자가 지속적으로 관심을 가지고 발굴한 문헌자료를 소개한 것이다. 책의 제목을 《조선시대의 한문학 연구》라고 하였으나 조선 시대 한문학의 성격을 일괄적으로 정리하는 것은 거의 불가능한 일이다. 시기마다 주된 문학 담당층의 이념적 기반이 다르고, 같은 시기에 활동한 문인들도 이념적 배경, 사회적 처지 등으로 인한 문학적 지향의 차이로 말미암아 다양한 특성을 지닌 문학작품을 창작하였기 때문이다.

필자는 조선시대의 한문학 가운데 조선후기 경세치용학파에 속하는 대표적인 실학자 성호 이익의 문학세계에 주목하였다. 《성호선생전집》, 《성호사설》 등에 수록된 질 · 양 면에서 주목할 만한 문학 비평, 한시, 전 등을 검토하고 성호의 문학이 지니고 있는 실학적 성격 및 그 미적 특성을 천명하고자 하였다. 〈성호의 비평 의식〉, 〈성호 이익의 기몽시에 대하여〉, 〈성호의 '임장군전'에 대하여〉, 〈성호 문학의 실학적 성격〉 등 성호의 문학에 대한 일련의 논고는 바로 이러한 문제의식의 결실이다.

성호의 실학사상과 문예의식은 주로 가문의 학문적 전통을 계승한 것이다. 그러나 선배 학자 가운데 성호의 두 형과 막역한 친구이기도하였던 식산(息山) 이만부(李萬敷)의 사상 및 문예의식과도 일정한 관련이 있는 것으로 확인된다. 〈식산 이만부의 기행시에 대하여〉, 〈《지행록(地行錄)》에 나타난 식산 이만부의 작가의식〉 등은 식산의 문학세계가 지닌 실학파적 성격을 점검하여 성호의 문예의식과의 연계성을 찾으려는 의도에서 집필된 것이다.

고문헌의 저자와 체제, 내용 등을 밝힌 5편의 논문은 필자가 발굴하여 처음 학계에 보고한 것이다. 〈《정언묘선(精言妙選)》의 문헌적 검토〉는 율곡 이이의 비평적 시선집인 《정언묘선》의 체제, 저술배경, 내용 등을 밝힌 것이고, 〈태촌(泰村) 고상안(高尚顏)의 《효빈잡기(效矉雜記)》에 대하여〉는 조선중기의 문인 고상안의 저술로 《태촌집》에 수록되어 있는 《효빈잡기》의 내용을 분석하고 그 문학사적 의의를 천명한 논고이다. 〈백운(白雲) 권상원(權尙遠)의 생애와 시〉는 조선중기의 시인 권상원의 시집인 필사본 《운소유고(雲巢遺稿)》에 수록된 〈백운자전〉과 한시작품을 분석한 논고이다. 이 논문에서는 봉건적 신분질서의 벽이 강고하였던 조선중기 서얼출신 천재시인의 사회적 처지와 생존 방식, 그리고 작품이 지닌 미적 특성 등을 밝히고자 하였다. 〈정언유(鄭彦儒)의 탐라별곡에 대하여〉는 계명대학교 도서관 소장 필사본 《우헌집(迂軒集)》에 수록된 정언유의 기행가사 〈탐라별곡〉의 내용을 소개하고 작가의식을 검토한 것이다. 〈신경준(申景濬)의 《문장준칙장자선(文章準則莊子選)》연구〉에서는 여암 신경준이 문학적 시각으로 《장자》를 평석한 필사본 《문장준칙장자선》의 저자, 체제, 주석의 특징 등을 개관하였다.

이 책에 실린 논고들은 조선후기라는 역사적 혼란기에 재야의 학자로 일생을 보내며 위대한 학문적 업적을 남긴 실학자의 문학세계, 신분적 한계 때문에 불우한 삶을 살았던 조선중기 무명 시인의 삶과 문학, 문학사적으로 매우 귀중한 연구자료들이 수록되어 있음에도 학계의 주목을 받지 못하였던 문헌 등에 대한 학문적 관심의 결과이다. 우리 학계의 학문 동향을 살펴보면 조선후기 실학파의 문학연구는 1970년대 이후 지속적으로 이루어져 왔으나 이용후생 학파에 속하는 문인들의 문학세계 연구에 편중되어 있으며, 미발굴 문헌 자료를 찾아 그 가치를 천명하는 작업은 지지부진한 실정이다. 필자의 작업들이 이 분야에 관심이 있는 동학들의 연구를 촉발하는 계기가 될 수 있기를 기대하는 마음 간절하다.

정년을 맞아 그동안 나를 지도해주신 은사님들의 학은에 깊이 감사드린다. 대학 1 · 2학년 때 지도해주셨던 임형택(林熒澤) 선생님은 한국한문학 전공자가 공부해야 할 과제와 범위에 대한 문제의식을 심어 주셨다. 그리고 이원주(李源周) 선생님은 경상도 북부지역의 양반문화와 교직자가 지켜야 할 규범을 몸소 보여주셨다. 가장 많은 학은은 석 · 박사과정 지도교수이셨던 이동환(李東歡) 선생님에게서 입었다. 선생님은 기본자료해석에서부터 논문작성에 이르기까지 구체적인 사항을 지도해주셨고, 지금도 한문학 전공자가 갖추어야 할 소양과 국학자가 가야 할 길을 실천을 통해 제시해 주신다. 지금 필자의 모습을 돌아보니 고인이 되신 이원주 선생님과 생존해 계신 두 분 선생님께 부끄럽고 송구하기 그지없다.

끝으로 이 책이 나오기까지 여러모로 조언을 아끼지 않은 외우 이종문 교수와 논문을 입력하고, 편집하는 일에 애쓴 전병율 군의 노고에 감사한다.

2018년 5월

저자 씀

목 차

Ⅰ.

星湖 李瀷의 記夢詩에 대하여

Ⅰ. 星湖 李瀷의 記夢詩에 대하여

Ⅰ

星湖 李瀷(1681~1763)은 詩 · 賦 · 海東樂府 · 傳 등 質量面에서 주목할 만한 文學作品을 남기고 있는데 이들은 '經世致用'으로 집약되는 그의 實學思想의 이면에 內在한 폭넓은 情緖의 산물이라 할 수 있다.

본고에서 논의하고자 하는 「記夢詩」는 星湖의 仲兄인 李潛(1640~1706)의 杖殺 사건을 위시한 당대의 역사적 상황, 개인적 처지와 관련된 꿈의 내용 및 꿈속에서 얻은 詩句를 바탕으로 창작한 것으로 1,100餘 首에 달하는 星湖의 詩 가운데 극히 일부에 속하는 3題 12首에 불과하다. 그러나 '잠재의식의 반영'이란 꿈의 일반적 속성을 감안하면 星湖의 記夢詩에는 그의 現實的 삶과 긴밀한 관련이 있는 內面意識의 중요한 한 단면이 投影되어 있으리라 예상할 수 있다.

더구나 星湖 자신도 꿈은 평소 경험이나 思考의 소산이란 점을 비교적 정확하게 인식하고 있었으므로[1] 그의 記夢詩에 대한 이러한 시각에서의 접근은 방법론상 큰 무리가 없을 것으로 생각된다.

본고는 이와 같은 점에 착안하여 꿈과 관련된 그의 詩를 면밀히 검토해 봄으로써 星湖詩에 대한 이왕의 인식을 심화 · 확충시키려는 의도에서 쓰여진 것이다.

Ⅱ

星湖의 일생에서 가장 충격적이었던 사건은 肅宗 32年(1706) 9月에 있었던 仲兄 李潛의 遭禍였던 것으로 생각된다. 京居幼學이었던 李潛이 王世子(뒤의 景宗)를 謀害하려는 金春澤 · 李頤命 등을 제거하여 王世子를 보호해야 한다는 내용의 상소문을 올렸다가 역적으로 몰려 杖殺[2]당한 것이 그것이다. 사실 李潛이 杖殺당한 것은 疏狀의 내용 그 자체의 부당성 때문이라기보다 老論과 少論 間의 권력다

1 『星湖僿說』, 卷12, 人事門, 「夢感」(景仁文化社, 1970) 이 글에서 星湖는 꿈을 꾸게되는 것은 꿈을 꾸는 주체의 精神이 思慮에 감촉되기 때문이라 하였고, 이들을 감촉하게 하는 要因으로는 잠잘 때 가해지는 外部的 자극과, 평소의 생각과 같은 精神的 자극을 들고 있다.(凡夢中感應問答 非被能入夢與語 即我精神 感觸思慮 惹起作如是反復也 今有人和睡 聽考擊聲如鼓鼙 夢中便惹起被堅執銃擺陣麾旗 無限軍功事……其他晝之所思 或物之所值 莫不如此)

2 李潛의 遭禍件의 概略은『剡溪先生遺稿』(精神文化研究院藏 筆寫本),『承政院日記』(제432册, 肅宗 32年 9月 17~25日條)에 그의 상소문과 함께 실려 있음.

튬에 기인한 미묘한 力學關係 때문[3]이었다.

일찍 부친을 여의고 21세 위의 兄 潛에게 受學한 星湖의 입장에서 볼 때 黨派間의 화해를 위한 제물로 희생된 兄의 죽음은 엄청난 충격이었을 것이다. 星湖가 27세 되던 해 봄(1707)에 지은 「記夢十首」[4]는 바로 仲兄의 죽음 직후 이 사건과 관련된 星湖의 內面世界를 深度있게 보여주는 작품으로 생각되며 우리는 이러한 사실을 다음 글을 통해서 단적으로 확인할 수 있다.

> 丁亥年(1707) 이른 봄, 나는 꿈에 西山公(李潛의 號)을 만났는데 絶句 一首로 나에게 佳否를 물었다. 먼저 首二句를 말하고 한참 있다가 下二句를 말했다. 나는 미처 대답하지 못한 채 잠에서 깨어났으며, 仲兄이 들려준 시 가운데 단지 結句十字만 기억할 수 있었는데 족히 듣는 사람으로 하여금 눈물을 흘리게 할만하였다. 나는 단지 이 二句만 전할 수가 없어 그 十字를 두루 押韻하여 다음과 같은 絶句를 지었다.[5]

❶ 若有人在阿	언덕 위의 저 사람
被服何炳烺	빛나는 옷 입었네
山河豈不美	山河가 어찌 아름답지 않으며
天地豈不廣	天地가 어찌 넓지 않으랴

3 李建昌, 『李建昌全集』「黨議通略」(亞細亞文化社, 1978) 1230쪽 ; ……時錫鼎主獄 務以慰老論心 而老論謂溥疏始出於少論 故憾之益深 溥潛皆杖死

4 『星湖先生全集』, 卷1, 景仁文化社, 1974.

5 同上 : 歲丁亥孟春 余夢見西山 公以一絶試余佳否 先言首二句 良久乃言下二句 余未及對而悸寤 只記結句十字 足令聽者淚下也 余以二句 不可以傳 遂徧押其十字 爲絶句云爾

❷	春至朝陽煐	봄이 오니 아침 볕 따스하더니
	風來夕波興	바람 불어 저녁엔 물결 이누나
	倏然步西山	문득 서산을 거니노라니
	松柏被丘陵	松柏이 언덕을 뒤덮었네
❸	鳥啼音悽惋	새 울음소리 처량도 한데
	樓空影婆娑	빈 누대엔 그림자만 너울너울
	春陰易欺日	봄 구름 해 가리기 쉬우나
	林雨濕靑莎	숲에 내리는 비 靑莎를 적시네
❹	獨鳥橫遠渚	외로운 새 멀리 물가를 날으는데
	歸鴻拂蒼昊	돌아가는 기러기 푸른 하늘 치고 가네
	延佇吾將返	우두커니 내 장차 돌아가려다
	爲君結幽草	그대 위해 깊숙이 우거진 풀 묶노라
❺	寒日下西陸	차가운 해 서쪽으로 기울어
	餘輝映脩竹	남은 빛 긴 대를 비추네
	種梅不成實	매화 심어 열매 맺지 못했으나
	種蘭時茂綠	심은 蘭 이제 무성히 푸르네
❻	堂中有古琴	집 안에 옛 거문고 있건만
	絃絕復誰援	줄은 끊어져 뉘 다시 잡으련가
	時有松風入	때때로 솔바람 불어 들어
	冷冷託遊魂	차갑게 遊魂만 의탁하네
❼	衆羽苦啾喧	뭇새들 시끄러이 재잘대니
	祥鳳爲之惱	봉황은 그 소리에 번민했었네
	願言乘高風	원컨대 높은 바람을 타고
	一擧崑崗到	단번에 崑崗에 닿았더라면

⑧ 水流何悤悤　　물은 어찌 저리 빨리 흐르나
幽咽響出谷　　흐르는 물소리 골짜기를 울리네
世故固不定　　세상일 진실로 허망하나니
欲辨已忘却　　말하려도 이미 잊어 버렸네

⑨ 靜夜天四垂　　고요한 밤 사방은 하늘인데
衆宿光相搖　　여러 별 반짝 반짝 서로 빛나네
夢覺何怳惚　　꿈 깨니 정신은 황홀도 한데
葉聲來蕭蕭　　나뭇잎 소리만 쓸쓸히 들리네

⑩ 言之旣云慽　　말하는 사람도 슬프다 했지만
聽之中如銷　　듣는 사람 마음은 녹는 듯 했네
明發一掬淚　　밤새워 흘린 한 움큼 눈물은
灑向叢桂條　　한 떨기 계수가지에 뿌리리

위의 記夢詩의 서두에 쓰여진 小序를 통해 알 수 있는 것처럼 「記夢十首」는 星湖가 꿈속에서 지은 것은 아니지만 잠에서 깨어난 후 꿈속에서의 狀況을 바탕으로 자신의 감회를 토로한 작품이므로 꿈의 내용과 깊은 관련을 가지고 있음은 물론이다. 꿈의 내용을 散文으로 기록하고 다시 꿈에서 얻은 十字를 十首의 詩에 押韻하는 까다로운 창작과정을 거쳐 작품화한 이유를 小序에서는 단순히 '下二句만으로는 傳할 수 없기 때문이다'라고 하였다. 여기서 '전할 수 없다'라는 말은 絕句詩의 首二句가 결여되었기 때문에 完全한 작품을 전할 수 없다는 의미로 해석할 수도 있으나 그것만이 전할 수 없는 이유의 전부가 될 수는 없으며, 星湖가 꾼 꿈의 내용 즉, 듣는 사람으로 하여금 눈물을 흘리게 하는 비통한 내용을 온전히 전할 수 없다는 의미가 내포되어 있는 것으로 생각된다. 또 星湖가 꿈속에서 詩를 짓거나 꿈속에서 얻은 詩句를 바탕으로 詩를 창작한 것은 그가 평소 詩作에 깊은 관심을 가졌기 때문이라 볼 수도 있지만 「記夢十首」처럼 꿈속에서 얻은 詩句와 꿈의 내용을 바탕으로 창작한 경우 꿈의 속성, 특히 그 顯現樣相이 상징성을 띠고 있다는 점이 詩로 표현하기에 가장 적합하기 때문이기도 하다.

小序에서 꿈에 죽은 형이 星湖에게 들려 주었다는 五言絕句의 下二句는 "廣陵에 莎草 푸르더니, 魂이 이르자 문득 시들어 버리네.[廣陵莎草綠 魂到却蕭條]"이다.[6] 잠에서 깬 후 잊었다는 首二句에는 위의 ⑩의 "言之旣云憾"으로 미루어 西山公이 자신의 억울한 죽음 때문에 悲嘆하는 내용이 포함되어 있었으리라 짐작된다. 그러나 西山公이 星湖에게 비장한 詩를 들려준 것은 꿈속에서의 일이기 때문에 사실은 星湖 자신의 意識 깊은 곳에 潛在해 있던 형의 죽음과 관련된 한 줄기 암울한 情緒의 반영일 따름이다.

위의 「記夢十首」는 일정한 核心的 主題를 반복해서 강조하거나 작품마다 각기 다른 주제를 전면에 부각시키고 있지는 않으며 거의 전편이 은유와 상징으로 얽혀 있어 각 작품에 內在된 의미를 구체적으로 선명하게 파악하기는 어렵다. 같은 사건을 素材로 한 「釋憫賦」와는 달리[7]

---

6 星湖가 小序에서 언급한 대로 「記夢十首」의 結句 韻字를 차례로 이은 것임.

7 『星湖先生全集』, 卷1, 賦 : 비교적 장편에 속하는 이 賦에서 星湖는 兄의 杖死로 인한 자신의 좌절감을 "廣陵에 莎草 푸르더니, 魂이 이르자 문득 시들어 버리네.(廣陵

좌절과 비애의 감정이 보다 절제된 채 內面化되어 있어 작품의 전체적 분위기는 비장하면서도 환상적이라 할 수 있다.

그러나 ①의 "被服何炳烺", ②의 "松柏被丘陵", ⑤의 "寒日下西陸", ⑦의 "祥鳳爲之惱" 등에서는 炳烺과 같은 형용사, 松柏 · 寒日 · 祥鳳 등 빼어난 忠節, 매서운 기상, 높은 인격 등을 상징하는 자연물들을 이용하여 李潛의 훌륭한 개인적 자질을 형상화하고 있음을 쉽게 알 수 있다. 그리고 ③의 "春陰易欺日", ⑦의 "衆羽苦啾喧" 등은 李潛과 對立的 위치에 있던 世態나 人物들을 부정적인 시각에서 형상화한 것으로 이해된다. 따라서 이 작품은 松柏과 같은 빼어난 忠節, 寒日과 같은 매서운 기상, 祥鳳과 같은 높은 人品을 지닌 兄의 단번에 崑岡에 도달코자 했던 높은 뜻이 해를 가리는 봄구름, 재잘대는 잡새와 같은 간신 소인배들에 의해 좌절되었기 때문에 밤새워 울 수 밖에 없다는 내용으로 이루어져 있다. 그 밖에 ①의 "山河豈不美, 天地豈不廣"은 원대한 포부를 지니고도 山河와 天地로 표현된 세상에서 경륜을 펴보지 못한 채 뜻이 좌절되었던 兄의 불운에 대한 星湖 자신의 불만과 비장한 심정을 반어적으로 표현한 것이라 할 수 있으며, ⑨, ⑩은 잠에서 깬 뒤의 쓸쓸한 주변 상황과 자신의 비통한 심정을 토로한 것이라 할 수 있다.

이 작품의 이러한 表面的 의미보다 더욱 주목되는 것은 星湖가 엄청난 좌절과 충격을 겪고 난 후 위의 ⑥, ⑧, ⑨에 집중적으로 드러

莎草綠 魂到却蕭條)"이라 표현하였다.

난 바와 같은 허무감 속에서도, 허무주의적 자기 탐닉에 빠지지 않고 일정한 자기극복에의 의지를 보여준다는 점이다.

즉 ④에서, 멀리 물가를 비껴 나는 외로운 새[獨鳥]는 星湖 자신의 作品內的 自我의 心象이라 할 수 있고, 푸른 하늘을 떨치고 돌아가는 기러기(歸鴻)는 죽은 형을 상징한다 할 수 있다. "延佇吾將返 爲君結幽草"에서 작품내적 자아인 吾, 즉 星湖는 오랫동안 우두커니 서서 그냥 돌아갈까 생각하다가 죽은 형을 위하여 幽草를 묶는데, 여기서 "將返"은 멀리 물가를 나는 외로운 새처럼 부조리한 현실을 멀리하고자 하는 자신의 심성을 표현한 것으로 생각되며, "結幽草"는 '結草報恩'이라는 成語의 의미와 연관시켜 이해하면 형의 은혜를 갚겠다는 뜻으로 해석된다. 요컨대 이 부분은 현실과의 관계를 단절하고 자연 속에 은둔하려던 생각을 버리고 소극적이긴 하지만 형의 遺志를 이어 잘못된 현실을 바로잡아 보겠다는 의지를 함축하고 있는 것이다.

星湖가 이 작품에서 자신이 선택한 미래의 삶에 대하여 구체적으로 언급하고 있지는 않으나 ⑤의 "種蘭時茂綠", ⑩의 "灑向叢桂條" 등으로 미루어 官界로의 진출과 같은 적극적인 현실참여의 길이 아닌 草野의 선비로서의 길을 갈 것임을 암시하고 있는 것으로 생각된다.

우리는 여기서 암울하고 비통한 상황하에서도 자신을 그 속에 매몰시키지 않고 오히려 그 속에서 자기부활에의 의지를 발아시키는 星湖의 자아성찰의 원초적인 모습을 발견할 수 있다.

Ⅲ

그러나 星湖는 이러한 自我省察의 원동력을 자신의 적극적 의지로 선택한 삶에서 얻은 것이 아니었고, 또 뚜렷하고 구체적인 삶의 목표가 설정되지도 않은 상태였기 때문에 儒者로서 보다 바람직한 삶의 질을 모색하기 위한 內面的 갈등을 상당 기간 계속한 것으로 보인다.

儒敎의 이상이 실현되지 않는 타락한 시대에 草野에 묻혀 살아가는 선비의 出處 문제와 관련된 심각한 갈등이 바로 그것이다.

❶ "나는 꿈속에서 詩를 짓는 경우가 있는데 대부분 완성하지는 못하며 기억하는 것도 한두 마디에 불과하다. 일찍이 꿈에 옛 장군의 亭臺에 올라 다음과 같은 一聯을 얻었다.

蒼波萬古色	푸른 물결 만고의 빛 간직했는데
一一變成苔	낱낱이 변하여 푸른 이끼 되었네

옛일을 서글퍼 하고 그윽히 원망하는 뜻이 있어 글자마다 눈물을 흘리게 하니 귀신의 도움이 아니었다면 이렇게 짓지 못하였을 것이다. 무릇 꿈이란 사람의 생각에서 나오는 것인데 무슨 연유로 이러한 꿈을 꾸었는지 알 수가 없다.

최근에 또 꿈속에서 一聯을 얻었는데 다음과 같다

五夜聞鷄推枕起	이른 새벽 닭울음 소리에 베개 밀고 일어나렸더니
十年歌鳳旁溟行	십 년이나 鳳을 노래하며 바닷가 거닐었네

이 詩는 對가 精切하여 佳作임에는 틀림없으나 나 자신의 처지와는

전혀 맞지 않는 글이다. 옛 사람이 말하기를 '사람은 꿈에서 자신이 이룬 바를 상고할 수 있다'라고 하였는데 혹시 내가 깨닫지 못하는 사이에 忽謾함이 있어서 그런 것이 아닐까? 그렇다면 이것은 두려운 일이다. 드디어 아래 위를 보충하여 律詩 一首를 만들었다."[8]

牀書一任素塵生	상 위 책엔 흰먼지 쌓였지만
閱眼多應審物情	보아온 일 많아 물정엔 밝네
五夜聞鷄推枕起	이른 새벽 닭울음 소리에 베개 밀고 일어나렸더니
十年歌鳳旁溟行	십 년이나 봉을 노래하며 바닷가 거닐었네
容華易謝心何賴	꽃답던 얼굴 쉬 시드니 마음은 둘 곳 없고
愁病交侵夢亦驚	근심·병 연이으니 꿈에서도 놀랐어라
惟有江湖舊時月	오로지 江湖엔 옛날 같은 달이 있어
流光偏爲自家明	흐르는 빛 유난히도 우리 집을 밝히누나

❷ 禮法從容歸腐朽	예법이 점점 타락해 가니
儒家伎倆合林泉	儒家伎倆 쓰일 곳은 깊은 산 속
脂油松瀝俱堪照	기름과 송진 갖추어 불 밝히고
夜對遺經獨悵然	밤에 經 읽으며 홀로 한탄하네[9]

①에서, 星湖가 꿈속에서 지었다는 詩句들은 적극적인 방식으로 현실에 참여하고자 하는 星湖의 잠재적 욕망이 夢詩의 형태로 顯現

8 『星湖僿說』, 卷14, 人事門, 「夢詩」: 余夢有詩 多不能完 記不過一二語 嘗到故將軍亭臺 得一聯云 '蒼波萬古色 一一變成苔' 其愴古幽怨之意 一字一淚 要非鬼助 不能也 夫夢亦思慮所及 不知緣何而有是哉 近又夢得一聯云 五夜聞鷄推枕起 十年歌鳳旁溟行 屬對精切 不害爲佳句 但於身己事 煞然不著題 古人云 人於夢寐間 可以卜自家所造 或者不覺之中 余有所忽謾而然歟 是可懼矣 遂上下補成一律 以自識曰 ……

9 『星湖先生全集』, 卷4, 「余嘗夢得詩 末一句韻不協 改成一絕」.

된 것이라 할 수 있다. 꿈에 옛 장군의 亭臺에 올라 갔다는 사실은 싸움터에서 병사들을 지휘하는 장군처럼 세상에서 정치적 경륜을 펴 보고자 하는 星湖의 잠재적 욕망을 반영한 것이라 할 수 있으며, 亭臺에서 읊은 "蒼波萬古色 一一變成苔"는 그러한 자신의 욕망을 성취시킬 수 없다는 현실인식에서 오는 좌절감이 회고적 형태로 표출된 것으로 이해된다. "五夜聞鷄推枕起 十年歌鳳旁溟行"은 이러한 점을 더욱 선명하게 보여준다. 이 一聯은 『晋書』「祖逖列傳」에 나오는 祖逖과 劉琨의 故事와 『論語』「微子篇」의 楚狂接輿의 故事 등 상호대립되는 의식의 지향을 보여주는 用事로 구성되어 적극적으로 현실에 참여하여 경륜을 펴려하는 星湖의 潛在意識과 이러한 意志가 좌절된 데서 오는 음울한 심정이 대립적으로 배치되어 있다. 즉 前句는 祖逖과 劉琨이 재주와 힘을 발휘하여 不世의 功을 세우겠다는 큰 뜻을 품고 함께 기거하며 이른 새벽 닭이 우는 소리를 듣고 자리에서 일어나 춤을 추었다[10]는 故事로 星湖 자신의 의식 속에 잠재해 있는 적극적인 현실참여에의 의지를 투영하고 있는 것으로 생각되며 後句는 佯狂避世한 楚狂接輿처럼 오랜 세월동안 바닷가에 은거해온 자신의 처지를 무의식적으로 비관해 왔음을 의미한다. 요컨대 星湖의 의식 내면에 자리하고 있는 理想的 自畵像과 현실에서의 자신의 모습이 선명하게 대비되어 있는 것이다.

잠에서 깬 뒤 '꿈속에서 지은 이 一聯이 나의 처지와는 전연 맞지

10 『晉書』列傳, 卷三十三, 「祖逖」: ……與司空劉琨 俱爲司州 主簿 情好綢繆 共被同寢 中夜聞荒鷄鳴 蹴琨覺日 此非惡聲也 因起舞

않는다'라고 하고, 또 자신이 깨닫지 못한 사이에 자신을 단속하는데 소홀하지 않았나 반문하고 있으나 우리는 이 一聯을 통해 星湖의 內面的 葛藤의 한 단면 즉, 儒者로서 현실에 적극적으로 참여하지 못하는 자신의 처지와 관련된 심각한 갈등의 양상을 발견할 수 있다.

잠에서 깬 뒤 꿈에서 얻은 詩句를 넣어 완성한 七言律詩에서는 자신이 이러한 葛藤에 빠지게 된 원인을 분석하고 出處와 관련된 자신의 갈등을 의식적으로 극복하려는 모습을 보여준다. 이 작품의 마지막 聯 "惟有江湖舊時月 流光偏爲自家明"은 자신의 현실적 욕망의 成就가 불가능함을 인식함에 따른 자연으로의 도피를 뜻한다기보다 '舊時月'로 표현된 변함없는 진리의 빛이 不義한 現實과 타협하지 않고 살아가는 자신을 일깨워 준다는 뜻으로 해석함이 온당할 것이다. 따라서 이 부분은 星湖의 잠재의식 속에 자리하고 있는 현실지향적인 욕구를 나름대로 충족시킬 수 있는 길을 발견하였다는 것으로 이해되어 강한 자부심과 함께 자신의 내면갈등을 극복하고 있음을 보여준다 할 수 있다.

꿈속에서 지은 詩의 結句韻이 맞지 않아 다시 고쳐 완성하였다[11]는 ②에서는 出處와 관련된 갈등의 모습이 표면적으로 소거되어 있다.

利欲의 확산으로 인한 黨爭이 끊임없이 이어지던 조선후기 정치사회는 각 개인의 마음속에 잠재한 私利·私欲을 억제하여 社會的 차원에서의 天理具現을 理想으로 하는 儒家 禮法의 기준으로 볼 때 타

---

11 註9 참조.

락한 사회임이 틀림없다. 이와 같이 혼탁한 시대를 살아가는 儒者가 선택할 수 있는 삶의 방식은 草野에서의 삶뿐이란 것을 인정하면서도 "夜對遺經獨悵然"에서 볼 수 있는 것처럼 星湖는 거기에 安住하지 못한다. 선명하게 드러나 있지는 않지만 이 부분은 작가의식의 측면에서 볼 때 ①의 尾聯은 草野에서의 삶 속에서도 일정한 自我의 存在意義를 발견하였음을 뜻하는 것으로 볼 수 있는데 이를 ②의 結句와 연관시켜 해석하면 星湖가 경전 속에서 혼탁한 당대 사회를 바로잡을 수 있는 진리를 발견하였음을 뜻하는 것으로 이해할 수 있다. "夜對遺經獨悵然"은 자신이 經典에서 발견한 聖賢의 道가 실현되지 않는 사회현실을 개탄한 것이다.

우리는 여기서 현실에 참여하여 자신의 경륜을 마음껏 펼쳐 보려는 큰 뜻을 품고도 그 뜻이 좌절된 채 布衣의 선비로 草野에서 讀書生活을 하면서도 現實志向的인 문맥에서 經典을 이해하려는 星湖의 實學者的 학문자세를 엿볼 수 있다. '洙泗學的 修己治人의 學'이라 밝혀진[12] 그의 學風은 이러한 끊임없는 현실에의 관심의 소산이라 할 수 있다.

12 韓㳓劤, 『星湖李瀷研究』, 서울대학교출판부, 1980, 28쪽 참조.

Ⅳ

이상에서 꿈은 잠재의식의 반영이란 점에 주목하여 星湖의 記夢詩들을 검토해 보았다. 그 결과 星湖의 日常的인 삶의 裏面에 역동적으로 작용하고 있는 그의 內面意識의 중요한 한 부면이 소략하게나마 드러난 셈이다. 우리는 이를 통해 혼탁한 시대를 살아가는 양심적인 지식인의 좌절극복 의지를 엿볼 수 있었고 어려운 상황하에서도 부단한 自我省察을 통해 심각한 내면갈등을 극복하고 자아의 존재의의를 찾으려 고뇌하는 모습도 발견할 수 있었다.

다만 現傳하는 記夢詩의 篇數가 극히 제한적이어서 星湖의 전 생애를 一貫하는 다양한 內面意識의 변화양상을 추적하지 못한 점이 본고의 한계이다. 記夢詩 분석에서 얻은 성과를 바탕으로 그의 文學作品 전반에 걸친 면밀한 검토가 이루어질 때 이러한 한계는 극복되리라 생각된다.

•『어문논집』 제27집[石軒 丁奎福博士 환력기념특집호], 고려대 국어문학연구회, 1987. 12. 1~12쪽.

Ⅱ.

星湖의 비평의식

-『星湖僿說』의 시문문을 중심으로-

Ⅱ. 星湖의 비평의식

-『星湖僿說』의 시문문을 중심으로-

Ⅰ

이 논문은 星湖 李瀷(1681~1762)의 文學論이 지닌 총체적 성격을 구명하는 작업의 일환으로,『星湖僿說』의 詩文門에 나타난 그의 批評意識을 재점검하기 위하여 집필된 것이다.

성호의 문학론 전반에 관해서는 崔博光 教授의「星湖 李瀷의 詩論」이래 10여 편의 논문[1]이 발표되어 그 면모가 대략 밝혀졌다. 그

1 星湖의 文學論을 연구한 논문으로는
崔博光,「星湖 李瀷의 詩論」, 성균관대학교 석사학위논문, 1969.
鄭大林,「星湖 文學 硏究 Ⅰ」,『관악어문연구』, 제4집, 1979.
金興圭,「星湖 李瀷의 詩經論」,『현상과 인식』, 5-1, 한국인문사회과학회, 1981.
拙 稿,「星湖 李瀷의 문학론과 시세계」, 고려대학교 석사학위논문, 1983.
鄭堯一,「星湖와 湛軒의 文學理論」,『東洋學』, 제17집, 단국대 동양학연구소, 1987.
李虎鉉,「星湖 李瀷의 文學論 硏究」,『漢文學硏究』, 제5집, 계명대 계명한문학회, 1988.
拙 稿,「李瀷의 文學思想」,『一丁 宋敏鎬博士 古稀紀念論叢』, 1991.
李世賢,「『星湖僿說』에 나타난 李瀷의 文學論 硏究」,『伏賢漢文學』, 제7집, 복현한문

러나 기왕의 논고들은 성호의 문학론이 포괄하고 있는 다양한 국면 가운데 특정 국면만 고립적으로 論議하거나, 그가 조선후기의 대표적 실학자라는 선입견에 압도되어 그의 문학론과 실학사상을 무리하게 연결시키려는 경향이 없지 않았다. 그 결과 성호의 문학론이 내포하고 있는 순수 문예미적 측면에 대한 이론적 접근은 거의 이루어지지 않았다.

본고에서는 이러한 점에 유의하여 기존의 연구성과들을 선택적으로 수렴하면서, 첫째 『星湖僿說』 詩文門의 구성과 특징, 둘째 文學의 본질적 효용에 관한 성호의 시각, 셋째 風格批評에 나타난 성호의 美意識 및 그 형성배경, 넷째 창작의 실제와 관련된 성호의 견해 등을 검토함으로써 기왕의 논고들에서 간과하였던 부면들을 밝히고, 그의 批評意識에 대한 종래의 인식을 심화 혹은 수정하고자 한다.

필자가 본고에서 『星湖僿說』의 詩文門을 특별히 주목하는 이유는 여기에 성호의 비평의식이 표명된 글들이 다량 수록되어 있을 뿐만 아니라 18세기 한국 한문학이 내포하고 있던 문제점들에 대한 그의 극복 논리가 序 · 記跋 등 일정한 격식을 요구하는 문장의 경우에서보다 파격적이고 진솔하게 개진되어 있으리라는 기대 때문이다.

학회, 1991.
崔錫起, 「星湖 李瀷의 詩經學」, 성균관대학교 박사학위논문, 1993. 등이 있다.

Ⅱ

星湖의 폭넓은 학문적 관심과 깊은 사색의 소산인 『星湖僿說』은 天地門, 萬物門, 經史門, 詩文門 등 5門, 30卷, 30冊으로 이루어져 있는데 본고의 검토 대상인 詩文門은 이 책의 28~30卷에 편차되어 있으며 379則이 수록[2]되어 있다.

이 책은 특정 목적하에 체계를 세워 집필한 것이 아니고 讀書應事의 여가에 見聞 혹은 사색에서 얻은 바를 隨時輒錄한 일종의 漫錄[3]이다. 星湖가 81세 때 門人 安鼎福(1712~1791)에게 내린 答書에 의하면 이 책은 저자가 40여 세 때부터 틈틈이 기록해 두었던 것을 만년에 族子가 謄傳한 것으로 草藁 자체에 重疊과 誤脫이 있었고, 또 星湖가 직접 점검해 보니 謄書하면서 잘못 옮겨 쓴 것과 빠뜨린 것이 많았다[4]고 한다. 現傳 寫本에 誤脫이 많고 각 寫本에 출입이 많으며 편차에 있어서도 많은 문제점이 발견되는 것[5]은 엄격한 교열을 거친 定本을 만들지 못했기 때문인 것으로 판단된다.

---

2 韓㳓劤, 『星湖僿說』, 『민족문화』, 3집, 민족문화추진회, 1997, 114~117쪽 참조. 이 해제에서는 시문문에 총 378칙이 수록된 것으로 보고하고 있으나 필자가 확인한 바로는 권28에 117칙, 권29에 137칙, 권30에 125칙 총 379칙이 수록되어 있었다.

3 『星湖先生文集』, 附錄, 卷1, 「家狀」: 又於讀書應事之暇 或得於見聞 或得於思索 則輒隨而記之 積累成秩 名曰僿說……. (이하 『星湖先生文集』은 『文集』으로 略記함.)

4 『文集』, 卷16, 「答安百順 辛巳」: 僿說之成卷 非始意也 自四十年前 隨見志疑 揮筆忙寫 不復看閱 近因族子 爲之謄傳 其重疊脫誤固也 柰何 草本數卷 在前時一點檢 其錯寫遺忘 不可盡言

5 주2)와 같은 곳.

『星湖僿說』이 지닌 의의에 대하여 星湖는 「僿說序」에서 '속언에 내가 먹으려니 싫증나고 버리려니 아깝다는 말이 있는데 이러한 마음으로 『僿說』을 책으로 엮었다'라고 自謙하면서도 '썩은 흙과 풀 부스러기는 지극히 천한 물건이나 혹 밭에 옮기면 곡식을 익게 하고 주방에 가져가면 음식을 만드는 데 도움이 되니 보는 자가 가려서 보면 또한 백에 하나 취할 것이 있지 않겠는가?'[6]라고 하여 은근히 자부한 바 있다. 星湖의 從子인 李秉休는 『僿說』의 내용에 대하여 '그 가운데 經說, 史說, 樂說, 象數의 說, 經綸의 說이 있다. 위로 天地로부터 아래로 萬物에 이르고, 멀리는 아득한 옛날부터 가까이는 當代에 이르며, 안으로는 中華로부터 밖으로는 夷狄에 이르기까지 갖추지 않은 것이 없고 論하지 않은 것이 없다. 모두 상고하고 징험한 바가 있으며 보탬과 쓰임이 있으니 대개 漫錄이 생긴 이래로 이에 비길 것이 없다.'[7]라고 하여 이 책이 광범위한 분야에 걸친 저자의 학문적 역량이 결집된 것임을 밝히고 있다. 오늘날의 관점에서 볼 때 『星湖僿說』에 실려 있는 宏博한 논의들을 일관하는 작자의 시각은 당대의 政治·經濟·學問·藝術 등이 내포하고 있는 문제점들을 예리하게 성찰하고 그 해결책을 모색하는 데 맞추어져 있다고 할 수 있다.

6 『文集』, 卷32, 「僿說序」: 鄙言云 我食屬厭 棄將可惜 此僿說所以起也……然糞壤草芥至賤物也 或輸之田隴 養成嘉穀 取之廚灶 資爲美饌 此書者 善觀者采之 亦安知百無一收也乎

7 『文集』, 卷1, 「家狀」: 其中有經說 有史說 有樂說 有象數之說 有經綸之說 上自天地下至萬物 遠自邃古 近至昭代 內自中華 外至夷狄 無所不該 無所不論 而舉皆有考有徵有裨有用 蓋有漫錄以來 無此比也

詩文門은 대체로 詩評, 文評, 詩論, 文論, 語·句에 대한 考證 등의 내용으로 구성되어 있다. 그러나 筆帖[8], 曲譜[9], 특정인물의 傳記[10], 天說[11] 등 문학과 거의 관련이 없는 내용들을 다수 포함하고 있는 바 이는 다양한 분야에 걸친 논의들을 5개 門에 무리하게 편입시켰기 때문이라 판단된다.

379則에 달하는 詩文門의 내용을 일정한 원칙에 따라 분류하는 데는 많은 무리가 따른다. 예컨대 하나의 제목 아래 詩評·詩逸話가 混在한 경우도 있으며 분류자의 시각에 따라 귀속 분야가 달라질 수 있는 애매한 경우도 허다하기 때문이다. 이러한 점을 전제하고 各則의 핵심적인 내용을 중심으로 분류하면 다음 표와 같다.

<table>
<tr><th>구분</th><th>내 용</th><th>則數</th><th>계</th></tr>
<tr><td rowspan="5">詩</td><td>評</td><td>94(33)</td><td rowspan="5">142
(52)</td></tr>
<tr><td>逸話</td><td>23(17)</td></tr>
<tr><td>論</td><td>6</td></tr>
<tr><td>解釋</td><td>16</td></tr>
<tr><td>採錄</td><td>3(2)</td></tr>
<tr><td rowspan="4">文</td><td>評</td><td>23(3)</td><td rowspan="4">34
(3)</td></tr>
<tr><td>論</td><td>3</td></tr>
<tr><td>解釋</td><td>5</td></tr>
<tr><td>採錄</td><td>3</td></tr>
</table>

8 『星湖僿說』, 卷28, 詩文門, 「右軍眞蹟」(이하 『星湖僿說』은 『僿說』로 略記함.)

9 同上, 卷29, 「曲譜」.

10 同上, 卷30, 「韓石峯」.

11 同上, 卷29, 「子厚天說」.

<table>
<tr><td rowspan="10">其他</td><td rowspan="8">考證</td><td>語義</td><td>124</td><td rowspan="8">186</td></tr>
<tr><td>字義</td><td>5</td></tr>
<tr><td>詩型</td><td>8</td></tr>
<tr><td>誤字</td><td>7</td></tr>
<tr><td>人物</td><td>9</td></tr>
<tr><td>作者</td><td>8</td></tr>
<tr><td>題名</td><td>8</td></tr>
<tr><td>其他</td><td>17</td></tr>
<tr><td>論</td><td>作家論, 書畫論 等</td><td>10</td><td>10</td></tr>
<tr><td>評</td><td>書評</td><td>7</td><td>7</td></tr>
<tr><td colspan="3">합 계</td><td colspan="2">379</td></tr>
</table>

*( ) 안은 한국 詩文과 관련된 則數임.

위의 도표를 통해 확인할 수 있는 것처럼 詩文門은 총 379칙 가운데 반에 가까운 180여 칙의 내용이 考證으로 이루어져 있다. 考證의 대부분을 차지하는 語義考는 작품에 쓰인 난해한 語 · 句, 혹은 작가가 의미를 정확하게 파악하지 못한 채 관용적으로 쓴 語 · 句, 특정 語 · 句에 대한 前代 주석의 오류 訂正 등이 그 주된 내용이다. 星湖가 이처럼 詩文을 대함에 있어서 語 · 句의 의미 考證에 깊은 관심을 보인 것은 先儒들의 학설을 무비판적으로 追隨하지 않고 의심나는 사실은 철저히 고증하여 정확한 지식을 획득하고자 하였던 그의 실증적 학문 정신[12]의 발현으로 字義나 語 · 句의 의미를 정확히 이해

12 崔錫起, 「星湖 李瀷의 詩經學」, 성균관대학교 박사학위논문, 1993, 27쪽 참조.

하여야 상징적이고 함축적인 作品의 本旨를 온전히 파악할 수 있다고 판단하였기 때문이다. 여타의 詩話類에서 거의 볼 수 없는 작품 해석은 바로 字 · 語 · 句의 의미에 대한 고증을 바탕으로 작품의 내용을 분석함으로써 그 의미를 闡釋한 것이다.

객관적 사실과 부합하지 않은 語 · 句 語義를 정확히 파악하지 못한 채 쓴 語 · 句 등에 대한 변증과 비판은 문학작품에서 表現言語가 지닌 의미 전달의 기능에 대한 喚起의 의미를 지니고 있다. 예컨대 '우리나라의 文은 鄕社의 畵師가 실재 물건을 보지 못하고 단지 模寫해 놓은 것만 모방하여 어렴풋이 복숭아나무에 버들가지, 살구나무 잎, 아가위나무 꽃을 그려서 모양이 실제와 다르고, 색깔도 표준이 없어서 결국 무슨 물건인지 알 수 없는 것과 같다.'[13]라는 星湖의 지적은 바로 표현언어가 실제와 부합하는 객관적이고 정확한 것이어야 함을 강조한 것이다.

詩文門의 내용 검토에서 드러나는 또 하나의 뚜렷한 특징은 비평 대상 詩文의 선택 기준이 대단히 개방적이라는 점이다. 공간적으로는 우리나라와 중국, 극소수이기는 하지만 일본인의 작품까지[14], 시간적으로는 古代의 『詩經』의 詩로부터 當代의 詩文까지를 폭넓게 수용하고 있다. 뿐만 아니라 儒家에서 이단시하였던 『莊子』와

13 『僿說』, 卷30, 「古今文章」 : 我東之文 如鄕社畫師 不見其物 但憑傳摸 依俙彷彿 桃身柳枝杏葉棠花 圓楕違眞 丹碧無準 不審其何物也

14 『僿說』, 卷29, 「臥讀書架」 : 曾見倭人有詠午睡詩云……此與烔意正相反 未知孰得孰失 孰華孰夷也

『荀子』에 실린 문장을 취하여 긍정적으로 평가[15]하는가 하면 朱子의 작품을 비판한 경우[16]도 있으며, 역적으로 몰려 사사되었던 鄭仁弘(1535~1623), 朴鼎吉(?~1623) 등의 작품도 비평의 대상으로 수용[17]하였다. 비평의 대상으로 삼은 작품의 내용에 있어서도 性理學者들의 理趣詩[18]로부터 해학적인 색채가 다분한 작품[19] 및 當代 女人의 연애시[20]까지를 포괄하고 있다. 詩文門이 이와 같은 개방적 특성을 지니게 된 것은 기본적으로 저자 자신이 개방적이고 탈권위적인 학문관을 지니고[21] 있었기 때문이라고 할 수 있으며, 또 저자가 특정시대 특정지역의 詩文을 대상으로 작품의 品格, 修辭的 技巧 등을 중점적으로 논의하여 전문적인 비평서를 편찬하겠다는 의도하에 이 책을 저술한 것이 아니라 당대 문학의 총체적 면모를 부정적으로 인식하

15 『僿說』, 卷29, 「莊周」 : 莊周之學 爲善不近名 爲惡無近刑 緣督而爲經 其意悲矣……其毁冠裂冕則非矣. 卷30, 「荀子解蔽篇」 : 其王制篇 日水火有氣而無生 草木有生而無知 禽獸有知而無義 人有氣有生有知 亦且有義 故最爲天下之貴也 此一段卓然該說

16 『僿說』, 卷30, 「朱子詩」 : 其迅雷詩云……當時可謂邦之無道 亦欠言孫氣像 後人不可以尊之之極而妄效之 殆所謂太陽之症 衝口發者哉

17 『僿說』, 卷28, 「鄭仁弘詩」 및 「朴鼎吉詩」 條 참조.

18 『僿說』, 卷29, 「分水鋪詩」 : 朱子分水鋪詩云 水流無彼此 地勢有西東 若識分時異 方知合處同

19 『僿說』, 卷28, 「異同同」 : 李判書袠送人詩日 試看萬千峰面背 異同同異異同同 其言近俳而意甚切

20 『僿說』, 卷30, 「妖魅口氣」 : 余所識士人丁某 嘗奇遇一女子 美容色能詩 其盟辭日 松獨也靑 玉栗然潔 匹婦有志 懷與之一……余謂此閨房絶唱 然不脫妖魅口氣耳 後女不知所終

21 柳仁熙, 「星湖僿說의 哲學思想」, 『한국 古典 심포지움』, 震檀學會編, 1991, 171쪽 참조.

면서 40여 년이라는 장구한 기간 동안 다양한 시문을 접하고 수시로 자신의 견해를 기록한 것이기도 한 때문이다.

詩文門에서 星湖가 시도하고 있는 작품에 대한 고증적 분석적 접근태도는 문학을 객관적으로 이해하려는 실학자적 문예의식의 소산이라 할 수 있으며, 작품의 품격에 대한 비평, 작품 창작과 관련된 逸話, 문학의 본질에 대한 탐구 및 창작원리와 방향제시 등을 주요 내용으로 하는 전대 시화류의 전통을 계승하면서도 李睟光(1563~1628)이 『芝峯類說』「文章部」에서 시도한 이래 단절되었던 考證의 중요성을 부각시킴으로써 後代 北學派의 考證的 詩評으로 이어주는 교량적 역할을 하고 있는 것으로[22] 판단된다.

Ⅲ

문학의 본질에 대한 星湖의 기본적인 시각은 "文者道之所寓也……文者道之畵也"[23]라는 그의 언표를 통해 확인할 수 있는 것처럼 일단 載道的 文學觀의 범주에 포괄된다고 할 수 있다. 문학을 도의 구현 수단으로 인식하는 載道的 文學觀에서 문학이 추구할 수 있

22 안대회, 「朝鮮後期 詩話의 史的 硏究」, 연세대학교 박사학위논문, 1994, 107~117쪽 참조.

23 『僿說』, 卷21, 經史門, 「不恥下問」: 文者道之所遇也 著於上 日月星辰 謂之天文……庶幾因此而有得 亦謂之文 文者道之畵也

는 도의 영역은 폭넓게 개방되어 있다. 『中庸』「經一章」에서 道의 개념에 대한 주자의 주석에 의하면 도의 본체는 '性의 德으로 마음에 갖추어진 것(性之德而具於心)'인 바 그것은 內面的·靜態的인 성격을 지니나, 用은 '날로 쓰는 사물에 있어서 마땅히 행하여야 할 이치(日用事物當行之理)'[24]로서 그 실천적 영역은 현실의 문제를 총체적으로 포괄할 수 있는 것이다. 따라서 '存心'·'養性'과 같은 道의 본체적 측면에 중점을 두고 문학의 가치를 인식할 수도 있으며, '仁民'·'愛物'·'是非邪正之別'[25]과 같은 도의 외적 발현의 측면을 문학이 추구해야 할 道의 실체라고 인식할 수도 있는 것이다.

주지하는 바와 같이 사림파 문인들이 문학에서 추구한 것은 주로 道의 본체적 측면에 경사된 내면지향적인 성격이 농후한 것이었다. 星湖는 문학이 자아의 완성과 심성의 수양 그리고 이에 입각한 개인의 덕성 함양에 적지 않은 의의를 가진다는 사실을 부정하지는 않았으나 다분히 도의 외적 발현으로서 사회적 실천의 영역에 중점을 두고 문학의 본질적 가치를 인식하였다.

문학작품을 통한 道의 구현 방식과 관련하여 『毛詩』「大序」에 "上以風化下 下以風刺上"[26]이 제시된 이래 전통적으로 거론되어온 것

24 『中庸章句大全』, 景文社, 1978, 10쪽 : 道者 日用事物當行之理 皆性之德而具於心(上句言道之用 下句言道之體) 無物不有 無時不然(言道之久 直說) 所以不可須臾離也

25 『中庸或問』, 太山文化社, 大學中庸集註, 1984, 390쪽 : 蓋天命之性 仁義禮智而已 循其仁之性 則自父子之親 以至於仁民愛物 皆道也 循其智之性, 則是非邪正之分別亦道也

26 『十二經注疏』 2, 『詩經』, 臺北, 藝文印書館, 中華民國 71年, 16쪽.

은 在上者가 詩를 써서 在下者를 교화함으로써 조화로운 사회를 이루고자 하는 風敎와 在下者가 詩를 통해 잘못된 정치, 부조리한 세태 등을 비판함으로써 이를 匡正하고자 하는 風刺이다. 그런데 조선 전기의 性理學者들은 대체로 朱子의 "溫柔敦厚한 것이 詩의 敎化이다. 가령 편편이 꾸짖고 나무라는 것이라면 사람이 어찌 온유돈후해질 수 있겠는가?"[27]라는 설을 따라 시를 통하여 心性을 순화하고 下民을 교화하는 내면주의적, 교화론적 시의식을 지니고 있었다.[28] 星湖의 경우 "詩者敎也 務在達意 惟簡乃成"[29], "詩文之設 爲世敎也"[30]라는 그의 진술에서 드러나는 바와 같이 風敎의 의의를 중시하는 듯한 입장을 취하고 있어 지금까지 발표된 논고들에서는 문학의 본질적 효용에 대한 星湖의 시각이 風敎 쪽에 편중된 것으로 파악[31]되어 왔다. 그러나 詩文門에 수록된 評文들을 검토해 보면 星湖가 風刺의 뜻이 내포된 작품에 대단한 가치를 부여하고 있음을 알 수 있다. 이 점은 唐玄宗의 失政을 風刺한 李白의 「古風」과 杜甫의 「覆舟」[32], 고

27 『朱子語類』, 卷80 : 溫柔敦厚 詩之敎也 使篇篇是譏刺 人安得溫柔敦厚

28 김흥규, 『朝鮮後期의 詩經論과 詩意識』, 고려대학교 민족문화연구소, 1982, 43쪽 참조.

29 『文集』, 卷50, 「石隱集序」.

30 『文集』, 卷50, 「悔軒雜著序」.

31 대표적인 예로는 김흥규 교수의 전게 논문을 들 수 있다. 이 논문의 101면에서 김교수는 "아울러 주목되는 사항은 그(星湖 : 필자주)의 詩經論과 詩意識에서 詩敎가 크게 강조된 점이다. 그가 風을 '風動下民'의 의미로 이해하고 上以風化下를 중시하는 교화론의 입장에 섰음은 이미 앞에서 지적한 바 있거니와 시 일반에 관해서도 그는 마찬가지 견해를 유지하였다."라고 주장하였다.

32 『僿說』, 卷28, 詩文門, 「明皇求仙」 : 李太白 古風第三篇 甚譏秦皇之求仙 若有所刺於時者 然史傳無考 余觀杜工部 覆舟二篇有云……然則此詩與上篇 俱是譏刺時君之失 可謂詩史

려 무신집권기의 사회현실을 신랄하게 비판한 金克己의 詩「黃龍寺」를 높이 평가한 사실[33] 등에서 확인할 수 있다. 뿐만 아니라 星湖는 강압적인 정치 현실에 대한 비판의식을 직설적으로 표출한 李恒福(1556~1618)의 挽人詩를 사람을 보내어 鈔寫해 오게까지 하였으며[34], 통치자의 과도한 소유욕을 충족하기 위해 일으킨 전쟁으로 말미암아 고통받는 백성들의 참상을 실감나게 묘사한 李華의「弔古戰場文」을 다음과 같이 극찬하고 있다.

> 李華의「조고전장문」은 사람으로 하여금 슬피 울게 하는데, 그 意匠은 賈捐之에게서 비롯된 것이다. 賈捐之가 珠崖를 치지 말자고 간청한 말에 '아비는 앞에서 전사하고 자식은 뒤에서 다치며, 여자들은 亭鄣을 넘고, 고아는 길에서 울부짖으며, 노모와 과부는 눈물을 흘리고 여항에서 통곡하며 虛祭를 차려 멀리 만 리 밖의 혼백을 추모한다'라고 하였다. 이화는 이것을 부연하여 한 편의 문장을 만들었는데 점화한 것이 또한 아름답다. 나는 '후세의 시문이 대부분 世敎에 도움됨이 없는데「조고전장문」같은 것은 임금이 들으면 두렵게 여기고 놀라며 슬퍼하지 않겠는가?'라고 생각한다. 또 당나라 사람의 시에 '가련타 무정하 가의 해골은 아낙들이 그리는 사람이라네.[可憐無定河邊骨 猶是春閨夢裡人]'라고 하였으니 채록하여 시경의 끝에 붙여둠 직하다.[35]

33 『僿說』, 卷28, 詩文門,「金克己詩」: 高麗金克己皇龍寺詩云……此篇可誦 命意又奇 蓋憤世疾俗之作也 貴勢崇高 人不敢那 而貧賤固窮 反受其毒 至凡骨失路之語 有籲天難徹之意 惟知者知其然耳

34 『僿說』, 卷30, 詩文門,「白沙挽人詩」: 其詩曰 有口不敢言 有淚不敢哭 撫枕畏人窺 呑聲潛飮泣 誰將快剪刀 痛割吾心曲 聞者莫不酸鼻 此詩始載於集中 今本去之 舊集世或有之 大爲時諱 余聞廣州宋姓家有藏 倩人錄出 世變多類此

35 『僿說』, 卷30, 詩文門,「弔古戰場文」: 李華弔戰場文 令人悽咽 其意本於賈捐之 其請棄珠崖說曰父戰死於前 子鬪傷於後 女子乘高鄣 孤兒號於道 老母寡婦 飮泣巷哭 遙設

윗 글에서 星湖는 「조고전장문」을 통치자가 읽으면 두렵게 여기고 슬퍼하여 백성들을 함부로 전쟁터로 내몰지 않을 것이기 때문에 世教에 도움이 된다는 논리를 전개하고 있다. 이로 미루어 星湖는 在下者의 입장에서 在上者의 잘못을 비판하고 일깨워주는 風刺 및 諷諫의 경우를 世教의 중요한 방편으로 인식하였음을 알 수 있다. 이러한 관점에서 볼 때 앞에서 예거한 星湖의 "詩者教也", "詩文之設爲世教也"라는 주장 또한 在上者가 시로써 臣民을 교화하는 도덕적 감화의 효용만을 강조한 것이라기보다 부조리한 사회현실을 풍자하여 在上者로 하여금 깨닫게 하는 시대 비판적 효용까지를 포괄하고 있는 것으로 보아야 온당할 것이다. 인용문의 말미에서 星湖는 변방에서의 오랜 전쟁으로 인하여 고통 받는 백성들의 참상을 형상화한 陳陶의 「隴西行」을 지목하여 『시경』에 편입할 만하다고 극찬하였다. 이로 미루어 星湖의 시경론이 '風動下民'을 강조하는 전형적인 교화론에 귀속된다는 종래의 견해[36]는 재고되어야 하리라 생각된다. 다만 星湖는 표현방식과 관련된 문제에 있어서는 온건한 입장을 견지하였다. 이 점은 柳宗元의 「何間傳」을 비평하면서 세상 사람들의 방종함을 풍자한 것이지만 음란 방탕한 행위를 지나칠 정도로 상세하게 묘사하였음을 지적하고 '군자의 입으로 까마귀가 反哺하는 것은

虛祭 想魂于萬里之外 華卽演爲一篇 點化亦佳 余謂後世詩文之類 率皆無裨於世教 如弔戰場者 人主聽之 有不惕然感怛然悲也乎 又如唐人詩云 可憐無定河邊骨 猶是春閨夢裡人 可採以附三百篇之末

36 주30)과 같음.

말할 수 있어도 올빼미가 제 어미 잡아먹는 것은 말하지 않는 법인데 柳子厚는 아마 여기까지는 생각하지 못한 모양'이라고 비판[37]한 사실에서 확인할 수 있다. 星湖의 이러한 태도는 退溪가 南冥이 쓴 金宏弼(1454~1504)의 行錄 가운데 제3조를 지목하여 "受刑時의 절목이 너무 상세하고 너무 처참하여 사람으로 하여금 눈을 가리게 하고 차마 못보게 하니 아마도 종전의 기록한 바 대로 두는 것이 좋지 않겠는가?"[38]라고 한 사실을 상기하게 한다.

요컨대 星湖는 문학의 본질적 효용으로서 風刺의 의의를 적극적으로 인식하면서도 표현방식에 있어서는 士林派 文人들의 문예의식을 일정부분 계승하였던 것이다.

Ⅳ

작품을 구성하는 여러 요소가 어우러져 빚어내는 총체적 감각 내지 美的 특성을 風格이라 지칭할 수 있는 바 특정 風格에 대한 選好는 감상 주체의 美意識을 반영한다고 할 수 있으며, 작품에 구현된 가치에 대한 인식과도 일정한 관련이 있는 것으로 판단된다. 이러한 관점

37 『僿說』, 卷28, 詩文門, 「源涉傳」: 子厚因此 演爲河間傳 備述淫縱瀆亂之態 無所不至 觀者掩目……君子口吻 可言烏反哺 不必說鴞食母也 子厚盖未及此耳

38 『退溪先生文集』, 原集, 卷22, 「答李剛而別紙」: 金先生行實 南冥所錄……第三條受刑時事節目 太詳太慘 令人掩目不忍觀 恐只如前錄所云 令觀者知其從容就死足矣 不必如此盡其曲折 如何如何

에서 볼 때 詩文門에 실린 風格批評의 樣相에 대한 검토는 星湖의 문예의식을 총체적으로 해명하는 데 필수적인 일이라고 해야할 것이다.

주지하는 바와 같이 16세기 사림파 문인들은 詩의 본질을 性情之正의 표현, 詩의 효용을 心性의 도야에 있는 것으로 파악하였다. 시의 본질과 효용에 대한 이러한 인식에서 분비된 美意識의 특징에 대하여 林熒澤 敎授는 "윤리적 가치가 우위에서 美的價値의 토대가 되고 있을 뿐 아니라 미적 가치는 윤리적 가치를 높은 차원에서 구현하기 위한 것이었다. 그리하여 근본적으로 대립과 갈등보다는 세계의 질서와 평정을 추구하였으며 인간적인 현실에서 초탈한 고답적인 美의 경지에 높은 가치를 부여하였다. 어디까지나 현실주의를 거부하는 입장에 선 이상주의적 미의식이었다."라고 해명하고 그들이 문학에서 지향했던 최고의 미적 범주로 '冲澹蕭散', '閒美淸適', '淸新灑落' 등을 지목[39]하였다. 사림파 문인들이 가장 선호하였던 이 세가지 미적 범주는 純正美 또는 優雅美에 귀속될 수 있는 작품의 풍격을 지칭한 것으로 볼 수 있다.

星湖의 경우도 南冥의 詩「頭流山」을 品評하면서 "退溪의 一月春風과는 비교할 수 없지만 사람으로 하여금 心膽이 저절로 부풀게 한다."라고 하여 退溪詩의 풍격을 '一月春風'으로 규정하고 이를 높이 평가[40]하였으며, 脫俗的 風格을 지닌 曹偉(1454~1503)의 詩와 楊士

39 임형택, 「16세기 士林派의 文學意識」, 『韓國文學史의 視角』, 創作과 批評社, 1984, 46~48쪽.

40 『僿說』, 卷30, 詩文門, 「南冥先生詩」: 又嘗有詩云……此何等力量氣魄 雖不可比論

彦(1517~1584)의 詩를 긍정적으로 품평[41]하고 있어 사림파 문인들의 美意識과 유사한 일면을 드러내고 있다. 그러나 詩文門의 風格批評을 일별할 때, 보다 뚜렷이 드러나는 특징은 '凄切', '凄愴', '哀怨' 등 悲壯美의 범주에 포함되는 風格을 지닌 작품에 星湖가 비상한 관심을 기울이고 있다는 사실이다. 이 점은 "聲調가 처절하고 완곡하여 楚辭의 속편에 들어가야 마땅하다"[42], "그 문장이 처절하고 간곡해서 듣는 자가 흐느껴 울었다고 한다. 나는 매번 풍송할 때마다 감회를 일으키며 '글을 없앨 수 없는 것은 이와 같아서이다'라고 생각했다."[43], "그 音節이 처창하여 욀 만하다."[44]라는 등의 品評이나 屈原의 歌辭에 대한 다음의 評文에서 분명히 확인할 수 있다.

> 屈原의 辭에 '휘날리는 저 가을바람이여! 동정호에 물결 일고 나뭇잎 떨어지도다.[嫋嫋兮秋風 洞庭波兮木葉下]'라고 하였는데 이는 千古의 悲壯感慨한 작품이어서, 시인들이 흠모하여 본받고자 하여도 되지 않는 것이다. …… 대개 늦은 가을 서늘한 바람에 나뭇잎이 떨어지고 물결이 솟아오르는 것은 모두 매우 처량한 풍경이다. 불과 몇 글자로 수식하였지만 사람으로 하여금 혼이 녹게 한다.[45]

於退溪之一月春風 令人心膽 爲之壯浪

41 『僿說』, 卷30, 詩文門, 「曹偉詩」條 및 卷28, 「蓬萊詩」條 참조.

42 『僿說』, 卷29, 詩文門, 「八詠樓」: 往往聲調凄婉, 宜入楚辭續篇

43 『僿說』, 卷29, 詩文門, 「論嶺南書」: 辭語悲切 聞者感泣 余每諷誦興感 日辭之不可已如是

44 『僿說』, 卷30, 詩文門, 「漢武歌辭」: 漢武瓠子歌秋風辭 爲千古絕唱 今人尠有知 帝更有悼二夫人辭 其音節凄斷 亦可誦也

45 『僿說』, 卷29, 詩文門, 「屈原歌辭」: 屈原辭云 嫋嫋兮秋風 洞庭波兮木葉下 此千古悲

위의 인용문에서 星湖가 悲壯感慨하다고 品評한 屈原의 가사는 『九歌』의 「湘夫人」 가운데 일부이다. 이 작품은 굴원이 戰國末期의 혼란한 정세 속에서 패망의 길로 치닫는 조국 楚나라를 구하기 위해 고군분투하다가 간신의 모함으로 南方에 竄逐되어 그곳 민간 宗敎의 舞歌에 자신의 비분 감개한 심정을 의탁한 것[46]이다 星湖가 이와 같이 비감 어린 작품을 선호하고 '사람으로 하여금 혼이 녹게 한다'라는 진술에서 확인되는 것처럼 깊이 감동한 것은 그의 사회적 처지 및 현실 인식과 밀접한 관련이 있는 듯하다. 물론 아무런 전제없이 특정 風格을 선호하는 감상주체가 처한 사회적 상황과, 그러한 풍격 형성의 環境的 요인이 필연적 조응관계를 이룬다고 단언할 수는 없다. 그러나 星湖의 경우 悲壯美의 범주에 귀속될 수 있는 風格을 지닌 작품을 선호하였을 뿐만 아니라 그의 문집에서 '悲壯'의 풍격을 지닌 작품이 발견된다[47]는 점을 고려할 때 星湖가 처했던 사회적 처지와 悲壯美 형성의 환경적 요인 사이에 긴밀한 관련이 있는 것으로 판단된다.

'悲壯'과 유사한 풍격 형성의 환경적 요인과 관련하여, 『毛詩』「大序」에서 이미 '怨怒', '哀思'와 같은 풍격 형성의 사회적 배경으로 혼

壯感慨 騷人韻客 慕效不得也……蓋高秋涼風 葉下波湧 皆淒斷世界 粧點不過數字 而令人魂銷

46 傅錫壬, 『新譯楚辭讀本』, 臺北 三民書局, 中華民國 75年, 55쪽 : 屈原放逐 竄伏其域 懷憂苦毒 愁思怫鬱 出見俗人祭祀之禮 歌舞之樂 其辭鄙陋 因爲作九歌之曲

47 星湖의 작품 가운데 '悲壯'의 풍격을 지닌 대표적 작품으로는 『文集』, 卷1, 「釋閔賦」와 『文集』, 卷4, 「隕霜殺菽」 등을 들 수 있다.

란한 시대상황을 지목[48]하였으며, 司空圖의 『二十四詩品』 「悲慨」條에서도 "정대한 길 날로 멀어지니, 씩씩한 사나인 칼을 어루만지며, 좌르르 눈물 흘려 마냥 슬퍼한다.[大道日往 壯士拂劍 泫然彌哀]"[49]라고 하여 '悲慨'의 풍격이 正道가 행해지지 않는 부조리한 시대상황에서 형성되는 것임을 시사하고 있다. 최근 조동일 교수는 "悲壯의 출발점이 되는 '있는 것'은 不滿스러운 현실이다. 부당하게 억압되어 있는 生活, 용납할 수 없는 虛僞로 가득찬 政治, 非人間的인 社會 등이다. 따라서 悲壯은 體裁批判의 성격을 지니고 있으며 士大夫의 것이라도 旣存體裁를 옹호하고자 하는 의도는 갖지 않는다."[50]라고 하여 悲壯美가 부조리한 사회 현실에 대한 비판의식에서 형성되는 것임을 밝힌 바 있다. 요컨대 사림파 문인들이 선호하였던 純正美나 優雅美가 세계와 자아와의 관계에 있어서 갈등이나 분열이 없는 완전한 調和的 均衡을 이루는 가운데 物我一體의 상태에서 成立하는 것이라면 悲壯美는 自我와 세계와의 갈등과 부조화에서 형성된다는 것이다. 이러한 관점에서 볼 때 '悲壯'에 귀속될 수 있는 풍격에 대한 星湖의 관심과 선호는 黨爭의 격화로 인한 정치질서의 문란, 壬·丙兩亂의 폐해로 무너진 국가경제 및 그로 인한 民生苦 등 말기적 현상을 노출하던 조선후기라는 시대 상황과, 黨爭에서 패배하여 몰락

48 주26)과 같은 책, 14쪽 : 治世之音 安以樂 其政和 亂世之音 怨以怒 其政乖 亡國之音 哀以思 其民困

49 李炳漢, 『增補 漢詩批評의 體例硏究』, 通文館, 1985, 175쪽에서 再引.

50 조동일, 「美的範疇」, 『韓國思想大系』Ⅰ, 성균관대학교 대동문화연구원, 1973, 514쪽.

해가는 南人의 가문에서 태어나 經世에의 의지를 실현하지 못한 채 在野의 學者로 일생을 보냈던 그의 삶에서 형성된 美意識을 반영하는 것이라 할 수 있다. 앞 절에서 검토한 바 문학의 본질적 효용으로서 풍자의 의의에 주목한 星湖의 문예의식 또한 이러한 그의 美意識과 긴밀한 조응관계를 이루는 것으로 판단된다.

V

주지하는 바와 같이 문학작품은 작가의 내면세계가 외부의 사물과 交融함으로써 이루어진다. 작품의 핵심인 意境은 '情景交融의 예술 형상을 통하여 감상자로 하여금 상상의 예술공간으로 진입케 하는 예술경계[51]라고 정의할 수 있는 바 이는 작가 자신의 사상 감정과 객관 세계가 상호 交融하여 이루어지며 그것은 작품에 표현된 유한한 형상[實景] 외에 독자들에게 개방된 상상의 공간을 제공하는 무한한 함축의 세계[虛景]를 지닌다고 할 수 있다. 말하자면 意境 형성의 기본 토대는 세계에 존재하는 事物이고 이 토대 위에 펼쳐지는 虛景은 감상자의 참여로 이루어지는 美的 세계[52]라 할 수 있는 것이다. 따라

51 趙則誠 · 張連弟 · 畢萬忱 主編, 『中國古代文學理論辭典』, 吉林文史出版社, 1985, 636~641쪽 참조.

52 유창교, 「王夫之의 詩學體系에 있어서 詩人과 세계와의 관계」, 『中國文學』, 제20집, 韓國中國語文學會, 1992, 132쪽 참조.

서 객관 세계는 작품 창작의 핵심적 요소이며 그것에 대한 인식 태도는 작품의 내질을 결정하는 요인의 하나로 작용한다.

星湖는 現象에 대한 철저한 탐구를 통하여 존재의 원리를 파악하여야 한다는 다분히 객관적인 세계인식 태도를 지니고 있었으며[53] 그의 창작론 또한 이러한 세계인식 태도를 바탕으로 전개된다.

이 점은 세계에 대한 정확한 인식이 결여된 李白의 詩를 비판한 다음 評文을 통하여 분명히 확인할 수 있다.

> 李白의 詩에 '蓐收(가을을 맡은 神 : 필자 주)가 가을 기운 서늘하게 하니, 西陸에 바다 달이 반달이 되었네.[蓐收蕭金氣 西陸弦海月]'라고 하였다. …… 가을에 해가 東陸에 있고 달은 西陸에 있다면 보름달이지 반달은 아니며, 만약 『漢書』에서와 같이 가을의 日道를 西陸으로 본다면 달도 함께 西陸에 있게 되며 바로 그믐이나 초하루 쯤이 되는데 어찌 반달이라고 하였던가? 말이 되지 않는다.[54]

번거로움을 피하기 위하여 전문을 인용하지 않았으나 星湖는 『續漢書』, 『左傳』, 『爾雅』, 『河圖帝覽嬉』 등 역대의 전적에 실린 기록을 점검하여 가을에 해가 東陸에 있고 달이 西陸에 있을 경우 달은 望月이어야 하고, 가을의 日道와 달의 위치가 西陸에 해당되면 달은 그믐달이거나 초승달이어야 함을 밝히고, '말이 되지 않는다'는 언표

53 拙稿, 「朝鮮後期 近畿實學派의 藝術論 硏究」, 고려대학교 박사학위논문, 1988, 10쪽 참조.

54 『僿說』, 卷28, 詩文門, 「西陸」 : 李白詩云……秋日旣在東陸而月在西陸 則望而非弦也 若如漢書 以秋之日道爲西陸 則月與之同在西陸 正是晦朔之際 何謂之弦 不成說矣

에서 극명하게 드러나는 바와 같이 李白이 자연현상을 정확히 관찰하지 않고 作詩하였음을 비판하였다. 작자의 情意가 美麗한 언어로 표현되었더라도 체험을 통한 세계에의 정확한 인식이 결여될 경우 독자에게 진정한 감동을 줄 수 없다는 뜻이다. 이 밖에 唐代의 詩人 東方虯의 「昭君怨」 가운데 "눈물을 가리며 丹鳳闕을 하직하고, 슬픔을 머금은 채 白龍堆를 향하네.[淹淚辭丹鳳 含悲向白龍]"를 지적하여 王昭君이 흉노로 가면서 西域에 있는 白龍堆를 경유할 까닭이 없는데도 韻字를 맞추기 위하여 객관적 사실을 오도하였음을 비판한 것[55]도 같은 문맥으로 이해된다.

뿐만 아니라 星湖는 歷史的 사실을 소재로 작품을 창작할 경우 당시의 상황을 정확하게 인식해야 함을 다음과 같이 강조하였다.

> 周의 太公望 같은 사람이 運을 만나 분발하여 끝내 營丘를 차지하였던 것은 처음부터 마음을 두었기 때문일 따름이다. 뒷날 시인들 가운데 '낚시터로 한 번 떠난 뒤 다시 돌아오지 않았다.[一下漁磯更不歸]'라고 하고, 또 '지금도 물새들은 사람을 등지고 날아간다.[至今江鳥背人飛]'라고 읊은 이가 있는데 이는 고루한 儒者의 입버릇에 지나지 않는다. 이들이 어찌 大人虎變을 알랴?[56]

55 『僿說』, 卷28, 詩文門, 「白龍堆」: 東方虯昭君怨詩云……昭君之出塞 不應由於白龍 詩人之趨韻 不察如此

56 『僿說』, 卷28, 詩文門, 「太公不歸」: 如周之太公望 值運奮興 遂荒營丘 卽始心所存然耳 後來詩人有云 一下漁磯更不歸 又云至今江鳥背人飛 此不過陋儒口業 何足以知大人虎變耶

위의 인용문에서 星湖는 呂尙이 周 武王을 도와 殷을 멸망시키는 공을 세운 뒤 草野로 물러난 사실이 없음에도 후세의 詩人들은 그가 부귀를 버리고 초야에서 유유자적한 생활을 한 것처럼 노래하고 있음을 비판하고 있다. 星湖는 군자가 자기를 알아주는 임금을 만나 공을 세우고 나서 물러나는 것은 혼란한 시대에나 적용될 수 있는 처세법임을 밝히고[57], 呂尙의 행적과 당시의 상황을 정확하게 파악하지 않고 작자 자신의 주관에 따라 낭만적으로 표현해 버린 사실을 두고 '고루한 유학자의 입버릇'이란 말로 비난한 것이다.

이와 같이 星湖가 세계에 대한 정확한 인식을 작품 창작의 핵심적 요건으로 지목한 것은 문학 작품이 독자에게 주는 예술적 감흥이란 언어적 기교나 낭만적 상상력에서 오는 것이 아니라, 세계에 대한 작자의 절실한 체험과 진지한 성찰을 바탕으로 형성된다는 진지한 작가 정신에 대한 환기의 의미를 지니고 있다.

세계에 존재하는 사물에 대한 진지한 체험적 성찰을 통하여 세계를 정확히 인식하고 인식된 세계와 작가의 내면세계가 交融하여 주제가 형성되면 표현의 단계를 거쳐야 한 편의 작품이 완성된다.

표현방식과 관련하여 星湖가 가장 강렬한 어조로 강조한 것은 지금까지 星湖의 문학론을 논의한 여러 논문에서 거듭 언급한 바와 같이 사물의 진면목을 여실히 묘사해야 한다는 것이다. 그러나 星湖가 강조한 묘사적 표현은 표현 주체의 의도가 배제된 사물의 단순 재현

---

57 同上 : 君子遭遇 攻城身退 不過衰世之意

을 의미하는 것이 아니며, 작가의 사상 감정을 구체적이고 가시적인 사물을 통하여 형상화하여야 한다는 의미가 전제된 것이다.

> 孔子는 "草木과 禽獸의 이름을 많이 알게 된다"라고 하였는데 風詩가 그러한 것이다. 人事의 得失은 오직 物로만 비유할 수 있다. 물의 모양과 빛깔, 번성함과 쇠잔함을 관찰하면 온갖 형태가 갖추어져 있다. 인간의 현명하고 어리석고 귀하고 천함은 만 가지로 같지 않으나 造化가 生成한 것이라는 점에서는 같으니 그 이치가 어찌 다르랴! 다만 名色이 類가 다를 따름이다. 그러므로 그 興에 의탁하여 범연히 말한 것은 지적함이 친절하지 않은 것이 없는데 후인들은 이를 깨닫지 못하였다. 오직 屈原만이 체득하여 「離騷」를 지으니 그 뜻이 비로소 드러났다. 뒤에 李白이 나와 古風 59편을 지었는데 古風이란 것은 옛날의 풍시를 본받은 것이다.[58]

윗글에서 星湖는 人間과 動·植物은 造化가 生成해 낸 존재라는 점에서 동일하므로 본질적인 측면에서의 존재의 원리 또한 다를 수 없기 때문에 세계에 존재하는 物을 통하여 작가의 사상과 감정을 표현하여야 공감을 얻을 수 있다는 논리를 전개하고 있다. 여기서 특별히 주목되는 것은 그가 사상감정의 표현방식으로서 興法을 높이 평가하고 있다는 사실이다. 比法의 경우도 星湖가 선호하였음은 李白의 詩를 지목하여 '比·興體로 이루어져서 그 뜻이 深厚하며 餘味

58 『僿說』, 卷30, 詩文門, 「李白古風」: 子曰 多識於鳥獸草木之名 風詩爲然 人事之得失 惟物可喩也 觀其形色榮悴 衆態俱備 人之賢愚貴賤 萬般不同 均是造化之生成 其理何別 特名色異類耳 故其泛言託興者 莫不有所指摘親切 而後人不覺也 惟屈原得之爲離騷 其義始見矣 後有李白者 爲古風五十九篇 古風者準古之風詩也

가 있다'[59]라고 評한 사실을 통해서 확인할 수 있다.

주지하듯이 星湖가 긍정적으로 평가한 比法과 興法은 모두 사물에 작가의 사상 감정을 기탁하여 표현하는 것으로 이를 통하여 그것은 客觀化, 形象化된다. '인간의 情은 연기나 안개같이 아득하고 몽롱하여 형상이 없음으로 반드시 언어와 객관적 사물을 통하여 형상을 부여하여야 객관화될 수 있기 때문'[60]이다. 星湖가 이 두 표현 방식에 특별히 주목한 것은 "屈原이 「離騷」를 지음에 있어서 그 뜻이 고결하였기 때문에 그 物을 稱한 것도 향기로와서 蘭 · 蕙 · 菌 · 蓀 · 藒車 · 杜衡 같은 것이 이와 뺨 사이에서 무르녹아 그 꽃다운 향기가 문득 사람에게 스며드는 것 같다."[61]라는 그의 論評에서 드러나는 것처럼 작가의 내면세계를 구체적이고 가시적인 사물을 통하여 선명하게 형상화하여야 독자들에게 생동하는 감동을 줄 수 있다고 판단하였기 때문이다. 즉, 작가의 情緖로 착색된 사물이 환기시키는 분위기와, 언어와 언어 사이의 여백이 제공하는 개방된 상상의 공간이 독자로 하여금 예술적 감흥에 젖어들게 하는 것이다.

형상화의 수법과 관련된 星湖의 주장들은 대체로 사물을 표현해내는 技法的인 측면에 관한 논의와, 寓意의 방식에 관한 논의로 구분할 수 있다. 표현기법과 관련하여 星湖가 극력 배격한 것은 표현

---

59 『僿說』, 卷28, 詩文門, 「李白詩」: 莫非比興之體 而非嗜仙好怪之意也 其意可謂深厚餘味 孰謂白一詩人也

60 徐復觀, 『釋詩的比興』, 徐復觀先生全集 二, 대만학생서국, 중화민국 74년, 96쪽 참조.

61 『僿說』, 卷30, 詩文門, 「李杜韓詩」: 屈原之作離騷 其志潔 故其稱物也芳 蘭、蕙、菌、蓀、揭車、杜蘅之屬 爛然於齒頰之間 其芬馥 便覺襲人

대상의 특징을 강조하기 위하여 관념적인 형용어를 써서 지나치게 수식하거나, 표현 방식이 淺近한 이른 바 胡釘鉸·張打油의 투[62]이다. 지나친 수식은 "연지와 분을 발라 氣色이 윤택하지 못한 것과 같다."[63]라는 星湖의 언표에서 드러나는 바와 같이 내용의 전달을 오히려 방해하고 또 생동하는 감흥을 줄 수 없으며, 淺近한 표현은 독자들에게 詩句의 의미를 음미할 여지를 남기지 않기 때문이다.

앞에서 언급한 바와 같이 星湖는 사물의 진면목을 여실히 표현해내는 묘사적 표현기법을 매우 선호했다. 이 점은 "그 사람을 그리면 반드시 그 사람을 닮아야 한다. 詩文에서의 模寫 또한 어찌 다르랴?"[64], "지금 만일 그림을 논하면서 외형은 닮지 않아도 된다고 하고, 시를 짓되 이 물건(소재가 된 사물 : 필자 주)이 아닌 것 같아도 된다고 한다면 말이 되겠는가?"[65]라는 그의 언표에서 단적으로 확인할 수 있다. 소재에 대한 성실한 묘사는 독자들에게 실감을 부여하여 작품을 통하여 표현하고자하는 내용의 진실성에 대하여 공감하게 할 수 있기 때문이다.

묘사적 표현은 사물의 진면목을 여실히 그려내기 위한 기본적인

---

62 『僿說』, 卷28, 詩文門, 「鄭一蠹詩」에서 성호는 宋僧 參寥의 詩句 '欲立蜻蜓不自由'를 지목하여 "第二句卑劣 不脫胡釘鉸張打油套中"이라고 評한 바 있으며, 同上, 「松谷詩」, 同上, 卷29, 「雲根」에서도 표현 방식이 천근한 詩句를 호정교·장타유의 투라고 비판한 바 있다.

63 『僿說』, 卷29, 詩文門, 「律詩路程」: 惟雙對二聯局促 粧飾餘地不恢 故但務色態 比如朱粉錯施 而氣血芤濇也

64 『僿說』, 卷30, 詩文門, 「退溪先生詩」: 如畫其人 則必似其人也 詩文之模寫 亦何異哉

65 『僿說』, 卷5, 萬物門, 「論畫形似」: 今若曰 論畫形不似 賦詩非此物 其成說乎

전제이다. 星湖는 소재의 특성을 보다 선명하게 부각시키기 위해서 포착된 소재들을 평면적으로 나열하지 않고, 대조되는 색채를 지닌 사물을 나란히 배열하여 대비 효과를 노리는 등의 회화적인 표현 기법을 긍정적으로 평가[66]하였다. 星湖는 그림과 같이 묘사된 작품이 불러 일으키는 심미적 효과에 대하여 "읽으면 마음이 맑아지고 눈이 즐거워진다."[67]라고 하여 회화적 표현이 독자에게 생동하는 현장감을 제공할 수 있음을 밝힌 바 있다.

寓意의 방식과 관련하여 星湖가 가장 바람직하게 생각한 것은 작가의 情懷가 문면에 가시적으로 노출되지 않는 이른 바 '羚羊挂角'의 수법이다.

> 그 「汎濯纓潭」 詩에 이르기를 '물과 달은 창창하고 밤기운 청명한데, 바람 부니 조각배는 달빛 거슬러 나아가네. 표주박 속의 하얀 술은 은잔에 번득이고, 계수나무 노에 흐르는 빛은 玉横(별이름 : 필자 주)을 끄는 듯하네.[水月蒼蒼夜氣清 風吹一葉泝空明 瓠樽白酒飜銀酌 桂棹流光掣玉横]'라고 하였으니 義理의 眞景임은 물론이요, 먹줄과 자귀의 힘을 빌지 않고도 鏗鏘하여 욀 만하며, 가벼운 바람이 물에 스쳐 물결이 이는 듯하고, 羚羊이 挂角한 자리처럼 흔적이 없으니 저 『藝苑雌黃』에 둔들 또 무엇이 흠이 되겠는가?[68]

66 최박광, 「星湖 李瀷의 詩論」, 『韓國文學論』, 日月書閣, 1981, 113쪽 참조.

67 『僿說』, 卷30, 詩文門, 「詩歌增光」 : 青赤白黒 四方之正色 輝暎眩目 詩家以之增光……讀之 爲之心明 眼悅

68 『僿說』, 卷30, 詩文門, 「退溪先生詩」 : 其汎濯纓潭詩云 無論理義眞境 不煩繩削 鏗鏘可誦 輕颸度水生瀾 羚羊掛角無痕 置之於藝苑雌黃 又何所歉

윗글에서 星湖가 인용한 退溪의 詩는 작가의 精神的 世界를 사변적인 언어로 직서하지 않고, 淸淨 또는 淸眞의 세계의 表象인 水·月을 詩材로 하여 夜氣, 空明, 銀酌, 玉橫 등 청정한 이미지를 지닌 사물에 투사한 것이다. '羚羊이 挂角한 자리처럼 흔적이 없다'라는 星湖의 評처럼 이 작품에서는 작가의 관념이 문면에 노출된 흔적을 전혀 발견할 수 없으며 작가의 내면세계와 詩材가 혼연히 일체가 되어 있음을 감지할 수 있다. 이러한 작품을 대할 때 독자는 작품의 총체적 분위기를 거듭 음미함으로써 작가의 情懷에 접근하게 되며, 그 과정에서 정서적 고양상태를 체험할 수 있는 것이다.

한편, 창작과 모방에 관한 星湖의 기본적인 시각은 '옛 사람의 시는 시골 사람이 모든 일용품을 자기 스스로 만들어 쓴 것과 같아서 眞心이 드러나 있으며 工·拙을 판별할 수 있는데, 오늘날의 詩는 서울의 선비가 일용품을 이웃에서 빌려 쓰는 것과 같아서 세련되어 볼 만하기는 하나, 족히 칭찬할 것은 못된다'[69]라는 그의 진술에서 확인할 수 있드시 남의 시를 모방하여 아름답게 표현한 작품보다는 拙樸해도 작가의 眞心을 자신의 언어로 표현한 작품을 바람직하게 여기는 것이었다. 그러나 星湖는 漢詩의 경우 그 형식이 지극히 폐쇄적이고 語彙 또한 제한적이며 이미 오랜 세월 동안 무수한 작품이 창작되었으므로 新意를 창출하여 個性的인 언어로 표현한다는 것은

---

69 『僿說』, 卷29, 詩文門, 「陶詩自做」: 古人之詩 如荒郡野人 冠是自做 帶是自做 衣履是自做 器物是自做 眞心見而工拙可別也 今人之詩 如京邑之士 冠是借物 帶是借物 衣履是借物 器物是借物 雖都雅可觀 皆非己有 此物東隣借用 西隣借用 何足稱也

매우 어려운 일임을 인정하고 意境이나 詩語의 제한적 모방기교인 換骨奪胎, 點化 등을 용인하였다. 예컨대 一蠹 鄭汝昌(1450~1504)의 「遊頭流到花開縣」에 대하여 "이 詩의 起句 '風蒲獵獵弄輕柔'는 宋僧 參寥의 詩 起句에서 그대로 따온 것이나 이 句의 작품 내에서의 의미와 역할이 參寥의 경우와 전혀 다르기 때문에 문제될 것이 없다."라고 評[70]하고, 절취해 온 語句는 거의 없으나 魏仲先의 작품에서 意境을 그대로 모방한 楊浦 崔澱의 「鏡浦臺」에 대해서는 '活剝生呑'이라 하여 극렬히 질타한 사실[71] 등에서 모방과 관련된 星湖의 관점을 확인할 수 있는 것이다.

他人의 作品에서 의경을 표절하는 행위는 원칙적인 의미에서는 논의의 가치 조차 없는 것이다. 그러나 詩文門 여러 곳에서 星湖가 지적하고 있는 것처럼 作詩가 일상화되어 있었던 中世 社會에서는 蹈襲이나 표절이 심각한 문제로 인식되지는 않았던 듯하다. 따라서 星湖의 이와 같은 문제 제기는 '문학 작품은 작가의 절실한 체험과 진실한 情意의 소산이어야 함'을 강조한 것으로 문학을 오락의 수단 내지 재능 과시의 방편으로 여겼던 일부 시속 문인들의 작태에 대한 비판의 의미를 담고 있는 것이다.

70 『僿說』, 卷28, 詩文門, 「鄭一蠹詩」: 一蠹堂鄭先生詩云 風蒲獵獵弄輕柔 四月花開麥已秋 看盡頭流千萬疊 孤舟又下大江流 宋釋參寥詩亦云 風蒲獵獵弄輕柔 欲立蜻蜓不自由 五月臨平山下路 藕花無數亂汀洲 其起句 意到不妨相襲 收殺得完好 是白獺補臉手

71 『僿說』, 卷30, 詩文門, 「鏡浦臺詩」: 崔楊浦澱鏡浦臺詩 蓬壺一入三千年 銀海茫茫水淸淺 鸞笙今日去不來 碧桃花下無人見 人謂古今絕唱 後人不敢續也 宋時魏仲先有詩 尋眞誤入蓬萊島 香風不動松花老 採芝何處未歸來 白雲滿地無人掃 崔詩殆活剝生呑手段也

Ⅵ

이상에서 필자는『星湖僿說』詩文門의 비평서로서의 특성 및 수록된 評文에 내포된 성호의 비평의식을 검토하였다. 지금까지 논의한 주요 내용을 요약 정리하면 다음과 같다.

첫째, 詩文門은 작품의 품격에 대한 批評, 작품 창작과 관련된 逸話들을 주요 내용으로 하는 전대 詩話類의 전통을 계승하면서도 詩文에 대한 考證的, 分析的 접근 태도를 보여주고 있다는 점과 비평 대상 시문의 선택 기준이 대단히 개방적이라는 특성을 지니고 있다. 詩文門의 이러한 특성은 성호의 실학자적 문예의식과 시문에 대한 폭넓은 관심의 소산이라고 할 수 있다.

둘째, 문학의 본질과 효용에 대한 성호의 시각을 검토한 결과 문학을 道의 구현 수단으로 인식하고 그 효용으로 世敎를 거론하였으나 世敎의 구체적 방법에 있어서는 士林派 문인들과는 달리 風敎보다는 風刺의 의의에 깊은 관심을 지니고 있었음이 밝혀졌다.

셋째, 風格批評의 樣相을 살펴볼 때 성호는 悲壯美의 범주에 귀속될 수 있는 風格을 선호하였던 바 이는 조선후기의 부조리한 사회현실 및 불우하였던 그의 삶에서 분비된 미의식을 반영하는 것으로 판단된다.

넷째, 작품 창작과 관련된 성호의 주장에서 특히 주목되었던 것은 작가의 情意를 구체적 사물을 통하여 형상적으로 표현하여야함을 강조한 대목이었다. 이는 성호의 창작론이 실용적 차원을 넘어서 심미적 측면에 대한 깊은 성찰을 바탕으로 하고 있음을 시사하는 것으로 이해된다.

이러한 성호의 批評意識은 批評史的인 측면에서 볼 때 16세기 士林派 문인들의 文藝意識을 일정부분 수용하면서도 燕巖, 茶山 등 후배 실학자들의 문예의식과 연결될 수 있는 단서들을 다분히 내포하고 있다는 점에서 매우 주목된다. 이 점에 대한 보다 精緻한 검토는 後稿로 미룬다.

•『한국한문학연구』, 제19권, 한국한문학회, 1996. 633~656쪽.

Ⅲ.

星湖 李瀷의 戱謔詩와 寓話詩

Ⅲ. 星湖 李瀷의 戲謔詩와 寓話詩

I

이 논문은 조선후기 실학자 星湖 李瀷(1681~1763)의 문학세계를 총체적으로 구명하는 과정의 일환으로 그의 戲謔詩와 寓話詩를 집중검토하기 위하여 집필된 것이다. 본고에서 戲謔詩로 지목한 작품은 詩題에 '戲'를 표방한 경우와 '戲'를 표방하지는 않았어도 작품에 自嘲的 혹은 諧謔的 표현이 부분적으로 드러난 경우이며, 우화시의 경우 실제 사실에 바탕을 두고 창작했음직한 작품도 인간의 정황을 인간 이외의 사물의 행위에 투영한 것으로 판단되는 것은 일단 검토 대상에 포함시켰다.

실학파 문인 가운데 문예 일반에 대한 기본적인 관점이라는 측면에서 볼 때 상대적이긴 하지만 士林派 문인들의 문예의식을 비교적 충실히 계승하고 있는 것으로 알려진 성호의 詩作 가운데 20여 편에 달하는 희학시와 우화시가 포함되어 있다는 사실은 대단히 주목된다. 성호가 사림파 문인들의 문예의식을 일정부분 계승하면서도 사림파 문인들의 관심권에서 벗어나 있었던 희학시와 우화시 창작에 적지 않은 관심을 기울인 것은 문예의식의 측면에서 사림파 문인들의 그것과 뚜렷이 구별되는 점이 존재함을 뜻하기 때문이다. 그리고 문학의 본질적 가치를 그 經世的 效用에서 찾고, 작품 창작에 있어서 세계에 대한 정확한 인식과 그것의 가식 없는 寫出을 강조한 그의 문학관[1]을 상기할 때, 言志的 眞實性과는 거리가 먼 듯한 戲謔詩나, 세련된 형상력이 요구되는 우화시는 일견 이와 배치되는 것으로 생각할 수도 있는 것이다.

본고에서는 이 점에 유의하면서 우선 희학시와 우화시 창작과 밀접한 관련이 있을 것으로 판단되는 성호의 희학관과 창작론을 검토한 다음 작품 내용을 분석하려 한다.

Ⅱ

詩作에서 言志的 眞實性을 핵심적 요건으로 인식하고 性情之正을 추구하는 유학자에게 있어서 희작은 원칙적으로 수용되기 어려울 것이다. 그러나 역대 한문문화권의 문인들은 『詩經』「衛風 淇澳」

1 졸고, 「星湖의 批評意識」, 『고전비평연구』 2, 국어국문학회, 1998, 666~669쪽 참조.

편의 "희학을 잘하니, 지나침이 되지 않는다.[善戱謔兮 不爲虐兮]"라는 詩句를 준거로 삼아 지나치지 않은 희학은 대체로 용인해왔다. 희학에 관한 성호의 기본적인 시각도 여기에서 크게 벗어나지는 않는다. 성호는 희학을 인간의 삶에서 필연적으로 겪게 되는 긴장을 이완시킴으로써 정서적 안정을 유지시키는 데 기여하는 것으로 인식하였다. 다만, 희학의 내용이 상대의 기분을 상하게 할 정도로 지나치거나 품위를 잃어 천박한 것은 부정적으로 인식하였다. 성호가 제시한 희학의 효용을 정리하면 희학 주체의 자기위안 및 在上者가 在下者를 가까이하는 수단이 될 수 있다는 것이다.

『시경』에 이르기를 "희학을 잘하니 지나침이 되지 않는다"라고 하였으니, 군자도 때에 따라서 혹 조었다 늦추기도 하는 모양이다. 주자가 劉智夫에게 답한 편지에 이르기를 "趙子直이 나에게 공자가 微服을 입고 송나라를 지나간 일을 인용하여 가르침을 보인 일이 있는데, 지금 懸鶉百結을 하고서도 스스로 면하지 못하니 웃음이 나올 수밖에 없다."라고 하였다. 程汝玉에게 답한 편지에 "사방 친구들이 모두 生徒를 사절하라고 하는데, 듣자니 향교를 毁撤하고 僧坊으로 바꾸자는 청이 있자 또한 시행되어 저들이 높다랗게 자리에 앉았다고 하니, 이것이 어찌 객을 사절하지 못해서 이런 꼴을 당한 것이겠는가? 크게 한번 웃음직하다."라고 하였다. …… 탄식이 심하여 마치 즐거운 듯이 기롱하여 웃은 것이니, 이런 경우를 두고 "긴 노래에 담긴 슬픔이 통곡보다 심하다."라고 하는 것이다.[2]

2 李瀷, 『星湖僿說』, 卷9, 人事門, 「朱子戱語」: 詩日 善戱謔兮 不爲虐兮 君子亦有時乎張 而或弛也 朱子答劉智夫書云 趙子直引孔子微服事見敎 今乃懸鶉百結 而不能自免 亦可笑也 又答祝汝玉書云 四方朋遊 皆有謝絕生徒之誨 聞有毁鄕校 以還僧坊之請 事

위의 인용문에 기술된 주자의 희학은 주자 자신을 위시한 성리학자들이 추구하던 도학이, 韓侂胄 陳檜 등 당시 집권세력에 의해 僞學으로 지목되어 그들에게 탄압 받던 상황에서 나온 것이다. 즉, 주자의 동지들은 집권세력이 자신들을 탄압할 명분을 주지 않기 위하여 갖은 노력을 기울였지만, 결국은 권력의 횡포로부터 벗어날 수 없게 된 부조리한 현실과, 그로 인한 괴로움을 한 번 웃음으로써 잊어보고자 한 것이다. 이런 종류의 희학은 객관적인 입장에서 보면 실소를 머금게 하나, 희학 주체로 하여금 이를 통해 좌절하지 않고 자신을 지켜갈 수 있는 정서적 안정을 획득할 수 있게 한다.

희학 주체의 자기 위안이라는 희학의 효용 외에 성호가 특별히 주목한 것은 희학이 계층 간의 화합을 위한 수단이 될 수 있다는 점이었다.

> 衛詩에 "너그럽고 너그러운데, 아! 수레를 타고 계시네. 희학을 잘 하니 지나침이 되지 않네."라고 하였다. 이는 수레를 타고 길거리에 나선 임금의 거둥을 말한 것이니, 나라 안을 순수하면서 백성을 가까이 접촉함이 아니고 무엇이겠는가? 옛날 어진 임금들은 백성들을 불러 가까이 오게 하여 여러 가지 방법으로 깨우쳐 인도하면서 그들이 사정을 다 이야기하지 못할까 염려하였다. 그래서 이에 짐짓 희학을 시도하여 백성들로 하여금 즐거운 마음으로 아뢰고 유감이 없도록 한 것이니, 그 기상의 조용함과 거둥의 온화함을 상상할 수 있다. 이렇게

亦施行 彼嵬然當坐 豈亦不謝客而遭此耶 可付一大笑……嗟嘆之甚 仍爲詼笑歡如也 是爲長歌之哀 甚於痛哭也

하는데도 백성들이 억울하여, 원통함을 호소하는 자가 있겠는가?[3]

위의 인용문 첫머리에 언표된 바와 같이 성호는 「위풍 기욱」 편의 제3장을 衛武公이 순수할 때의 광경을 노래한 것으로 보고, 위무공이 희학한 것은 백성들과 격의 없는 대화를 하기 위해서였던 것으로 해석하고 있다. 임금이 하층 민중들의 상황을 정확하게 파악하기 위해서는 민중들에게 접근하여 그들의 고충을 청취하여야 하는데, 在上者의 희학은 권위의 벽을 무너뜨리는 역할을 하여 민중들로 하여금 부담 없이 진심을 토로할 수 있도록 하는 수단이 된다는 것이다. 이러한 성호의 희학관은 하층 민중들의 삶을 중시하는 그의 민중 중심의 사고에서 배태된 것으로, 여기에서 우리는 성호의 진전된 정치의식의 일단을 엿볼 수 있다.

한편 성호가 질량면에서 괄목할 만한 우화시를 남긴 것은 寫實志向的인 그의 시론과 밀접한 관련이 있는 것으로 판단된다. 주지하듯이 우화시는 도덕적 교훈, 부조리한 현실에 대한 풍자 등의 작가의식을 구체적이고 가시적인 사물을 등장시켜 형상적으로 표현한다. 그리고 우화시가 공감대 획득에 성공하기 위해서는 소재에 대한 정확한 인식과 확고한 작가의식 및 세련된 형상력과 묘사력이 요구된다.

---

3 李瀷, 『星湖僿說』, 卷17, 人事門, 「近民」: 衛詩云 寬兮綽兮 猗重較兮 善戲謔兮 不爲虐兮 此言乘車行道之儀 非巡遊接民而何 古之賢君 必招使至前 百道開誘 惟恐其不竭私情 故乃故爲詼謔 俾有樂告無憾 其氣像從容 聲氣溫厚 可以想見 如是而人有戴盆呼寃者哉

성호는 문학작품이 독자들에게 주는 감흥은 세계에 대한 진지한 탐구와 성찰을 바탕으로 형성된다고 판단하고 세계에 대한 정확한 인식을 작품 창작을 위한 필수적인 요건으로 인식하였다. 인식된 세계와 작가의 내면세계가 交融하여 주제가 형성되면 표현의 단계를 거쳐야 한 편의 작품이 완성된다.[4] 표현 방식과 관련하여 성호가 일관되게 주장한 것은 사물의 진면목을 여실히 묘사하여야 한다는 것이다. 그러나 성호가 창작론에서 강조한 묘사는 표현 주체의 의지가 배제된 단순재현을 의미하는 것은 물론 아니다. 작가의 情志를 구체적이고 가시적인 사물을 통하여 형상화하여야 한다는 뜻이다.

> 人事의 득실은 오직 物로만 비유할 수 있다. 사물의 모양과 빛깔, 번성함과 쇠잔함을 관찰하면 온갖 형태가 갖추어져 있다. 인간의 현명하고 어리석고 귀하고 천함은 만 가지로 같지 않으나 조화가 생성한 것이라는 점에서는 같으니, 그 이치가 어찌 다르랴! 다만 명색이 류가 다를 따름이다. 그러므로 그 흥에 의탁하여 범연히 말한 것은 지적함이 친절하지 않은 것이 없는데, 후인들은 이를 깨닫지 못하였다. 오직 屈原만이 체득하여「離騷」를 지으니, 그 뜻이 비로소 드러났다.[5]

위의 인용문에서 성호는 인간과 동식물이 조화의 소산이라는 점에서는 동일함으로 본질적인 측면에서 존재의 원리 또한 다를 수 없기

4 주1)과 같음.

5 李瀷,『星湖僿說』, 卷30, 詩文門,「李白古風」: 人事之得失 惟物可喻也 觀其形色榮悴 衆態俱備 人之賢愚貴賤 萬般不同 均是造化之生成 其理何別 特名色異類耳 故其汎言託興者 莫不有所指摘親切 而後人不覺也 惟屈原得之爲離騷 其義始見矣

때문에, 세계에 존재하는 사물을 통하여 작가의 情志를 표현하여야 독자들에게 감흥을 줄 수 있다는 논리를 전개하고 있다. 물론 윗글에서 성호가 긍정적으로 평가하고 있는 興法은 우화시의 표현 기법과는 다른 차원의 작시법이지만, 작가의 情志를 사물을 통해 형상화한다는 점에서는 기본적으로 서로 통하는 점이 있다. 이러한 측면에서 볼 때, 성호의 우화시는 소재가 되는 사물의 진면목을 정확히 인식하고 그것의 가식 없는 寫出을 주장한 그의 사실지향적 문예의식의 작품적 실천의 한 국면인 것으로 판단된다.

Ⅲ

성호의 희학시는 대체로 역사적 인물의 특정 행위에 대한 조롱, 아랫사람들에 대한 격의 없는 친밀감의 표현, 자신의 개인적 처지와 관련된 자기 위안 및 현실을 풍자한 작품으로 나눌 수 있는데, 첫째 부류의 작품으로는 「戱賦疏傳張翰二首」[6]를 들 수 있다.

❶ 疏傳辭官識變通	疏廣·疏受 관직 버렸으니 변통할 줄 안 자나
主恩宜與衆人同	임금 은혜 마땅히 뭇사람과 함께 해야지
黃金浪費供荒樂	황금을 荒樂에 낭비하였으니
鄕黨寧無餓且窮	고을에 어찌 주리고 곤궁한 자 없으랴!

6 李瀷, 『星湖全集』, 卷5.

❷ 張翰江東夢裏秋	장한이 꿈속에 그리던 강동의 가을
時當歸去復何求	떠날 때를 당하여 다시 무얼 구하랴!
蓴鱸羹膾還差事	순채국 농어회 핑계 도리어 해괴하니
畢竟均爲口腹謀	끝내는 다같이 입과 배를 위한 것

위의 ①은 漢 宣帝 때의 인물인 疏廣과 疏受가 太子太傅와 太子小傅라는 화려한 관직을 버리고 고향으로 돌아갈 때, 수백 량의 수레를 타고 몰려온 公卿들과 호화로운 잔치를 벌린 사실을 기롱한 작품이다. 후세 사람들은 대체로 이들의 행적에 대하여 명리를 초개처럼 여긴 고상한 일로 칭송하였으며, 그림으로 그려 후대에까지 전하고자 하였다. 그러나 성호는 이들이 늙어 벼슬을 버리고 고향으로 돌아간 행위 그 자체에 대해서는 공감하면서도, 이들이 많은 돈을 들여 송별연을 열고 荒樂에 빠진 일에 대해서는 준엄하게 비판하고 있다. ② 또한 晉나라 때의 張翰이 齊에서 大司馬東曹掾尉란 벼슬을 하다가 가을바람이 불자 고향의 순채국과 농어회 맛이 그리워 벼슬을 버리고 고향으로 돌아간 일을 기롱한 작품이다. 장한의 행적에 대해서도 후대의 문인들은 고상한 풍류고사로 여겨 칭송해왔다. 그러나 성호는 장한이 음식 맛을 잊지 못해 향리로 돌아갔음을 지적하면서 전혀 칭송할 가치가 없는 인물인 것으로 단정하고 있다. 이처럼 성호는 특정 역사적 사실과 관련된 기존의 시각에 대해 문제점을 지적하여 인식의 전환을 시도함으로써 흥미를 유발하고, 빈곤한 민중의 삶을 외면한 특권층의 호사와 개인의 본능적 욕구를 억제하지 못한 관인의 행위를 비판한 것이다.

둘째 부류에 속하는 작품은 장난기가 다분한 표현, 또는 격식의 파괴 등의 기법을 취하고 있다.

初聞隱隱雷鳴地	처음 들을 땐 쾅하고 우레가 땅을 울리듯 하더니
更見紛紛雹散空	다시 보니 어지럽게 우박이 공중에 흩어지네
正耐羅敷春色晩	어찌 견디랴! 나부산 늦은 봄날
嫣然吹落篴中風	한가락 바람에도 곱게 날려 떨어지는 것을[7]

「熬稻作糤正類落梅戱與兒輩賦之」라는 시제에서 알 수 있듯이, 위의 작품은 쌀을 튀길 때 쌀알 모양이 공중으로 튀어 오르면서 부풀어져 떨어지는 모양을 희학적으로 표현한 작품이다. "장난삼아 아이들과 함께 지었다."는 말로 미루어 "흩어져 떨어지는 쌀알이 늦은 봄 바람에 날려 떨어지는 매화꽃 같다."는 표현은 아이들의 상상력에서 취해온 것인지도 모른다. 작품의 전구와 결구에는 모종의 무상감이 투영되고 있으나, 우리는 이 시를 읽으면서 중년의 성호가 튀밥 튀기는 것을 구경하며 아이들과 격의 없이 대화하는 정겨운 모습을 떠올릴 수 있다. 이 밖에 「戱語寄鄭君則」[8]에서는 일상적인 問安편지에 해당하는 내용을 七言詩로 표현하고, 마지막 구에서는 받는 이로 하여금 미소 짓게 하는 "庚子春正病客書"라는 편지투로 끝맺음으로써 상대에 대한 자신의 은근한 정을 표하고 있다.

7 李瀷, 『星湖全集』, 卷1, 「熬稻作糤正類落梅戱與兒輩賦之」

8 同上.

성호의 희작시 가운데 특히 주목되는 것은 셋째 부류에 속하는 작품이다. 성호는 40세 이후부터 자신의 연령을 소재로 한 작품을 다수 남기고 있는데, 이들 작품에서는 이런 종류의 시에서 흔히 발견되는 세월 또는 인생의 무상함을 노래한 경우는 거의 발견되지 않고 주로 투철한 자아 성찰에서 오는 긴장을 해소하려는 의도를 엿볼 수 있다.

八歲兒詩頌立春	여덟 살 난 아이가 立春頌을 짓는데
翁今四十老迎新	옹은 이제 마흔 살, 늙어 새해를 맞네
看渠紙面能成字	저가 종이 위에 글자 쓸 줄 아는 것 보니
效我門眉强說貧	가난 타령 싫어하는 집안 전통 이었네
計活固知無別意	생계 대책에 별 뜻 없음을 진실로 알겠나니
祈禳還見有添身	비는 것은 몸에 보탬이 있는 것이라네
已將玆事爲祥慶	이 일을 상서로운 경사로 여겨
硏墨濡毛手自親	먹을 갈아 붓털 적시어 손수 이 글을 쓰네[9]

「兒作立春詩戲題」라는 시제에서 알 수 있듯이 위의 작품은 작가가 40세 되던 해 1720년 입춘에 쓴 것이다. 과거를 통해 입신하려고 하였던 성호가 26세에 仲兄 李潛(1660~1706)의 杖殺 사건을 겪은 뒤 관계로의 진출을 포기하고 안산의 첨성리에서 은거하게 된 것은 현실에서의 좌절로 인한 불가피한 선택이었다고 할 수 있다. 위의 작품은 늦게 얻은 獨子 孟休(1713~1751)가 여덟 살이란 어린 나이에

9 同上, 「兒作立春詩戲題」

지은 立春詩에 이미 學問意思가 드러나 있는 것을 보고 작가의 기쁜 심경을 토로한 것이다. 자식 자랑을 금기시 하던 조선시대 사대부들의 풍속 때문에 작가는 자식의 자질을 대견해하고 그 기쁨을 시로 읊으면서 시제에 '戱'를 내세운 것일 뿐, 시구 가운데 희학적인 표현은 전혀 발견되지 않으며, 오히려 40세라는 자신의 나이를 환기하여 성취하지 못한 儒者로서 자아실현에의 미련을 행간에 투영시키고 있는 듯하다. 이 점은 43~44세 무렵 늘어나는 백발을 두고 "한 가닥 두 가닥 백발은 늘어가고, 삼십 사십이 잠깐 사이에 지나가네. 대장부 심사는 하늘보다 높은데, 밤에 경전을 읽으나 늙음을 어이하랴.[一莖二莖白髮多 三十四十須臾過 丈夫心事靑冥上 夜對遺經奈老何]"라고 탄식한 「白髮」[10] 같은 작품에서는 더욱 선명하게 드러난다. 그러나 가난과 질고에 시달리던 만년의 희학시에서는 자아성찰에서 오는 긴장의 이완을 의도한 흔적은 찾기 어렵다.

火棗吾聞百脈通	火棗를 먹으면 백병이 낫는다길래
辛勤燈焰炙成濃	애써 등잔불에 구워 익히네
曾孫鎭夜來求哺	증손이 와서 밤새도록 먹을 것 찾으니
八耆翁携四歲童	팔십 노인이 네 살 아이 안고 있네[11]

위의 작품은 시제가 「戱題」임에도 불구하고 전체 분위기는 대단

10 同上.

11 李瀷, 『星湖全集』, 卷6, 「戱題」.

히 침울하다. 이 작품에 등장하는 증손은 松南 李戴南(1755~1835)으로, 결구에 언표된 내용으로 볼 때 이 작품은 성호가 78세 때인 1758년에 창작된 것이다. 성호는 71세에 독자 孟休를 잃고 몹시 상심하였으며, 2년 뒤에는 손녀마저 역질로 夭死하였고, 이 작품이 창작되던 무렵에는 자신의 질병이 깊어져 지팡이를 짚고 집안 마당을 거닐기도 어려운 지경[12]이었다. 경제적인 상황 또한 5형제의 막내로 혼자 살아 남아 여러 조카와 자손들을 恤養하느라 가세가 기울었으며, 독자 맹휴의 오랜 질병 때문에 가산을 탕진하여 1756년에 문인 尹東奎(1695~1773)에게 답한 서신에서는 "우리의 궁핍함이 날로 심하여 드디어 송곳 꽂을 땅도 없게 되었다."[13]라고 탄식하기에 이르렀다. 위의 작품은 병들어 쇠잔한 몸을 치료하려고 등잔불로 火棗를 만들면서, 밤새 먹을 것을 찾는 증손자를 안고 달래는 늙은 자신의 처량하면서도 우스꽝스러운 모습을 담담하게 그려낸 것으로, 희작임을 표방하여 가난과 질병에 시달리는 자신의 처지를 토로함으로써 스스로를 달래려는 의도를 지니고 있다. 희작임을 표방하지는 않았으나 음식물을 소재로 한 성호의 시작 가운데는 희학적 색채가 다분한 작품이 다수 발견된다.

12 李瀷, 『星湖全集』, 卷26, 「與安百順 戊寅」: 瀷春來 澌頓漸甚 庭戶杖屨 日覺艱難
李瀷, 『星湖全集』, 卷26, 「與安正進 戊寅」: 瀷死疾纏髓 半身入於鬼境 今焉稍覺蘇緣能坐與人語

13 李瀷, 『星湖全集』, 卷20, 「答尹幼章 丙子」: 吾輩窮餓日甚 卒至於置錐無地 如是者已無奈何

烹粥盈杅淺綠光	죽을 끓여 사발에 채우니 연록 빛 감도는데
貧翁得此味還長	가난한 늙은이 이것 먹으니 맛이 더욱 좋네
前邨看取炊煙絕	앞마을에 밥짓는 연기 끊어진 것 보니
粒粒芳馨揣分嘗	알알이 나는 향내 분수 생각하며 맛보네[14]

위에서 인용한 시는 완두콩을 갈아서 끓인 죽을 소재로 한 「粥二首」 가운데 첫째 수로, 起·承句는 희학적 색채가 농후하다. 성호는 救荒食品으로서 콩이 지닌 가치를 높이 평가하여 三豆會를 만들고 친척들에게 콩죽, 콩장, 콩나물 먹기를 권장[15]하였다. 이 작품에서 작가는 기근에 시달리는 여러 친척들에게 콩을 활용할 것을 권장하면서 집안 어른으로서 아랫사람들에게 격의 없이 접근하기 위하여 콩죽을 즐겨먹는 자신의 모습을 희학적으로 표현한 것으로 생각된다. 이 밖에, 잡곡밥과 보리개떡을 소재로 한 「潦饌」[16], 「假餅詩」[17] 등에서는 천한 음식을 즐겨먹는 모습, 만드는 과정, 음식의 모양 등을 희학적으로 표현함으로써 기근으로 인한 고통을 잊고, 기층민들과 고락을 같이 하려는 작가의 의도를 엿볼 수 있다.

十畝經營取美禾	열 이랑 농사 지어 좋은 벼 거두어

14 李瀷, 『星湖全集』, 卷6, 「粥二首」.

15 李瀷, 『星湖全集』, 卷52, 「三豆會序」: 一日邀巷裏宗族 命家人具盤 羞不出於一種黃豆 黃豆者 菽之別名 糜粥一杅 淹爲黃卷菹一盤 醬爲鼓漿一梧 名日三豆會 少長咸集 盡飽而罷

16 李瀷, 『星湖全集』, 卷2.

17 李瀷, 『星湖全集』, 卷4.

玉食雲子應非佗	구슬 같은 쌀밥 먹는 것 응당 좋은 일
野老將飯知僭踰	촌 늙은이 밥 먹으려다 참람된 줄 알아
商量不嚥但長嗟	생각에 잠겨 먹지 않고 길이 탄식만 하네
生平不耕亦不耘	평생 밭 갈고 김매지 않으며
鼓腹含哺計甚嗟	배불리 먹겠다면 매우 잘못된 일
天生五穀菽居一	콩은 하늘이 내린 오곡 가운데 하나
就中赤色尤稱嘉	그 중 붉은 콩이 더욱 좋다네
火旺方生水旺死	여름에 막 나서 가을에 죽으나
甛滑韂輭味更奢	달고 부드러워 맛 더욱 사치롭네
貧家乏材善方便	가난한 집 재물 적어도 좋은 방편 되나니
賤價易辦此亦多	싼 값에 쉽게 살 수 있어 이 또한 좋은 일
與米相和得均劑	쌀과 서로 고르게 섞어
錡釜爛蒸騰成霞	솥에 푹 익히니 김이 올라 안개 같네
盈軒啓會氣燻人	사발에 가득 담아 자리에 내니 훈기가 가득한데
水晶火齊交相加	쌀과 콩이 서로 섞여 엉겨 있네
春風雜花開複疊	봄바람에 여러 꽃이 겹겹이 피어
桃紅李白色盪磨	붉은 복숭아꽃 흰 오얏꽃 어릿어릿 비치는 듯
長少分行爭擧匙	어른 아이 갈라 앉아 다투어 수저 들고
一時咀嚼芬齒牙	다같이 씹으니 치아가 향긋하네
爾來肉味忘已久	요즘 고기 맛 잊은 지 오래니
河鯉松鱸莫相誇	황하강 잉어 송강 농어는 자랑하지 말라
請看前村煙未起	앞마을에 밥짓는 연기 나지 않음을 보라
此物於我非泰耶	콩밥도 나에게 너무 사치하지 않은가
傳聞富貴競豪侈	듣자니 부귀한 자들 사치를 다투어
一餐萬錢擅葷羅	한 끼에 만금 들여 고기를 늘어놓는다 하네
塡胸果服不肯休	가슴까지 채우고도 그치려 하지 않고
剝民充欲其奈何	백성에게 짜내어 제 욕심 채우니 어찌하나
吾知君子善自寬	군자는 스스로 관대함을 내가 아니
半菽何害碩人薖	콩밥이 어찌 碩人의 너그러움에 해되랴

蓬門日月足生涯	가난한 집 날로 달로 생계가 족하고
六籍在案終朝哦	육경이 책상에 있어 아침 내내 읊조린다[18]

콩밥을 소재로 한 위의 작품은『星湖僿說』에서 "나는 가난한 생활에 능숙한데, 품질 좋은 콩을 찾다가 알이 굵고 껍질이 부드러운 붉은 콩을 구하여 쌀에 섞어 밥을 지었더니 맛이 좋아 쌀밥보다 낫기에, 드디어「콩밥노래」를 지어 가난한 집안에 전하여 알린다."[19]라고 언급한 바로 그 노래인 것으로 판단된다. 이 작품은 시제에 '戱'를 표방하지는 않았으나, 근엄한 조선시대의 사대부들이 문학적 관심의 대상으로 여기지 않았던 콩밥을 한시의 소재로 수용하였다는 자체가 희학적이다. 작품의 첫머리에서 작가는 농사짓는 수고를 하지 않고도 쌀밥을 먹는 당대의 지배층을 은근히 비판하면서 콩의 효용을 부각시킨다. 중반부에서는 콩밥을 짓는 과정, 콩의 모양, 콩밥을 먹는 광경 등을 희학적인 필치로 묘사한 다음, 후반부에서는 쌀밥을 먹어야 할 농민은 굶주리는데도 불구하고 그들에게 착취한 재물로 포식하는 권력층의 횡포를 고발하고 말미에서는 安貧自足하며 학문에 매진하는 작가의 삶을 담담하게 노래하고 있다. 이러한 내용으로 구성된 이 작품은 士農合一論[20], 사치와 낭비 배격 등 작가의 평소 지론을 집안 자질들에게 강조하려는 의도에서 창작된 것이라

18 李瀷,『星湖全集』, 卷5,「半菽歌」.

19 李瀷,『星湖僿說』, 卷9, 人事門,「半菽啜菽」: 余巧於居貧 求菽之美品 得赤者體大而皮軟 和在米中 味甘反勝 遂作半菽歌 傳示貧竈

20 한우근,『星湖 李瀷 研究』, 서울대학교 출판부, 1980, 110쪽.

고 할 수 있다. 그러나 작품의 후반부에 나타나 있듯이 민중들의 고통은 외면한 채 호사스러운 생활에 탐닉하는 당대 지배층의 횡포를 풍자하고자 하는 의도 또한 간과할 수 없다. 작품 내의 희학적 표현은 무미건조한 설교로 그치기 쉬운 내용에 흥미를 부여함으로써 독자들이 가벼운 마음으로 읽을 수 있게 하고, 아울러 정서적 이완 장치를 마련함으로써 이어지는 현실비판이라는 내용 때문에 야기되는 정서적 긴장에 대비하게 하는 역할을 하는 것으로 판단된다.

Ⅳ

성호의 우화시는 내용에 따라 대체로 두 가지 부류로 나눌 수 있다. 즉, 탐욕에 눈이 멀어 파멸의 길을 마다 않는 인간의 우매함을 풍자한 「天鵝行」[21], 화근은 커지기 전에 제거해야 한다는 점을 강조한 「瘈犬」[22], 至治의 이상을 형상화한 「蜂王八首」[23] 등 도덕이나 유교적 교훈을 주제로 한 작품과, 당대의 정치 현실과 밀접한 관련이 있는 구체적 사실을 풍자한 「丘引歎」[24], 「戱賦鳶鸛爭巢」[25] 등이 그것이다. 여

21 주6)과 같음.
22 李瀷, 『星湖全集』, 卷1.
23 李瀷, 『星湖全集』, 卷3.
24 李瀷, 『星湖全集』, 卷2.
25 李瀷, 『星湖全集』, 卷36.

기서는 현실 문제의 핵심을 정확히 꿰뚫어 보는 작가의 예리한 시각과 형상력이 돋보이는 둘째 부류에 속하는 작품을 검토한다.

성호는 하층민들과 함께 초야에서 일생을 보내면서 맹수들에 의해 사람과 가축이 희생되는 것을 목도하고 맹수의 피해를 제대로 막아내지 못하는 당대 위정자들의 무능함을『星湖僿說』여러 곳[26]에서 비판하고 있는데, 아래 작품도 이와 긴밀한 관련이 있는 것으로 보인다.

天寒澤國北風驅	차디찬 물가에 북풍이 몰아치고
哀壑杈枒夜雪鋪	슬픈 골짜기 나뭇가지엔 밤눈이 덮였다
萬丈峯尖嘻羽翮	만 길 뾰족한 봉우리서 날개 말리고
千重野色視平蕪	천 겹 야경을 평지처럼 본다
誰知兎走無全窟	누가 알랴! 토끼가 도망가도 안전한 굴 없음을
佇待鵬搏有遠圖	우두커니 기다리네, 대붕이 날아올라 원대한 일 하기만을
百戰爭能行且見	백전백승하길 보려했더니
攫身只覺似愁胡	몸을 솟구침에 단지 고향 생각만 하는 듯[27]

「鷹」이라는 제목의 위의 시는 일견 매의 날카로운 기상을 그린 詠物詩로 보이기도 한다. 그러나 이 작품의 구조를 분석해 보면, 단순한 영물시가 아님을 감지할 수 있다. 首聯에서 작가는 찬 날씨, 북

26 『星湖僿說』, 卷6, 萬物門의「虎攫狗」,「惡獸殺人」, 卷15, 人事門의「捕虎」, 卷17의「驅猛獸」등을 들 수 있다.

27 李瀷,『星湖全集』, 卷2,「鷹」.

풍, 쓸쓸한 골짜기 등 날카롭고 적막한 이미지를 지닌 시어를 대거 구사함으로써 삼엄한 분위기를 조성하고, 頷聯에서는 삼엄한 분위기에 어울리는 기상으로 광활한 野景을 雄視하는 매를 등장시킨다. 首聯과 頷聯의 이러한 작중상황은 頸聯에 드러나 있듯이 매의 활약에 대한 기대를 한껏 고조시키는 역할을 한다. 그러나 尾聯의 내용으로 보아 작중화자의 기대는 여지없이 무너져 버린다. 매는 위용만 뽐내면서 사냥에 나설 생각을 하지 않는 것이다. 이러한 작품의 의미구조는 작가가 모종의 분명한 의도를 가지고 이 작품을 구상한 것임을 감지케 하며, 『성호새설』의 다음 기사는 작가의 의도를 이해하는 데 중요한 단서를 제공해 준다.

> 周公이 중국을 위하여 맹수를 몰아내었으니, 맹수를 어찌 寰區에서 백성과 함께 기르랴! 반드시 몰아낸 뒤에야 백성이 그 땅에 안착하게 될 것이다. …… 지금 곳곳의 굴속에서 사람을 잡아먹는 것으로 양식을 삼고 있으니, 오랑캐가 사람을 노략질하는 것과 무엇이 다르랴! 능히 외부의 침략을 막고 환난을 제거하지 못하는 것은 그 책임이 대장에게 있다. 몸이 높은 지위에 있어서, 높은 관작과 후한 녹봉을 누리면서도 상처 입고 죽은 백성들을 坐視하면서 아무 계책도 세우지 않는다면 어떻게 되겠는가?[28]

위의 인용문에 언급되어 있는 바와 같이 성호 당대에는 맹수, 특

28 李瀷, 『星湖僿說』, 卷17, 人事門, 「驅猛獸」: 周公爲中國驅猛獸 猛獸豈與生民同育寰區者歟 必驅之而後民得安土而居……彼在在窟宅 吃人爲量 與夷狄掠人何別 其不能禦侮除患 責在大將 身居笠轂 高爵厚祿 坐視創殘而無所猷爲 則何如也

히 호랑이로 인한 피해가 상상을 초월할 정도였던 듯하다. 그러나 당국에서는 호랑이를 잡을 생각조차 않다가 宰臣의 莊奴가 虎患을 당한 후에야 軍職에 있는 京炮手를 파견하여 호랑이를 포획케 하였으나, 민폐만 끼칠 뿐 아무런 효과가 없었다[29]고 한다. 인용문에서는 호환을 막지 못하는 대장에 대하여 "몸이 높은 지위에 있어 높은 관직과 후한 녹봉을 누리면서…….”라고 비판하고 있는데, 앞의 시 「膺」에서 작가가 형상화하고 있는 매는 바로 높은 지위에 있으면서도 호랑이 사냥을 회피하는 대장을 상징하는 것으로 볼 수 있다. 이러한 관점에서 볼 때 「膺」은 사람과 가축을 해치는 호랑이를 속수무책으로 방관하는 무능한 武人들을 풍자한 우화시로 봄이 온당할 것이다.

한편 성호는 호랑이 사냥에서 소재를 취하여 권력자의 횡포에 대한 비판의식을 첨예하게 드러내기도 하였다.

吾聞虎以狗爲酒	듣건대, 호랑이는 개로 술을 삼는다 하니
吃狗猶醉況腯肥	개를 먹어도 취하는데 살찐 돼지 먹음에랴
豬鳴呝呝虎攫攫	꽥꽥거리는 돼지를 호랑이 확확거리며
一飮酩酊山巖歸	배불리 먹고 잔뜩 취해 산으로 돌아간다
山虜挾銃火發丸	사냥꾼이 총을 들고 탄환을 쏘는데
霹靂應手驚神威	벼락같이 손을 놀려 신위를 놀라게 하네
穿腸刳肝不復惜	창자를 찢고 간을 긁어내어도 애석치 않으니

29 李瀷, 『星湖僿說』, 卷17, 人事門, 「捕虎」: 隆慶辛未 八道多虎 噉食人畜甚多……至虎噉宰臣庄奴 然後發京炮手往捕 亦但貽弊而已 無所獲

委棄何異螾與蟻	지렁이나 개미 버리듯 하네
童孩狎觀有餘嗔	아이들도 다가가 보고 분이 풀리지 않아
撩頭將鬚無外忌	두려워 않고 머리를 흔들고 수염을 잡네
念爾當時恣虐毒	네가 살았을 땐 방자하고 포악하여
磨牙殺人行閭里	날카로운 이빨로 살인하며 다녔었지
哀哀寡獨寃恨長	슬픔에 잠긴 과부와 고아의 원한이 깊었으니
聲撤穹壤鬼亦淚	원망소리 땅 속에 들려 귀신도 울었다네
爾惡旣盈誅死迫	너의 악이 천지에 가득 차 죽을 때가 되었으니
偶然醺酣豈天意	우연히 취한 것이 어찌 하늘 뜻 아니랴
山中從此深夜行	이제부터 깊은 밤에 산중을 다닐 수 있어
百獸號舞倀鬼喜	짐승들은 춤추고 창귀도 즐거워하니
君不見乙辟邪魔睛定魄	그대는 보지 못했는가, 을골이 악한 귀신을 물리치고 눈알이 혼백을 안정시켰음을
去欲剝取資醫技	가서 껍질 벗겨 약으로 삼았으면[30]

「醉虎行」이란 시제에서 알 수 있듯이 위의 작품은 권력을 잡고 불의를 자행하던 권력가의 최후를 가축을 해치다가 사냥꾼에게 사살된 호랑이 이야기로 형상화한 우화시이다. 이 작품에서 醉虎로 比定된 대상을 구체적으로 지목하기는 어려우나 “호랑이가 지닌 위엄이 마치 외척이 기본적으로 권세와 지위를 지닌 것과 같은데, 거기에다 권세마저 얻게 되면 횡포를 일삼다가 나중에는 임금까지 해치게 된다.”[31]라고 한 星湖의 진술로 미루어 보아 횡포를 자행하던 외척세력

30 李瀷, 『星湖全集』, 卷4, 「醉虎行」.

31 李瀷, 『星湖僿說』, 卷24, 「爲虎傅翼」: 虎本有威 如外戚固有之權位也 翼之則本有之外 益之以交通內外之斜道也 食人常事 而擇則害及君身也

쯤으로 짐작할 수 있다. 조선후기의 외척은 왕비의 內援을 확보하고 있었기 때문에 필요에 따라 얼마든지 현직 정승을 파면하거나 귀양보낼 수 있을 만큼 세력이 막강하였다. 이 작품에서 주목되는 점은 작가가 基層民의 잠재된 힘에 대한 각성의 모습을 보여주고 있다는 점이다. 즉, 호랑이가 죽게 된 직접적인 원인은 돼지를 잡아먹고 취해 산으로 돌아가다가 포수가 쏜 총알에 맞았기 때문이지만, "哀哀寡獨寃恨長 聲撤穹壤鬼亦淚 爾惡旣盈誅死迫 偶然醺酣豈天意"에서 단적으로 드러나듯이 성호는 백성들의 원한이 쌓여 폭발할 지경에 이르렀기 때문에 죽을 수밖에 없었던 것으로 판단한 것이다. '간을 끄집어내고 창자를 잘라도 풀리지 않을'만큼 깊은 원한, 이것이 포악한 권세가를 무너뜨린다는 것이다.

이상에서 검토한 바와 같이 성호의 우화시는 기본적으로 첨예한 현실비판의식을 보여주고는 있으나, 비판의 대상이 된 부조리한 현실 상황을 구체적으로 묘사하고 있지는 않다는 점에서 일정한 한계를 지닌다.

V

이상에서 필자는 星湖 李瀷의 戱謔詩와 寓話詩의 전반적 면모를 해명하기 위하여 창작의 이론적 배경이 된 희학관과 창작론을 먼저 검토하고 작품 분석을 시도하였다. 지금까지 논의한 주요 내용을 정리하고 작품이 지닌 의의를 천명하는 것으로 결론을 삼고자 한다.

성호는 '긴장을 이완시킴으로써 정서적 안정을 유지시킨다'는 희학에 대한 일반적인 시각을 수용하면서 구체적인 희학의 효용으로는 희학주체의 자기 위안 및 在上者가 在下者를 가까이 할 수 있는 수단이 될 수 있다는 점을 거론하고 있으나, 내용이 지나치거나 천박한 희학은 부정적으로 인식하였다.

성호의 문학론에서 우화시에 관한 언급은 발견되지 않으나 작가의 情志를 구체적이고 가시적인 사물을 통하여 형상화하여야 한다는 창작론은 우화시 창작과 긴밀한 관련이 있는 것으로 판단된다.

성호의 희학시는 역사적 인물의 행위에 대한 비판, 아랫사람들에 대한 친밀감의 표현, 개인적 처지와 관련된 자기위안, 현실 풍자 등의 내용이 주류를 이루고 있다. 이 가운데 투철한 자아성찰에서 오는 긴장 해소를 의도한 작품과 부조리한 현실 풍자를 의도한 작품에서는 성호의 자아 및 현실 인식의 양상을 엿볼 수 있었다.

성호의 우화시는 도덕적 교훈을 주제로 한 작품과 정치 현실의 문제를 풍자한 작품으로 나눌 수 있는데, 둘째 부류에 속하는 작품은 비록 소수에 불과하나 당면한 현실문제의 핵심을 정확하게 인식하고 고도의 지적통제를 거쳐 객관적으로 형상화 해내고 있다는 점에서 성호의 시작 가운데 가장 정채로운 국면을 보여주는 것으로 생각된다.

희학시와 우화시는 심각한 작가의식이 담보되지 않으면 저급한 재담으로 전락하고 만다. 그리고 작품에 투영된 작가의식이 시대적 보편성을 결여한 것이라면 개인적 푸념 내지 편향된 세계관의 강요로 끝날 수 있다. 그러나 성호의 희학시와 우화시는 예리한 비판정신을 보여주고 있다는 점에서 문학사적 의의를 지닌다 할 수 있다. 특히 茶山 丁若鏞(1762~1836)이 남긴 일련의 우화시들은 성호의 영향을 받아 창작된 것으로 판단되는데, 이에 관한 검토는 반드시 이루어져야 할 과제인 것으로 생각된다.

• 『漢文學硏究』, 第17輯, 啓明漢文學會, 2003.2. 183~202쪽.

Ⅳ.

星湖의 「林將軍傳」에 대하여

Ⅳ. 星湖의 「林將軍傳」에 대하여

Ⅰ. 序

17세기 전반기의 조선조 사회는 壬辰倭亂으로 인한 경제적 피해를 채 복구하지도 못한 상황에서 仁祖反正, 李适(1587~1624)의 亂 등 정치적 불안까지 겹쳐 기존의 제반 사회 질서가 무너져 가는 혼란상을 노정하고 있었다. 게다가 明 · 淸 교체기라는 대륙의 정세 변화에 효과적으로 대응하지 못하여 丁卯 · 丙子胡亂을 겪어야 하였고 淸의 요구에 의하여 원병을 파견하는 등 전쟁의 소용돌이에 휘말리기도 하였다.

林慶業(1594~1646)은 이러한 국내 정치 상황과 국제 질서의 변화 속에서 탁월한 지략과 나름대로의 가치관을 견지하며 시대의 풍운에 대처하였던 武人이다.

임경업의 애국적 행위와 崇明排淸 精神은 南漢山城에서 당한 국가적 치욕에 대한 보상을 갈구하던 민중들에 의해 지극히 尊崇되었으며, 그의 삶 자체가 대단히 극적이었기 때문에 그의 生涯를 素材로 한 여러 종류의 소설[1]이 등장하기도 하였다. 뿐만 아니라 임경업의 傳記에 해당하는 '實傳'도 芝湖 李選(1632~1692)에 의하여 처음 立傳된 이래 다수[2] 창작되었다.

본고에서 논의하고자 하는 星湖 李瀷(1681~1763)의 「林將軍傳」[3]은 임경업의 생애를 사실에 입각하여 기술한 '實傳'이며 『星湖全書』에 실린 20여 편의 傳들이 대부분 短篇[4]인데 비하여 이 작품은 4,000字에 달하는 長篇으로 이루어져 있다. 星湖 이전에 이미 여러 文人들에 의하여 임경업의 전기가 집필되었음에도 불구하고 星湖가 다시 심혈을 기울여 立傳한 것은 임경업의 삶을 조명하는 나름대로의 독특한 시각이 있었기 때문일 것이다. 이 논문은 바로 이 점을 해명하기 위하여 집필된 것이다.

임경업의 行跡이 조선후기 지배층의 정치 이념이었던 尊周大義 ·

1 이윤석, 『林慶業傳 硏究』 정음사, 1985, 14~15쪽. 이 논문에서 제시하고 있는 異本의 종류만도 한문 필사본 4종, 한글 필사본 6종, 한글 판각본 6종, 한글 신활자본 6종, 英譯本 1종 등에 이른다.

2 이윤석, 전게서, 52~60쪽. 宋時烈(1607~1689)本 외 8종의 實傳이 조사되어 있는데, 필자가 조사한 바로는 이 외에도 南九萬(1629~1711)本, 李栽(1657~1730)本이 있으며, 본고의 대상인 星湖本을 합하면 현재 11종이 발굴된 셈이다.

3 星湖의 「林將軍傳」은 『星湖全書』 二, 續集 卷17, 여강출판사, 1984, 1281~1301쪽에 실려 있는데 필사본을 영인한 것이다. 이우성 교수의 해제에 의하면 「林將軍傳」이 포함된 續集 17의 소장자는 李暾衛 氏라고 함.

4 星湖의 傳 가운데 「林將軍傳」 다음으로 긴 작품은 「晩湖愼先生傳」인데 그 길이는 「임장군전」의 반이 채 되지 않는 1,500字 정도이다.

春秋大義와 긴밀한 관련이 있으며 또 기존의 「林將軍傳」 類가 대부분 임경업을 尊周大義의 열렬한 신봉자로 단정하고 그것을 칭송하고 있다는 점에서 이와 관련된 시각을 밝히는 일은 성호의 의식의 중대한 한 국면을 확인하는 작업이 될 것이다.

Ⅱ. 창작의 배경

이 章에서는 「林將軍傳」 창작의 사상적 배경이 되고 있는 것으로 판단되는 星湖의 世界觀 및 國防論에 대하여 간략하게 검토하려 한다. 이러한 논의는 작품에 內包된 은미한 의미를 온전히 이해하고 아울러 立傳의 개연성을 파악하는 데 일정한 도움을 주리라고 생각된다.

1. 脫中華的 世界觀

주지하는 바와 같이 中華主義는 '中國이 世界의 中心이며 夷狄은 문화 수준이 低劣하므로 중국과 동등하게 취급될 수 없다'[5]는 漢族의 문화적 우월감에서 비롯된 차별주의적 세계관의 소산이다.

우리 민족사에 있어서 통일신라 이후 조선후기까지 儒學者들을

5 이종문, 「高麗前期의 文風과 金富軾의 文學」, 계명대학교대학원 석사학위논문, 1982, 28쪽.

중심으로 계승되었던 慕華意識은 바로 이러한 漢族 中心의 世界觀에 대한 적극적 동의 내지 追隨라는 의미를 지니고 있다. 물론 이 慕華主義는 中國의 발달된 儒教文化를 도입하여 民族文化의 先進化에 기여하고자 하는 일면 긍정적인 측면이 없는 것은 아니다. 그러나 중국이 세계의 중심일 수는 없으며 漢族의 문화가, 상이한 풍토와 역사를 지닌 모든 민족에게 통용될 수 있는 최선의 문화일 수 없음은 자명한 사실이다.

星湖의 경우 世界 地理에 대한 과학적 인식을 바탕으로 전통적인 중국 중심의 中華的 世界觀에서 벗어나 있었다.

> "지금 중국이란 大地 가운데 한 조각 땅에 불과하다. 그런데 거기에다 하늘 전체의 별을 가지고 배치하고 또 그 가운데 있는 한 나라나 한 지방에 대하여 論하니 반드시 그럴만한 뜻이 있는 것이다. 비유하자면 한 동이의 물에도 모든 별이 비치는 것과 같은 이치이니 그것으로 시험해 보면 알 수 있다. …… 크게는 九州도 하나의 나라이지만 작게는 楚와 齊도 하나의 나라이다."[6]

요컨대 물을 담은 물동이에 모든 별들이 비친다고 하여 그 물동이가 놓인 곳을 세계의 중심이라고 할 수 없는 것처럼 中國에서 모든 별이 보인다고 하여 中國을 세계의 중심이라고 할 수는 없다는 주장

---

6 李瀷, 『星湖僿說』, 卷2, 「天地門」, 「分野」: 今中國者 不過大地中一片土 就而排列 渾天星文 又就其中一國一州而論之 亦必有其義在也 比如一盆水 星象無不該照 可以驗矣……大則九州亦一國也 小則楚亦一國也 齊亦一國也

이다. '중국도 대지 가운데 한 조각 땅에 불과하다', '九州가 하나의 나라면 楚와 齊도 하나의 나라이다'라는 言表는 바로 중국이 하나의 나라라면 조선도 하나의 나라라는 주장에 다름 아닌 바, 이는 중국 중심의 세계관이 내포하고 있는 아전인수 격의 논리적 부당성에 대한 명쾌한 반론인 것이다.

이러한 脫中華的 世界觀과 인식론적 기반을 같이하는 星湖의 의식 가운데 주목되는 것은 그가 中國中心主義的 歷史觀에서 일정하게 벗어난 自主的 歷史意識을 보여 주고 있다는 점이다.

> "요즈음 사람들은 우리나라에서 태어났으면서도 우리나라의 일에 대하여는 전혀 살펴 깨닫지 못하고 심지어는 '『東國通鑑』을 누가 읽는단 말인가?'라고 말하기까지 하니 그 어긋남이 이러하다. 우리나라는 우리나라이니 그 법도와 체제는 중국과 구별됨이 있어야 한다. 그 事大와 交隣에 대하여는 옛날 일을 잘 살펴서 지금의 표준을 삼아야 하니 진실로 깊이 생각해야 할 바가 있을 것이다. 우리나라 사람들은 모두 이 일에 어둡다."[7]

門人 安鼎福(1712~1791)에게 준 서신의 일부인 윗글은 星湖가 우리나라 역사를 기술함에 있어서 유의해야 할 사항을 摘示한 것이다. 여기서 우선 주목되는 것은 그가 自國史에 대한 省察을 강조하고 自國的 특수성에 상응하는 독자적 역사 기술 체계를 갖추어야 함을 강

7 李瀷, 『星湖全書』, 卷1, 「答安百順」: 今人生乎東邦 惟東事全不省覺 至曰東國通鑑有誰讀之 其乖戾如此 東國自東國 其規制體勢 自與中史有別 其事大交鄰之間 驗古準今誠有不可不商量者 東人蓋昧昧然也

조하고 있다는 점이다. 星湖의 이러한 주장은 우리 민족의 역사를 우리의 시각으로 소상히 밝힘으로써 우리 민족이 처한 현실을 직시하고 미래에 대비하여야 한다는 자각에서 비롯된 것으로 우리나라의 地名까지도 중국의 역대 지리지에 근거하여 기록하였던[8] 前代 史家들의 역사 기술 태도와는 확연히 구별된다.

事大와 交隣에 대해서는 위의 인용문에서 '진실로 깊이 생각하여야 할 점이 있다'라고 하여 안정복의 주의를 환기시킨 바 있거니와 星湖는 이 문제와 관련된 나름대로의 독특한 시각을 지니고 있었다.

> "대저 이웃 나라와 사귀는 도리는 오직 친목을 중하게 여겨 감정을 풀고 정성을 기울여서, 종묘 사직을 보존하며 백성을 편안하게 하는 것을 때에 맞추어 할 따름이다. 孟子가 말하기를 '작은 것으로써 큰 나라를 섬김은 하늘을 두려워하는 것이다.'라고 하였다. 힘써 오랑캐를 섬김은 세력 때문에 어쩔 수 없어서인데 왜 하늘을 두려워하는 것이라고 하였는가? 하늘은 이치이고 하늘을 두려워한다는 것은 이치에 순응한다는 것이다. 만약 강약을 헤아리지 않고 함부로 강한 적들과 충돌하여 백성들이 도탄에 빠지고 국가가 멸망하기에 이른다면 이것을 어찌 이치에 맞다고 이야기할 수 있겠는가?"[9]

8 同上, 「答尹幼章 別紙」: 我國郡國山水之名 錯互難明 東人魯莽 不信本史 每據上國歷代地誌 而攙錄之 所以尤難

9 李瀷, 『星湖僿說』, 卷12, 「人事門 萬曆恩」: 大抵交隣 惟以親睦爲重 釋憾輸誠 庶其保乂宗社 安息黎元 亦時焉耳 孟子曰 以小事大 畏天者也 勉事戎狄 勢力之不得已也 而謂之畏天 何也 天只是理也 畏天順理也 若不度强弱 妄攖勍敵 至於生靈塗炭 國家滅亡 豈理也哉

윗글에서 星湖는 외교에 있어서 名分보다는 實益을 우선적으로 고려하여야 한다는 논리를 전개하고 있다. 즉, 自國의 국력을 고려하지 않은 채 名分만 고집하다가 백성들이 도탄에 빠지고 국가가 멸망하는 지경에 이르면 그것은 天理에도 어긋나는 무모한 행위라는 것이다. 세력이 강하면 오랑캐라고 하더라도 섬겨야 한다는 星湖의 이러한 논리는 尊周大義를 고집하던 당시로서는 대단히 파격적인 것이라고 할 수 있다. 거란을 무도한 나라라고 하여 그들이 보낸 사신을 유배하고 낙타 50필을 굶겨 죽인 고려 太祖의 처사를 비판적으로 인식하고 金에 稱臣한 仁宗의 행위를 긍정적으로 평가[10]한 사실에서도 華夷라는 名分보다는 實益을 앞세우는 星湖의 對外觀을 확인할 수 있다.

이러한 星湖의 對外觀이 지닌 역사적 의미는 "오늘에 있어서는 양상이 또 달라져 明이 元을 명망시킨 뒤로부터 華 · 夷의 분별이 더욱 심해져서 强 · 弱의 형세 따위는 계산에 넣지도 않는다."[11]라고 한 그의 言表를 통해 짐작할 수 있다. 즉, 적의 침략에 대비한 국방력 강화는 외면한 채 華夷論的 名分論을 고집하며 이미 망해버린 明에 대한 尊崇으로 일관하던 當代 집권층의 기만적 對中國 外交 자세에 대한 비판의 의미를 가지고 있는 것이다.

10 同上, 卷18,「經史門 麗祖 仁宗」: 高麗太祖二十五年 契丹遣使 送槖駝五十匹 王以契丹 嘗與渤海連和 忽生疑貳 背盟殄滅 此甚無道 不可連結爲隣 遂絕交聘 流其使三十于海島 繫槖駝萬夫橋下……至仁宗之世 金國暴興 排群議 上表稱臣……以此觀之 則仁宗是 而太祖不智矣

11 同上, 卷9,「人事門 華夷之辨」: 在今光景又異 自大明掃淸胡元之後 華夷之辨益重 而强弱之勢 有不與數也

2. 武備强化論

朱子學을 정치의 기본 이념으로 하여 성립한 조선 왕조에서는 건국 초부터 右文政策을 시행하였기 때문에 武備는 상대적으로 소홀히 취급하였다. 16세기 말 壬辰倭亂을 겪으면서 조정에서는 종전의 방위체제였던 兵農一致의 五衛制度를 兵農分離의 五營制度로 바꾸고 아울러 砲手·殺手·射手의 三手와 束伍軍을 설치하는 등[12] 국방력 강화에 힘을 기울였으나 왜란으로 인한 경제적 피폐 등으로 말미암아 여전히 온전한 국방력을 갖추지 못하였다. 이러한 사정은 1636년 병자호란을 맞아 속수무책으로 항복할 수밖에 없었던 사실에서 짐작할 수 있다.

星湖 當代에 이르러서는 "만약 한두 세대 동안 요행히 禍亂을 면했다고 해서 무사를 노예와 같이 보고 兵器를 똥 묻은 막대기처럼 천하게 여기며 조정에서 강론하는 것은 門閥의 高下에 불과하고 선비들이 하는 일은 문장의 工拙을 따지는 것에 불과하니 이웃나라에서 이를 듣는다면 어찌 문단속을 게을리하여 도둑을 오게 하는 격이 되지 않겠는가?"[13]라는 진술에서 단적으로 드러나는 바와 같이 조정은 고식적인 안일에 빠져 武備에 무관심하였다.

12 국사편찬위원회, 『한국사』 13, 탐구당, 1984, 2쪽.

13 李瀷, 『星湖僿說』, 卷7, 「人事門 兵備」: 苟使一世二世 幸免刜殘 於是視武士爲奴隷 賤兵器如矢橛 廊廟所講 不過門族之高下 儒士所逞 無出雕篆之工拙 隣國有聞 豈不爲慢藏而誨盜乎

武備에 대한 조정의 이러한 무관심 때문에 변방에서 국방을 직접 담당하는 水使나 兵使는 변방의 사정이나 武에 대하여 無知한 門閥家의 무능한 子弟들로 채워졌다.[14] 따라서 무술을 연마한 수많은 武科 급제자들은 勢道家에게 청탁하지 않으면 관직을 얻지 못하는 실정이었다.[15] 이렇게 하여 兵·水使에 임명된 자들은 윗자리에 편안히 앉아 병졸들을 착취하여 자신의 사복을 채우고 또 온갖 토산품을 거둬들여서 조정의 높은 관료들에게 상납하여 승진을 도모하면서 병졸들의 고통을 돌보지 않았다.[16]

성호는 국방에 대한 위정자들의 이러한 무지와 무관심 때문에 국가가 위기를 맞게 되리라고 예상하면서 "지금의 시국을 비유하자면 마치 넘어가는 해를 보고도 캄캄한 밤이 앞에 닥칠 것을 알지 못하는 격이다."[17]라고 경고하고 있다. 國防과 관련된 이와 같은 성호의 위기 의식은 조선이 처한 지정학적 여건 때문에 외적의 침략을 거듭 당해야 하였던 우리 역사에 대한 깊은 성찰과 앞으로 전개될 동아시아의 국제 정세 변화에 대한 예측에서 비롯된 것이다. "만약 중국의 기강이 해이해져 島夷가 제멋대로 욕심을 부려 우리 兩湖의 漕運을 겁탈해 간다면 우리나라는 앉아서 멸망을 기다릴 뿐

14 同上, 卷9,「人事門 華夷之辨」: 今有甚焉者 閫帥率非邊地諳練者 不過紈綺軟熟無能子弟 不習武經 不操弓劍

15 同上, 卷7,「人事門 武弁注擬」: 今世武士 不勝其繁多 非造謁 不得官

16 同上, 卷10,「人事門 閫帥餽遺」: 今也任邊帥者 巍然安逸 徵斂吏卒 以奉一己 又博取百種物産 餽遺卿宰 務爲進取之圖 不顧卒伍之窮苦

17 同上, 卷7,「人事門 武科」: 今之時 比如眺落景 而不知有黑夜在前也

이다."[18]라는 星湖의 진술은 사치와 향락으로 인한 淸의 쇠망과 힘을 기른 일본의 來侵이 초래할 우리 민족의 위기를 정확히 예측[19]한 것이라고 할 수 있다.

조선을 둘러싼 국제 정세의 미묘한 변화를 예감한 星湖는 장차 있을 外敵의 來侵에 대비하기 위해서는 우선 武備의 긴요함에 대한 위정자들의 각성이 절실한 것으로 판단하였다.

> "文과 武는 같은 것이다. 세상이 어지럽지 않다면 어찌 武를 쓸 필요가 있겠는가? 하지만 어지러운 시대가 안정된 시대보다 더 많았으니 도둑을 미리 제거하지 않는다면 禮樂도 베풀 수 없게 된다. 그래서 先王이 武敎를 마련하여 시골에서는 鄕射가 있고 나라에서는 大射가 있게 된 것이다. 謝와 御가 六藝 가운데 둘을 차지하니 文과 武가 같음을 여기에서 알 수 있다. …… 후세에는 이런 뜻을 깨닫지 못하여 兵革이 조금만 그치고 눈앞에 닥친 걱정만 없으면 오로지 文만 숭상하고 武는 버린다. 權柄이 文에만 있는 까닭에 武는 저절로 꿇리게 되어 문과 무가 판연히 다른 것이 되어 버렸다."[20]

文治를 온전히 시행하기 위해서 武備의 뒷받침이 있어야 한다는 윗글의 논리는 일견 진부해 보이기도 한다. 그러나 '文과 武는 같은

---

18 同上, 卷10,「人事門 備預外敵」: 若使中國 紀綱解紐 島夷逞欲 劫奪我兩湖之漕 我將坐而待亡而已

19 한우근,『星湖 李瀷 硏究』, 서울대학교 출판부, 1980, 193쪽 참조.

20 李瀷,『星湖僿說』, 卷23,「經史門 不欲忘武」: 文武等耳 如世之無亂 何用武爲 但亂多於治 若不先去寇盜 禮樂無地可設 故先王制爲武敎 鄕有鄕射 國有大射 射御居六藝之二 可以見矣……後世 不達此義 兵革稍間 目下無憂 則必專文棄武 權柄在此 故彼爲之詘 判作異域

것이다.'라는 첫 부분의 선언적 언사는 武備의 긴절함을 망각하고 있는 當代의 위정자들에 대한 심각한 경고로 이해된다. 星湖 자신도 '만약 세상이 어지럽지 않다면 어찌 武를 쓸 필요가 있겠는가?'라고 한 데서 알 수 있는 것처럼 원론적인 의미에서 文敎의 우위를 인정하고 있기는 하다. 그러나 성호는 국가 사이에 약육강식이라는 힘의 논리가 엄연히 통용되고 있는 현실에서 武備야말로 국가를 존립케 하는 바탕이 된다는 점을 강조하고 있는 것이다. 이 점은 "武만 있고 文이 없으면 원래 어지러워지기 마련이다. 그러나 오랑캐도 능히 紀綱을 바로잡고 나라를 세워 여러 대를 이어 왔다."[21]라는 그의 진술을 통해서도 확인할 수 있다.

星湖가 武備 강화를 위한 제도적 장치로 제시한 제안들은 인사 정책에 있어서 文·武의 차별을 없애어 무관들의 사기를 앙양하고 이를 바탕으로 무관들의 자질을 향상시키자는 것으로 요약된다. 武官들도 文官職에 임용될 수 있는 기회를 제공하자는 것[22]이나 文臣들이 殿講하는 規例에 따라 武臣들에게도 講經하는 것을 허락하자는 주장[23] 및 武成王廟를 서울에 두어 兵法을 창시한 太公望을 모시고 우리나라의 名將들을 配享하자는 주장[24] 등은 모두 무관들이 자긍심을 가

21 同上, 卷11, 「人事門 文治武備」: 文治武備 不可以闕一 有武而無文 固亂矣 然夷貉亦能約劑紀綱 立國傳世矣

22 同上, 卷8, 「人事門 文武無拘」: 夫文官之有謀略者 拜兵水使大將 無所防礙 武官之端雅有文學者 獨不可任以文職耶

23 同上, 卷11, 「人事門 武臣講經」: 余謂宜遵文臣殿講之例 武臣亦試武經 其通曉者 揀拔而用之 其願講儒經者 亦許之

24 同上, 卷8, 「人事門 武成王廟」: 我邦則武敎最疎 一有外侮 降附乞哀爲檀公上策 如

지고 소임을 완수하게 하기 위하여 제안한 제도적 장치인 것이다.

軍政 및 兵制 일반에 대한 星湖의 제안은 兵役義務 對象者의 철저한 파악, 軍布濫徵의 弊端 是正, 納布代立 · 雇役制의 폐지, 兵農一致 · 良賤合一의 鄕兵制 확립, 特殊軍制 導入 등으로 요약된다.[25] 이러한 성호의 제안은 當代의 兵制가 지니고 있던 모순점과 폐단에 대한 예리한 분석을 바탕으로 하여 개진된 것으로 실현 가능성이 높으며, 국방력 강화에 크게 기여할 수 있는 현실적인 제안이었다고 판단된다.

武備와 관련된 이상과 같은 星湖의 주장들은 고식적인 안일에 빠져 政爭에만 급급하다가 外敵이 來侵하면 외세에 의존하거나 치욕적인 항복을 할 수밖에 없었던 과거에 대한 자기 반성의 소산이라 생각된다.

Ⅲ. 「林將軍傳」의 構成과 作家意識

1. 作品의 構成과 特徵

星湖의 「林將軍傳」은 家傳의 典型인 家系-行跡-評結로 구성되

欲崇奬興起 必也先尊敎之所自出 武成之廟 何可不擧 雖不能遍于諸州 宜先立於京師 以古名將 及我國金庾信、姜邯贊、李舜臣配食

25 星湖의 兵制改編論에 대해서는 한우근 교수의 前揭書, 199~320쪽에 상세히 分析되어 있음.

어 있다. 여기서는 이 작품이 學界에 처음 소개된다는 점을 감안하여 작품의 내용을 가급적 자세히 소개하고 宋時烈本(이하 ㉮라 칭함) 및 李選本[26](이하 ㉯라 칭함)과 내용을 대비하면서 이 작품이 지닌 특징적 면모를 추출해 내려 한다.

(1) 生長과 官界로의 進出

> 將軍 林慶業은 平澤人이다. 그의 아버지 篁이 亂을 피해 忠州 撻川에 옮겨 살았다. 그는 어릴 때부터 장난칠 때 늘 스스로 대장부라고 하였으며 전쟁놀이를 할 때는 호령을 정하여 엄하게 지켰다. 나이 25세에 武科에 급제하여 변방의 작은 城을 맡았는데 잘 관리한다고 알려져 승진하였다. 李适의 亂에 형제 3인과 함께 출전해서 공을 세워 亂이 평정된 뒤 다시 승진하였다. 얼마 후 樂安郡守가 되어서는 재판을 공정히 하여 백성들이 편안하였다.

임경업의 家系와 幼少年期의 모습 및 武官으로서 명성을 얻기까지의 과정을 기술하고 있는 이 단락은 작품 전체 분량에 비하여 비교적 소략하나 幼年期와 筮仕期의 그의 비범한 면모를 선명하게 드러

26 이 두 본은 『林忠愍公實記』에 수록되어 있음. 『林忠愍公實記』는 정조 15년 왕명에 의하여 金熹가 編하였고 이후 1890년 내용을 보충하여 重刊하였으며 1913년 朝鮮光文會에서 重刊本을 그대로 新活字로 印行하였음.(이윤석의 전게서 56쪽 참조) 본고에서 대본으로 한 것은 1985년 平澤林氏宗會에서 重刊本을 국역하여 펴낸 『國譯忠愍公實記』이다. 宋時烈本과 李選本을 對比資料로 선택한 것은 이 두 본이 모두 星湖本보다 먼저 쓰여진 것이며 宋時烈本은 1,300字 정도로 이루어진 短篇이나 작가의 入傳意圖가 분명히 드러나고 李選本은 現存 最古本(1688年作)으로 7,500字에 달하는 長篇일 뿐만 아니라 내용 구성의 순서가 星湖本과 비교적 유사하다고 생각되기 때문이다.

내고 있다.

家傳의 경우 첫머리에 入傳對象의 家系를 비교적 상세하게 기술하는 것이 常例인데 이 작품은 貫鄕과 父의 名만 밝히고 있을 뿐이다. 林慶業의 家門[27] 그 자체가 이후 그의 行爲를 결정하는 데 특별한 영향을 주지 않았기 때문일 것이다.

이 단락의 기술 내용을 ㉮, ㉯와 대비해 보면 다음과 같은 미세한 차이점이 발견된다. 星湖本의 경우 幼少年期 임경업의 비범함에 대해서 간략하게 언급[28]하고 있음에 비하여 ㉮에서는 丁卯胡亂 이전까지의 서술내용은 幼少時 그의 비범한 면모를 강조하는 것으로 채워져 있으며,[29] ㉯ 또한 그가 어릴 적부터 탁월한 武人이 될 만한 자질이 있었음을 암시하는 삽화들로 구성[30]되어 있다.

이 부분에서 드러나는 이와 같은 미세한 차이는 ㉮, ㉯본이 임경업의 이후 행위에 보다 큰 가치를 부여하려는 의도를 지니고 있음을 시사한다 할 수 있다. 樂安郡守 시절의 治績을 星湖本에서는 "聽訟

27 李選本에는 林慶業이 成宗朝에 禮曹參判兼西北面都巡問察理使를 지낸 恭惠公 整의 9代孫이고 縣監 尹興智의 外孫인 것으로 서술되어 있다. 그러나 『仁祖實錄』 卷18, 6年 壬辰 三月條에는 "諫阮啓日 樂安郡守林慶業 本以賤孽 濫授本邑"이란 기사가 있고 李衛祥의 「林慶業傳」에도 "林慶業者 忠州人也……其先本庶孽也 世居忠州 寒微不振"이란 내용이 있다.

28 李瀷, 「林將軍傳」: 自童幼 戲嬉必自道大丈夫 每列塊礫枝柯 爲城堞旗旄狀 與群兒約束號令 無敢違者

29 이 本에서는 林慶業이 武人으로서 훌륭한 자질을 타고났을 뿐만 아니라 독서를 좋아하고 기상이 광대하였음을 다음과 같이 강조하고 있다. "少以弓馬爲業 大丈夫三字 常不節於口 亦好讀書 常慨然自歎日 吾品天地之氣 不爲物而爲人 不爲婦人而爲男子 惜乎生此偏邦 將局束以送一生也"

30 『林忠愍公實記』 73~74쪽 참조.

平 民賴而安"이라 하여 民의 입장에서 임경업의 공적을 적극적으로 평가하고 있는데 비하여 ㉮에서는 이 부분을 생략하고 있고 ㉯에서는 무과 급제 후의 그의 치적이 소상히 기록되어 있음에도 불구하고 서술의 시각은 임경업의 출세 과정에 고정[31]되어 있다. 이는 ㉮, ㉯본이 임경업의 治績 가운데 對內的인 측면보다 對外的인 측면에 주목하고 있음을 의미하는 것이라 할 수 있다.

⑵ 淸의 來侵과 北方에서의 활약

1) 丁卯胡亂(1627년) 때 임경업은 先鋒을 지원하여 급히 行在所로 갔으나 이미 淸兵은 강화하고 물러가 버렸다.

2) 庚午年(1630년)에 淸北의 여러 城을 수축하고 드디어 劍山防御使가 되었다. 이 때 椵島에서 投降한 淸兵 300騎를 죽이지 않고 보호하였다 하여 臺臣들에 의해 탄핵되었으나 淸兵 6,000騎가 국경을 넘어와 그들을 요구하니 조정에서 급히 명을 내려 송환하였다.

3) 이전에 도원수가 淸北 여러 고을은 넓은 땅에 비해 인구가 적어 방어에 불리하다는 이유로 버리려 하였는데 定州牧使였던 임경업이 이를 강력히 반대한 일이 있었다. 부친상을 당해 임경업이 고향에 가 있는 동안 그곳 백성들이 도원수에게 몰려가 淸北을 버리지 말라고 호소하였다. 도원수는 임경업이 백성을 사주하였다고 판단하고 조정에 보고하여 그를 하옥시켰다. 임경업은 자신의 결백을 증명하고 조상들이 살아온 강토를 버릴 수 없다고 주장하여 석방되었다.

---

31 同上.

4) 居喪 中 寧邊府使兼淸北防御使에 임명되어 白馬山城 修築을 감독하였다. 이때 牛家庄에 웅거하고 있던 明朝의 叛臣 孔有德 · 耿仲明을 朱文郁 · 吳安邦 등 4명의 明將이 토벌할 때 임경업이 이들을 도와 공을 세웠다. 이때 明皇에게 金花挿頭 一枚를 받고 摠兵을 拜受하였다.

5) 甲戌年(1634년)에는 義州府尹에 제수되어 敵의 來侵에 대비하기 위하여 精兵 一萬을 요구하였으나 조정에서 들어주지 않자 用武之地로 옮겨 달라고 요청하였다. 그러나 다시 거부당하였다. 이어서 임경업은 전쟁으로 재산을 모두 잃은 의주 백성을 위하여 재물을 달라고 요청하였다. 조정으로부터 은과 비단 약간을 받아 그것으로 무역하여 백성들을 구휼하고 屯田을 경영하여 백성들이 풍족하게 살 수 있도록 하였다. 이 일로 嘉善階에 올랐다.

6) 가도의 明將 沈世魁가 淸의 使臣이 조선에 온 것을 알고 우리에게 잡아들이라고 요구하였다. 임경업은 淸使에게 몰래 그 사실을 알려 도망가게 하고는 가도 別將에게 뒤늦게 추격하게 함으로써 조선이 난처한 입장에서 벗어날 수 있었다. 작은 죄 때문에 파면되었다.

7) 丙子年(1636년)에 다시 義州牧使에 임명되어 敵의 來侵 기미를 알아채고 조정에 騎兵 二萬을 요청하였다. 처음 仁祖가 이 청을 들어 주려하였으나 조정 신하들이 반대하여 뜻을 이루지 못하였다. 임경업은 松骨 · 鳳凰 두 산에 봉화대를 설치하고 敵情을 살피는 한편 域中에 군사와 군량이 많은 것처럼 위장하였다. 이때 조정에서는 斥和論이 득세하여 사신을 제때 보내지 않고 임경업에게 명령하여 우선 사람을 보내어 미봉하게 하였다. 임경업은 淸이 이미 發兵하였음을 알고 대비책을 강구하였다.

8) 12月 6日 淸兵이 來侵하자 임경업은 급히 조정에 이 사실을 알리고 白馬山城의 軍備를 과장한 뒤 淸兵에게 음식을 대접하여 전진 속도를 늦추었다.

9) 淸兵은 임경업이 明과 합세하여 뒤를 칠까 두려워해서 猛將 要䳡에게 精騎 三百을 주어 還國하게 하였던 바 임경업은 그들을 모두 죽이고 많은 백성과 가축을 빼앗았다. 이듬해 봄 淸兵이 조선의 항복을 받고 귀국하면서 임경업을 불러 요퇴를 죽인 일에 대하여 추궁하자 임경업은 적을 만나면 잡는 것이 변방 장수의 직분이라고 당당하게 답하여 淸兵이 더 이상 詰問하지 못하였다.

10) 淸이 明將 沈世魁가 주둔하고 있던 가도를 정벌하기 위하여 朝鮮에 出征을 요구하였다. 임경업은 水軍將으로 출정하여 '형세가 급박하나 先犯할 수는 없다'고 하고 淸軍을 속여 先鋒이 되는 것을 피하였으며 몰래 가도에 사람을 보내어 피하게 하였다. 가도를 함락시킨 공으로 포로 백 명을 받았으나 모두 속량하고 포로가 되었다가 도망친 사람들을 숨겨주었다.

11) 모친상을 당하였으나 淸兵을 응대하느라 奔喪하지 못하다가 그들이 물러나 다음 奔喪하였다. 얼마 후 임지로 돌아와 淸人이 요구하는 歲貢米를 千餘石 줄인 공로로 資憲階에 올랐다. 이때 임경업은 국가가 종묘사직을 위하여 치욕을 참다보니 이 지경에 이르게 되었음과 壬辰年에 明이 베푼 은혜 또한 배반할 수 없음을 생각하여 침식을 잊고 고민한 끝에 조선이 처한 상황을 明에 알리려고 결심하였다. 明에 파견할 적임자를 물색하다가 妙香山의 申歇을 선택하여 재상과 의논한 후 그를 石城島에 보내어 조선의 사정을 전하였다.

12) 다음 해(1637년) 작은 잘못 때문에 鐵山으로 유배되었다. 淸이 金州征伐을 핑계로 기일을 촉박하게 정하고 조선에 출정을 요구하였다. 조정에서 임경업을 유배에서 풀어 助防將으로 삼고 출정케 하였다. 임경업은 淸이 징병의 명분에 가탁하여 기일을 지키지 못한 조선 장수들을 죽일 계책임을 눈치채고 壯士 100여 명을 선발하여 기일에 맞추어 淸營에 도착하였던 바 예상대로 淸이 거짓말한 것이었다. 임경업은 다시 義州府尹에 제수되어 邊務六事를 進達하였으며 얼마 후 平安兵使

가 되어 많은 공적을 쌓아 正憲階에 올랐다.

13) 庚辰年(1640년) 여름 淸이 金州를 공략하면서 조선에 徵兵하였다. 조선에서는 임경업을 上將軍에 임명하여 水軍을 인솔케 하였다. 임경업은 申歇을 보내어 登州에 發兵 사실을 알리고 戰船 120척과 兵卒 6,000명을 거느리고 石城島에 도착하여 다시 몰래 배 3척을 登州에 보냈다. 明軍과 接戰할 때 임경업은 軍中에 令을 내려 총을 쏠 때는 탄환을 빼고, 활을 쏠 때는 화살촉을 빼고 쏘게 하여 우리 군사가 많이 죽고 다쳤다. 淸將 范文程 등이 임경업을 의심하여 시험하였으나 임경업은 그들의 계략에 말려 들지 않았다.

14) 다음 해(1641년) 군량이 떨어져 군졸이 주리게 되자 담배 장사를 하여 수만 냥을 벌었다. 이 돈으로 군량을 충당하고 瀋陽에 인질로 잡혀가 있던 世子와 大君에게 각각 1,000兩, 500兩을 주고 남은 돈 3,000兩을 의주로 가져와 軍需에 보태었다.

15) 金州가 함락되었을 때 잡힌 明將 洪承疇·祖大業 등이 임경업이 申歇을 보내어 明과 연락한 사실을 고자질하였다. 淸에서 임경업을 잡아들이라고 요구하여 체포되었다.

이 단락은 임경업의 行跡 가운데 핵심이 된다고 할 수 있는 北方에서의 활동상을 서술한 것이다. 이 단락을 구성하고 있는 삽화들에 내포된 의미, 즉 星湖가 임경업의 행적에서 취한 궁극적 가치는 다음과 같이 정리될 수 있다.

1) 愛國, 2) 智謀, 3) 愛國, 4) 사실 기술, 5) 愛國, 6) 智謀, 7) 智謀, 8) 智謀, 9) 勇猛, 10) 尊明·智謀, 11) 愛國·尊明, 12) 智謀, 13) 尊明, 14) 智謀, 15) 사실 기술

이상과 같은 삽화들의 의미 분석에서 드러나는 것처럼 이 단락에서 星湖가 집중적으로 부각시키고 있는 것은 임경업의 탁월한 智謀와 그의 愛國的 行爲이며, 임경업의 尊明意識은 상대적으로 미미하게 처리하고 있다.

이 점은 星湖本과 ㉮, ㉯를 대비해 보면 더욱 선명히 드러난다. ㉮의 경우 敵의 來侵에 대비한 임경업의 방어 노력과 관련된 사항이나 그의 智謀를 부각시킬 수 있는 일화들은 거의 생략하고 있으며, ㉯의 경우 임경업의 北方에서의 行跡을 상세히 기술하고 있으나 시선이 그의 尊明意識에 머물러 있다.

이러한 사실을 확인하기 위하여 우선 星湖本과 ㉮, ㉯의 기술 내용상의 차이점을 살펴보기로 한다.

첫째 위의 4)에서, 星湖本에는 朝·明 연합군이 牛家庄을 공격하여 明의 叛臣 孔有德과 耿仲明을 잡을 수 있었는데 明의 水軍都督 朱文郁·吳安邦·孫士厚 및 監軍御使 籲九韶 등이 반목하였기 때문에 이들을 놓쳤다는 사실이 기재[32]되어 있다. 그러나 ㉮에는 牛家庄 정벌 사실 자체가 생략되어 있고, ㉯에는 明將들의 반목 사실이 기재되어 있지 않고 北敵 數千騎가 몰려와 두 叛臣을 놓친 것으로 처리[33]되어 있다.

32 李瀷, 「林將軍傳」: 時明朝有叛臣孔有德､耿仲明等 據牛家庄 水軍都督朱文郁､吳安邦､孫士厚 及監軍御使籲九韶等 奉命來討 將軍遙爲聲援 約與挾攻 幾盡獲 四將不協 二賊陰款淸人 淸人提兵來救 遂以二賊歸

33 同上 : 時中朝叛將孔有德､耿仲明 來據牛家庄 水軍大都督朱文郁 副都督吳安邦､孫士厚 監軍御使籲九韶等 領兵內討 慶業亦承朝命 挾擊幾獲之 北虜以數千騎來救 遂挾孔耿而歸

둘째, 5)는 淸에서 조선으로 사신을 보낸 사실을 알아낸 明將 沈世魁가 淸의 사신을 잡아 보내라고 조선에 요구하여 조선이 난처한 입장에 처하였을 때 임경업이 기지를 발휘하여 이를 해결하였다는 삽화이다. 말하자면 임경업이 조국을 위하여 明을 속인 사실에 대한 기술인 셈인데 ㉮, ㉯에는 이 삽화가 기재되어 있지 않다.

셋째, 13)에서, 星湖本에는 朝·淸 연합군이 明의 최후 보루였던 金州 공략에 나섰을 때 朝鮮軍과 明軍이 接戰하여 결과적으로 我軍의 사상자가 많았던 것으로 기술[34]되어 있다. 즉, 조선군은 약속대로 탄환과 화살촉을 빼고 발사하여 明軍에게 피해를 입히지 않았으나 明은 약속을 지키지 않고 조선군과 맞섰음을 의미한다. 그러나 ㉮, ㉯에서는 朝鮮軍과 明軍이 약속을 지켜 사상자가 전혀 없었던 것[35]으로 기술하고 있다.

넷째, 15)에서 星湖本에는 임경업이 明과 密通한 사실을 淸에 알린 자로 明將 洪承疇·祖大業을 지목하고 있으나 ㉮에는 밀통한 일이 발각되었다는 사실만 기재[36]되어 있고, ㉯에서는 洪承疇는 거론만 하고 朝鮮의 宣州府使 李烓를 폭로자로 지목[37]하고 있다.

---

34 李瀷,「林將軍傳」: 其遇漢船 令軍中 銃去丸矢去鏃 我兵多死傷

35 宋時烈本 : 將軍亦隨機出奇 方其戰時 使砲兵 密用土丸 天兵發矢 亦故使不及 故兩軍一無所傷
李選本 : 與明兵相遇 佯爲相戰 互相方砲聲震海中 而潛令礮者 不鉛而發 明兵亦誡射者 不滿而發 以故兩軍無一人死傷者

36 宋時烈本 : 旣已 虜追覺其見欺之狀 又潛通天將之事 發露 虜脅我朝 執送將軍

37 李選本 : 淸圍松山堡 洪承疇以軍降 乃悉得獨步事 會宣州府使李烓 與明人鬻商 事覺 淸縛致烓拘問 烓欲賣國圖生 盡以送獨步移咨事告之 淸人大怒 脅我朝執送將軍

이상에서 예시한 바와 같이 星湖本은 林慶業의 尊明意識에 흠집이 될 만한 삽화나 明의 존엄성을 훼손할 만한 사실들을 거침없이 기재하고 있다. 특히 13)의 경우 文面에 言表되어 있지는 않으나 明에 대한 충성이 조선에게는 아무런 도움이 되지 않을 뿐만 아니라 오히려 해가 된다는 의미를 내포하고 있으며 明에 대한 맹목적인 충성을 조소하고 있는 것으로 생각된다. 내용뿐만 아니라 表現에 있어서도 星湖本과 ㉮, ㉯는 현격한 차이를 드러낸다. 淸과 관련된 호칭의 경우 星湖本에서는 淸人, 淸兵, 淸使 등으로 지칭하여 淸의 존재를 인정하는 입장을 취하고 있는 반면 ㉮의 경우 明과 관련된 사항은 天朝, 天將,天兵 등 극존칭을 써서 지칭하고 淸을 무시하려는 의도를 노골적으로 드러내고 있다. ㉯의 경우 丙子胡亂 이전의 사실을 기술할 때는 淸과 관련된 사항에는 虜變, 北虜 등으로 지칭하고 이후에는 淸王, 淸主 등으로 지칭하고 있어 비교적 객관성을 유지하고 있는 것으로 보이나 星湖本과 대비하면 淸을 폄하하려는 의도가 개재되었음을 알 수 있다.

한편 文面에 表出되어 있지는 않으나 조정 신하들의 무능함에 대한 비판의식이 이 단락의 이면에 숨어 있는 것으로 판단된다. 2), 7), 12) 등의 삽화에 두드러지게 나타나 있는 바 나라가 위급한 상황에 처해 있었음에도 불구하고 명분만 고집하면서 敵의 來侵에 전혀 대비하지 않다가 급박한 지경에 이르면 미봉책으로 해결하려 하던 당시 조정 관료들의 무능한 모습에서 성호의 이러한 意圖를 엿볼 수 있다.

(3) 明으로의 망명과 淸에 의한 拘禁

1) 淸으로 압송되어 가던 도중 金郊驛에 이르러 임경업은 淸에 가면 틀림없이 죽을 것이라고 생각하고 탈출을 결행하였다. 癸未年(1643년) 봄에 明으로 가기 위해 승려로 변장하여 배와 양식을 사고 사공을 속여 망명길에 올랐다.

2) 登州를 향해 가다가 角河島에서 표류하여 海風縣에 이르렀다. 知縣은 임경업을 淸의 염탐꾼으로 오인하여 잡아 가두고 登州都督 黃宗裔에게 보고하였다. 황종예가 사람을 파견하여 임경업임을 확인하고 정중히 모셔오게 하였다. 다음 해인 甲申年(1644년) 봄에 임경업이 登州에 도착하자 황종예는 그를 극진히 대우하고 황제와 여러 대신들에게 등용할 것을 건의하였다. 明의 조정에서 임경업을 征虜大將에 임명하려 하였으나 流賊이 횡행하여 조서가 내려오지 못하였다.

3) 이때 황종예는 섬의 도적들이 明의 漕運을 겁탈하는 것을 매우 근심하였다. 임경업은 兵卒 80명을 이끌고 섬으로 가서 도적을 속이고 술로 유인하여 그 두목과 부하 수십 명을 잡아서 등주로 돌아왔다. 황종예는 임경업의 재략을 크게 인정하고 오랑캐와 流賊을 평정할 계책을 묻는다. 임경업은 굳이 사양하다가 持久戰으로 맞설 것, 海路를 이용할 것, 車攻術을 쓸 것, 朝鮮軍을 징발할 것 등의 계책을 제시한다. 황종예는 일어나 임경업에게 절하고 뜻밖에 좋은 계책을 들었다고 찬탄한다.

4) 이 해 3월 流賊이 北京을 함락하여 明皇이 죽었다. 황종예가 군사를 이끌고 北京으로 가려하자 임경업은 좋은 계책이 아니라고 만류한다. 明 福王이 南京에서 즉위하자 황종예는 登州의 군사를 副將 馬弘周에게 맡기고 몰래 남경으로 도망쳤다. 마홍주는 임경업을 체포하여 淸에 항복하였다. 임경업은 淸將 高山의 위협과 회유에 굴하지 않고 尊周大義를 주장하다가 北京으로 압송되었다.

이 단락을 구성하고 있는 삽화들은 대체로 다음 두 가지 사실을 대변하고 있다. 즉 3)에서, 임경업이 기발한 계책으로 明의 근심거리였던 島賊을 사로잡은 일과 明이 중원을 회복할 수 있는 치밀한 계책을 제시한 것 등은 임경업의 탁월한 지략을 강조한 부분이라 할 수 있다. 또 4)에서, 임경업과 함께 큰 일을 도모하려는 척 하다가 사태가 급박해지자 홀로 도망쳐버린 황종예의 행위와 자신들을 도운 임경업을 잡아 청에 항복한 마홍주의 일을 거론하고 있는 것은 이 두 明將의 무능함과 신의없음을 강조한 것이라 할 수 있는 것이다.

㉮의 경우 이 단락에 해당하는 부분에서 "년 월 일에 장사치의 배를 얻어 타고 몰래 大明의 땅에 들어가 天將에게 임용되었다. 이 뒤의 일은 그의 日錄에 상세히 기록되어 있다."[38]라고 하여 登州에서의 임경업의 행적은 日錄에 미루고 있으며 淸兵에게 붙잡혔을 때 끝까지 항복하지 않은 사실만 부각시키고 있다.[39] 즉, 明將들이 자신의 조국과 임경업을 배신한 사실을 생략하고 있는 것이다. ㉯에는 임경업이 島賊을 소탕한 사실과 황종예에게 중원을 회복할 계책을 알려주는 대목이 생략되어 있다. 또 황종예(㉯에는 黃龍으로 기재됨)가 도망한 사실에 일정한 명분을 부여하고 있으며[40] 마홍주(㉯에는 馬

38 宋時烈本：年月日 得商賈船 潛入大明地 爲天將所任用 此後事 詳載日錄

39 宋時烈本：將軍遂被執 抗節矢死 虜終不能屈

40 星湖本에서는 황종예가 도망간 사실을 "宗裔心惶惶無留意 軍中之事 一委於副將馬弘周 脫身獨赴南京"이라고 기술하고 있음에 비하여, ㉯에서는 "黃龍知勢不可爲 自言勤王 而乘夜潛逃"라고 하여 여기에 勤王이라는 명분을 부여하고 있다.

登弘으로 기재됨)가 임경업을 잡아 淸에 항복한 사실에 대해서도 임경업이 淸에 잡힌 것은 마홍주 때문이 아니라 獨步(申歇을 말함) 때문이라는 투[41]로 기술하고 있다.

요컨대 ㉮, ㉯는 임경업의 智略보다는 그의 尊明意識에 비중을 두고 있기 때문에 그것을 부각시키는 데 장애가 되는 삽화들은 기재하지 않거나 다른 시각에서 조명하고 있는 것이다.

(4) 還國과 죽음

1) 임경업은 北京에서 1년간 갇혀 있었는데 조선의 사신이 燕京에 와서 '임경업은 조선에도 죄를 지었으니 잡아가서 처벌하겠다'고 하여 송환되었다.

2) 이전에 임경업은 勳臣 沈器遠과 매우 가까웠다. 심기원이 逆謀로 처형되었는데 그 무리들 가운데 임경업을 공모자로 지목하는 자가 많았다. 이 때문에 임경업은 鞫問을 당하였으나 그 해명이 분명하여 仁祖가 석방하려 하였다. 그러나 金自點이 私憾으로 誣奏하고 심하게 고문하였다. 임경업은 '천하의 일을 아직 알 수 없는데 어찌 급히 나를 죽이려 하느냐'라고 말하고 죽었다. 임경업이 죽자 仁祖는 몹시 슬퍼하여 史官을 보내 사신에게 자신의 뜻을 알리게 하였다.

---

41 마홍주가 임경업을 잡아 淸에 항복한 대목을 星湖本에서는 "後弘周 執將軍 降于淸"이라고 기술하고 있는데, ㉯에서는 "登弘乃與將軍 入保石城島 翌年五月 弘光皇帝又亡 七月淸人水陸進兵 而招登弘 登弘已陰有投虜之志 將軍悶不知所爲 會商舶自南方而至 將軍欲潛附其船脫歸 密使獨步探登弘動靜 登弘卽令軍中 使整軍堅守 將軍怒獨步 欲斬之 爲壯士力救未果已"라고 하여 독보가 마홍주에게 임경업이 상선을 타고 탈출할 계획임을 밀고하였던 것처럼 기술하고 있다.

3) 임경업이 망명할 때 평소에 타던 말을 놓아준 일이 있는데 잡혀 太僕寺에서 길러졌다. 말 먹이는 자가 말에게 너의 주인이 죽었다고 말하자 말은 날뛰며 슬피 울다가 먹이를 먹지 않고 죽었다.

4) 죽은 후 53년이 지나 廷臣이 申寃할 것을 아뢰어 忠愍이란 시호를 내리고 墓에 제사하게 하였다.

임경업의 환국과 죽음 및 死後 申寃에 대하여 기술하고 있는 이 단락은 비교적 소략하게 처리되어 있다. 이 단락의 기술 내용은 3)을 제외하면 핵심적 사건을 압축 정리한 것에 불과한 것이다. 이는 星湖本이 임경업의 환국에서 죽음에 이르는 과정 그 자체에 크게 관심하고 있지 않음을 의미하는 것으로 생각된다.

이 단락을 ㉮, ㉯와 대비해 보면 임경업이 죽고 난 뒤에 일어난 사건에 대한 取擇의 시각이 매우 특이하다는 점을 발견할 수 있다.

星湖本에는 申寃사실과 3) 이외 다른 死後譚은 실려 있지 않은 바 임경업이 타던 말이 그의 사망 소식을 듣고 슬피 울다가 굶어 죽었다는 전설적인 이야기[42] 3)을 특별히 기재한 것은 임경업이 탁월한 무장이었음을 상징하기 위해서일 것이다. ㉮에는 '尼城의 도적 柳濯이 將軍의 姓名을 빌어 난을 일으켜 장차 오랑캐를 토벌하여 원수를 갚는다고 하니 어리석은 백성들과 승려들이 구름처럼 모여 들었다.'는 死後譚이 실려 있을 뿐 3)과 관련된 死後譚은 기재되어 있지 않

42 이 이야기는 「年譜」에도 다음과 같이 기록되어 있다. 『林忠愍公實記』 384쪽 : 公有名騅 及公逃至加平 解而放之 爲人所得 仍入太廏 公沒之日 圉人語曰 爾之舊主死矣 馬卽低首流淚 一聲長號而斃

다. ㊅에도 임경업이 죽은 뒤 많은 백성들이 애통해 한 사실이 기재되어 있을 뿐이다[43].

㉮, ㊅가 이러한 死後譚을 삽입하고 있는 것은 임경업이 민중들의 절대적인 신임을 얻었던 인물임을 강조하기 위한[44] 것이라 할 수 있다.

요컨대 星湖本이 탁월한 한 사람의 武將으로서 임경업을 주목하였다면 ㉮, ㊅는 임경업의 排淸精神이 국민적 지지를 받았음을 강조하고 있는 것이다.

(5) 贊

1) 임경업은 교활한 사람이다. 속임수를 숭상하여 능사를 삼으니 적들이 그 술수에 빠지는 경우가 많았고 위급하고 어려운 지경을 당하여 나라도 거기에 힘입었다.[45]

2) 學士 洪翼漢이 斥和를 주장하다가 잡히어 의주를 지나갈 때 다른 사람들은 감히 위로하지 못하였는데 장군만이 홀로 몸소 찾아가 손을 잡고 말하기를 "학사께서는 가십시오. 죽음에 그 죽을 곳을 얻은 자는 학사이십니다."라고 하였으니 그 뜻을 볼 수 있다.[46]

---

43 李選本 : 及其死 灣上暨中外之人 皆莫不齎咨歎惜 日國家枉殺林將軍 都下市民 至或亦出其錦緞 以助襲斂

44 이윤석, 前揭書, 53쪽 참조.

45 李瀷, 『星湖全書』, 「林將軍傳」 : 贊日 林慶業 桀黠人也 尙詭詐以爲能 敵人者 多陷其術 當危難之際 國亦賴之

46 同上 : 學士洪翼漢 以斥和被拘 行過義州 人無敢勞問 將軍獨躬執手語日 學士行矣 死而得其所者 學士也 可以見其志矣

임경업의 人間像과 그가 행한 행위의 가치를 총체적으로 批評하고 있는 이 단락은 임경업에 대한 星湖의 독특한 시각이 드러나 있다는 점에서 대단히 주목된다.

우선 1)의 첫 부분 "林慶業 桀黠人也 尙詭詐以爲能"은 가능한 한 立傳對象의 행위를 찬양하고 美化하려 하였던 家傳의 보편적 성향을 감안하지 않더라도 肯定的인 시각을 지닌 評語라고 할 수 없다. 말하자면 임경업의 인품 그 자체에 대한 星湖의 평가는 부정적이었던 것이다. 그러나 이어지는 "敵人者 多陷其術 當危難之際 國亦賴之"로 보아 임경업의 공적마저 부정하고 있는 것은 아니다. 그가 조선을 위하여 행한 행위는 그것대로 인정하고 있는 것이다.

임경업이 淸으로 압송되어 가던 洪翼漢을 만나는 대목을 서술하고 있는 2)는 가치론적 언급이 배제되어 있다는 점과 文勢로 보아 임경업의 尊明意識을 찬양한 것이라기보다 임경업의 武人다운 기개를 찬양한 것으로 보아야 온당할 것[47]이다.

임경업의 인품과 공적에 대한 이러한 평가의 이면에는 임경업을 한 사람의 탁월한 武將으로만 보지 않고 尊周大義의 구현자로 美化하는 경향에 대한 성호의 비판적 인식이 자리하고 있는 것으로 생각

47 ㉮, ㉯는 星湖本과는 달리 이 장면을 본문에서 기술하고 있는데 ㉮에서는 "士大夫死得其所 難矣 公名將與泰山北斗爭高矣"라고 하여 임경업이 홍익한의 斥和에 대단한 이념적 가치를 부여한 것으로 기술하고 있으며, ㉯에서도 "將軍出見 解其縛執手慰曰 明公此行 眞男子事也 生有辭於天下 死垂名於竹帛 復何恨焉"이라고 하여 ㉮와 유사한 시각에서 기술하고 있어 이 두 본은 임경업이 홍익한을 만나는 장면을 서술함으로써 임경업의 尊周大義를 집중적으로 부각하려 하였던 것임을 짐작케 한다.

된다. 이 점은 ㉮, ㉯의 評結부분과 대비해 보면 보다 분명히 알 수 있다.

> "孔子께서 『春秋』를 지으시와 萬世에 法을 내리셨다. 『春秋』가 지어진 후부터 지금까지 이천 년이 흘렀으니 이 책을 읽는 사람이 많았을 것이나 그 大義가 밝음을 아는 자는 적다. 장군은 해외의 陪臣으로서 尊周하는 한 마음으로 시종일관하여 흉포한 오랑캐로서도 능히 굴복시키지 못했으니 만고에 한 사람이었다 할 수 있을 따름이다."[48]

㉮의 後記의 일부인 윗글에는 武將으로서의 임경업의 탁월함에 대한 언급은 전혀 없고 그의 尊周大義를 찬양하는 내용으로 일관하고 있다.

傳의 末尾에서 임경업의 排淸精神이 民衆들의 절대적인 지지를 받았음을 강조하고 후기에서 이와 같이 그의 尊周大義를 극찬하고 있는 것은 尤菴의 立傳意圖가 임경업의 排淸尊明 精神을 부각함으로써 자신의 정치 노선에 정당성을 부여하는 데 있었음을 짐작케 한다. 이 점은 政敵이었던 許積(1630~1680)이 三學士를 비판한 사실을 극력히 비난하고 排淸意識이 식어가던 당대의 기풍을 개탄하는 내용이 後記에 포함되어[49] 있는 것에서도 확인할 수 있다. ㉯ 또한

48 宋時烈本 : 孔子作春秋 垂法萬世 自獲麟以至于今二千年 所讀此書者多矣 而能知其大義炳然者 眞寡矣 今將軍 以海外陪臣 尊周一心 始終如水 雖以虜之凶暴 終不能屈 可謂千百年一人而已

49 同上 : 及如三學士之大節 天下皆聞之 而許積斥以非義士 獨何心哉……今有以儒爲名者 乃敢斥之以無必死之矣 其悖理傷化 抑尤甚矣 而世方推奬之不暇 天常民彝 幾何不至於盡滅也

後記에서 "그의 尊周一念 丹처럼 붉게 빛나니 아홉 번 죽는다 하더라도 변하지 않을 것이다."[50]라고 하여 임경업의 尊周大義를 극찬하고 있다.

요컨대 ㉮, ㉯는 탁월한 武將으로써의 임경업에 주목한 것이라기보다 저자들의 정치 이념이었던 尊周大義의 구현자로서의 임경업에 주목하였던 것이다.

한편 星湖本의 贊에는 敵의 來侵에 대비한 방어 노력을 게을리 하면서 변방 장수들을 압제하려 하였던 당대 위정자들의 태도에 대한 성호의 비판 의식도 내재되어 있는 것으로 보인다. 星湖는 武官들이 士大夫다운 긍지 대신 간사하고 교활한 행동을 할 수밖에 없었던 것은 기본적으로 文官을 우대하고 武官을 천대하는 왜곡된 右文政策 때문이었던 것으로 파악[51]하였다. 실제 임경업이 속임수를 능사로 삼을 수밖에 없었던 원인은 外敵의 來侵에 대비하기 위하여 그가 조정에 兵力과 무기를 요구하였으나 매번 한 치 앞도 내다보지 못하는 조정관료들에 의하여 거부되어 명분 있는 전투에서 당당하게 싸워 볼 기회가 없었기 때문이다. 이러한 성호의 인식과 임경업 당시의 정치 상황을 고려하면 이 단락은 임경업으로 하여금 교활한 속임수를 쓸 수밖에 없도록 하고 또 그러한 속임수에 힘입었던 무능력한 당

50 李選本：雖然其尊周一念 炳然如丹 九死不渝

51 『星湖僿說』, 卷8, 「人事門 文武無拘」: 時平旣久 文武之貴賤頓別 武官之極選 止許承旨 至陞二品然後 僅許左右尹工刑參判 武官之嗟怨已甚 而其處心猥雜 乖亂濫猾無不爲也 少有矜持 則亦群起而誚之

시 조정 문신들에 대한 비판 의식을 일정하게 내포하고 있는 것이다.

2. 「林將軍傳」의 主題와 그 구현 방식

작품의 내용 검토에서 이미 대체적인 윤곽을 짐작할 수 있었던 바 星湖가 이 작품을 통해 구현하려 하였던 주제는 두 가지 정도로 압축할 수 있다. 그 가운데 하나는 '非現實的인 尊明意識에 대한 비판'이다.

앞에서 살펴보았듯이 星湖는 '淸의 徵兵에 의하여 朝 · 淸 연합군이 明이 金州를 공략할 때 上將軍이었던 임경업은 明에 대한 의리를 지키기 위하여 미리 明軍에게 정보를 전하고 또 接戰時 明軍을 살상하지 않기 위하여 최선을 다하였으니 결과적으로 조선군만 많은 피해를 입었다'고 기술하고 있으며, 임경업이 목숨을 걸고 명으로 망명하여 流賊을 퇴치하고 중원을 회복할 수 있는 계책을 말해 주었을 때 함께 큰 일을 도모할 듯한 태도를 취하였다가 형세가 불리해지자 혼자 도망쳐 버린 明將 황종예나 임경업을 체포하여 淸에 항복한 마홍주의 기회주의적이고 배신적인 행위를 부각시키고 있다.

이러한 기술 내용과 기술 시각은 尊周大義라는 거창한 名分을 앞세우고 尊崇의 對象으로 삼아온 明의 실체를 폭로함으로써 尊明이 조선에 아무런 현실적 도움을 줄 수 없다는 것을 밝히려는 의도에서 나온 것이라 할 수 있다. 이 밖에 星湖의 시선이 시종일관 임경업의 尊明意識보다 그의 지략의 탁월함이나 애국 정신에 초점을 두고 있다는 사실에서도 星湖의 이러한 의식을 엿볼 수 있다.

조선중기 이후 통치이념에 지대한 영향을 끼친 斥和論은 기본적으로 性理學的인 名分論에 근거한 것이다. 그러나 斥和論 내지 北伐論이 내포하고 있는 정치적 의미 또한 도외시 할 수 없음[52]은 주지의 사실이다. 壬辰倭亂과 丙子胡亂을 겪고 난 뒤 국민들의 불신과 離叛을 수습할 길이 없었던 支配層은 南漢山城의 수치에 대한 종래의 事大主義를 名分化시킴으로서 尊周大義 · 春秋大義의 旗幟 아래 국민의 비판 의식을 봉쇄하려 하였던 것[53]이다. 즉, 소수 집권층이 정권의 보위와 봉건체제 붕괴의 저지를 위한 완강한 보수의 노력[54] 가운데 하나가 尊周大義라는 事大的 名分論이었던 것이다.

宋時烈과 李選의 「林將軍傳」을 위시하여 『忠愍公實記』 所載 임경업에 관한 實記類들은 모두 조선후기 집권 노론계열 인사들에 의하여 쓰여졌으며[55] 임경업을 尊周大義의 구현자로 형상화하고 있다는 점에서 위와 같은 정치적 의도가 다분히 개입된 것이라 할 수 있다.

星湖는 조선후기 집권층이 표방하였던 北伐論의 허구성을 밝히기

---

52 오수창, 「仁祖代 政治勢力의 動向」, 『朝鮮時代 政治史의 再照明』 이태진 編, 범조사, 1985, 112~115쪽. 이 논문에서 오수창 씨는 斥和論이 기본적으로 性理學的 名分論에서 온 것임을 인정하면서 그것이 지닌 정치적 의미를 非功臣士類들의 功臣勢力에 대한 견제 내지 공격 차원에서 파악하고 있다.

53 이우성, 「星湖全書解題」, 『星湖全書』 一, 驪江出版社, 1984, 3쪽.

54 이동환, 「燕巖의 思想과 小說」, 『古典文學을 찾아서』, 文學과 知性社, 1981, 213쪽.

55 이윤석, 前揭書, 137~139쪽 참조. 이 논문에 의하면 宋時烈 · 李選 외에 송시열이 쓴 전의 後敍를 쓴 이이명(1658~1722)과 跋을 쓴 정호(1648~1736)는 송시열의 문인으로 일생 老論의 선봉으로 활약한 人物이며 諡狀을 쓴 민진후(1659~1720), 행장을 쓴 신정하(1681~1716)도 老論에 속하는 人士이다.

위하여 바로 그들이 자신의 정치 이념의 실천자로 내세웠던 임경업의 行跡을 나름대로의 시각으로 재조명하였던 것이다.

「林將軍傳」의 또 다른 주제는 '조정 문신들의 고식적이고 교활한 태도에 대한 비판'이다.

작품의 文面에 노출되어 있지 않으나 「林將軍傳」을 구성하고 있는 다음과 같은 삽화들 속에는 분명히 이러한 작가의식이 개재되어 있는 것으로 판단된다.

임경업은 변방의 장수로서 적의 동정을 면밀히 분석하고 적의 움직임에 나름대로 대처하였으며, 丙子年에는 敵의 대규모 來侵을 예상하고 이에 대비하기 위하여 병력을 요구하기도 하였다. 그러나 무모한 조정 문신들은 적의 침략을 막을 수 있는 특별한 대책도 세우지 않은 채 斥和만 고집[56]하면서 병화를 자초하고 말았다. 뿐만 아니라 조정 문신들은 걸핏하면 죄를 씌워 임경업을 파면하거나 유배시켰다가 상황이 급박하면 다시 기용하였고, 처형 당할 것을 뻔히 알면서도 자신들의 책임을 모면하기 위하여 그를 淸으로 압송하려고 하였으며 끝내는 私感 때문에 죽이기까지 하였다.

이러한 삽화들에서 우리는 외적에 대한 방비는 소홀히 하면서 武臣들을 경시하고 정권 쟁탈에 급급하였던 조정 문신들에 대한 星湖의 비판 의식을 읽을 수 있는 것이다.

56 『大東野乘』, 卷58, 「逸史記聞」에서는 당시의 斥和論에 대하여 다음과 같이 비판하고 있다. "所謂斥和之意……論議堂堂凜若秋霜 少不下於胡澹庵陣東歐陽澈之類 而不讓國勢之如何 徒懷慷慨 則亦不過處士之一大言也(오수창, 前揭書, 112에서 再引用)

성호는 이 두 주제를 구현함에 있어서 자신이 설정한 立傳原理를 철저히 지키고 있는 것으로 파악된다. 성호는 예술 창작에 있어서 작품의 素材가 되는 事物의 外形이나 객관적 사실에 대한 정확한 描寫 내지 記述이 선행되지 않으면 그 事物의 핵심적 부면에 대한 온전한 인식에 도달할 수 없으며 따라서 작가가 작품을 통하여 구현하고자 하는 의식을 온전히 표현해 낼 수 없다는 '神在形中'의 논리[57]를 전개한 바 있다. 역사적으로 實存했던 특정인의 삶 속에서 규범적 가치를 추출해내고 이를 후세에 전하기 위하여 '傳'을 기술하는 경우에도 이러한 원리가 적용되어야 함을 다음과 같이 강조하고 있다.

> 옛날 韓退之가 樊紹述의 墓誌銘을 짓고 司馬遷이 司馬長卿의 傳을 지었는데 모두 그 사람의 행적과 같다. 옛 사람들은 詩文을 지을 때 반드시 마음으로 기준을 세우고 뜻으로 상상하여 정신이 만나 모인 뒤에야 붓을 들었다. 그 사람을 그리면 반드시 그 사람을 닮아야 한다. 詩文의 摸寫도 이와 같다.[58]

윗글에서 마음으로 표준을 세우고 뜻으로 상상하여 정신이 만나 모인 뒤에야 붓을 들었다는 말은 한 개인의 전기를 기술할 때 특정 사실에 대한 작가의 기술 태도를 지적한 것으로 '마음으로 표준을 세우

57 拙稿, 「李瀷의 文學思想」, 『一丁 宋敏鎬博士 古稀紀念論叢』, 啓明文化社, 1991, 534~535쪽.

58 李瀷, 『星湖僿說』, 卷30, 「詩文門 退溪先生詩」: 昔退之銘樊紹述 子長傳司馬長卿 皆似其人 古人作詩文 必心準意想 精神遇會 然後方下筆 如畫其人 則必似其人也 詩文之摸寫 亦何異哉

고 뜻으로 상상하다'는 立傳對象이 되는 人物의 특징적 면모를 작가가 인식하는 단계라고 할 수 있으며 '정신이 만나 모이다'는 작가에 의하여 인식된 立傳對象 인물의 특징적 면모와 작가의 정신세계가 교섭하여 주제가 형성되는 단계, 즉 작가의 주관이 개입되어 입전대상 인물의 삶이 형상화되는 단계인 것이다. 이 단계에서 작가의 주관적인 가치관이 지나치게 개입되면 객관적 실상이 왜곡되거나 가치 부여의 직접 대상인 입전대상 인물의 행위의 구체적 모습이 작가가 구현하고자 하는 가치에 매몰되어 모호해질 여지가 다분하다. 특정 인물을 입전의 대상으로 선택하는 것이나 그 인물의 삶 가운데 특정 부분을 선택 기술하는 그 자체는 전적으로 작가의 주관에 속함은 물론이다. 그러나 '그 사람을 그리면 반드시 그사람을 닮아야 한다. 詩文의 摸寫도 이와 같다'는 진술에서 알 수 있는 바와 같이 星湖는 입전대상 인물의 객관적 실상에의 접근 보다는 작가 자신의 가치관 구현에 치중하여 객관적 사실을 호도하는 記述 태도에 대하여는 명백히 반대한다.

그러면 「林將軍傳」에서는 이러한 星湖 자신의 주장이 어떤 양상으로 실천되고 있는가를 살펴보자. 우선 이 작품에서 주목되는 것은 작가의 주관이 文面에 노출된 경우가 거의 발견되지 않는다는 점이다. 이 작품에서는 특정 사실에 대하여 작가가 주관적으로 인식한 내용을 진술하기 위하여 문장 첫머리에 놓는 '蓋', '大抵' 등의 부사가 거의 쓰여지지 않고[59] 있다. 뿐만 아니라 특정 사실을 기술함에

59 이 작품에서 작가의 주관적 개입을 전제로 한 '蓋', '大抵' 등의 부사가 쓰인 사례는 역적 심기원의 무리가 임경업이 역모에 가담하였다고 끌어댄 이유를 서술하면서

있어서도 가능한 한 주관의 개입을 배제하고 사실 기술에 충실하려고 노력한 흔적이 엿보인다. 동일한 사실에 대한 星湖本과 李選本의 기술 방식을 대비해 보면 이 점을 확인할 수 있다.

1) 어린시절부터 장난치고 놀 때에 반드시 '대장부'라고 하였고 매번 돌덩이, 나뭇가지를 늘어 놓아 성과 깃발 모양을 만들었다. 여러 아이들과 호령을 약속하면 감히 어기는 자가 없었다.(自童幼戱嬉 必自道大丈夫 每列塊礫枝柯 爲城堞旗旄狀 與群兒 約束號令 無敢違者) (星湖本)

2) 어려서부터 훤칠하게 큰 뜻이 있었으며 담력과 용기가 남보다 뛰어났다. 말솜씨가 좋았고 병법을 논하기를 좋아하였으며 항상 스스로 장수가 될 것을 기약하였다.(自少磊落有大志 膽勇過人 善談辯 喜論兵 常以將帥自期) (李選本)

3) 장군은 스스로 '국가가 종묘사직을 위하여 치욕을 참은 것이 이에 이르렀고 明이 임진년에 베푼 은혜는 저버릴 수 없다'고 생각하였다. 그래서 베개를 어루만지며 길이 탄식하고 침식조차 잊기도 하였다.(將軍自念 國家爲宗社忍恥至此 而皇明壬辰之恩 亦不宜孤負 故撫枕長吁 至忘寢食) (星湖本)

4) 장군은 정축년 이후로 尊周의 의리를 중히 여겨서 오랑캐를 물리칠 생각을 절실히 하여 밤중에 베개를 어루만졌다.(將軍自丁丑後 義重尊周 念切攘夷 爲之中夜撫枕) (李選本)

"其黨多援將軍 蓋欲籍其重也"라고 한 경우 밖에 없다. 이에 비하여 李選本에서는 '蓋' 혹은 '大抵'를 8회나 반복 사용하고 있다.

어린시절부터 임경업이 탁월한 武人이 될 만한 기상과 자질을 지니고 있었다는 1), 2)의 서술은 그 표현 방식에 있어 중대한 차이를 지니고 있다. 1)은 유소년기 임경업의 독특한 면모를 드러낼 수 있는 객관적 사실들을 제시함으로써 그의 무인적 기질을 형상하고 있는 데 비하여, 2)는 객관적 사실이 지닌 의미를 서술자의 입장에서 요약 전달하고 있을 따름이다.

병자호란 이후 조선의 난처한 입장을 明에 알리고 明과 은밀히 협조하여 淸을 몰아낼 것을 결심하는 장면인 3), 4)에서도 유사한 표현상의 차이를 발견할 수 있다. 3)에서는 임경업이 고뇌에 빠지게 된 원인으로 병자호란 이후 조선이 당한 치욕, 임진왜란 시 明이 베푼 은혜에 대한 배신이란 객관적 사실을 摘示하고 있음에 비하여, 4)에서는 객관적 사실에 대한 언급은 하지 않은 채 그러한 사실에서 형성되었으리라 예상되는 임경업의 의식을 작가가 주관적으로 판단하여 관념적으로 표현하고 있는 것이다.

이러한 사례 외에도 星湖本 「林將軍傳」에서 작가의 주관적 개입이 엄격히 배제되고 있음을 입증할 수 있는 사례는 허다하다. 특히 傳에 있어서 작가의 주관적 논평이 보장된 論贊部에서도 星湖는 객관적 사실에 대한 기술들 속에 자신의 주관을 은밀히 투영시키고 있다. 임경업이 淸으로 압송되어 가던 斥和臣 洪翼漢과 만나는 장면에 대한 기술이 贊의 절반 이상을 차지하고 있다는 사실이 바로 그것이다. 요컨대 星湖는 객관적 사실에 대한 가식 없는 描寫를 통하여 立傳對象의 총체적 實相에 접근하고 그 속에서 규범적 가치를 모색하고자 하였던 것이다.

Ⅳ. 結

이상에서 필자는 星湖 李瀷의 문학 전반에 대한 연구의 일환으로 그의 「傳」 가운데 작가의식의 측면에서 가장 뚜렷한 개성을 지니고 있는 것으로 여겨지는 「林將軍傳」을 검토하였다. 지금까지 논의한 바를 요약 정리하는 것으로 결론을 삼을까 한다.

星湖의 世界觀을 형성하고 있는 다양한 의식들 가운데 「林將軍傳」 창작과 긴밀한 관련이 있는 것은 그의 脫中華的 世界觀과 武備强化論이다. 성호는 世界 地理에 관한 과학적 인식을 통하여 중국 중심의 세계관에서 탈피하였으며 이를 바탕으로 華夷論的 名分論에서 벗어나 종묘사직과 민족의 보전을 우선적으로 고려하여 외교에 임하여야 한다는 對外觀을 개진하였다. 한편 성호는 외세의 침략으로 말미암아 끊임없이 고통받아 왔던 민족사에 대한 성찰과 동아시아 정세에 대한 해박한 지식을 바탕으로 지나치게 편중된 右文政策의 폐단을 지적하고 '武'의 중요성에 대한 각성을 촉구하였으며 武備强化를 위한 현실적인 방안을 제시하였다.

이러한 의식을 배경으로 하여 창작된 「林將軍傳」의 내용 가운데 특히 주목되는 것은 이 작품이 임경업의 尊明意識보다 그의 智謀 및 爲國的 行爲를 집중적으로 부각시키고 있다는 사실이다.

이 점은 宋時烈 · 李選 등의 「林將軍傳」이 임경업의 尊明意識에 흠집이 되거나 明의 존엄성을 훼손할 만한 삽화들을 일체 기재하지 않은 데에 비하여 이 작품은 이러한 사실들을 거침없이 기재하고 있으며 임경업의 智謀 및 愛國的 行爲를 비중 있게 처리한 것을 통하여 확인할 수 있다. 이 밖에도 이 작품은 尊周大義라는 名分만 고집하면서 敵의 來侵에는 대비하지 않다가 급박한 지경에 이르면 미봉책으로 해결하려 하였던 조정 관료들의 고식적이고 무능한 모습을 숨김없이 드러내고 있다.

이 작품이 지닌 이와 같은 내용들을 분석하면 '非現實的인 尊明意識에 대한 비판', '조정 관료들의 고식적이고 교활한 태도에 대한 비판'이라는 작가의식을 추출할 수 있다. 성호는 작가의 주관적 개입을 가능한 한 배제하고 객관적 사실에 대한 가식 없는 描寫를 통하여 이러한 작가의식을 구현하려 하였다.

•『한문교육연구』, 제7권, 한국한문교육학회, 1993. 175~203쪽.

V.

星湖文學의 실학적 성격

V. 星湖文學의 실학적 성격

Ⅰ. 序

이 논문은 星湖 李瀷(1681~1762)의 문학 이론 및 작품세계와 그의 實學思想과의 유기적 관련성을 점검하기 위하여 집필된 것이다.

성호의 문학에 대한 연구는 1960년대 이래 문학론 및 시를 위시한 海東樂府, 傳 등 작품 전반에 대한 연구가 이루어져[1] 그의 문학세계의 중요한 몇몇 국면들이 비교적 소상하게 검토되었다. 그러나 기왕의 논고들은 성호가 조선후기의 대표적 실학자라는 사실에 압도되어 그의 문학론을 실학사상과 무리하게 연결시키거나, 실학자로서

1 성호문학에 대한 본격적인 연구 논문은 崔博光 교수의 「星湖 李瀷의 詩論」(성균관대학교 대학원 석사논문, 1969년)이 발표된 이래 拙稿 「星湖 李瀷의 戲謔詩와 寓話詩」(『漢文學研究』, 第17輯, 계명한문학회, 2003년 2월)에 이르기까지 필자가 확인한 것만으로도 20여 편에 이른다.

의 명성에 주목하여 성호의 문학세계에 대한 해명을 시도하였음에도 불구하고 실학사상과 문학세계를 고립적으로 검토하는 데 그친 감이 없지 않다. 따라서 성호의 문학세계가 포괄하고 있는 실학적 성격 및 그 미적 특성에 대한 체계적 검토는 여전히 과제로 남아있다. 이 점에 유의하여 본고에서는 먼저 창작의 실제에 있어서 역동적으로 작용한 것으로 판단되는 성호의 실학자적 세계인식 태도와, 이와 긴밀한 관련이 있는 문예의식에 대하여 논의한 다음 실학파적 문예의식의 소산인 것으로 파악되는 詩, 傳, 海東樂府 등의 작품에 투영된 작가의식을 몇몇 범주로 분류하여 검토하려 한다.

이러한 작업은 일차적으로 성호의 문학세계에 대한 이해의 심화 내지 확충에 기여할 것이며, 나아가 논리적으로 개진된 그의 실학사상의 이면에 도저하게 자리하고 있는 그 감성적, 情意的 차원의 진실성을 확인하는 의의를 지닐 수 있을 것이다.

Ⅱ. 客觀的 世界認識 태도

여기서는 구체적 경험세계에 속하는 일정한 사물과 본체계에 속하는 존재의 원리와의 관계에 대한 인식 내용을 출발점으로 하는 성호의 세계인식 태도와 그 의의를 집중적으로 검토하려 한다.

특정 작가의 세계인식 태도는 작가가 작품을 통하여 구현하려는 가치에 접근하는 방식이나 구현하려는 가치의 내질을 결정하는 핵심적 요소가 된다. 필자의 소견으로는 사림파 문인과 실학파 문인의 문학세계가 顯示하는 차이점도 그들의 세계인식 태도의 차이에서 비롯된 것으로 생각한다.

학계에 보고된 바에 의하면 朱子는 세계에 대한 해석에서 궁극적 본체세계는 구체적 경험세계를 초월하여 존재한다고 전제하고, 궁극적 본체로서의 太極 혹은 理는 경험세계를 초월하여 존재함으로써 그 고유한 존재특성을 가진다고 주장하였다.[2] 주자학을 신봉하였던 조선전기의 성리학자들 또한 이러한 주자의 세계인식 태도에서 크게 벗어나지 않은 관념적이며 연역적인 세계인식 태도를 지니고 있었다. 즉, 현상 그 자체에 중점을 두기보다는 존재의 원리에 중점을 두고 세계를 인식하려 했던 것이다.

성호의 경우 理를 무시한 것은 아니나 구체적으로 존재하는 사물에 대한 철저한 탐구를 통하여 존재의 원리에 접근해야 한다고 주장하여 구체적 경험세계와 분리된 본체세계의 존재를 인정하지 않는 객관적 경험론에 해당함직한 세계인식 태도를 지니고 있었다.

> 몸속에 마음이 있고 마음속에 지각이 있다. 진실로 앎을 극진히 하려면 그 物을 깊이 연구해야 하며 理 또한 마땅히 그렇게 하여야 한다. 그러나 지식을 극진히 하는 데 다른 길이 있는 것은 아니다. 그 하나의 사물에 格하고 또 다른 사물에 格하여 格하지 않음이 없는데 이

2 김용걸, 「星湖의 自然認識과 理氣論體系의 變化」, 『韓國實學硏究』, 創刊號, 1999, 한국실학연구회.

르는 것일 따름이다.[3]

위와 같은 성호의 주장은 일견『大學』의 "致知在格物"을 부연한 것에 지나지 않은 듯하다. 그러나 성호가 事物에 卽하여 그 이치를 궁구하여야 致知에 도달할 수 있음을 새삼 강조하고 있는 것은 당대의 학풍과 밀접한 관련이 있다. 즉, 窮理라는 주관적, 관념적 방법을 통하여 경험적 세계를 초월하여 존재하는 것으로 想定한 보편적 원리에 접근하려 했던 성리학자들의 세계인식 태도에 대한 비판적 인식이 바로 그것이다. 이와 관련하여 성호가 존경하고 신뢰하였던 息山 李萬敷(1664~1732)는 존재의 원리에 중점을 두고 세계를 인식하려 하였던 당대 학자들의 학풍을 비판하고 "크게는 天地의 이치, 작게는 곤충 · 초목의 이치도 반드시 천지에서 구하고 곤충 · 초목에서 구하여야 하니 어둡고 밝고 멀고 가까운 것이 모두 그러하다. 만약 단지 窮理만 말한다면 理는 형상이 없으니 어디에 근거하여 (이치를) 궁구하겠는가?"[4]라고 주장하여 구체적 사물에 卽하여 존재의 원리를 궁구하여야 함을 강조한 바 있다. '心의 지각 작용은 사물에 대한 경험에 의해 이루어진다.'[5]는 성호의 주장 또한 감각 기관을 통한

---

3 『星湖僿說』, 卷19, 「經史門 儒學」: 身中有心 心中有知 苟欲致知 先格其物 理亦宜然 然致非有他路 不過格其一物二物 至於無不格而已

4 李萬敷, 『息山集』, 卷16, 張24, 「格物說」: 大而天地之理 小而昆蟲草木之理 必於天地也昆蟲草木也求之 幽明遠近 莫不皆然 若只云窮理 理無形象 何所據而窮之也 此經所以言致知在格物 而不言在窮理也

5 『星湖僿說』, 卷14, 「人事門 心體」: 今論心之體 則曰未來則不迎 方來而爭照 既去而不留 此疑若與鑑水相似 然有人相逢 於十數年之後 便識其面 聞其名而知其爲何人 是不

경험에 의하여 인식이 이루어짐을 천명하고 있다는 점에서 현상에 중점을 둔 세계인식 태도로 이해할 수 있다.

나아가 성호는 素材의 생태적 특징을 간결한 필선으로 표현하면서 거기에 작가의 정신세계를 투영하는 것을 第一義的 과제로 삼는 文人畵에 있어서도 素材의 外形에 대한 정확한 묘사가 선행되어야 素材의 精神을 제대로 표현해 낼 수 있다는 논리를 전개한다.

> "東坡의 詩에 이르기를 '모습이 닮은 것으로 그림을 論하면, 소견이 어린아이와 같은 것. 있는 그대로를 詩로 읊는 사람은, 참으로 詩를 아는 이 아니라네.[論畫以形似 見與兒童隣 賦詩必此物 定非知詩人]'라고 하였다. 후세 畫家들은 이 詩를 宗旨로 삼아 묽은 먹물로 거친 그림을 그리니 본래 물건과 다르게 되고 만다. 만일 그림을 그리되 모습이 닮지 않아도 되고 詩를 짓되 있는 그대로 읊지 않아도 된다고 한다면 말이 되겠는가? 우리 집에 東坡가 그린 대나무 한 폭이 있는데 가지와 잎이 모두 실물과 꼭 같으니 이른바 寫眞이란 것이다. 精神이란 형체 안에 있는 것인데 형체가 같지 않으면 어떻게 精神을 제대로 전할 수 있겠는가? 東坡가 이렇게 말한 것은 대개 모양은 비슷하게 그려졌어도 精神이 나타나 있지 않으면 비록 그 물건이기는 하지만 光彩가 없다는 뜻에서이다. 나는 '精神이 나타나 있다 하더라도 모양이 닮지 않았으면 어찌 같다고 할 수 있겠으며, 光彩가 있다 하더라도 다른 물건처럼 되었다면 어찌 이 물건이라 하겠는가?'라고 말하겠다."[6]

留之中 有留者存故耳 目旣接 便能識認 方是爲靈應也

6 『星湖僿說』, 卷5, 「萬物門 論畫形似」: 東坡詩云 論畫以形似 見與兒童隣 賦詩必此物 定非知詩人 後世畫家 得以爲宗旨 淡墨麤畫 與眞背馳 今若曰 論畫形不似 賦詩非此物 其成說乎 余有家藏東坡墨竹一幅 一枝一葉 百分肖似 乃所謂爲寫眞也 神在形中 形已不似 神可得以傳耶 此云者 盖謂形似而乏神 雖此物而無光彩也 余則曰 精神而形不似 寧似 光彩而他物 寧此物

윗글에서 성호는 文人畫 특히 四君子를 그릴 때 素材가 지닌 精神, 즉 일정한 사물로 하여금 그 사물이 되게 하는 본질적 부면인 象外의 常理[7]를 표현한다는 명분 아래 素材의 外形 描寫를 경시하는 경향을 비판하고 있다. 주지하는 바와 같이 작가의 內面世界를 표현한다는 文人畫는 描寫에 의한 설명적인 요소들을 배제하고 사물의 밑바탕을 이루는 자연 본연의 모습을 절제된 線과 色彩로 表現하는 것을 理想으로 하고 있다. 따라서 文人畫에 있어서는 素材에 대한 描寫의 충실도 보다는 素材의 常理를 파악해내는 내면세계의 총체적 역량으로서의 안목과 이를 공감할 수 있는 형상으로 표현할 수 있는 필력을 중시한다. 宋代 性理學과 비슷한 시기에 성립된 이러한 문인화론은 구체적 사물보다 사물을 초월하여 존대한다는 理를 중요시하는 관념적인 화론이다. 위의 인용문에서 성호는 文人畫論 그 자체를 부정하지는 않았으나 '神在形中'이라는 주목할 만한 논리를 바탕으로 그 속에 闖入된 성리학적인 사물 그 자체에 본질적인 理가 부여되어 있기 때문에 거기에 卽하여 존재의 원리를 탐구하여야 한다는 뜻으로 이해된다.

세계인식과 관련된 이러한 성호의 태도는, 현상에 중점을 두고 본질을 인식하려 한다는 점에서 객관적 세계인식 태도라고 할 수 있으며, 이는 당대의 사회현실 문제에 학문적 관심을 경주하였던 그의

7 서복관, 『中國藝術精神』, 대만학생서국, 1968, 359~360쪽. 서복관 교수는 다음 글에서 蘇軾이 말한 常理, 顧愷之가 말한 '傳神'의 神은 同一한 개념임을 밝히고 있다. "他的所謂常理 與顧愷之所說的'傳神'的神……實際一個意思"

학문적 지향 및 사실지향적 문예의식, 소재나 주제의 측면에서 현실 문제를 다룬 문학작품 등을 낳게 한 이념적 기반으로 작용했던 것으로 판단된다.

Ⅲ. 現實主義的 文學論

1. 문학의 현실적 효용 강조

문학의 본질에 대한 성호의 기본적인 시각은 "文이란 道가 우거하는 곳이다. … 文이란 道의 그림이다."[8]라는 그의 언표를 통해 확인할 수 있는 것처럼 載道的 문학관의 범주에 포괄된다고 할 수 있다. 문학을 도의 구현 수단으로 인식하는 재도적 문학관에서 문학이 추구할 수 있는 도의 영역은 폭넓게 개방되어 있다. 『중용』「經一章」의 도의 개념에 대한 주자의 주석에 의하면 도의 본체는 '性의 德으로 마음에 갖추어진 것[性之德而求於心]'인 바 그것은 內面的·靜態的인 성격을 지니나, 그 用은 '날로 쓰는 사물에 있어서 마땅히 행하여야 할 이치[日用事物當行之理]'[9]로서 그 실천적 영역은 현실의 문제

8 『星湖僿說』, 卷21, 「經史門 不恥下問」: 文者道之所遇也 著於上 日月星辰 謂之天文……庶幾因此而有得 亦謂之文 文者道之畵也

9 『中庸章句大全』, 景文社, 1978, 10쪽 : 道者 日用事物當行之理 皆性之德而求於心(上句言道之用 下句言道之體) 無物不有 無時不然(言道之久 直說) 所以不可須臾離也.

를 총체적으로 포괄할 수 있는 것이다. 따라서 '存心'·'養性'과 같은 도의 본체적 측면에 접근하기 위한 내면수양에 중점을 두고 문학의 가치를 인식할 수도 있으며, '仁民'·'愛物'·'是非邪正之別'[10]과 같은 도의 외적 발현의 측면을 문학이 추구해야 할 도의 실체라고 인식할 수도 있는 것이다.

주지하는 바와 같이 사림파 문인들이 문학에서 추구한 것은 주로 도의 본체적 측면에 접근하기 위한 내면지향적인 성격을 지닌 것이었다. 성호는 "경전을 궁구함은 장차 세상에 쓰기 위해서이다. 경전을 이야기하면서도 천하의 온갖 일에 적용하지 못하면 이는 한갓 읽기만 잘하는 것일 따름이다."[11]라고 하여 현실과 유리된 학문의 존재가치를 부정하였다. 학문은 사회적 실천이라는 행위를 통해서만 그 가치가 구현될 수 있다는 것이다.

문학을 대하는 성호의 기본적인 관점 또한 문학의 사회적 역할을 중요시하는, 다분히 현실지향적인 성격을 지니고 있다. "『시경』을 공부하는 것은 政事에 응용하기 위해서이다. 唐 이후 문장의 품격이 점차 낮아진 것은 이러한 본래적 의의가 퇴색했기 때문이다."[12]라는 진술에서 드러나는 바와 같이 성호는 문학의 존재 의의를 經世的 차

10 『中庸或問』, 太山文化社, 1984, 390쪽 : 蓋天命之性 仁義禮智而已 循其仁之性 則自父子之親 以至於仁民愛物 皆道也……循其智之性 則是非邪正之分別 亦道也

11 『星湖僿說』, 卷20, 「經史門 誦詩」: 窮經將以致用也 說經而不措於天下萬物 是徒能讀耳

12 『星湖全集』, 卷24, 「答安百順 癸酉」: 子曰誦詩三百 授之以政 不達 雖多 亦奚以爲 今人看詩 不過一場說話而止 抑恐不然 時閱史策 自唐以後 此義漸汲 所以浮僞勝 而文章每亦下矣

원의 가치 구현에 두고 있는 것이다. 이 점은 성호가 통치자들의 과도한 소유욕을 충족시키기 위하여 일으킨 전쟁으로 인하여 고통받는 민중의 참상을 실감나게 묘사한 李華의 「弔古戰場文」을 위정자로 하여금 자신의 잘못을 반성하게 할 수 있는 훌륭한 문장이라고 극찬한 사실[13] 및 당 현종의 실정을 풍자한 李白의 「古風」과 「覆舟」를 높이 평가한 사실[14] 등을 통해서도 확인할 수 있다.

이와 관련하여 悲壯美의 범주에 귀속될 수 있는 風格의 작품을 선호한 성호의 審美意識[15]이 주목된다. '悲壯'과 유사한 '怨怒', '哀思' 등의 풍격이 형성되는 사회적 배경에 대하여 『毛詩』「大序」에서는 혼란한 시대상황을 지목[16]하고 있으며, 司空圖의 『二十四詩品』「悲慨」條에서도 '悲慨'는 正道가 행하여지지 않는 시대상황에서 형성되는 풍격임을 시사[17]하고 있다. 조선전기 사림파 문인들이 성호하였던 純正美나 優雅美가 세계와 自我가 調和的 均衡을 이루는 가운데 형성되는 것이라면 悲壯美는 부조리한 사회 현실에 대한 비판의식, 즉 자아와 세계와의 갈등과 부조화에서 형성되는 것이다. 이러한 관점

13 『星湖僿說』, 卷30, 「詩文門 弔古戰場文」 : 李華弔古戰場文 令人悽然……余謂後世詩文之類 率皆無裨於世敎 如弔戰場者 人主聽之 有不惕然惑 怛然悲也乎

14 『星湖僿說』, 卷28, 「詩文門 明皇求仙」 : 李太白 古風第三篇 甚譏秦皇之求仙 若有所刺於時者 然史傳無考 余觀杜工部覆舟有云……然則此詩與上篇 俱是譏刺時君之失 可謂詩史

15 김남형, 「星湖의 批評意識」, 『한국한문학연구』, 학회 창립 20주년 기념 특집호, 한국한문학회, 1996, 644~645쪽.

16 『十三經注疏』 2, 臺北, 藝文印書館, 中華民國 71년, 14쪽 : 治世之音 安以樂 其政和 亂世之音 怨以怒 其政乖 亡國之音 哀以思 其民困.

17 이병한, 『增補 漢詩批評의 體例 硏究』, 誦文館, 1985.

에서 볼 때 悲壯美에 귀속될 수 있는 풍격에 대한 성호의 관심과 선호는 문학의 현실적 효용, 특히 풍자의 의의를 중시한 그의 비평의식과 긴밀한 조응관계를 이루는 것으로 판단된다. 요컨대 성호는 문학이 자아의 완성과 심성수양 그리고 이에 입각한 개인의 덕성함양에 적지 않은 의의를 지닌다는 점을 인정하였으나 지나치게 내면지향적인 조선전기 사림파 문인들의 문학관을 극복하고 사회현실의 문제를 확고하고도 당면한 문학적 관심사로 인식함으로써 문학적 관심의 방향과 영역을 확대 내지 전환시켰던 것이다.

2. 寫實志向的 文藝意識

앞에서 논의한 것처럼 성호는 현상에 대한 탐구를 통하여 존재의 원리에 접근해야 한다는 다분히 객관적인 세계인식 태도를 지니고 있었다. 작품 창작과 관련된 성호의 주장들은 이러한 세계인식 태도와 긴밀한 관련이 있다. 이 점은 자연 현상을 정확히 관찰하지 않음으로써 詩句의 내용이 객관적인 사실에 부합하지 않는 李白의 시구를 지적하여 "말이 되지 않는다."[18]라고 비판한 사실과, 韻字를 맞추기 위하여 객관적 사실을 오도한 東方虯의 「昭君怨」을 비판한 사실[19]

18 『星湖僿說』, 卷28, 「西陸」: 李白詩云……秋日旣在東陸 而月在西陸 則望而非弦也 若如漢書 以秋之日道爲西陸 月與之同在西陸 正是晦朔之際 何謂之弦 不成說矣

19 同上, 「白龍堆」: 東方虯昭君怨詩云……昭君之出塞 불응유어백룡 詩人之趨韻不察如此

에서 확인할 수 있다. 뿐만 아니라 성호는 역사적 사실을 소재로 작품을 창작할 경우 당시의 상황을 정확하게 인식해야 함을 다음과 같이 강조하였다.

> 周의 太公望 같은 사람이 運을 만나 분발하여 營丘를 차지하였던 것은 처음부터 마음을 두었기 때문일 따름이다. 뒷날 시인들 가운데 '낚시터로 한 번 떠난 뒤 다시 돌아오지 않았다.[一下漁磯更不歸]'라고 하고, 또 '지금 물새들은 사람을 등지고 날아간다.[至今江鳥背人飛]'라고 읊은 이가 있는데 이는 고루한 儒者의 입버릇에 지나지 않는다. 이들이 어찌 大人虎變을 알랴?[20]

위의 인용문에서 성호는 呂尙이 周 武王을 도와 殷을 멸망시키는 공을 세운 뒤 草野로 물러난 사실이 없음에도 후세의 詩人들은 그가 부귀를 버리고 초야에서 유유자적한 생활을 한 것처럼 노래하고 있음을 비판하고 있다. 성호는 군자가 자기를 알아주는 임금을 만나 공을 세우고 나서 물러나는 것은 혼란한 시대에나 적용될 수 있는 처세법임을 밝히고 呂尙의 행적과 당시의 상황을 정확하게 파악하지 않고 작자 자신의 주관에 따라 낭만적으로 표현해 버린 사실을 두고 '고루한 유학자의 입버릇'이란 말로 비난한 것이다.

이와 같이 성호가 세계에 대한 정확한 인식을 작품 창작의 핵심적 요건으로 지목한 것은 문학 작품이 독자에게 주는 예술적 감흥은 언

---

20 同上, 「太公不歸」: 如周之太公望 值運奮興 遂荒營丘 卽始心所存耳 後來詩人有云 一下漁磯更不歸 又云至今江鳥背人飛 此不過陋儒口業 何足以知大人虎變耶

어적 기교나 낭만적 상상력에서 비롯되는 것이 아니라, 세계에 대한 작자의 절실한 체험과 진지한 성찰을 바탕으로 형성된다는, 진지한 작가 정신에 대한 환기의 의미를 지니고 있다.

세계에 존재하는 사물에 대한 진지한 체험적 성찰을 통하여 세계를 정확히 인식하고 인식된 세계와 작가의 내면세계가 交融하여 주제가 형성되면 표현의 단계를 거쳐야 한 편의 작품이 완성된다. 표현 방식과 관련하여 성호가 가장 강렬한 어조로 강조한 것은 지금까지 여러 연구자들이 거듭 언급한 바와 같이 사물의 진면목을 여실히 묘사해야 한다는 것이다.

> ❶ 옛날 사람들은 시문을 지을 때 반드시 마음으로 기준을 세우고 뜻으로 상상하여 정신이 만나 모인 뒤에야 붓을 들었다. 그 사람을 그리면 반드시 그 사람을 닮아야 한다. 시문의 모사도 이와 같다.[21]

> ❷ 그러므로 글을 '心畫'라고 하는 것이니 형상을 그려내어서 실상과 거의 같게 하여 그것을 보면 일에 유익함이 있기 때문이다. 혹 헛되게 꾸며서 실상을 그려내지 못한다면 말이 모두 진실에서 나왔다고 해도 무슨 보탬이 될 수 있겠는가?[22]

윗글 ①에서 '마음으로 표준을 세우고 뜻으로 상상한다'는 것은 개인의 전기를 기술할 때 특정 사실에 대한 작가의 기술 태도를 지적

21 同上, 卷30, 「退溪先生傳」: 古人作詩文 必心準意想 精神遇會 然後方下筆 如畫其人 則必似其人也 詩文之模寫 亦下何異哉

22 同上, 「諫用兵書」: 故曰書心畫也 畫出狀貌 庶幾其彷佛見之而有益于事也 或虛文飾彩 不能形容 說出於十分眞實 何補之有

한 것으로, 立傳對象이 되는 人物의 특징적 면모를 작가가 인식하는 단계라고 할 수 있다. '정신이 만나 모이다'는 작가에 의하여 인식된 立傳對象 인물의 특징적 면모와 작가의 정신세계가 교섭하여 주제가 형성되는 단계, 즉 작가의 주관이 개입되어 입전대상 인물의 삶이 형상화되는 단계이다.

①의 전체 문맥으로 보아 성호는 이 두 단계를 대단히 중요시한 듯하다. 그러나 ①과 ②의 끝부분에 언표된 내용으로 보아 성호는 작가가 사물의 참모습을 제대로 인식하였다 하더라도 정확한 묘사가 이루어지지 않으면 무가치한 글이 됨을 강조하고 있다. 요컨대 작품의 소재가 되는 사물의 진면목을 정확하게 인식하고 그것을 가식없이 寫出하여야 효용이 극대화된다는 주장이다.

그러나 성호가 강조하고 있는 '묘사적 표현'이란 표현주체의 의도가 배제된 사물의 단순한 재현을 의미하는 것은 아니다. 작가의 사상·감정을 구체적이고 가시적인 사물을 통하여 형상적으로 표현하여야 한다는 의미가 전제된 것이다. 이 점은 성호가 작가의 情意를 사물에 기탁하여 표현함으로써 객관화 내지 형상화시키는 창작 수법인 比法과 興法을 높이 평가한 사실을 통해 확인할 수 있다. 그밖에 관념적인 형용어를 써서 지나치게 과장하거나 수식하는 것과 意境을 표절하는 것을 극렬히 비난한 사실 등 작품 창작과 관련된 성호의 다양한 주장[23]들은, 기본적으로 현상에 대한 철저한 탐구를 통

23 김남형, 「星湖 李瀷의 文學論과 詩世界」, 고려대학교 석사학위논문, 1983, 16~22쪽.

하여 존재의 원리에 접근해야 한다는 그의 객관적 세계인식 태도와, 이러한 寫實精神을 바탕으로 하고 있다. 특히 우리나라의 속어를 한시의 시어로 쓸 수 있다는 성호의 주장[24]은 그의 사실지향적 문예의식의 보다 심화된 한 국면으로 한시 비평사적인 측면에서 볼 때 대단히 주목된다.

조선인이 조선의 사물을 소재로 시를 지으면서 중국적 감각의 틀에 맞추어서는 진면목을 곡진히 드러낼 수 없다. 성호의 제언은 바로 조선의 자연풍토와 현실을 조선인의 사고와 감각에 맞게 표현하고자 하는 사실정신의 발로인 것이다. 이러한 사실정신은 朴趾源, 丁若鏞 등 후배 실학자들에게 계승되면서 심화 확대되어 실학파 문학론의 중요한 특징의 하나로 자리 잡는다.

Ⅳ. 作品에 구현된 실학정신

이 장에서는 성호가 남긴 詩, 海東樂府, 傳 등 문학작품 가운데 작가의식의 측면에서 볼 때 실학적 색채가 현저한 것으로 판단되는 작품들을 주제의 성격에 따라 세 가지 범주로 나누어 검토하려 한다. 여기서 제시한 주제들은 의미상 확연히 구분될 수 있는 독립적 의의를 지닌 것이라기보다 상호 계기적인 관련성을 지니고 있다. 그리고

24 주22)와 동일.

'실학적'이란 것은 조선 전기 이래 봉건교학으로 절대적 권위를 구축하고 있던 주자학적 세계관과 통치 질서가 동요 이완 해체되어 가는 과정에서 주자학이 지닌 부정적 측면들이 불러일으킨 사회적 차원의 문제점들에 대한 반성적 성찰 및 극복의지가 포함된 작가의식을 지칭한 것이다.

1. 자아 성찰과 현실 비판

조선시대 대부분의 사대부들이 그러하였듯이 성호도 과거를 통해 자신의 정치적 이상을 실현코자 하였다. 그러나 성호는 정치적 상황의 불리함과 仲兄의 遭禍로 인한 충격 때문에 관계로의 진출을 포기하고 초야의 선비로서의 삶을 택할 수밖에 없었다. 말하자면 현실에서의 좌절에 대한 소극적인 대응인 셈이다. 그러나 '經世致用'으로 요약되는 그의 實學思想은 중앙 정계와 일정한 거리를 유지한 채 첨성리에서 일생을 보내며 부조리한 정치로 인하여 고통 받는 기층민들을 목도하고, 자신이 속한 계층의 사회적 처지와 역할에 대한 심각한 고뇌와 성찰에서 획득된 것이다. 성호가 47세 때 조정의 부름을 받고도 출사하지 않았던 것은 老論이 득세한 정계에 미관말직으로 入仕하여 그들에게 이용당하기보다는 無位의 士로서 실학을 통해 부조리한 당대 사회를 개혁하고 민중들의 삶을 향상시킬 수 있는 이론을 수립하고자 했기 때문이다.

丘引穴蟄何其智	땅 속에 숨은 지렁이 그 얼마나 지혜로운가!
撥土築階引帶裏	흙을 파서 섬돌 쌓는데 지렁이가 끼어 있네
萬艱抽身力亦大	가까스로 몸을 빼니 힘 또한 세나
螻蟻十百來橫曳	땅강아지와 개미 떼가 이리저리 잡아끄네
蠕蠕轉動蟻愈集	꿈틀꿈틀 구를수록 개미 더욱 모여들고
群鷄刺蹙爭窺急	닭들도 쪼아대며 다투어 엿보네
智力到此無奈何	예 이르면 智力도 아무 소용없으니
嗚呼世事亦同科	아! 세상일도 이와 같은 것을[25]

위의 시는 성호가 49세 경에 지은 「丘引歎」이란 제목의 寓話詩이다. 이 작품에 등장하는 동물들, 즉 지렁이 · 개미 · 닭으로 형상화된 대상을 정확하게 파악하기는 어렵다. 다만 지렁이는 재야의 지식인, 개미와 닭은 그들을 이용하려는 세력들 정도로 이해할 수는 있다. 이런 관점에서 보면 이 작품은 조선후기 재야 학자들의 동향과 밀접한 관련이 있는 것으로 판단된다.

임 · 병 양란 이후 자립적 기반을 상실해가던 재야 사대부들은 '山林'이란 형식적 예우에 팔려 벌열들의 정치적 이용물로 희생되거나, 반대로 '士'로서 지조를 굳게 지키며 벌열정치의 부당성을 예리하게 분석하여 신랄하게 지적하고 자신들의 사회개혁의지를 학문 속에 구현시키는 실학자가 되었다.[26] 당대 재야 학자들의 이와 같은 동향을 고려할 때 「丘引歎」은 성호가 정계로 나가 벌열들의 이용물로 희

25 『星湖先生全集』, 卷2, 『한국문집총간』 198, 민족문화추진회, 1977, 79쪽.

26 이우성, 「李朝士大夫의 基本性格」, 『韓國의 歷史像』, 창작과 비평사, 1982, 221쪽.

생되기를 거부하고 재야의 실학자로서의 삶을 살아가겠다는 의지를 우회적으로 표명한 작품으로 이해할 수 있다.

현실비판의식이 내표된 성호의 작품들은 바로 그의 실학자적 삶에서 분비된 현실개혁사상의 정서적 등가물이라 할 수 있다. 조선후기의 가장 큰 정치문제였던 당쟁을 소재로 한 「戲賦鳶鸛爭巢」에서는 비교적 짧은 우화시로 복잡한 당쟁의 원인을 명쾌하게 풀어헤치고 있다.

鸛有幣巢鳶作主	낡은 황새 둥지 솔개가 차지했는데
鸛來尋居鳶反猜	황새 와서 제집 찾으니 솔개 도리어 미워하네
彼雖辛勤始開基	황새 힘들여 처음 집을 지었지만
此亦經營功費來	솔개 또한 공들여 집을 지켜왔네
小者輕飛固善攫	솔개는 가벼이 날아 후려치기 잘하고
大者利嘴能啄之	황새는 날카로운 부리로 쪼기를 잘하네
嗚呼二物孰是非	아! 둘 중 누가 옳고 누가 그른가
仰天一笑吾何知	하늘 향해 한 번 웃을 뿐 내 어이 알랴![27]

성호는 황새와 솔개가 싸우는 장면을 묘사하면서 누가 옳고 누가 그른가에 대하여는 관심을 두지 않는 듯하다. 둥지가 필요한 새는 두 마리이고, 둥지는 하나뿐이기 때문에 싸울 수밖에 없다고 판단한 것이다. 또 이들이 노리고 있는 것은 둥지인데 둥지는 '義'가 아니고 '利'이다. 결국 벼슬을 차지하여야 벼슬의 따른 '利'를 획득할 수

27 『星湖先生全集』, 卷3, 97쪽.

있는데, 관직의 수는 적고 벼슬할 사람은 많기 때문에 당쟁이 일어난다는 것이다. 온갖 명분에도 불구하고 당쟁의 궁극적인 목표는 정권의 획득에 있음이 틀림없다. 벼슬에 따르는 '利'를 당쟁에서의 패배로 말미암아 입는 해보다 중하게 생각하기 때문에 당쟁은 끊임없이 지속된 것이다. 이 작품의 주제는 시의 끝부분에 암시되어 있듯이 당쟁 그 자체에 대한 비판이라기보다는 당쟁을 야기시키는 인재 등용제도, 즉 당시의 과거제도에 대한 비판이라고 할 수 있다.

성호는 이 작품의 소재인 당쟁의 원인을 정확하게 파악하고 황새와 솔개의 둥지다툼으로 우화화하여 이들이 싸우는 장면을 실감나게 묘사함으로써 이들이 다툴 수밖에 없는 원인을 부각시켜 주제를 선명하게 드러내고 있는 것이다.

당쟁에서 승리한 당파는 自黨의 세력 확장에 혈안이 되어 권력을 독점하고 벌열을 형성하였다. 이들 벌열층과 외척세력의 횡포로 말미암아 조선후기 사회는 더욱 깊은 혼란의 와중으로 빠지게 되었다. 「醉虎行」[28]은 자신의 세력을 믿고 포악한 행위를 일삼던 권세가의 비참한 최후를 형상화한 탁월한 우화시이며, 「鷹」[29]은 무능한 무관을 풍자한 우화시이다. 부조리한 사회의 횡포를 직설적으로 묘사한 경우는 「隕霜殺菽」[30] 외에는 거의 발견할 수 없고 우화나 해학적 표현과 같은 문학적 여과장치를 통하여 감정을 절제하고 있다. 이는 부

28 同上, 卷4, 114쪽.

29 同上, 卷2, 87쪽.

30 同上, 卷4, 120쪽.

조리한 사회현실을 고발하면서도 단순한 고발로만 끝내지 않고 작가의식을 보다 효과적으로 구현하기 위한 것으로 생각된다.

海東樂府 가운데 「鮑石亭」[31]에서는 왕실과 귀족들의 황음과 사치로 인해 신라가 멸망했음을 환기하여 당대 지배층의 사치 풍조를 풍자하고 있다. 그리고 「延福亭」에서는 小序에서 무신란의 전말을 자세히 기술하고 "새는 궁하면 쪼고 짐승은 궁하면 덤비니, 무력이 반드시 붓 끝에 지지는 않는다. 태아검은 눈이 없어 칼자루 잡는 이가 주인이니, 수염 태우고 뺨 때리는 아이에게 맡겨졌구나. 당당한 천승국 지금은 어디 있는가? 옥석이 모두 타고 삼족이 멸망했네.[鳥窮必啄獸窮攫 武力未必輸毛錐 太阿無眼授人柄 任與燃鬚批頰兒 堂堂千乘亦何有 玉石俱焚三族夷]"[32]라고 하여 임 · 병 양란을 겪고도 무비에 힘쓰지 않고 무관을 무시하던 당대의 권력층에게 반성을 촉구하고 있다.

'傳'의 경우 성호가 立傳한 조선후기의 인물 鮮于浹(1588~1653), 柳馨遠(1622~1673), 愼懋(1625~1699), 이진(1654~1727), 李漵(1662~1723) 등이 모두 탁월한 경세적 역량을 지니고 있었음에도 재야의 학자로 일생을 보낼 수밖에 없었던 인물[33]이라는 점이 주목된다. 성호는 "무릇 사람이 어려서 배우는 것은 장성한 뒤에 행하고

31 同上, 卷7, 168쪽.

32 同上, 卷8, 180쪽.

33 김남형, 「星湖 李瀷의 傳에 대하여」, 『어문학』, 제70집, 한국어문학회, 2000, 113~115쪽.

자 하는 것이니 하늘을 이고 땅을 밟는 사람이면 누군들 벼슬길에 진출하지 않겠는가마는…"[34]이라고 하여 儒者로서 관계에 진출하는 것 자체를 부정적으로 인식하지는 않았다. 그러나 "천하가 혼란하면 어진 이는 荒野에 숨는 것이니 山林이 그 장소이다."[35]라고 하여 賢人이 處士的 삶을 선택할 수밖에 없는 시대를 亂世로 규정하고 있다. 이러한 진술로 미루어 입전 대상을 선택하는 작가의 시각 자체에 이미 당대를 亂世로 인식하는 현실 비판적인 작가의식이 전제되어 있는 것으로 생각된다.

당대 사회의 여러 분야에 걸친 부조리한 현실 가운데 성호가 '傳'을 통하여 가장 첨예하게 부각시키고 있는 것은 인재 등용과 관련된 조정 중신들의 고식적이고 교활한 태도이다. 「磻溪柳先生傳」에서는 갖가지 폐단을 露呈하였던 조선조의 토지, 군사, 관료제도에 대한 磻溪의 획기적인 개혁 방안을 위정자들이 받아들이지 않았음을 시사[36]하고 있다. 「晩湖愼先生傳」에서는 肅宗 戊辰(1688)년에 愼懋가 『保民編』과 함께 극도에 이른 민생고를 고발하는 상소문을 올리니, 숙종이 그것을 보고 훌륭하게 여겨 愼懋에게 관직을 주려하자 당시 정승이 이를 저지한 사실을 다음과 같이 상세히 기술하고 있다.

---

34 『星湖僿說』, 卷13, 「人事門 忠臣在難進」: 夫人幼而學之 壯而欲行之 冠天屨地 孰非欲進之徒

35 同上, 卷7, 「人事門 祿養」: 然天地閉塞 賢人隱荒野 山林卽其所也

36 『星湖全集』, 卷68, 「磻溪柳先生傳」: 吾爲此懼 究古計今 細大兼該 用著此道之必可行 嗚呼徒法不能以自行 苟有有志者 思而驗焉 則亦必有以知此矣

> 時相이 아뢰어 말하기를 '(신무의 주장을) 시행해 보지도 않고 먼저 상을 내리면 아마도 신무가 받기 어려워할 것입니다. 하물며 그의 뜻을 보니 애초에 공을 바란 자가 아닙니다'라고 하여 드디어 그만 두었다. 임금이 곧 명령을 내려 시행할 방도를 의논하라고 하였으나 끝내 어긋나서 중지되었다. 선생이 탄식하며 말하기를 '하늘이 이 백성을 버리고자 하지 않는다면 나의『保民編』이 장차 시행될 것이다. 지금 나로서는 어쩔 수가 없으니 후세에 쓰이길 바랄 뿐이다'라고 하였다.[37]

위의 인용문에 드러나 있듯이 당시의 재상은『保民編』의 내용에 대한 當否는 거론하지 않고, 愼懋의 私心 없음을 높이 평가하는 척하면서 그의 관계진출을 저지하고, 시간을 끌어 그의 時務策을 끝내 시행하지 않았다. 작가는 이러한 당시 집권층의 교활하고 고식적인 태도를 상세히 기술함으로써 기득권 유지에 급급하여 재능 있는 인재가 조정에 진출하는 것을 저지하는 당대 조정 중신들의 부당한 처사에 대한 비판의식을 투영하고 있는 것이다. "불초한 사람이 높은 지위에 있으면 어질고 덕있는 사람이 숨게 됨을 알 수 있으니, 어질고 덕 있는 사람이 숨게 되면 은택이 백성에게 내려가지 않고, 은택이 백성에게 내려가지 않으면 백성들이 곤궁하게 됨을 알 수 있다."[38]라는 성호의 진술은 위정자들의 전횡으로 말미암아 柳馨遠이나 愼懋같은 인재가 등용되지 못하고, 따라서 파탄지경에 이른 민중

37 同上,「晩湖愼先生傳」: 上覽而偉之 欲官之 時相白言 未施而先賞 恐彼之難受 況觀其意 初非希功者 遂寢 卽命議所以行之 竟格而止 先生歎曰 天不欲棄斯民 吾保民篇或將見施 吾末如今日何 猶竊庶幾於來世也

38『星湖僿說』, 卷7,「人事門 今人賤才」: 不肖者尊賢 則賢德之屈伏可知 賢德屈伏 則膏澤之未下可知 膏澤未下 則蒼生之困苦可知

의 삶이 개선되지 않는 당대의 현실을 개탄한 것이다.

2. 사물에 대한 관심과 실용적 가치 중시

앞 절에서 검토한 바와 같이 현상에 중점을 두고 세계를 인식하는 객관적 세계인식 태도를 견지하였던 성호는 인간을 둘러싸고 있는 자연 혹은 자연현상, 일상생활과 밀접한 관련이 있는 사물 등에 깊은 관심을 지니고 있었다. 『星湖僿說』 天地門과 萬物門에 집중적으로 수록되어 있는 천문, 지리, 복식, 음식, 草蟲, 花卉 등에 대한 기술 내용은 사물에 대한 성호의 관심이 비상한 수준임을 감지케 한다.

1,100여 수에 달하는 성호의 시가 自然風光이나 生活敎養에 해당하는 人事 등 중세 지식인들이 흔히 취하였던 소재 외에도 특이한 자연현상, 노동하는 농민의 모습, 안경, 상추쌈, 보리떡, 콩밥 등 매우 다양한 소재로 이루어져 있다는 사실도 세계에 대한 그의 비상한 관심을 시사한다.

다음 작품 「鶢鶋行」은 1731년 안산 바닷가에 거대한 새가 날아왔다가 돌아간 사실에서 소재를 취한 것이다.

有鳥卑飛止海隅	낮게 날아 바닷가에 앉은 새
毛骨暗慘形神殊	앙상한 뼈 검은 깃털 생긴 모습 기이하다
兩翼猶足庇四人	두 날개는 네 사람을 덮을 만하고
屹然高大色類烏	우뚝이 훤칠하고 털빛은 까마귀 같네
	…… 中　略 ……
跳梁北陸蚩尤塞	저 멀리 북쪽에서 뛰어 놀던 새이니

嵯峨海門冰山驅	산더미 같은 빙산 바닷가에 몰려오리라
畢竟難可樊籠養	끝내 새장 속에 갇혀있기 고달파서
衝霄有力能摶扶	높이 날 힘이 솟자 회오리바람 치고 날았네
杳杳長空雲一點	아득한 허공 속 한 점 구름 같은데
鷽鳩斥鷃徒揶揄	산비둘기, 메추라기는 부질없이 야유하네[39]

작가는 이 새의 외형을 관찰하여 자세히 묘사하고 이 새가 '원거'라는 바다새일 것으로 판단한다. 그리고 작가는 '원거'가 북쪽 한대지방에 사는 새임을 상기하고 그해 겨울이 유난히 추울 것임을 예언한다. 이 작품에서 볼 수 있는 것처럼 특이한 자연현상에 대하여 작가가 비상한 관심을 가진 것은 일차적으로 그것이 인간의 삶에 미칠 수 있는 영향 때문이다. 한편 작품의 말미에서 작가는 온갖 부조리가 횡행하는 현실에서 초탈하고 싶은 꿈을 '원거'의 드높은 비상을 통해 형상화하고 있는 것으로 이해된다. 이 밖에 「無燕」에서도 1753년 봄 제비가 돌아오지 않는 특이한 자연현상을 근심어린 어조로 吟詠[40]하고 있다. 한편 「靉靆歌」의 "아아! 지극한 보배 안경이여! 그 공 천금보다 크네.[嗚呼至寶靉靆鏡 厥功更大千金輕]"[41], 「牛菽歌」의 "여름에 나서 겨울에 죽는데, 달고 부드러워 맛이 더욱 좋네.[火旺方生水旺死 甛活軬輭味更奢]"[42] 등에서 드러나듯이 성호는 주변 사물에

39 『星湖全集』, 卷2.

40 『星湖全集』, 卷3 : 前冬寒氣酷 蟄鶩無消息 意者巖穴中 凍死無遺育 (中略) 嗚呼彼微禽 無辜被滅族

41 同上, 卷4.

42 同上, 卷5.

서 소재를 취하여 그 실용적 가치를 찬양하고 있는데 이는 현실적 가치를 소중히 여기는 실질적 사고의 소산이다.

성호는 당대의 '士'들이 실생활에 아무런 보탬이 되지 않는 관념적인 학문에 몰두하면서도 윤리적 차원에서조차도 기층민들의 모범이 되지 못함을 신랄하게 비판[43]하고 '士'는 자신이 지니고 있는 지혜로 농사에 도움을 줄 수 있으며 이 도움이 직접 농사짓는 일 못지않게 중요하다고 강조하였다.

다음 작품에서 성호는 당대 학자들이 理氣 心性 등 본원적 측면만 궁구하고 시무학은 치지도외하는 풍조를 개탄하고 있다.

昔觀邵氏書	옛날 邵雍의 글을 보았는데
漁樵互問答	어부와 나무꾼의 문답이 있었다
二五判鴻濛	음양과 오행으로 元氣를 나누었으나
一理元妙合	원래 하나의 이치가 妙合한 것이네
推明在本源	本源만 추구하고 밝히어서
時務多未及	時務는 멀리하고 말았네
不見農圃說	農圃說을 보지 못했는가?
彼根此枝葉	이것은 지엽이고 저것은 뿌리이다
有體或闕用	體만 있고 用은 없는데도
後俗習迷業	뒷세상 사람들은 그 학문만 익힌다네
官兵暨版賦	군사, 행정과 田政, 稅政은
細大失管攝	작은 일 큰 일 모두 관리되지 않네

43 同上, 卷49, 「稻譜序」: 始知農夫之所熟者手目 所短者心智也 余以日夜思謀之餘 雜畎畝而上下 其議容有致力之地矣 且念今世無位之士 言不足以補世 行不足以長民 讀書談道 不離於鑿空妄想 口一粒體一縷 莫非分外 惟其所可用者 糞尿是也

民功念在茲　　백성 위한 일은 바로 이것인데
治道安所集　　다스리는 지혜는 어디에다 쏟는가?
身窮志四海　　몸은 천해도 천하에 뜻이 있어
精力見樹立　　정력을 기울인 일 이제사 이루어졌네[44]

「有懷」란 제목의 위의 작품에서 성호가 언급하고 있는 소강절의 『어초문답』은 天理, 萬物이 소멸하고 자라나는 이치 등 형이상학적인 문제를 어부와 나무꾼의 문답에 가탁하여 밝힌 책이다. 이 작품에서 '本源' 혹은 '體'라고 한 것은 바로 이러한 형이상학적, 관념적 측면을 지적한 것이고 '用'이란 인간의 일상적 삶에서 부딪치는 문제들을 가리킨 것이다. 작가는 『성호새설』「內聖外王」에서, 소강절은 '아래로 사람의 일을 배우고 위로 天理에 통해야 한다'는 공자의 가르침과는 달리 본질적 측면에만 치우쳐 日用人事와 관련된 일은 빠뜨렸다고 비판[45]한 바 있다. 이 작품에서도 작가는 민중들의 실생활에 긴요한 실용적 학문의 중요성을 강조하고 있다.

「花浦雜詠十七首」란 연작시 가운데 한 편인 다음 작품을 통해 우리는 성호가 강조한 시무학의 실체를 확인할 수 있다.

穿渠移圃築防潮　　도랑 내어 밭 옮기고 방조제 쌓으면
鹹減禾生盡沃饒　　소금기 줄어들어 벼가 자라 풍성하리

44　同上, 卷6.

45　『星湖僿說』, 卷12,「人事門 內聖外王」: 或問邵所學何如 日他只見得 天理進退萬物消長之理 便敢做大於聖人門 下學上達事 更無施功 只見成就 得偏霸手段 則內其聖而外其王之道 是爲有體無用也……明道盖譏其差也

聚落仍成居井井　　마을을 이루면 주거는 반듯하고
鋤耰何患莠驕驕　　호미로 김을 매면 잡초 걱정 없으리
誰敎山澤無遺利　　누가 이 산천 남김없이 가꾸어
可見平蕪免浪抛　　평탄한 저 들판 버리는 일 없게 할까
碧海桑田容易變　　푸른 바다 쉽사리 뽕밭이 되니
良謀輸與訪芻蕘　　나무꾼 꼴꾼 찾아가 좋은 계책 말해준다[46]

이 작품은 작가가 서해와 접해있는 安山 瞻星村에 거주하면서 간척사업을 통한 農地 확장의 꿈을 노래한 것이다. 실제 이곳은 최근 간척사업이 이루어지고 있는 시화지구이다. 작가의식의 측면에서 볼 때 이 작품은 吟風弄月類의 풍류적 작품과는 뚜렷이 구별된다. 즉, 작가의 관심이 현실 문제에 한층 접근해 있는 것이다. 간척사업 같은 어려운 일은 농민들이 쉽사리 계획하고 실천하기 힘든 일이며, 그렇다고 현지 사정에 어두운 중앙 관료들에게 기대하기도 어려운 일이다. 이런 어려운 일이야말로 실학을 갖춘 '士'의 지혜를 빌려야 한다. 작가는 無位의 士로서 자신이 할 수 있는 가장 의미 있는 일이 바로 자신의 지혜로써 기층민중들에게 봉사하는 일이라고 확신했다.

성호가 입전한 조선후기의 학자들 또한 모두 학문의 실용적 가치를 중시하고 현실적 삶과 밀접한 관련이 있는 분야에 학문적 관심을 보였던 재야학자들이란 점도 학문의 실용적 가치를 중시한 그의 학

46 『星湖全集』, 卷5.

문관을 단적으로 보여준다. 이들의 학문 세계에 대하여 성호가 '傳'에서 특기하고 있는 사항을 摘示하면 다음과 같다.

1. 이진 : 과거 공부를 좋아하지 않았다. …… 六經과 四書 및 程朱學에 널리 통하였을 뿐만 아니라 곁으로 천문지리, 의약, 산수, 점성술에까지 통하였다.
2. 李瀲 : 과거 공부를 좋아하지 않았으며 聖賢의 학문에 뜻을 두었다. …… 자신을 수양하는 공부로부터 집안을 다스리고 백성을 다스리는 일 및 律歷書와 醫術에 이르기까지 크고 작은 것이 연속되고 本末을 겸비하였으며, 탐구해서 드러내 밝히지 않은 것이 없었다.
3. 柳馨遠 : 소년 시절 百家의 학설을 섭렵하고 더욱 爲己之學에 마음을 두었다. …… 일찍이 한가하게 살면서 깊이 생각하여 천하 다스리는 일을 자기의 임무로 여겼다. 세상의 학자들이 時務는 알지 못하면서 口耳之學만 숭상하여, 그 말하는 것이 모두 구차할 따름이어서 집에서나 조정에서 일을 처리하게 되면 차질이 생기고, 끝내는 큰 소리가 실속이 없는 꼴이 되어 백성들이 그 재앙을 받는 것을 병통으로 여겼다. …… 선생(유형원)이 말하기를 "천하의 이치는 物이 아니면 드러나지 못하고 성인의 道도 일이 아니면 행해지지 않는다."라고 하였다.
4. 愼懋 : 선생(愼懋)은 백성들이 도탄에 빠지고 나라 일이 점점 잘못되어 가는데도 조정에 있는 자들이 구제할 방도를 생각하지 않는 것을 보고 『保民編』을 지었다.[47]

47 『星湖全集』, 卷69.
① 「從兄素隱先生家傳」 : 不肯擧子業……淹貫六經四子伊洛文字 旁通于仰觀俯察 醫藥籌數星命之術
② 「三兄玉洞先生家傳」 : 先生獨不屑博士業 志于聖賢之學……自心身以外 至治家治民 汎及於律歷之

성호가 기술한 위의 내용을 검토해보면 이진과 李漵의 경우, 성호는 그들의 진지한 학문자세 및 당시로서는 雜學에 속했던 분야에 이르기까지 폭넓게 섭렵한 점에 가치를 부여하고 있다. 그리고 柳馨遠과 愼懋의 경우, 그들이 實學에 경도하게 된 배경과 그것이 지닌 학문적, 시대적 의의에 대하여 그들의 언행과 작가의 논의를 통하여 상세히 언급하고 있다.

「晩湖愼先生傳」에서 성호는 작품의 반이 넘는 지면을 愼懋가 經世書인 『保民編』을 저술하게 된 경위와 책의 내용 및 이 책과 함께 時弊를 조목조목 열거하여 肅宗에게 올린 상소문으로 채우고 있다. 성호가 이 작품에서 『保民編』의 체재와 목차 및 주요 내용을 비교적 상세히 기술한 것은 이 책이 지닌 역사적 의의와 내용의 현실적 가치에 깊이 공감하였기 때문일 것이다. 愼懋를 立傳대상으로 선택한 것도 바로 그가 이 책의 저자였기 때문일 것이다.

「磻溪柳先生傳」에서 성호는 柳馨遠의 언술을 빌어 時務學의 학문적 위상을 논리적으로 定位하고 있다. 즉 『磻溪隧錄』의 내용이 大體에 대하여 힘써 논의한 것이 아니고 자질구레한 일만 거론한 것이라는 혹자의 비판에 대한 磻溪의

---

③「磻溪柳先生傳」: 稍長該涉百家語 益涵心爲己之學……嘗燕居深念 天下爲己任病世之學者不達時務 徒尙口耳 其爲言皆苟而已 故在家在邦 當事遭齟齬 卒歸於大言無實 而生民受其禍……先生日 天下書 甘石岐黃之術 大小相銜 本末兼該 無不參互著明之理 非物不著 聖人之道 非事不行

④「晩湖愼先生傳」: 先生見生民塗炭 國事日非 肉食無謀 不思所以拯而濟之 於是作保民篇

천하의 이치란 本末과 大小가 애초에 서로 떨어져 있는 것이 아니다. 寸이 정확하지 않으면 尺이 성립되지 않으며, 눈금이 정확하지 않으면 저울이 무게를 달 수 없으니 目이 맞지 않는데 綱이 스스로 綱이 되는 경우는 없다.[48]

라는 해명을 통하여 實學이 이른바 '大體(통치의 근본원리)'와 분리된 것이 아닐 뿐만 아니라, 현실에서 일어나는 갖가지 일들에 올바로 대처할 수 있는 지식과 능력이 없이는 大體를 제대로 인식할 수 없다는 논리를 전개하고 있다. 성호가 17세기 조선조 학자 가운데 鮮于浹, 柳馨遠, 愼懋, 이진, 李漵 등을 선택하여 立傳한 것은 이들이 性理學 일변도의 學風에서 벗어나 폭넓은 학문세계를 보여주었으며, 또 당대 사회가 절실히 필요로 하는 實學에 깊은 관심을 가지고『磻溪隧錄』·『保民編』과 같은 탁월한 저술을 남겼기 때문이다. 立傳대상 선택의 배경이 된 이러한 작가의 의도와 기술내용을 통하여 우리는 실학자였던 작가가 자신이 탐구하는 實學의 역사적 의의와 가치를 闡明함으로써 그 學問的 位相을 확보하고 나아가 실학자로서 자기 정체성을 확인하려 하였음을 알 수 있다.

3. 기층민에 대한 애정과 인간성에 대한 성찰

여기서는 良人계급에 속하면서도 실제로는 양반 지배층의 부당

48 同上,「磻溪柳先生傳」: 天下之理 本末大小 未始相離 寸失其當 尺不得爲尺 星失其當 衡不得爲衡 未有目非其目而綱自爲綱者也

한 대우를 감수해야했던 농민 및 봉건적 명분론에 근거한 차별질서관에 의해 인간으로서의 존엄성을 인정받지 못했던 노비를 대하는 성호의 시각을 검토하고자 한다. 주지하듯이 조선시대의 양반들은 士·農·工·商을 四民이란 호칭으로 함께 일컬으면서도 실제로는 차등적 신분의식에 얽매여 士와 農·工·商을 엄격히 구분하고 직접 농사짓는 것을 천시하였다. 성호의 경우 '士'는 筆耕을 '農'은 鐵耕을 하나 근본적으로 같은 신분임을 환기[49]하고 있다.

樵靑刈葉入山岡	초동은 풀을 베러 산 속으로 들어가고
乳雀將雛集短墻	어미새는 새끼 데리고 낮은 담장에 모인다
漆苧方冠長柄钁	검은 옷에 관을 쓰고 괭이를 잡으니
士農從古本同方	선비와 농부는 예부터 같았다네[50]

「閑居雜詠二十首」라는 연작시 가운데 한 편인 위의 시 기구와 승구에서 작가는 한적한 농촌 풍경을 묘사하고, 전구에서는 선비인 작가가 농기구를 들고 농사일에 임하는 모습을 그린 다음, 선비와 농부는 근본적으로 같은 계층임을 언표하고 있다. 작가는 초야에서 학문 탐구에 열중하는 한편 영농에도 많은 관심을 기울였으며, 이 시에 드러나 있듯이 쉬운 일은 직접 하기도 하였다. 성호의 이러한 태도는 육체노동을 천시하고 관념적인 문제에 대한 논의에 열중하였

49 『星湖全集』, 卷53, 「二耕窩記」: 天生四民 士與農同歸 農以鐵耕 士以筆耕 疑若不相周 然士或不得時 貧且賤不農將無以爲生

50 同上, 卷5, 「閑居雜詠二十首」.

던 당대 대부분의 양반 사대부 계층의 태도와는 뚜렷이 구별된다. 이 밖에도 「打麥四首」[51], 「華浦雜詠九首」 등의 작품에서도 농민을 향한 성호의 애정 어린 시선을 엿볼 수 있다.

노비제도와 관련된 성호의 주장들은 다양한 해석이 가능하기 때문에 단정적으로 결론짓기 어려운 측면이 있다. 다만 『성호새설』 「人事門」의 몇몇 논설들을 종합해 볼 때 성호는 노비제 그 자체를 부정적으로 인식하였던 듯하다. 그러나 오랜 세월 동안 시행되어 온 제도이기 때문에 제도 그 자체를 혁파하기는 어려운 것으로 파악하고, 매매 금지, 세습제 폐지, 종모법 폐지, 잔혹행위 금지 등 비인간적인 기존 제도에 대한 개혁을 주장하고 있다. 나아가 성호는 비록 제한적이기는 하나 노비에 대한 평등의식을 드러내고 있어 봉건적 명분론에 의거한 차별적 신분관에서 진전된 인간관을 보여준다는 점에서 주목된다.

❶ 오늘날 우리나라의 풍속은 族類를 차별하여 노예와 같은 下賤은 백대가 지나가도 영달하지 못하고 재상가에서는 어리석고 못된 자도 모두 등용되니 아! 애석하다.[52]

❷ 노비를 대대로 전하는 것은 고금 천하에 없는 일이다. 덕이 없고 재주가 없어서 계책을 생각하지 못하여 종이 되었는데, 도망가면 뒤쫓아가서 찾아내어 함부로 위협하여 재산을 털어 그들로 하여금

---

51 同上, 卷2.

52 『星湖僿說』, 卷3, 「天地門 造命」: 今東俗 品別族類 奴隸下賤 百世而無榮達 卿相之家騃頑者彙集 噫惜哉

살 곳이 없게 하고서야 그만둔다.[53]

인용문 ①에서 성호는 族類, 즉 혈통에 따라 사람을 차별 대우하는 그 자체를 부정적으로 인식하는 듯한 발언을 하고 있으며, ②에서는 노비란 덕과 재주가 모자라 어쩔 수 없이 남의 종이 되었을 뿐이라고 주장하고 있다. 이러한 진술은 노비제에 대한 성호의 기본적인 시각이 봉건적 명분론에 의거한 신분 차별을 내면적으로 수용하면서 노비들의 처지를 동정하여 그들에게 자비를 베푸는 경우와는 근본적으로 다름을 시사하는 것으로 이해된다. 성호가 남들의 비웃음을 각오하고 농장의 종이었던 管의 무덤에서 제문을 지어 제사를 지내준 것[54]이나, 제문을 지어 40여 년 전에 죽은 유모의 제사를 지내주는[55] 등 이전 양반 사대부의 행적에서는 유래를 찾을 수 없는 행위를 거리낌 없이 행한 것은 노비 문제와 관련하여 근본적인 인식의 전환이 있었기 때문이라 생각된다. 이 점은 천민에게도 과거에 응시할 수 있는 기회를 부여하여 文武科 및 진사시에 합격한 자는 관에서 값을 치루고 贖良해주어야 하며, 나아가 뛰어난 인재는 관직에 등용하여야 한다는 그의 파격적인 주장[56]을 통해서도 짐작할

53 同上, 卷12, 「人事門 六蠹」: 奴婢傳世 亘古今通四海 無有者也 無德不材而不思猷爲坐役臧獲 適走推覓 猥刦傾産 使之失所而已也

54 同上, 「祭奴文」: 此事人見之世 必貽我駭笑 情在於斯 其是也夫

55 『星湖全集』, 卷57, 「祭乳母文」 참조.

56 『星湖全集』, 卷46, 「論奴婢」: 賤隸亦許赴擧 其中文武科及進士者 官出價贖之……苟有出群之才 擧而用之 何害於道理

수 있다.

「在原州送奴遊雉岳」이란 제목의 다음 작품을 통해 우리는 노비제에 대한 성호의 주장들이 이론적 차원의 구호에 그친 것이 아님을 확인 할 수 있다.

客遺山麻九尺筇	길손이 준 아홉 자 山麻 지팡이
筇頭遙見靄雲重	지팡이 머리 위에는 오색 구름 겹쳐있네
奴星也有尋眞興	나의 종 星이는 산수 찾는 흥이 있어
兩脚輕風接翠峯	발걸음도 가볍게 푸른 봉우리 오르네[57]

위의 작품은 노비 문제와 관련된 성호의 이성적 차원의 주장과 정감적 차원의 志向이 일치함을 확인시켜 준다는 점에서 대단히 주목된다. 종의 산수벽을 인정하고 흔쾌히 말미를 주어 승경을 찾게 하는 성호의 태도는 종을 인격적 존재로 인정하려 하지 않았던 조선시대 지배계층의 태도와는 뚜렷이 구별된다. 전구와 결구에서 우리는 신나게 산정을 향해 오르는 종의 뒷모습을 보며 작가 또한 상쾌한 기분에 젖어있음을 감지할 수 있다. 이러한 태도는 성호가 노비를 자신과 다름없는 하나의 인격체로 인식하였음을 보여주는 것으로 이해된다.

성호가 선조 때의 천민으로 詩에 능하였던 白大鵬[58], 原州의 천민

57 同上, 卷5.

58 『星湖僿說』, 卷7, 人事門.

으로 효성이 지극하였던 黃戊辰[59], 星州의 천민으로 임진왜란 때 戰功을 세운 諸末[60] 등의 행적을 특기한 이면에는 당시 차별적인 신분제의 문제점을 부각시키려는 의도가 자리하고 있는 것으로 판단된다. 기층민과는 차원이 다른 문제이나 성호는 사회적 약자였던 서얼과 여성에 대해서도 중세 지식인으로서는 보기 드물게 그들의 권익을 옹호하거나, 처지를 적극적으로 이해하려는 입장을 취하고 있다. 서얼 출신으로 탁월한 경세가였던 愼懋를 입전한 「晩湖愼先生傳」과 여성의 입장에서 설화의 의미 해석을 시도한 「鶏述嶺」, 「天官怨」, 「碓樂」 등의 해동악부를 통해 확인[61]할 수 있다.

지금까지 논의한 바, 기층민과 관련된 성호의 입장을 단순히 성리학적으로 순치된 인간관계를 추구하는 것으로 인식하는 것은 재고되어야 하리라 판단된다. 이 문제에 대한 성호의 입장을 온전히 해명하기 위해서는 기본적으로 사회적 약자들과 관련된 성호의 주장이 18세기 조선 사회가 당면하고 있던 문제 가운데 하나였던 불합리한 신분제를 개혁하기 위한 주장으로 그의 실학사상과 궤를 같이하는 것임을 간과해서는 안될 것이며, 신분제와 관련된 성호의 논설, 일상에서의 행위, 문학 작품에 구현된 작가의식 등을 종합적으로 검토하여야 할 것이다.

59 同上.

60 同上, 卷10.

61 이혜순, 「韓國樂府研究(1)」, 『한국문화연구원 논총』, 39, 이화여자대학교, 1981, 22~23쪽.

Ⅴ. 結

성호의 학문, 사상, 예술 등에 관한 지금까지의 연구는 각 분야 상호간의 유기적 관련성에 대한 충분한 검토가 이루어지지 않은 채 고립적으로 이루어져 왔다. 따라서 성호의 경세학, 경학, 사학, 문학 등을 대상으로 한 연구성과가 적지 않게 축적되었음에도 불구하고 성호의 학문세계를 일관하는 이념적 차원의 특성이 명료하게 드러나지 않은 실정이다. 본고는 이러한 문제의식에서 출발하여 성호의 실학사상과 문학세계의 유기적 관련성에 대하여 검토하였다. 지금까지 논의한 바를 요약 정리하고 남은 과제를 제시하는 것으로 결론을 삼고자 한다.

성호는 구체적으로 존재하는 사물에 대한 철저한 탐구를 통하여 존재의 원리에 접근하여야 한다는 객관적 경험론에 해당함직한 세계인식 태도를 지니고 있었다. 사회 현실문제에 학문적 관심을 경주하였던 성호의 경세학 및 문학의 사회적 역할을 중시한 현실지향적인 문학관, 작품의 소재가 되는 사물의 진면목을 정확하게 인식하고 그것을 가식 없이 묘사하여야 한다는 사실지향적인 창작론은 바로 그의 객관적 세계인식 태도의 소산인 것이다.

성호가남긴 詩, 海東樂府, 傳 등의 문학작품은 작가의식의 측면에서 볼 때 비교적 다양한 면모를 드러내고 있으나, 그 핵심을 이루고 있는 것은 그의 실학사상과 긴밀한 관련이 있다. 즉 '無位의 士'로서 자기 정체성을 확립하고, 이를 바탕으로 부조리한 당대의 사회현실을 개혁하려는 작가의식을 투영하고 있는 작품, 주변 사물에서 소재를 취하여 그 실용적 가치를 찬양하거나, 時務學에 일정한 업적을 남긴 조선후기 학자들을 立傳하고 時務學의 역사적 가치를 闡明한 작품, 농민 · 서얼 · 노비 등 기층민들에 대한 애정과, 비록 제한적이기는 하나 봉건적 명분론에 의거한 차별적 신분관에서 벗어나 평등의식을 투영하고 있는 작품이 그것이다.

성호의 문학작품에 투영된 이러한 작가의식은 조선 전기 성리학자들의 문학 작품 일반에서 감지할 수 있는 내면 편향적인 작가의식과는 뚜렷이 구별되며, 후배 실학자 특히 茶山의 문학세계와는 긴밀한 관련이 있는 것으로 판단된다.

이상의 논의만으로 성호 문학의 실학적 성격이 온전히 밝혀졌다고 할 수 없다. 본고에서는, 성호가 남긴 傳 및 해동악부 가운데 '자주의식' 내지 '실리위주의 對外觀'이 투영된 작품이 몇 편 있으나 검토하지 못하였으며, 실학사상을 형상화한 문학 작품이 顯示하는 미적 특성에 대한 논의도 이루어지지 않았다. 보다 精緻한 자료검토를 거쳐 보완하려 한다.

•『韓國實學研究』 제7집, 한국실학학회, 2004. 06. 55~87쪽.

Ⅵ.

星湖文學의 실학적 성격(Ⅱ)

Ⅵ. 星湖文學의 실학적 성격(Ⅱ)

Ⅰ. 序

필자는 지난해「星湖 文學의 實學的 性格」[1]이란 논고를 통해 星湖 李瀷(1681~1762)의 문학세계와 그의 실학사상과의 유기적 관련성을 1차적으로 점검하였다. 이 논문에서 필자는 16세기 사림파 문인들의 그것과는 확연히 구별되는 성호의 객관적 세계인식태도, 현실주의적인 문학론에 대하여 논의하였고, 문학작품에 구현된 작가의식 가운데 그의 실학사상과 긴밀한 관련이 있는 것으로 판단되는 1) 자아성찰과 현실비판, 2)사물에 대한 관심과 실용적 가치 중시, 3) 기층민에 대한 애정과 인간성에 대한 성찰 등에 대하여 검토하였다. 그러나 이 논문에서는 실학사상의 범주에 포관될 수 있는 작가의식

1 拙稿,「星湖文學의 實學的 性格」,『韓國實學硏究』, 第7號, 韓國實學學會, 2004.6, 55~87쪽.

가운데 중요한 의의를 지닌 것으로 판단되는 '주체의식과 실리위주의 對外觀'에 대한 검토가 이루어지지 않았고, 작가의식의 구현방식 및 실학사상이 구현된 작품의 미적 특성 등에 대한 논의는 과제로 남겨두었다.

본고는 논문제목이 시사하는 것처럼 「星湖文學의 實學的 性格」의 이러한 미비점을 보완하기 위하여 집필된 것이다. 따라서 본고의 제2장은 前稿의 제4장 4)항에 기술되었어야 할 내용이고, 본고의 제3장과 제4장은 전고와 연결시키면 제5장과 제6장에 해당한다.

Ⅱ. 작품에 구현된 실학정신 -주체의식과 실리위주의 對外觀-

민족 주체의식은 이제까지 학계에서 합의된 실학의 핵심 이념 가운데 하나이다. 조선이 건국된 후 17세기 淸이 건국될 때까지 동아시아는 주자학을 이념적 기반으로 하나의 세계주의 양태를 드러내고 있었다. 그러나 淸이 건국되면서 이러한 세계주의에는 균열이 일어났고, 이 균열을 메우기 위해 사라진 明朝의 餘脈이 우리 동방에 있다는 왜곡된 민족주체의식이 확산하는 가운데 정상적인 민족의식도 일정정도 함께 성장[2]하고 있었다.

성호의 민족 혹은 국가적차원의 주체의식에 대한 온당한 이해를

2 이동환, 「도학과 실학 그 二分法의 극복」, 『한국실학연구』, 제8호, 한국실학학회, 2004, 3쪽.

위해서는 그의 역사의식, 華夷觀, 對外觀 등을 포괄하는 폭넓은 검토가 요구된다.

성호는 '중국도 대지 가운데 한 조각 땅에 불과하다', '九州가 하나의 나라이듯 楚와 齊도 하나의 나라이다'[3]라고 언표하여 중국중심의 세계관이 내포하고 있는 아전인수 격의 논리를 명쾌하게 무너뜨리고 있다. 中國中心的 歷史觀에서 벗어나 우리민족의 역사를 독자적으로 인식하려 하였던 성호의 자주적 역사의식도 그의 脫中國中心的 세계관과 인식론적 기반을 같이하는 것으로 판단된다.

> "요즈음 사람들은 우리나라에서 태어났으면서도 우리나라의 일에 대하여는 전혀 살펴 깨닫지 못하고 심지어는 '『東國通鑑』을 누가 읽는단 말인가?'라고 말하기까지 하니 그 어긋남이 이러하다. 우리나라는 우리나라이니 그 법도와 체제는 중국과 구별됨이 있어야 한다. 그 事大와 交隣에 대하여는 옛날 일을 잘 살펴서 지금의 표준을 삼아야 하니 진실로 깊이 생각해야 할 바가 있을 것이다. 우리나라 사람들은 모두 이 일에 어둡다."[4]

門人 安鼎福(1712~1791)에게 준 서신의 일부인 윗글은 星湖가 우리나라 역사를 기술함에 있어서 유의해야 할 사항을 摘示한 것이다.

---

3 李瀷, 『星湖僿說』, 卷2, 「天地門 分野」: 今中國者 不過大地中一片土 就而排列渾天星文 則又就其中一國一州而論之 亦必有其義在也 比如一盆水 星象無不該照 可以驗矣……大則九州亦一國也 小則楚亦一國也 齊亦一國也

4 李瀷, 『星湖全集』, 卷25, 「答安百順」: 今人生乎東邦 惟東史全不省覺 至曰 東國通鑑有誰讀之 其乖戾如此 東國自東國 其規制體勢 自有中史有別 其事大交隣之間 驗古準今 誠有不可不商量者 東人蓋昧昧然也

여기서 우선 주목되는 것은 그가 自國史에 대한 省察을 강조하고 自國的 특수성에 상응하는 독자적인 역사 기술 체계를 갖추어야 함을 강조하고 있다는 점이다. 星湖의 이러한 주장은 우리 민족의 역사를 우리의 시각으로 소상히 밝힘으로써 우리 민족이 처한 현실을 직시하고 미래에 대비하여야 한다는 자각에서 비롯된 것으로 우리나라의 地名까지도 중국의 역대 지리지에 근거하여 기록하였던 前代 史家들의 역사 기술 태도[5]와는 확연히 구별된다.

그러나 윗 문장 후반에서 事大와 交隣에 대해서는 '진실로 깊이 생각하여야 할 점이 있다'라고 하여 안정복의 주의를 환기시키고 있거니와, 대외관계 특히 강대국과의 외교문제에 있어서는 국가적 차원에서 볼 때 굴욕적이라 하여도 지나치지 않을 만한 주장들을 거침없이 개진하고 있다. 이 점은 다음 작품을 통해서도 감지할 수 있다.

昔過靑木都	옛날 계성을 지나다가
走上槖駝橋	탁타교 위를 달렸네
往史記丁寧	지난 날 역사에 또렷이 기록되었으니
厥名起前朝	그 명칭은 고려에서 시작된 것
如何不自量	어찌하여 스스로를 헤아리지 못하고
妄意攖强遼	망령되이 강한 遼를 건드렸나
小大隣敵楚	小國인 鄒가 大國인 楚에 대적한 격이니
寇賊桀非堯	도적은 桀이지 堯임금은 아니네
震亡干何事	발해가 망한 것과 무슨 관련 있는가?

5 同上, 「答尹幼章 別紙」: 我國郡國山水之名 錯互難明 東人魯莽 不信本史 每擧上國歷代地理誌 而攙錄之 所以尤難

麗運日飄蕭　고려의 운세는 날로 쓸쓸해졌네
但見橐駝死　단지 낙타가 죽는 것만 보고
未學蒼生凋　백성들이 시드는 것은 깨닫지 못했네
自從隣不睦　이웃과 화목하지 않고부터
藩缺棟益撓　울타리는 허물어지고 기둥은 더욱 흔들렸네
仁宗最明知　인종은 가장 밝고 지혜로워
詘迹事和調　옛날과는 달리 강화에 힘썼네
皮幣共事大　예물 바쳐 공손히 큰 나라를 섬기고
辭令禁伐驕　응대함에 자랑과 교만을 금하였네
東方亦偏安　우리나라는 치우쳐 있어도 편안하니
昆鸞與同條　오랑캐와 더불어 길을 같이했네
謀猷有經權　계책에는 상도와 권도가 있으니
禍福皆自招　화복은 모두 스스로 부르는 것
已哉何可悔　아! 후회해도 소용없으니
社稷不自聊　사직이 편안치 못하였네
願言銘橋柱　원컨대 다리 기둥에 이를 새겨서
後戒示昭昭　밝게 보여주어 후인들을 경계하였으면[6]

이 시는 고려 태조 25년(942)에 거란이 사신을 파견하면서 낙타 50필을 함께 보냈는데, 보내 온 낙타를 萬夫橋 밑에 매어 놓아 굶겨 죽인 역사적 사건에서 소재를 취한 작품이다.

당시 태조는 "거란이 일찍이 발해와 和親하다가 갑자기 맹세를 배반하고 침략하여 멸망시켰으니 이는 매우 무도한 나라이다. 그들과 화친을 맺어 이웃을 삼을 수 없다."[7]라고 하고 끝내 국교를 단절하고

6 同上, 卷7,「橐駝橋」.

7 李瀷,『星湖僿說』, 卷18, 經史門,「麗朝 仁宗」: 高麗太祖二十五年 契丹견사 送橐

사신을 섬으로 귀양보내고 낙타를 굶겨 죽인 것이다.

이 작품에서 성호는 이러한 태조의 처사를 뒷날 거란의 침략으로 인한 백성들의 고초를 예견치 못한 어리석은 행위로 규정하고 이 사실을 낙타교 교각에 새겨 후대의 통치자들을 경계하여야 한다고 주장하고 있다. 나아가 성호는 만주족이 세운 金에 稱臣함으로써 굴욕적인 事大외교를 감수한 仁宗을 '가장 현명하고 지혜로운' 임금이라고 칭송하고 있다.[8] 이러한 星湖의 事大論의 저변에는 철저한 그의 保民의식[9]이 자리하고 있다.

> 대저 이웃 나라와 사귀는 도리는 오직 친목을 중하게 여겨 감정을 풀고 정성을 기울여서, 종묘 사직을 보존하며 백성을 편안하기를 바라야 하니 또한 때에 맞춰 해야 할 따름이다. 孟子가 말하기를 '작은 것으로써 큰 나라를 섬김은 하늘을 두려워하는 것이다.'라고 하였다. 힘써 오랑캐를 섬김은 세력 때문에 어쩔 수 없어서인데 왜 하늘을 두려워하는 것이라고 하였는가? 하늘은 이치이고 하늘을 두려워한다는 것은 이치에 순응한다는 것이다. 만약 강약을 헤아리지 않고 함부로 강한 적들과 충돌하여 백성들이 도탄에 빠지고 국가가 멸망하기에 이른다면 이것을 어찌 이치에 맞다고 이야기할 수 있겠는가?[10]

五十四 王以契丹 嘗與渤海連和 忽生疑貳 背盟殄滅 此甚無道 不可連結爲隣 遂絕交聘 流其使三十于海島 繫橐駝萬夫橋下

8 同上 : 至仁宗之世 金國暴興 排群議 上表稱臣……以此觀之 則仁宗是 而太祖不智矣

9 김종진, 「《海東樂府》를 통해 본 星湖의 歷史 및 現實認識」, 『民族文化硏究』, 제17호, 고려대학교 민족문화연구소, 1983, 36~42쪽 참조.

10 李瀷, 『星湖僿說』, 卷12, 「人事門 萬曆恩」: 大低交隣 惟以親睦爲重 釋憾輸誠 庶幾保乂宗社 安息黎元 亦時焉耳 孟子曰 以小事大 畏天者也 勉事戎狄 勢力之不得已也 而謂之畏天何也 天只是理也 畏天順理也 若不度强弱 妄攖勍敵 至于生靈塗炭 國家滅亡 豈理也哉

윗글에서 성호는 대외관계에 있어서 종묘사직과 백성들의 생명을 보존하는 일이 무엇보다 우선적으로 고려해야 할 사항임을 강조하고 있다. 즉 自國의 국력을 고려하지 않고 명분만 고집하다가 백성들이 도탄에 빠지고 국가가 멸망하는 지경에 이르게 하면 그것은 天理에 거역하는 무모한 행위라는 것이다. 비록 오랑캐라 하더라도 세력이 강하면 섬겨야 한다는 성호의 주장은 尊周大義를 고집하던 당시로서는 대단히 파격적인 것이라고 할 수 있다. 말하자면 성호는 우리나라의 사대외교의 대상은 오직 漢族이 세운 국가여야 한다는 中華思想을 거부하고 있는 셈[11]이다. 이점은 "…… 오늘에 있어서는 양상이 또 달라져 明이 元을 멸망시킨 후부터는 華·夷의 분별이 더욱 심해져서 强·弱의 형세 따위는 계산에 넣지도 않는다."[12]라는 그의 언표에서도 확인할 수 있다.

이 밖에 崔瑀가 고종을 협박하여 강화도로 천도한 사건을 다룬 「撤城歎」에서도 고식적인 집권자의 정권유지욕 때문에 무수한 백성들이 희생되었음을 지적[13]하고 있다.

지금까지 검토한 바와 같이 성호는 민족사 내지 국가관의 차원에서 보면 다분히 자주적이라고 할 만한 의식을 지니고 있었음에도 불구하고 대외관계에 있어서는 경우에 따라서는 굴욕적인 事大외교까

11 주9)와 같음, 39쪽 참조.

12 李瀷, 『星湖僿說』, 卷9, 「人事門 華夷之辨」: 在今光景又異 自大明掃淸胡元之後 華夷之辨益重 而强弱之勢 有不與數也

13 李瀷, 『星湖全集』, 卷8, 「撤城歎」: 高宗十九年 崔瑀脅王 遷都江都 避之也……使邊隅陲之氓 丁壯盡於鋒鏑 老弱係爲奴虜 非爲國之計也

지도 수용해야 한다는 일견 자가당착적인 사대론을 전개하고 있다. 역사적 사건을 소재로 한 일련의 작품 특히, 글안, 몽고 등 이른 바 오랑캐가 세운 국가와의 관계를 다룬 작품에서 드러나는 이러한 성호의 對外觀은 기본적으로 그의 保民意識의 발로라고 할 수 있으며, 이는 華夷라는 명분에서 벗어나 사직과 백성의 안전보장이라는 실익을 우선시 하는 실리위주의 대외관이라고 할 수 있다.

Ⅲ. 작가의식의 구현 방식

「星湖文學의 實學的 性格」에서 필자는 성호의 문학론이 문학의 현실적 효용을 중시하는 現實主義的 성격을 지니고 있으며, 사실지향적인 성격을 지니고 있음을 구명하였다. 여기서는 성호의 작품과 동일한 제재로 창작된 다른 작가의 작품을 대비함으로써 이러한 그의 문예의식이 창작의 실제에서 어떠한 양상으로 실천되고 있는가를 검증하려 한다.

이점과 관련하여 이혜순 교수는 「한국 악부 연구(Ⅰ)」에서 성호의 《海東樂府》와 金宗直(1431~1492)의 《東都樂府》에 각기 수록된 「會蘇曲」을 대비하고, 김종직의 경우, 사실 그 자체에 대한 묘사보다는 즐거운 분위기를 서정적으로 묘사하면서 작가 개인의 주관을 드러내고 있는데 비하여, 성호는 길쌈의 시기, 진행, 승부판단, 이긴 자의 권리, 진 자의 의무 등을 일일이 서술하는 등 사건제시가 구체적임을 밝혀낸 바[14] 있다.

소재에 대한 정확한 묘사를 제 일의적 과제로 인식한 성호의 창작론은 역사적 사실을 제재로 한 해동악부 외에도 산문이나 일반 詩作에서도 비교적 충실하게 구현되어 있다. 이 점은 「賞花」라는 같은 제목의 退溪 李滉(1501~1570)과 星湖의 작품을 대비해 보면 선명하게 드러난다.

❶	一番花發一番新	한 송이 한 송이 필 때마다 새로워라
	次第天將慰我貧	차례로 피어나니 하늘이 나의 가난 위로하는 듯
	造化無心還露面	조화는 무심히 얼굴을 드러내고
	乾坤不語自含春	천지는 말 없이 봄기운 머금었네
	澆愁喚酒禽相勸	시름 잊자 술 마시니 새소리 술을 권하고
	得意題詩筆有神	뜻을 얻어 시를 쓰니 붓에 신이 붙은 듯
	詮擇事權都在手	가리고 택하는 것은 모두 이 손에 있으니
	任他蜂蝶謾紛繽	벌나비 제멋대로 날아다니건 말건[15]

❷	尋春到花國	봄을 찾아 꽃동산에 오니
	萬樹鋪如海	온갖 나무들 바다처럼 펼쳐졌네
	望之無畔岸	멀리서 바라보니 시야는 끝이 없고
	近前眼纈彩	가까이 다가가니 그 빛깔 눈부셔라
	初來披錦幕	오자마자 비단 장막을 걷고
	轉入穿蒸靄	들어가 꽃무리를 헤친다
	已綻猶未褪	활짝 핀 꽃 아직 시들지 않았는데

14 이혜순, 「한국 악부 연구(Ⅰ)」, 『한국문화연구원 논총』, 39, 이화여자대학교, 1981, 25쪽.

15 李滉, 『退溪先生文集』, 卷3.

後開方蓓蕾	다음 필 꽃봉오리 맺혀있네
姸姸紅映肉	곱디 고운 붉은 빛 살갗에 비치니
頭白亦一快	늙은이 마음도 상쾌하구나
同我四五輩	함께 오자고 한 너댓 사람도
約束意未怠	그때 한 약속을 어기지 않았네
東西雜遊蜂	여기저기 날아다니는 저 벌들은
倏閃迷所在	너무도 빨리 날아 간 곳을 모르겠네
一步忙一步	한 걸음 한 걸음 재촉하며
脚疲猶未悔	다리가 아파도 후회하지 않는다
遂登最高頂	드디어 최고봉에 오르니
曠瞻眞爽塏	탁 트인 넓은 세상 참으로 상쾌하네
到頭須盡歡	산마루에 올라서는 실컷 즐길지니
淸賞莫等待	빼어난 산천 구경 늦출 필요 없다네
偏知得天餉	하늘이 준 기회임을 깊이 깨달아
努力報眞宰	힘써 그 뜻에 보답하세나
於焉志喜事	어언간에 즐거운 일 기록했으니
詩令愼無改	삼가 이 시일랑 고치지 말게[16]

보다시피 ①에서, 작가는 작품의 소재가 되는 꽃 그 자체의 자태에는 관심이 없는 듯, 꽃의 외형에 대한 묘사는 생략하고 있다. 首聯에서 작가는 막 피어나는 아리따운 꽃을 보면서 느낀 자신의 감회를 토로한 다음 頷聯에서는 꽃의 모습에서 천지가 만물을 생성화육하는 자연의 理法이 구현되어 있음을 언표하고 頸聯에서는 그 희열을 노래한다. 尾聯에서, 작가는 꽃에서 자연의 이법을 발견하고 가치를

16 李瀷, 『星湖全集』, 卷3.

부여하는 주체는 시적 자아이기 때문에 꽃이라는 소재의 객관적 상황은 그것을 통해 구현하려는 형이상학적 가치와 무관함을 언명하고 있다.

그러나 ②에서, 작가는 일차적으로 화사한 봄날 몇몇 知人과 함께 산에 올라가 초원을 수놓은 아름다운 꽃을 감상하며 즐기는 장면을 실감나게 묘사하는 데 시적 관심을 집중하고 있는 듯하다. 작품의 전반부에서 작가는 멀리서 볼 때와 가까이서 볼 때 각기 다르게 보이는 꽃의 모습을 묘사하고 있다. 멀리서 바라보면 꽃은 보이지 않고 나무만 보이기 때문에 산은 온통 푸르게 보이지만 거리가 가까워지면 온갖 꽃들이 한데 어울려 붉은 비단을 펼친 듯 광채를 발하고, 바로 앞에서 보면 활짝 핀 꽃과 봉오리가 낱낱이 선명하게 보여 거리가 가까워질수록 꽃의 실체는 더욱 분명해진다. 작가는 꽃의 아름다움을 상투적인 문구를 동원하여 수식하지 않고 자세한 관찰을 통하여 묘사적으로 표현해냄으로써 실감을 더하고 있는 것이다.

물론 星湖의 작품에도 작가의 주관적 관념이 작품의 저변에 도저하게 자리하고 있는 것으로 판단된다. "遂登最高頂 曠瞻眞爽塏"라는 언표에서 감지할 수 있듯이 이 작품은 진리 탐구의 여정을 賞花의 과정과 상황 묘사를 통해 보여줌으로써 학문에 힘쓸 것을 권면하고자 하는 작가의식을 투영하고 있는 것으로 이해할 수 있다. 즉, 星湖는 작가의 주관을 문면에 드러내지 않고 작품의 소재가 되는 사물을 가식없이 묘사하면서 그 과정에 작가의식을 은밀히 투영하고 있는 것이다.

병자호란 이후 지배층의 정치 이념이었던 尊周大義·春秋大義의 구현자로 尊崇되었던 林慶業(1594~1646) 장군의 實傳인 「林將軍傳」[17]을 기술하면서도 성호는 주관적 관념적 가치부여를 배제하고 임경업 장군의 행적을 역사적 사실에 근거하여 객관적으로 묘사함으로써 사실지향적인 자신의 문예의식을 충실히 실천하고 있다. 이러한 사실은 동일한 행적에 대한 芝湖 李選(1632~1692)의 「忠愍公傳」[18]과 성호의 「林將軍傳」의 기술양상을 대비해 보면 분명히 드러난다.

1) 어린 시절부터 장난치고 놀 때에 반드시 '대장부'라 하였고 매번 돌덩이 나뭇가지를 늘어놓아 성과 깃발 모양을 만들었다. 여러 아이들과 호령을 약속하면 감히 어기는 자가 없었다.[自童幼戲嬉 必自道大丈夫 每列塊礫枝柯 爲城堞旗旄狀 與群兒 約束號令 無敢違者](星湖本)
2) 어려서부터 훤칠하게 큰 뜻이 있었으며 담력과 용기가 남보다 뛰어났다. 말솜씨가 좋았고 병법을 논하기를 좋아하였으며 항상 스스로 장수가 될 것을 기약하였다.[自少磊落有大志 膽勇過人 善談辯 喜論兵 常以將帥自期](李選本)
3) 장군은 스스로 '국가가 종묘사직을 위하여 치욕을 참은 것이 이에 이르렀고 明이 임진년에 베푼 은혜는 저버릴 수 없다'고 생각하였다. 그래서 베개를 어루만지며 길이 탄식하고 침식조차 잊기도 하였다.[將軍自念 國家爲宗社忍恥至此 而皇明壬辰之恩 亦不宜孤負 故撫枕長吁 至忘寢食](星湖本)

---

17 李瀷, 『星湖全集 二』, 續集, 卷17, 여강출판사, 1984, 1281~1301쪽.

18 『國譯忠愍公實記』, 平澤林氏宗會, 1985, 73~116쪽.

4) 장군은 정축년 이후로 尊周의 의리를 중히 여겨서 오랑캐를 물리칠 생각을 절실히 하여 밤중에 베개를 어루만졌다.[將軍自丁丑後義重尊周 念切攘夷 爲之中夜撫枕](李選本)

어린시절부터 임경업이 탁월한 武人이 될 만한 기상과 자질을 지니고 있었음을 기술하고 있는 1), 2)는 그 표현 방식에 있어 중대한 차이를 지니고 있다. 1)은 유소년기 임경업의 독특한 면모를 드러낼 수 있는 객관적 사실들을 제시함으로써 그의 타고난 무인적 기질을 형상적으로 표현하고 있는데 비하여, 2)는 객관적 사실이 지닌 의미를 서술자의 입장에서 요약 전달하고 있을 따름이다.

병자호란 이후 조선의 난처한 입장을 明에 알리고 明과 은밀히 협조하여 淸을 몰아낼 것을 결심하는 장면인 3), 4)에서도 유사한 표현 방식상의 차이를 발견할 수 있다. 3)에서는 임경업이 고뇌에 빠지게 된 원인으로 병자호란 이후 조선이 당한 치욕, 임진왜란 시 明이 베푼 은혜에 대한 배신이란 객관적 사실을 摘示하고 있음에 비하여, 4)에서는 객관적 사실에 대한 언급은 하지 않은 채 그러한 사실에서 형성되었으리라 예상되는 임경업의 의식을 작가가 주관적으로 판단하여 관념적으로 표현하고 있다.

이러한 사례 외에도 星湖의 「林將軍傳」에서 작가의 주관 개입이 엄격히 배제되고 있음을 입증할 수 있는 사례는 허다하다. 특히 傳에 있어서 작가의 주관적 논평이 보장된 論贊部에서도 星湖는 객관적 사실에 대한 기술 속에 자신의 주관을 은밀히 투영시키고 있다. 임경업이 淸으로 압송되어 가던 斥和臣 洪翼漢과 만나는 장면에 대한 기술이 贊의 절반 이상을 차지하고 있다[19]는 사실이 바로 그것이다. 요컨대 星湖는 객관적 사실에 대한 가식 없는 描寫를 통하여 소재가 되는 사물의 총체적 實相에 접근하고 이를 가식 없이 표현하면서 그 속에 은밀히 작가의식을 투영하려 하였던 것이다.

Ⅳ. 작품의 美的 特性 －悲壯美와 滑稽美－

작품을 구성하는 여러 요소가 어우러져 빚어내는 총체적 감각 내지 미적 특성을 전통 비평용어로는 풍격이라고 지칭할 수 있는데, 이는 현대미학에서 말하는 미적 범주와 유사한 개념을 지닌 비평용어인 것으로 이해된다. 여기서는 현실지향적인 작가의식이 투영된 한시로 범위를 좁혀 그 미적 특성에 대하여 논의하고자 한다.

주지하는 바와 같이 16세기 사림파 문인들은 詩의 본질을 性情之正의 표현으로, 詩의 효용을 性情의 도야에 있는 것으로 파악하였다. 시의 본질과 효용에 대한 이러한 인식에서 분비된 그들의 작품이 지향하였던 이상적 경지는 근본적으로 대립과 갈등보다는 세계의 질서와 평정을 추구한 것이었다. 따라서 사림파 문인들은 인간적인 현실에서 초탈한 고답적인 美의 경지에 높은 가치를 부여하였

19 주16과 같음.
贊曰 林慶業 桀黠人也 尙詭詐以爲能 敵人者 多陷其術 當危難之際 國亦賴之 學士洪翼漢 以斥和被拘 行過義州 人無敢勞問 將軍獨躬執手語曰 學士行矣 死而得其所者學士也 可以見其志矣

으며, 崇高美 또는 優雅美에 귀속될 수 있는 '沖澹蕭散', '閒美淸適', '淸新灑落'을 시가 도달하여야 할 최고 미적 범주로 인식[20]하였다. 성호 또한 숭고미나 우아미의 범주에 귀속될 수 있는 작품의 풍격을 높이 평가하고 있어[21] 16세기 사림파 문인들의 美意識과 유사한 일면을 드러내고 있다. 그러나 현실지향적인 작가의식의 소산인 것으로 판단되고 그의 詩作은 거의 대부분 悲壯美 혹은 滑稽美의 범주에 귀속되는 미적 특성을 지니고 있다.

扶桑爀日養眞精	떠오르는 붉은 해에 참 정기 기르고
洋海爲爐鐵劍躍	넓은 바다 용광로 되어 철검이 나왔다
匣中深藏秋水光	칼집 속 깊숙이 푸른 빛 간직한 채
寶氣夜射東鯷壑	밤이면 신비한 기운 일본 땅을 비추었다
天下男子林白湖	천하 남아 임 백호여!
心雄不堪容小國	웅대한 그 마음 조선 땅을 좁게 여겼네
流傳畢竟物歸主	이리저리 떠돌다가 끝내 주인 만났지만
時平無事掛閒壁	태평시절 일이 없어 그냥 벽에 걸렸었네
有時拔鞘霜雪騰	때때로 칼을 빼면 찬 기운 어리니
鬼魅不敢守窟宅	귀신도 도깨비도 놀라 도망간다네
眉叟先生成宅相	許眉叟 선생이 집을 다 짓고 나서
提携歸老漣川谷	漣川에 가져와 만년을 보냈다네
左新羅琴山水絃	왼쪽에는 新羅琴, 山水絃이 걸려 있고
右日月石乾坤燭	오른 쪽엔 日月石, 乾坤燭이 놓였었네
平生肝膽一片在	평생 동안 일편단심 간직하고서

20 임형택, 「16세기 士林派의 文學意識」, 『韓國文學史의 視角』, 創作과批評社, 1984, 46~48쪽.

21 졸고, 「星湖의 批評意識」, 『고전비평연구 2』, 국어국문학회편, 태학사, 1998, 663쪽.

微醺緩撫歌聲激	취하면 어루만지며 격렬히 노래했네
瑩膏寧受태鏽迹	번쩍번쩍 빛나는데 어찌 녹이 슬겠는가
中宵寂聽微露滴	고요한 한 밤중엔 가는 이슬 맺히는 소리
比如艸昧君子身	비유컨대 숨어 사는 군자 같아서
懷玉不衒誰能識	옥을 품고 자랑 않으니 그 누가 알랴
勸君獻之九天上	그대에게 권하노니 임금님께 드려라
聞道晤晤邊愁積	변방에 걱정거리 쌓였단 말 들었다
不然投棄延平千尺淵	아니면 延平 깊은 물에 던져
任教雄與雌相逐	雄劍과 雌劍이 만나게 하라
安知異時不復出水爲世需	어찌 알랴! 먼 훗날에 다시 나와 쓰여지지 않을 줄을
吾老不見風塵廓	나 이제 늙어 세상 혼란 잠재움을 보지 못하리라[22]

이 작품은 조선중기의 빼어난 문인으로 호방한 성격의 소유자였던 白湖 林悌(1549~1587)가 일본 상인에게 구입하여 지니고 있던 보검이 그의 외손인 眉叟 許穆(1595~1682)에게 전하여졌는데 작가가 사람을 향해 발산하는 눈빛처럼 흰 劍光을 보고[23] 그 감회를 비장한 어조로 노래한 것이다. 칼집 속 깊숙이 푸른 빛을 감춘 채 벽에 걸려 잠자고 있는 寶劍이 때를 만나면 변방을 침입한 외적을 막을 수 있듯이, 뛰어난 경륜을 지니고 있으면서도 시세에 막혀 초야에 숨어 사는 인재도 때를 만나면 혼탁한 세상을 바로 잡을 수 있다는 것

22 李瀷, 『星湖全集』, 卷5, 「日本刀歌」.

23 李瀷, 『星湖僿說』, 卷5, 「萬物門 日本刀」: 眉叟乃林白湖悌外孫 白湖得一古劍於日本賈客 후劍歸許氏 余曾見之 色白如雪光射人

이다. 작품의 마지막 부분은 탁월한 능력을 지니고서도 초야에 묻혀 살아가는 인재를 등용하여 그들의 능력을 발휘하도록 하지 않으려면 차라리 그들을 그대로 두어 학문에 전념할 수 있게 하여야 후세에 그 진가를 발휘할 수 있게 된다는 뜻으로 이해된다. 작가는 천하의 보검을 대하면서 심오한 학식과 탁월한 경륜을 지닌 채 초야에서 학문에 전념하다가 山林으로 천거되어 정계로 진출하였으나 정쟁에 휩쓸려 자신의 정치적 경륜은 제대로 실현해 보지 못한 채 파란만장한 생을 마감한 보검의 주인 허목의 삶을 상기한 것이다.

이 작품이 독자로 하여금 비장감에 젖어들게 하는 것은 탁월한 학식과 경세적 재능을 지닌 인재가 강고하면서 의롭지 못한 세력에 의해 불우한 삶을 살아야 하는 부조리한 사회 현실에 대한 불만과, 불우한 삶을 살 수밖에 없는 인재에 대한 연민 때문이다. 보검이라는 소재를 택하여 부조리한 사회현실을 형상적으로 표현하고 있는 이 작품을 읽으면서 독자들은 가슴 깊은 곳에서부터 끓어오르는 불만과 연민의 정을 느끼게 되고 이로 말미암아 고조된 비극적 긴장감을 갖게 된다. 이러한 긴장감은 부조리한 세계와 자아와의 분열을 극도로 심화시키고 여기서 독자들은 자아의 도덕적 정당성 내지 우월성을 무의식중에 확인하게 됨으로써 일종의 고뇌를 수반한 쾌감을 느끼게 되는 것이다. 이 작품 외에도 성호의 작품 가운데 悲壯美에 귀속되는 풍격을 지닌 작품으로는 「釋閔賦」[24], 「隕

24 주4)와 같음, 卷1, 「釋閔賦」: 歲云徂兮 風號洶 余有憫兮……嘻嘻哉 不可復陳兮 顚水箕山久寂寞

霜殺菽」[25], 「自題銘旌」[26] 등이 있는데, 이는 조선후기라는 혼탁한 시대상황과, 당쟁에서 패배하여 몰락해가는 南人의 후예로 태어나 경세에의 의지를 실천하지 못한 채 재야의 학자로 일생을 보냈던 그의 삶에서 형성된 美意識의 소산이라고 할 수 있다.

골계미의 범주에 귀속될 수 있는 성호의 작품 가운데 실학자적 작가의식이 비교적 선명하게 드러나는 작품은 「半菽歌」[27] 등 음식물에서 소재를 취한 것을 제외하면 대부분 「戱賦鳶鸛爭巢」[28], 「醉虎行」[29] 등 寓話詩들이다. 매를 등장시켜 당대의 무능한 武人을 풍자한 것으로 보이는 아래 작품은 골계의 구조적 특징을 선명하게 보여주는 우화시이다.

天寒澤國北風驅	차디찬 물가에 북풍이 몰아치고
哀壑杈枒夜雪鋪	험한 골짜기 나뭇가지엔 밤눈이 덮였다
萬丈峯尖嘻羽翮	만 길 뾰족한 봉우리에서 날개를 말리고
千重野色視平蕪	천 겹 야경을 평지처럼 굽어본다
誰知兎走無全窟	누가 알랴! 토끼가 도망가도 안전한 굴 없음을
佇待鵬搏有遠圖	우두커니 기다리네! 대붕이 날아올라 멀리 날아

25 주4)와 같음, 卷4, 「隕霜殺菽」: 魯定元年秋 聖筆書殺菽……蒼生無盡劉 生意必天錫

26 주4)와 같음, 卷6, 「自題銘旌」: 生爲賤士稱徵士 迹涉農夫志壯夫 月色風光隨意駕 靑天何處不亨衢

27 주4)와 같음, 卷5, 「半菽歌」: 十畝經營取美禾 玉食雲子應非佗……蓬門日月足生涯 六籍在案終朝哦

28 주4)와 같음, 卷3, 「戱賦鳶鸛爭巢」: 鸛有幣巢鳶作主 鸛來尋居鳶反猜……嗚呼二物孰是非 仰天一笑吾何知

29 주4)와 같음, 卷4, 「醉虎行」: 吾聞虎以狗爲酒 吃狗猶醉況腯肥……君不見乙辟邪魔睛定魄 去欲剝取資醫技

	가기를
百戰爭能行且見	백전백승하는 걸 장차 보려 하였더니
攫身只覺似愁胡	몸 솟구치고 단지 고향 생각만 하는 듯[30]

「鷹」이란 제목의 위의 시는 일견 매의 날카로운 기상을 그린 詠物詩로 보이기도 한다. 그러나 작품의 구조를 분석해 보면 단순한 영물시가 아님을 감지할 수 있다. 首聯에서 작가는 찬 날씨, 북풍, 험준한 산골짜기 등 날카롭고 적막한 이미지를 지닌 시어를 대거 구사함으로써 삼엄한 분위기를 조성하고, 頷聯에서는 삼엄한 분위기에 어울리는 기상으로 광활한 들판을 위세당당하게 굽어보는 매를 등장시킨다. 수련과 함련의 이러한 작중 상황은 頸聯에 드러나 있듯이 매의 활약에 대한 기대를 한껏 고조시키는 역할을 한다. 그러나 尾聯의 내용으로 보아 이러한 기대는 여지없이 무너져 버린다. 매는 위용만 뽐내면서 사냥에 나설 생각을 하지 않는 것이다. 이와 같은 이 작품의 구조는 독자들로 하여금 매의 활약에 대한 강렬한 기대를 갖게 하여 한껏 고조된 긴장상태를 유지하게 하다가, 돌연히 그 기대를 무너뜨림으로써 허탈하면서도 예기치 못한 돌연성으로 인하여 허탈하게 웃게하는 것이다.

이러한 이 작품의 의미구조에서 우리는 작가가 모종의 분명한 의도를 가지고 이 작품을 구상하였음을 감지할 수 있는 바, 『星湖僿說』의 다음 내용은 작가의 의도를 이해하는 데 중요한 단서를 제공

30 주4)와 같음, 卷2, 「鷹」

해 준다.

> 周公이 중국을 위하여 맹수를 몰아내었으니, 맹수를 어찌 세상에서 백성과 함께 기르랴! 반드시 몰아낸 뒤에야 백성이 그 땅에 안착하게 될 것이다. …… 지금 곳곳의 굴속에서 맹수가 사람을 잡아먹는 것으로 양식을 삼고 있으니, 오랑캐가 사람을 노략질하는 것과 무엇이 다르랴! 능히 외부의 침략을 막고 환난을 제거하지 못하는 것은 그 책임이 대장에게 있다. 몸이 높은 지위에 있어서, 높은 관작과 후한 녹봉을 누리면서도 상처 입고 죽은 백성들을 좌시하면서 아무 계책도 세우지 않는다면 어떻게 되겠는가?[31]

위의 인용문에 언급되어 있는 바와 같이 작가가 살았던 조선후기에는 맹수, 특히 호랑이로 인한 피해가 상상을 초월할 정도였던 듯하다. 그러나 당국에서는 호랑이를 잡을 생각조차 않다가 재상 집안 노비가 虎患을 당한 후에야 軍職에 있는 京炮手를 파견하여 호랑이를 포획케 하였으나, 민폐만 끼칠 뿐 아무런 효과가 없었다[32]고 한다. 인용문에서 호환을 막지 못하는 대장에 대하여 "몸이 높은 지위에 있어서 높은 관직과 후한 녹봉을 누리면서 ……"라고 비판하고 있는데, 위의 시에서 작가가 형상화하고 있는 매는 바로 높은 지위에 있으면서도 호랑이 사냥을 회피하는 대장을 상징하는 것으로 볼

31 李瀷, 『星湖僿說』, 卷17, 「人事門 驅猛獸」: 周公爲中國驅猛獸 猛獸豈與生民同育寰區者歟 必驅之而後民得安土而居……彼在在窟宅 吃人爲量 與夷狄掠人何別 其不能禦侮除患 責在大將 身居笠轂 高爵厚祿 坐視創殘而無所猷爲 則何如也

32 同上, 「捕虎」: 隆慶辛未 八道多虎 噉食人畜甚多……至虎噉宰臣庄奴 然後發京炮手往捕 亦但貽弊而已 無所獲

수 있다. 이러한 관점에서 볼 때 이 작품은 사람과 가축을 해치는 호랑이를 속수무책으로 방관하는 무능한 武人들을 풍자한 우화시로 봄이 온당할 것이다.

이처럼 골계는 대상의 부조리에 대한 지각을 전제로 성립되는 것으로 순간적이기는 하나 허탈한 웃음 속에서 자아의 도덕적 우월성을 확인한 데서 오는 쾌감을 느끼게 하는 것이다.

주지하듯이 우화시는 도덕적 교훈, 부조리한 현실에 대한 풍자 등의 작가의식을 구체적이고 가시적인 사물을 등장시켜 형상적으로 표현한다. 또 우화시가 폭넓은 공감대를 획득하기 위해서는 소재에 대한 정확한 인식과 확고한 작가의식 및 세련된 형상력과 묘사력이 요구된다. 이러한 측면에서 볼 때 성호가 질량면에서 괄목할만한 우화시를 남긴 것은 사실지향적인 그의 詩論과도 긴밀한 관련이 있는 것으로 판단된다.

V. 結

지금까지 필자는 성호의 문학세계가 지닌 실학적 성격을 구명하는 작업의 일환으로 동일 논제의 前稿에서 다루지 못했던 작가의식의 한 국면과 작가의식의 구현방식 그리고 미적 특성에 대하여 검토하였다. 본고에서 논의된 내용을 요약 정리하는 것으로 결론을 삼고자 한다.

작가의식과 관련하여, 성호는 脫中國中心的 세계관을 바탕으로 민족 혹은 국가적 차원에서 일정한 주체의식을 견지하였고 우리민족의 역사를 독자적으로 인식하려는 자주적 역사의식을 지니고 있었다. 《海東樂府》에 수록된 몇몇 작품에는 국가적 차원에서 볼 때 일견 굴욕감을 느낄 정도의 사대적 작가의식이 노출되어 있으나 이는 성호의 철저한 保民意識에서 비롯된 것으로 華夷論的 명분론에서 벗어나 사직과 백성의 안전보장이라는 실익을 얻으려는 실리위주의 대외관에서 분비된 작가의식이라는 점에서 그의 실학사상과 일정한 관련성을 확인할 수 있다.

성호는 문학작품이 그 현실적 효용을 온전히 발휘하기 위해서는 작품의 소재가 되는 사물을 정확히 인식하고 그것을 가식 없이 묘사하여야 한다는 사실지향적인 문예의식을 지니고 있었다. 3장에서 동일한 소재로 창작된 퇴계와 성호의 시, 그리고 李選과 성호의 傳을 대비한 결과 성호는 자신의 사실지향적인 창작론을 충실히 실천하고 있음이 밝혀졌다. 4장에서 현실지향적인 작가의식이 투영된 星湖의 詩作들이 지닌 미적 특성을 검토한 결과 자아와 세계와의 갈등관계에서 성립하는 悲壯美 혹은 滑稽美의 범주에 귀속될 수 있는 美的 특성을 지니고 있었다. 성호의 詩에 드러나는 이러한 미적 특성은 조선후기라는 혼탁한 시대상황과 불우했던 작가의 삶에서 형성된 美意識을 반영하는 것으로 판단된다.

•『漢文學硏究』, 第19輯, 啓明漢文學會, 2005. 2. 91~108쪽.

Ⅶ.

『地行錄』에 나타난 息山 李萬敷의 작가의식

Ⅶ. 『地行錄』에 나타난 息山 李萬敷의 작가의식

Ⅰ. 序

본고는 朝鮮後期 思想史 내지 文學史에서 매우 중요한 위치를 차지하는 것으로 판단되는 息山 李萬敷(1664~1732)의 『地行錄』[1]에 투영된 作家意識을 검토하기 위하여 집필된 것이다. 息山은 조선중기 이래 대표적 名門의 하나인 연안 이씨 三陟公派의 후예로 서울에서 태어나 黨爭으로 혼탁해진 官界로의 진출을 포기하고 34세부터 69세로 별세할 때까지 尙州지역에서 학문에 전념하며 방대한 분량의 저술을 남긴 재야 학자[2]이다. 公刊된 文集 38권을 위시하여 10여 종

---

1 『息山別集』, 卷2, 3, 4에는 「地行錄」, 「地行附錄」, 「總敍」의 순으로 列錄되어 있어 總敍를 독립된 저술로 볼 수도 있으나 이는 地行錄과 地行附錄의 기술 내용과 관련하여 전국의 산천 풍기와 우리 민족의 역사를 총괄적으로 서술한 것이므로 이 세 저술을 합쳐 『地行錄』으로 파악함이 온당한 것으로 판단됨.

2 息山의 家系와 生涯에 대해서는 『息山集』(『韓國文集叢刊』 179, 民族文化推進會,

에 달[3]하는 息山의 遺著에는 文 · 史 · 哲 · 禁律 · 書畵 · 地理 등 다양한 학문 분야에 대한 주목할 만한 작자의 견해가 표명되어 있다. 그럼에도 불구하고 식산의 문학과 사상에 대한 연구는 1980년대 이후 극소수의 학자들에 의해 제한적으로 이루어져 왔다.[4] 이는 公刊된 文集이 學問 外的 이유[5]로 널리 유포되지 못했고, 미간 초고들은 유일본으로 종가에 비장되어 있었기 때문일 것이다. 본고의 논의 대상인 『地行錄』은 저자가 전국의 名勝을 직접 탐방하고 기술한 山水遊

1996.), 「世系」와 「附錄 上」의 盧啓元이 撰한 「家狀」, 李瀷이 撰한 「行狀」의 내용을 토대로 기술하였음.

3 息山의 遺著로는 『息山集』 元集, 22卷, 別集 4卷, 續集 10권, 附錄 2권과 『太學成典』 13권, 『志書』 15卷, 『四書講目』 9卷, 『道東編』 20卷, 『易統』 8卷, 『易大象便覽』 2卷, 『禮記詳節』 30卷, 『讀書法』, 『讀書日記』, 『讀書隨錄』, 『雜錄』 등이 있음.(권태을, 「息山 李萬敷 先生의 思想과 文學」, 『東方漢文學』, 第13輯, 1997, 2쪽 참조.)

4 息山의 文學과 思想에 대한 기존의 논고는 다음과 같다.
권태을 교수의 前揭論文 外, 「息山 李萬敷의 記研究」, 『尙州農專大論文集』, 1983, 제22집.
______, 「息山 李萬敷의 記研究(Ⅱ)」, 『尙州農專大論文集』, 1984, 제24집.
______, 「息山 李萬敷의 傳研究」, 『嶺南語文學』, 1984, 제11집.
______, 「息山 李萬敷의 在陳錄考」, 『한실 이상보 박사 회갑기념 논총』, 1987.
______, 「息山 李萬敷의 文學觀 考察」, 『國文學研究』, 1987, 10집.
______, 「息山 李萬敷의 地行錄 研究」, 『嶺南語文學』, 1987, 14집.
______, 「息山 李萬敷의 書研究」, 『石霞 權寧徹 博士 회갑기념 논문집』, 1988.
______, 「息山雜著에 나타난 批判精神考」, 『嶺南語文學』, 1988, 15집.
______, 『息山 李萬敷 文學研究』, 五成出版社, 1990.
박찬선, 「息山 李萬敷의 生涯와 思想研究」, 영남대학교대학원 철학과 석사학위논문, 1983.
정영호, 「息山 李萬敷의 地行錄 研究」, 성균관대학교 교육대학원 석사논문, 1994 등이 있음.

5 『息山文集』은 1813년에 尙州 北辰寺에서 간행되었으나 萬東廟 건립의 부당성을 지적한 내용이 게재되어 있어 湖嶺間의 논쟁 대상이 되었고 결국 노론측의 강압 때문에 해당부분을 改板할 수밖에 없었으며, 일부 남인측 인사들로부터는 退溪의 學說을 추종하지 않고 栗谷의 學說까지 수용하여 自家說을 수립했다는 이유로 배척당하였음.(권태을, 『息山 李萬敷 文學研究』, 오성출판사, 1992, 11~12쪽 참조.)

記와 附帶詩, 국토 전역의 名山, 地勢, 物產, 歷史, 風俗, 文化遺蹟 등에 대한 체험적 지식과, 기존의 地理志 및 歷史書 기술 내용을 토대로 정리한 글 등으로 이루어져 있다.

필자가 식산의 여러 저술 가운데『地行錄』을 특별히 주목한 것[6]은 조선후기라는 봉건 질서의 해체기에 탁월한 학문적 역량과 선각자적 의식을 지니고도 재야 학자로 일생을 보낸 작자의 국토 산하, 우리 민족의 역사와 문화, 당대의 사회 현실 등에 대한 시각이 이 책에 선명하게 드러나 있는 것으로 판단되기 때문이다.

본고에서는 먼저『地行錄』의 체제와 내용을 개괄적으로 살펴보고, 작품에 투영된 작가의식을 몇 개의 범주로 나누어 검토한 다음 결론에서는 식산의 의식 세계가 지닌 정신사적 의의를 살펴보려 한다. 이러한 작업은 식산의 의식세계에 대한 기왕의 인식을 심화 확충하고, 식산의 문학세계 전반을 이해하기 위한 기본 시각을 제공할 뿐만 아니라 조선후기 정신사의 흐름을 총체적으로 파악하는 데도 일정한 기여가 있을 것이다.

Ⅱ.『地行錄』의 체제와 내용

『息山先生別集』, 卷2, 3, 4에 수록되어 있는『地行錄』은 地行原錄,

6 『地行錄』에 대한 기존의 논고로 권태을 교수와 정영호씨의 전게 논문이 있으나 권태을 교수는『地行錄』에 나타난 息山의 實心思想을 검토하였고, 정영호씨는『地行錄』에 실린「金剛山記」의 문학성을 집중 논의하였음.

地行附錄, 總敍로 구성되어 있다. 總敍의 첫머리에서 저자는 자신의 國土山河 巡行歷程에 대하여 다음과 같이 술회하고 있다.

> 나는 어려서 先考를 모시고 서쪽으로 나가 王氏의 옛 도읍지와 단군 · 기자의 옛 터전을 거쳐서 薩水를 건넜으며, 沸流에서 태백산 정상을 바라보았고, 浿水 저편의 요동 들판과 고구려 · 발해의 옛 땅을 보았다. 북쪽으로 가서는 겹겹이 늘어선 높은 산을 지나 불함산 아래에서 肅愼 · 挹婁의 땅을 보았고, 野人 · 女眞의 땅에서 발길을 멈추었다. 또 남쪽 지방으로 가서 마한과 백제의 땅을 지나 南海에서 제주도를 바라보았다. 다시 동남쪽으로 이사한 후에는 가야산을 찾아갔고, 지리산에 들어가 호남과 영남의 경계 지역을 빠짐없이 다녔다. 또 동쪽으로 금강산으로 가는 길에 예맥의 땅을 거쳐 해돋는 바다의 기괴함을 보았다. 태백산 · 소백산 · 청량산을 여행할 때에는 先民의 禮樂, 그들이 남긴 교화의 자취를 살폈으며, 신라 古都의 특이한 사적들을 탐방하고 해안에서 일본을 바라보았으니 우리나라 땅을 두루 돌아 다닌 셈이다.[7]

위의 술회를 통하여 알 수 있듯이 息山은 15세 때부터 12년 동안 이나 부친의 配所를 따라 국토의 西 · 北 地域을 巡歷하였으며 34세 때 경상도 尙州로 移居한 이래 국토의 東 · 南 地域을 두루 여행하였

---

7 『息山別集』, 卷4, 「總敍」(『한국문집총간』, 179, 민족문화추진회, 1996, 98쪽. ※이하 『한국문집총간』에서 인용하는 경우 문집 권차와 해당 면수만 밝힘) : 余少從先大夫西出過王氏舊都 檀君, 箕子之墟 涉薩水 臨沸流 望太白之嵩 隔浿水 觀遼野句麗, 渤海舊域 北出躡重嶠及不咸之下 觀肅愼, 挹婁之地 止野人女眞之境 又南遊過馬韓百濟之地 臨南溟望瀛洲 又東南移家 尋伽倻入方丈 窮湖嶺之界 又東遊訪蓬萊 歷獩貊之地 觀出日海怪 走二白淸凉之下 訪先民禮樂遺化 新羅古都異跡 海岸望漆齒之島 於域內迨遍矣

다. 말하자면 息山은 중세 지식인 가운데 그 유례를 찾기 힘들 만큼 우리 국토 전역을 순방한 것이다.

『地行錄』은 저자가 전국의 명승고적을 탐방하면서 見聞한 사실과 기존의 地理志와 역사서에 기술된 내용을 바탕으로 저술한 것인데, 그 기본 자료가 된 것은 巡歷 당시에 해당 지역의 지리적 환경이나 자연 경관 등에 대하여 단편적으로 기록해 둔 산문과 여행지에서의 감회를 읊은 詩篇들[8]이었던 것으로 판단된다. 「地行附錄」의 「附序」[9]에 의하면 『地行錄』이 완성된 해는 67세 때인 영조 6년(1730년)이며, 그 편차와 내용을 요약 정리하면 다음과 같다.

地行錄一 : (附序), 四都山水記, 詩 方舟早遁江 및 5題 5首

地行錄二 : 伽倻山記, 詩 辭巡相舅氏 및 10題 10首

地行錄三 : 疎野洞記, 詩 疎野洞二絕, 多樂洞記, 龍遊洞記, 詩 記遊, 白雲臺記, 詩 記遊 및 2題 2首, 仙遊洞記, 詩 仙遊洞憶申元伯

地行錄四 : 東遊, 淸凉山記, 詩 東遊 23章(耳家 이하 17題 23首) 및 20題 26首

地行錄五 : 南遊, 詩 將遠遊大雨雪述感 및7題 10首

地行錄六 : 關東, 金剛山記, 金剛山總記, 又書金剛山記後, 跋(李萬維), 詩 離家 및 48題 49首

地行錄七 : 三藏洞記, 智異古事(附序), 詩 自德川轉上矗石樓 2首, 藥泉記, 詩 飮匡廬藥泉用前韻, 月影臺記, 黃溪瀑布記, 北遊記

8 『息山別集』, 卷2, 34쪽 : 然今益老伏枕 搜見所遊賞寓詠記述 或存或亡 亦多少日所爲也 取其一二 著存之

9 同上, 卷4, 83쪽 : 六年秋病卧 自念衰耗摧謝 不可復爲遠遊 略次少日經歷見聞 附地行錄後

地行錄八 : 詩 偶吟示兩弟 및 10題 10首, 德裕山記, 猿鶴洞記, 詩 自滌愁巖轉上 및 3題 3首, 花林洞記, 詩 靈覺寺 및 3題 3首, 尋眞洞記, 詩 尋眞洞 및 2題 2首

地行錄九 : 盤龜記, 詩 遊盤龜 5首 및 11題 20首(附跋)

地行錄十 : 詩 利見臺(附序) 및 5題 7首, 東都雜錄(附序), 詩 東都懷古(附跋) 및 2題 3首

地行錄十一 : 秋蘇說, 泠泉記, 詩 吾道峙口占二絕 및 2題 3首, 白華山記, 詩 次盧伯春韻 및 7題 7首, 俗離山記, 詩 向峽 및 9題 10首, 少遊記, 詩 靑巖亭 및 3題 3首, 仙飛花說

地行附錄 : (附序) 三角 道峰 및 50條

總敍

計 : 詩154題 180首, 記 24篇, 說 2篇, 跋(李萬維 撰)·後 2篇, 錄 1篇, 叙 1篇, 기타 54篇

이상과 같은 『地行錄』의 체제를 일별할 때 우선 주목되는 것은 이 저술이 다양한 문체의 散文과 詩로 이루어져 있다는 사실이다. 이 점은 『地行錄』의 성격 및 저술 동기와 긴밀한 관련이 있는 것으로 생각되는데, 작자가 자신의 견문을 바탕으로 단순한 기행 시문집의 범위를 벗어나 전국의 名勝, 古蹟, 風俗, 物產 및 歷史를 포괄하는 종합적인 성격을 지닌 저서의 편찬을 의도하였기 때문에 각 편마다 저자의 의도에 부합하는 문체를 선택한 것으로 판단된다.

『地行錄』에 포함된 詩作들은 대체로 저자가 탐방한 곳의 지리적 환경, 자연 경관 등을 산문으로 기술한 다음 현장에서의 감흥을 토로한 것으로 해당 산문의 말미에 부록되어 있다. 散文의 경우 위에서 필자가 기타로 분류한 54편은 篇題에 記, 錄, 說 등의 문체명이 명시되어 있지 않은 문장들로 「地行附錄」의 '三角·道峰' 이하 49條와 『地行錄』 四, 五, 六七의 '東遊', '南遊', '關東', '智異古事'가 여기에 속하며, 글의 내용으로 보아 대체로 '錄'에 포괄될[10] 수 있는 문장들이다.

24편에 달하는 '記'는 경관이 수려한 특정 名勝地를 제재로 하여 景物描寫에 중점을 두면서 그곳에 남아 있는 文化遺産, 傳說 등에 대한 견문 내용과, 자신의 의견을 기술하는 형식을 취하고 있다. 이 가운데 「金剛山記」, 「俗離山記」, 「淸凉山記」 등은 작가의 정회를 생동감 있는 필치로 그려내어 독자에게 생생한 현장감을 제공하는 빼어난 작품으로 생각된다.

2편의 '說' 가운데 「秋蘇說」은 1724년 저자가 병으로 혼절하였다가 소생한 뒤 속리산 문장대에 올라가서 울적한 심사를 달랜 사실을 담담한 어조로 기술한 것이고, 「仙飛花說」은 順興 浮石寺 祖師堂 처마 밑에서 자라는 기이한 식물의 생태에 대하여 작자의 견해를 서술한 일종의 논설문이다.

「東都雜錄」과 기타로 분류한 54편 가운데 山水遊記로서의 성격이 강한 「東遊」, 「南遊」, 「關東」 등을 제외하면 역사지리 내지 인문지리적 성격이 강한 글들이다. 특히 「地行附錄」의 三角·道峰을 위시한

10 徐師曾의 『文體明辯』에서는 「錄」을 독립된 장르로 분류하지 않고 「紀事」에 편입하였으며, 文人들이 史書의 미비점을 보완하려는 의도에서 지은 글이라고 정의하고 있다.(按紀事者 記志之別名 而野史之流也 古者史官掌記時事 而耳目所不逮者 往往遺焉 於是文人學士遇有見聞 隨手紀錄 或以備史官之採擇 或以裨史籍之遺亡 名雖不同 其爲紀事一也)

50편은 우리나라 전역의 名山을 망라하여 해당 지역의 山勢, 物產, 文化遺産, 傳說 등에 대하여 간략하게 기록한 것인데, 기존의 지리지 및 작자가 여행할 당시에 견문한 사실을 토대로 하여 기술한 것으로 보인다.

「總敍」는 原集과 附錄에 기술된 내용을 총결하면서 우리 국토의 지리적 환경, 민족사의 흐름, 山川風氣와 주민의 性向, 각 지역의 특산물, 文化遺産 등에 대하여 종합적으로 정리한 것이다.

이상에서 검토한 바와 같이 『地行錄』은 작가가 탐방한 名勝에서 見聞한 사실, 느낀 情懷 등을 散文과 詩로 생동감 있게 표현한 순수 문예문 및 객관적 사실 기술 위주의 지리지적 성격을 지닌 글들로 구성되어 있다. 대체로 原錄은 전자에 속하며 附錄과 「總敍」는 후자에 속하는데 이러한 구성에서 이 책의 저술 동기가 단순하지 않음을 알 수 있다. 작가가 序에서 밝힌 바와 같이 단순히 자신이 너무 늙어 더 이상 여행할 수 없기 때문에 과거에 명승을 탐방하면서 지은 글을 정리하여 때때로 그것을 읽으면서 즐기겠다는[11] 의도에서 이 책을 저술하였다면 부록과 총서는 사실상 필요 없는 것이다. 저자가 이 책에 현장의 생생한 모습을 상기시키는 山水遊記와 함께 국토 산하 전역의 지리적 환경, 역사, 민속 등을 기술하여 실은 것은 국토 산하와 민족사에 대한 각성이 있었기 때문일 것이다.

---

11 『息山別集』, 卷2, 34쪽 : 然今益老伏枕 搜見所遊賞寓詠記述 或存或亡 亦多少日所爲也 取其一二 著存之 時出翫之 以自聊焉

Ⅲ. 『地行錄』에 투영된 작가의식

1. 객관적 세계인식

記事文의 일종인 '記', 그 가운데서도 山水遊記는 작자가 작품의 題材가 된 景物, 기행 중 견문한 사실 등에 대하여 객관적 시각으로 기술해 나가는 것이 상례이다. 그러나 시대와 작가에 따라 기술 방식이나 관점에 있어서 상당한 차이를 드러내고 있음도 간과할 수 없는 사실이다. 예컨대 조선 전기 性理學者의 경우 객관적 사실을 엄정하게 기술한다는 관점을 유지하면서도 景物의 外觀 그 자체에 관심을 두기보다는 그 속에 내재된 '理之妙'를 밝혀내는 데 시선을 맞추고 있으며, 일반적인 文士들은 자연의 아름다움을 과장 표현하여 승경에서의 고양된 감흥을 이입시키는 데 몰두하는[12] 경우가 허다하다.

『地行錄』에 수록된 山水遊記에서 표현 방식과 관련하여 특히 주목되는 것은 작자가 題材의 객관적 형상을 일정한 구도 아래 정확하게 묘사함으로써 독자에게 생동하는 현장감을 부여하고 있다는 사실이다. 金剛山을 題材로 한 작품의 경우 「關東」-「金剛山記」-「金剛山總記」-「又書金剛山記後」의 순으로 列錄되어 있는데, 이와 같이 '금강산'이라는 하나의 題材에 초점을 맞추면서 4편으로 분리하여 기술

12 호승희, 「朝鮮前期 遊山錄 硏究」, 『한국한문학연구』, 제18집, 한국한문학회, 1995, 120~124쪽 참조.

한 것은 금강산의 진면목을 온전히 드러내기 위한 의도에서인 것으로 생각된다. 즉, 「關東」에서 작자는 금강산을 기행하게 된 동기, 관동지방의 지리와 역사를 기술하고, 「金剛山記」에서는 단발령에서 바라본 금강산 全景과 長安寺에서 楡岾寺에 이르는 山行에서 대면한 景物, 文化遺産 등에 대하여 상세히 기술하고 자신의 감회를 토로하였으며, 「金剛山總記」에서는 우리나라 전체 산맥에서 금강산이 위치한 지점을 밝히고 금강산의 총체적 모습과 각 臺·峯의 위치를 기술한 다음 금강산의 물, 돌, 봉우리의 다양한 형태를 현란한 문체로 곡진하게 描寫하고, 「又書金剛山記後」에서는 금강산의 아름다움이 중국의 어떤 名山보다도 빼어남을 자신에 찬 어조로 천명하고 있다. 이러한 작품 구성을 통해 작자는 금강산의 진면목을 망원경적 조망으로부터 현미경적 관찰로 시점을 이동하면서 그려내고 있는 것이다.

❶ 동쪽을 향하여 금강산을 바라보니 눈길이 머무는 곳마다 옥 같고, 은 같고, 눈 같고, 얼음 같은 것이 층층이 쌓이고 겹겹이 이어지며 하늘에 닿아 있어 동쪽 하늘은 보이지 않았다.[13]

❷ 長安寺 북쪽 산에는 極樂庵이 있다. 그 아래로 내려와 서쪽으로 약 100보 쯤 올라가면 萬瀑洞의 물과 여러 시냇물이 합쳐진다. 옛날에는 이곳에 깊이를 잴 수 없는 깊은 못이 있었으나, 홍수로 메워져 지금은 급류를 이루고 있다. 물이 합쳐진 곳으로부터 돌 층계길을 지나면 나무를 엮어 만든 길이 이어져 있고 또 약 수십 보

13 『息山別集』, 卷3, 49쪽, 「金剛山記」: 東向望金剛 目境所止 如玉如銀 如雪如氷 層層累累及天 天無其東

를 가면 산허리가 長安寺를 둘러 가리고 있다. 그곳에는 큰 바위 예닐곱 개가 계곡 언덕에 띄엄띄엄 서 있고, 또 누워있는 바위가 산기슭 언저리를 이루며 물 밑에 꽂혀 있어 물은 기울어진 곳을 따라 낭랑한 소리를 내며 아래로 흘러 내렸다.[14]

❸ 쏟아져 내리고, 솟구치고, 고이고, 돌고, 어지럽게 솟아 올라 방울지고, 격렬히 부딪치고, 굽이져 돌아 흐르고, 왕양히 흐르고, 맑게 일렁이고, 넘쳐 소용돌이 치고, 넘실넘실 성대하고, 여울져 세차게 흐르고, 유유히 갈라져 흐르다가 모여서 섞이어 흐르는 것이 물의 형세이다.[15]

①은 작자가 天磨山 斷髮嶺에서 금강산을 조망하고 무수한 巖峯으로 이루어진 금강산의 원경을 간결하고 선명하게 그려낸 것으로, "如玉如銀如雪如氷 層層累累及天"이란 표현에서 우리는 仙境을 마주한 작가의 고양된 정서를 감지할 수 있다. ②에서 작자는 금강산의 일부를 이루고 있는 長安寺 부근의 경관을 과장이나 수식을 배제한 채 스케치하듯 描寫해 내고 있는데 ②에서 볼 수 있는 바와 같은 描寫的 표현은 「俗離山記」, 「淸凉山記」 등 그의 山水遊記 전반에 나타나는 특징적 국면의 하나이다. ③은 금강산 여러 골짜기에 흐르는 물의 갖가지 樣態를 다양한 형용사를 구사하여 핍진하게 그려낸 부

14 同上, 50쪽 : 長安北山 有極樂庵 出其下西上約百步 萬瀑水與百川水合 古有深潭不測 因潦塡塞 今成急流 自合水處 過巖磴 補以木棧 又約數十步 山脚回遮長安 大石六七 離立谿畔 又卧石爲麓唇 揷入水際 水從仄處 琅琅下下

15 同上, 54~55쪽, 「金剛山總記」 : 其瀉者湧者瀦者滙者 沸溜者激觸者 灣洄者汪濊者 澹灔者濫渦瀰瀰者 湍瀨澨澨者 漇漇然丫而嵫 合而混若者 水之事也

분이다. 작자의 아우인 李萬維가 '跋'에서 "옛 사람이 지은 금강록이 많으나 물과 언덕을 빠짐없이 기록하고, 그 형태를 그대로 그려내어 읽는 사람으로 하여금 기쁘게 하고 놀라게 하며 근심하게 하고 즐겁게 하며, 귀신이 변화하는 듯하고 천지가 닫히고 열리는 듯하며, 일만 이천 봉이 홀연히 좌우에 옮겨 온 듯하게 한 것은 翁의 이 錄 만한 것이 없다."[16]라고 칭송한 것도 바로 「金剛山記」가 지닌 描寫的 특징과 이러한 특징이 독자에게 부여하는 생생한 현장감을 높이 평가했기 때문인 것이다.

작자가 山水遊記를 기술하면서 이처럼 題材의 진면목을 핍진하게 描寫하는 데 관심을 기울인 것은 실재하는 형상에 卽하여 거기에 구현된 理法을 파악해야 한다는 작가의 객관적 세계인식 태도와 무관하지 않은 것으로 판단된다. 息山은 "사람들이 道理를 허공에 걸린 것이라고 생각한다. 그러나 『大學』에서는 '窮理'를 말하지 않고 단지 '格物'만 이야기 하였을 뿐이니 이는 곧 사물에 나아가 그 이치를 깨달아야 함을 강조한 것이다."[17], "크게는 천지의 이치와 작게는 곤충 초목의 이치도 반드시 천지와 곤충 초목의 이치에서 구해야 하니 어둡고 밝고 멀고 가까운 것이 모두 그러하다. 만약 단지 窮理만 말한다면 理는 형상이 없으니 어디에 의거하여 궁구하겠는가?"[18]라고 주

16 同上, 56쪽, 「跋」: 古人之爲金剛錄者多矣 然曲悉其流峙 摸狀其形態 使人讀之 可喜可愕 可憂可樂 神鬼變化 陰陽闔闢 萬二千峰 忽若輪來於左右 無有如翁之此錄

17 『息山集』, 卷8(『한국문집총간』, 178, 민족문화추진회, 1996.) 195쪽, 「答李子新」: 人多把道理 作一箇懸空底物 大學不說窮理 只說格物 便是要人就事物上理會

18 同上, 卷16, 336쪽, 「格物說」: 大而天地之理 小而昆蟲草木之理 必於天地也昆蟲草

장하여 실재하는 형상을 궁구함으로써 존재의 원리를 파악해야 한다는 다분히 객관적이고 귀납적인 세계인식 태도를 드러내고 있다. 息山이 山水 탐방의 궁극적인 의의를 山水를 통하여 仁·義·禮·智와 같은 理法을 체득하는데[19] 두고 있으면서도 山水의 실재 형상을 곡진하게 재현하려 시도한 것은 바로 존재의 원리에 접근하는 그의 이러한 태도에 기인한 것이다.

2. 合理的 世界認識

『地行錄』에는 특이한 자연현상, 역사유적 등에 대하여 작자의 견해를 밝힌 기사가 다수 실려 있다. 이러한 기사의 내용에서 주목되는 것은 작자가 특정 事象에 대한 종래의 견해를 무비판적으로 수용하지 않고, 경험적이고 실증적인 태도로 접근하여 합리적인 해명을 시도하고 있다는 점이다.

> 府城의 南門 밖에 土阜 수십여 개가 있다. 이를 설명하는 자가 말하기를 '月城의 형국과 지세가 날아오르는 鳳의 형상이기 때문에 土阜를 만들어 鳳의 알을 형상함으로써 地氣를 눌러 빠져나가지 못하게 한 것이다'라고 하였다. 그러나 전혀 그런 것이 아니다. 신라의 왕릉으로 기록할 만한 것은 모두 평야에 있고 또 바다에 장사지낸 경우까지 있으

木也求之 幽明遠近 莫不皆然 若只云窮理理 無形象 何所據而窮之也

19 同上, 54~55쪽, 「金剛山總記」: 不如取之吾身 取其安而重以爲仁 取其流而通以爲智 取其峻截而明爽以爲義 取其委曲而彰徹以爲禮……於是得所以觀山者

니 신라시대에는 風水地理說이 아직 우리나라에 시행되지 않았음을 알 수 있다. 그런데도 어찌 地氣를 누른 일이 있었겠는가. 하물며 이른 바 竹葉陵이라는 것이 그 사이에 섞여 있어 그 밖의 土阜들과 다름이 없으니 이는 여러 왕과 왕비의 葬地임이 틀림없다.[20]

윗글은 息山이 경주 황남리에 남아 있는 20여 개의 土阜에 대한 자신의 견해를 밝힌 것이다. 息山은 新羅의 왕릉들이 대부분 평야지대에 있다는 사실을 근거로 신라 시대에는 풍수지리설이 도입되지 않았을 것이라고 판단하고, 따라서 이 土阜들 역시 신라 시대의 왕과 왕비의 무덤일 것이라는 합리적인 결론을 내리고 있다. 실제 발굴조사 결과 이 土阜들은 天馬塚, 皇南大塚, 劍塚 등 신라시대에 조성된 古墳들임이 드러났고, 주지하는 바와 같이 風水地理說 또한 신라 말기의 극심한 사회적 혼란을 배경으로 승려 道詵에 의해 전래된 것이다. 뿐만 아니라 慶州府城 內外의 道路가 모두 직선으로 만들어진 사실을 두고 慶州 令尹에 재임 중이던 甁窩 李衡祥(1653~1733)이 신라 井田法의 遺跡인 것으로 판단하여 그 보존책을 관찰사에게 주청한 사실[21]과 관련하여 다음과 같은 논리로 반론을 제기하였다.

첫째, 井田制를 창시한 중국과 맨 처음 교류한 우리 민족은 肅愼

20 同上, 73쪽 : 府城南門外 有土阜數十餘 說者謂月城局勢 爲飛鳳形 造此以象鳳卵 壓地氣不泄云 此殆不然 新羅王陵可記者 俱在平野 又至有葬于海者 堪輿之說 未及行於東方可知 豈有壓地氣之事乎 況所謂竹葉陵 混在其間 與他土阜無異 此其諸王王妃之葬決矣

21 同上, 75쪽 : 府城內外閭落及田野 縱橫開道 俱直無所斜仄 俗稱爲井地 甁窩令尹東京 狀請方伯 禁人犯畔割耕 以保遺制

氏인데 그 강역이 불함산 북쪽이기 때문에 이때 井田制가 도입되었다고 하더라도 한반도 동남쪽에 위치한 경주 지방에 전래될 수 없다.

둘째, 漢四郡과 민족 국가인 三韓은 서로 교류하지 않았기 때문에 漢四郡이 井田制를 도입하였다고 하더라도 辰韓地域인 경주에 전래될 수는 없었다.

셋째, 평양에 箕子가 도입한 井田의 유적이 있으나 평양의 井田과 경주의 이른바 井田 유적은 모형이 같지 않아 신라가 평양의 井田制를 도입하였을 가능성은 거의 없다.[22]

이상과 같이 息山은 자신이 인식하고 있던 역사적 사실과 남아 있는 유적의 형태에 대한 검증 결과를 바탕으로 반론을 제기하고, '경주 지역이 평야 지대이기 때문에 신라가 경주에 도읍을 정할 때 직선으로 길을 낼 수가 있었고 한 번 정해진 길은 변경시키기 어려운 것이기 때문에 오랜 세월 동안 그대로 남아 있게 된 것'[23]이라는 합리적인 결론을 내리고 있다. 이 밖에도 息山은 『三國史節要』 新羅 憲康王 五年條의 處容 관련 기사[24]에 대하여 '처용 일행이 괴이한 옷을

22 同上 : 若謂周制及於其前 而新羅仍之 則周武王時肅愼氏貢石砮楛矢 始通中國 肅愼之地 在不咸山北 今北關之地也 四郡與三韓 本不相攝 而時亦千餘年 其說不通 又若謂平壤 有箕子所設井田 效其制而爲之 則當時平壤入於句麗 句麗新羅之讐國也 兵革相尋 亦恐未暇 而况其長短區畫 與平壤不同乎

23 同上 : 竊意古人作事正齊 初設國都時 因其地之平廣 使經直道路 不容有捷徑旁歧 道路者 人所共由 故雖歷年久而不改也

24 『三國史節要』, 卷13, 憲康王 五年 : 三月王出遊鶴城 還至海浦 忽雲霧晦冥 迷失道路 禱于海神 開霽 因名開雲浦 有異人處容者 奇形詭服 詣王前歌舞

입고 왕 앞에서 춤을 춘 것은 신라 말기의 부패한 정치 현실에 대한 풍자일 것'[25]이라는 예리한 통찰력을 보여 주고 있다.

한편 息山은 특이한 자연현상이나 식물의 생태에 대해서도 객관적 사실에 근거한 합리적 해명을 시도하고 있다.

立夏에 얼음이 얼기 시작하여 冬至가 되면 녹아 버리는 義城 氷穴의 특이한 자연 현상에 대하여 息山은 "그 구멍이 반드시 땅 속 깊이 뚫려 있어 四時에 땅 속의 氣가 곧 바로 빠져 나오기 때문에 그 기후가 外氣와 바뀐 것이다. 가을과 겨울에 땅을 깊이 파면 그 내부가 매우 따뜻하고, 봄과 여름에는 그렇지 않으니 이 또한 한 가지 이치일 것이다."[26]라고 하여 초자연적인 힘에 의한 것으로 치부해 버리지 않고 경험적 사실에 근거하여 합리적으로 해명하려는 자세를 드러내고 있다.

順興 浮石寺 祖師堂 처마 밑에서 雨露를 맞지 않고 자라는 '仙飛花'를 두고 이 절을 창건한 義湘大師의 지팡이에서 뿌리가 나고 줄기가 생겨 이 나무가 되었다는 俗說에 대해서도 식산은 다음과 같은 논리로 反論을 제기하였다. 즉, '만물의 이치는 하나이나 타고난 기질은 사물마다 각기 다르다. 이 나무는 비와 이슬을 싫어하고 그늘

25 『息山別集』, 卷4, 76쪽, 『東都雜錄』: 處容黃昌舞傳至于今 黃昌荊聶之倫也 處容羅史云 憲康王嘗遊開雲浦 有四人奇形詭服詣王前歌舞 從王入京 自號處容 竟不知所在 或以爲神 後人號其歌舞處曰明月巷 四人者非凡俗之人也 憲康王時 羅運已衰 其歌舞於王前者 無乃有所諷乎

26 同上, 88쪽, 「氷山」: 其穴必下通地底 故四時在內之氣直泄 其候與外氣變也 秋冬掘地深則有蒸上之氣 而其內頗溫 春夏則不然 是亦一理

지고 건조한 곳을 좋아하는 生態를 지니고 있는 것이다. 모진 서리가 내려 다른 초목이 시들 때 꽃이 피는 菊花, 흰 눈이 내리는 겨울에 꽃이 피는 梅花의 예에서 볼 수 있듯이 生態 자체가 그런 것이다. 따라서 이 나무는 義湘大師가 먼 지방을 여행하다가 기이하게 여겨 가져와서 심은 것이다.'[27]라고 주장한 것이다. '仙飛花'의 生態에 대한 이러한 息山의 주장은 事物의 보편적 存在原理에 근거한 자신의 관점을 제시하고, 흔히 접할 수 있는 객관적 사실을 통해 이를 예증한 다음 '仙飛花'의 정체에 대한 자신의 견해를 밝히고 있다는 점에서 논리적이고 합리적인 성격을 지니고 있다.

이와 같이 합리적인 시각으로 세계을 인식하려는 息山의 세계인식 태도는 교조화된 권위주의가 만연하던 당대의 학문풍토를 비판적으로 인식하고 학문상의 토론은 개방적이어야 함을 강조한 그의 학문태도[28]와 긴밀한 관련이 있는 것으로 판단된다.

3. 國土山河에 대한 애정과 자주적 역사인식

山水遊記는 일반적으로 名勝을 題材로 하여 창작된 것이기 때문에

---

27 同上, 83쪽, 「仙飛花說」: 蓋萬物一理 而氣之所湊 錯綜變化 有萬不齊……然則仙飛樹所惡者雨露 所好者陰燥 亦豈非氣之變者乎 大抵人情創見則爲異 設有無菊之鄉而栽菊一叢 則其人必曰 異哉是草 嚴霜降衆卉枯 何獨華乎……蓋義相雲遊遠方 適見此樹 歸而植之

28 拙稿, 「朝鮮後期 近畿實學派의 藝術論研究」, 고려대학교 대학원 박사학위논문, 1988, 14~15쪽 참조.

대부분의 작품에는 山水美에 대한 예찬이나 題材와 관련된 역사적 사실과 문화 유적에 대한 기술이 포함되어 있으며, 작가가 기술 과정에서 단순히 경물을 묘사하거나 역사적 사실을 기술하는 데 그치지 않고 자신의 주관적 관념을 드러내기도 한다. 息山의 山水遊記에서 특별히 주목되는 것은 國土山河 및 民族史와 관련하여 慕華主義에서 벗어나 일정한 自主意識을 보여주고 있다는 점이다.

息山은 금강산의 山水美를 품평하면서 국내의 여러 名山과 대비하여 그 아름다움을 예찬하고[29], 다음과 같이 중국에도 금강산과 같이 山水美를 온전히 구비한 산은 없을 것이라고 주장하고 있다.

> 이로써 살펴보건대 조금 전에 말한 중국의 大行山, 常山, 衡嶽, 廬皐山, 九華山, 黃山, 仙都山, 鴈蕩山, 巫峽이 금강산에 미치지 못함은 앉아서도 단정할 수 있다. 桂山만이 거의 비교할 만하나 중국 사람들이 한 번 보기를 원했던 것은 금강산이지 桂山은 아니니 그 우열을 또한 알 수 있다. 내가 태어나서 행적이 域內에 묶여 있고, 몸을 웅크리고 세상에 나가지 못하여 大行山, 常山, 衡嶽, 廬皐山, 九華山, 黃山, 仙都山, 鴈蕩山, 巫峽에 사는 사람을 부러워하지 않을 수 없었다. 그러나 지금부터는 大行山, 常山, 衡嶽, 廬皐山, 九華山, 黃山, 仙都山, 鴈蕩山, 巫峽에 사는 사람들이 나를 부러워하지 않을 줄 어찌 알겠는가?[30]

29 『息山別集』, 卷3, 56쪽, 「又書金剛山記後」: 我東素稱多名山 西有妙香 九月 南有智異……然大者不秀 秀者不大 有嵒石者無湍瀑 有岑巒者無洞壑 無有如金剛之雄崴秀麗 深邃清爽 百體備具

30 同上, 56쪽 : 由是觀之 向所謂大行常山衡嶽廬皐九華黃山仙都鴈蕩巫峽之不及金剛可坐而定而桂山庶可以比并也 然中華人一見之願 在此不在彼 則其優劣亦可見矣 余之生也 跡拘域內 局縮沉沒 不能無羨於大行常山衡嶽廬皐九華黃山仙都鴈蕩巫峽之人 今而後大行常山衡嶽廬皐九華黃山仙都鴈蕩巫峽之人 又安知不羨乎吾也

주지하는 것처럼 고려 중기 李仁老(1152~1220)가 중국의 '瀟湘八景'을 그린 그림에 題詩한[31] 이래 息山이 생존한 당시까지 허다한 화가와 문인들이 瀟湘의 勝景을 상상하여 '八景圖'를 그리고 그곳의 아름다움을 찬양하는 詩를 지어 왔으며, 朱子의 「武夷九曲歌」가 수용된 이래 이를 모방한 작품 또한 부지기수로 지어졌다. 뿐만 아니라 조선의 文士들이 名山을 지칭할 때면 으레 崇山, 華山, 衡嶽 등 중국의 명산들을 운위하였다. 이러한 풍조가 중세 지식인들에게 만연하였던 이면에는 中國의 文化를 가치척도의 기준으로 인식하는 慕華主義的 世界觀이 자리하고 있었다 할 수 있다.

息山이 『地行錄』에서 국토 산하의 아름다움을 예찬하고, 중국의 名勝을 탐방하지 못한 상황에서 금강산의 山水美를 천하제일이라고 극찬한 것은 윗글의 끝부분에서 짐작할 수 있는 것처럼 국토 산하에 대한 작가의 애정과 자긍심을 반영한 것으로 이해해야 할 것이다. 이 점은 우리의 疆界 및 民族史와 民族文化에 대한 작가의 관심과도 작가의식의 측면에서 볼 때 긴밀한 관련이 있는 것으로 판단된다.

> 우리나라는 燕·齊 밖에 위치하며, 별자리로는 尾·箕에 해당하고 그 星次는 析木에 해당한다. 東·西·南은 大海에 둘러싸여 있으며, 북쪽은 靺鞨에 이어져 있다. 고구려 말기에 玄菟와 遼東 땅 칠백 리를 잃어서 浿水를 경계로 삼게 되었으니 南北은 삼천리이고 東西는 천리이다. 檀君, 箕子, 三韓, 四郡, 二府로부터 삼국시대에 이르렀는데 百濟

31 한국한문학사상 '瀟湘八景圖'에 대한 題詩로 現存最古의 작품은 『東文選』, 卷20에 실린 李仁老의 「宋迪八景圖」인 것으로 생각됨.

는 馬韓과 弁韓 땅을 병합하였고, 新羅는 辰韓에서 일어나 臨屯과 濊貊 땅을 병합하였으며, 高句麗는 樂浪과 玄菟를 병합하고 遼東에까지 들어갔다. (…중략…) 그 聲音과 言語, 백성들이 좋아하는 바와 의복과 음식, 기호와 욕구가 중국과는 습속이 다르다.[32]

윗글에서 비상히 주목되는 것은 息山이 우리나라의 古代史를 요약하면서 『東國通鑑』의 경우와는 달리 檀君의 존재를 인정하고 衛滿朝鮮을 삭제하였으며 三韓을 箕子朝鮮과 연결시키고 있다는 점이다. 民族史에 대한 이러한 인식은 檀君의 실재를 인정함으로써 우리나라 역사시대의 상한을 올리고, 衛滿 대신 三韓에 정통성을 부여함으로써 民族 토착세력에 의한 역사의 계승을 강조한 것으로 星湖 李瀷(1681~1763)에 의해 보다 논리적 형태로 제기된 '三韓正統論'[33]의 선구가 된다. 민족문화의 자국적 특수성을 강조한 대목에서 엿볼 수 있듯이 이러한 息山의 論議는 中國中心主義 歷史觀에서 벗어나 民族史와 民族文化의 獨自性을 강조하는 自主的 歷史意識의 所産이라고 할 수 있다.

---

32 『息山別集』, 卷4, 98쪽, 「總敍」: 我東國 在燕齊外 其星尾箕 其次析木 東西南環大海 北連靺鞨 句麗末世 失玄菟遼東地七百里 以浿水爲界 南北三千里 東西千里 自檀君箕子三韓四郡二府及三國之世 百濟并有馬韓弁韓之地 新羅起於辰韓 而并臨屯濊貊 句麗并樂浪玄菟 入於遼東……其聲音言語 人民所喜好 服食嗜慾 與中國異俗

33 이우성, 「李朝後期 近畿學派에 있어서의 正統論의 展開」, 『韓國의 歷史像』, 創作과批評社, 1982, 80~87쪽. 위의 논문에서 이우성 교수는 성호의 '삼한정통론'을 "단군조선에서 비롯한 우리나라 역사의 변천과정 속에 하나의 계통을 찾아내려는 그의 생각은 한사군의 설치로 인하여 우리나라 역사가 중단된 듯이 여겨졌던 그 공백기간에 마한의 유국전서를 발견하고 그것을 정통으로 내세우게 되었던 것이다."라고 하여 그것이 자주의식의 소산임을 밝혔다.

『地行錄』 여러 곳에서 유형, 무형의 민족문화 유산에 대하여 작가가 깊은 관심을 드러내고 있는 점 또한 이러한 歷史意識과 무관하지 않다. 「俗離山記」에서 法住寺의 웅장한 건물에 대하여 "至於傑聖危構 極人力神造"[34]라고 찬탄한 사실이나, 「東都雜錄」에서 玉寶高가 작곡한 琴樂 三十曲이 한 곡도 전해지지 않음을 개탄한 사실[35] 등에서 우리는 민족문화 유산에 대한 작자의 애정을 확인할 수 있다.

4. 비판적 현실인식

息山이 활동하였던 17세기 후반에서 18세기 전반에 이르는 기간은 조선 왕조의 통치 질서가 와해되어 가던 시기였다. 壬·丙兩亂을 겪은 후 국력이 쇠약해진 데다 光海君의 昏政, 仁祖反正, 南人과 老論의 당쟁 등 정변이 연이어 일어나면서 위정자들은 정권 다툼에 급급하였다. 이러한 정치적 혼란의 와중에서 국가 존립의 기반이 되는 대다수의 기층민들은 고통스러운 삶을 살아갈 수밖에 없었다. 『地行錄』에 실린 山水遊記에서 息山은 이와 같이 부조리한 당대의 정치 현실을 예리하게 비판하고 있다.

> 계곡을 벗어나 돌비탈길로 가면 圓通이란 곳이 나오는데 여기에는 灌漑水路가 있다. 물을 끌어 오기 위해 벽을 쌓았는데 석축이 돌비탈길

34 『息山別集』, 卷4, 81쪽, 「俗離山記」.

35 同上, 76쪽, 「東都雜錄」: 金鰲山絕頂 有玉寶高遊樂處云……然則玉寶高實我東琴樂之祖也 今三十曲不傳其一 豈不歎哉

과 가지런하니 水利施設에 깊이 통한 사람이 아니면 생각하지 못했을 것이다. 그러나 先王이 만든 井田의 水路는 단지 평평하고 넓은 곳에만 시설한 것임에도 백성과 더불어 모두 풍족하게 살 수 있었거늘 지금은 산을 뚫고 메마른 땅을 개간하여 地力을 다하게 하는 일에 힘쓰는데도 國用이 날로 줄어들고 백성들은 나날이 더욱 곤궁해지니 어찌된 일인가? 정치하는 자들은 왜 그 까닭을 밝혀내지 않는가?[36]

「白華山記」의 도입부에 해당하는 위의 기사에서 작자는 관개 시설의 교묘함에 감탄하면서도 깊은 산골 험한 산비탈에 이르기까지 水路를 설치하여 농사에 힘써도 國庫가 텅비고 농민이 굶주리는 당대의 모순된 현실을 개탄하고 있다. 윗글에 암시되어 있듯이 생산의 주체인 농민과 수취권을 가진 국가가 모두 궁핍할 수밖에 없었던 것은 제도적 결함과 감독의 소홀을 틈탄 중간 계층의 착취와 농간 때문이다. 조선 왕조가 國稅를 부과하기 위하여 채택한 結負法은 수확량을 토지 면적의 단위로 삼아 收稅하는 제도였기 때문에 관리들의 弄奸이 개입될 가능성이 다분하였다. 게다가 임진왜란 이후 職田法 체제가 와해되면서 경작 농민으로부터 租만 거두고 국가에 稅를 내지 않는 宮房田, 屯田 등이 확대되고, 田主나 地方官들이 비옥한 田土의 일부를 元帳簿에서 누락시켜 그 租稅를 사취하는 隱結이 대규모로 자행되어[37] 농민이 과도한 租를 수탈당하는데도 불구하고 國庫

36 『息山別集』, 卷4, 78쪽, 「白華山記」: 自冷泉循溪而東 有陰崖浣汀 舍溪取磴 日圓通有溉途 導流上壁 築石與磴齊 非深通水利者不能創也 然先王井地溝洫 只取平廣 與民俱足 今鑿山墾瘠 務盡地力 然國用日縮 民日益困 何也 在廟堂者 盍求其故哉

37 국사편찬위원회, 『한국사』 13, 탐구당, 1984, 132쪽 참조.

는 고갈되었던 것이다.

윗글 끝부분의 "在廟堂者 盍求其故哉"는 國庫가 탕진하고 민생이 도탄에 빠진 국가적 위기 상황임에도 이를 시정할 대책을 수립하지 않는 당대 위정자들을 신랄하게 비판한 것이다.

「俗離山記」의 다음 기사에서 息山은 중간 계층의 착취와 횡포로 인한 폐해를 보다 구체적으로 기술하고 있다.

> 승려들이 흩어져 떠나버리니 뜰에는 잡초가 무성하고 아궁이에는 차가운 재만 남았으며 짐승과 새의 발자국이 법당에 이리 저리 나있다. 대개 부패한 관리와 빚쟁이의 침탈을 견딜 수 없었기 때문일 것이다. 아! 지방관이 옳지 못한 사람이면 그 폐해가 산에 사는 사람에까지 미치니 하물며 일반 백성에게 있어서랴! 백성들이 포악한 정치를 호랑이보다 두려워한다는 것이 어찌 헛말이겠는가?[38]

속리산의 아름다운 풍광과 八相殿, 大雄殿, 龍華殿, 丈六金佛 등 法住寺의 웅장한 구조물에 대한 기술[39]에 이어진 위의 기사에서 작자는 지방관의 가렴 주구로 인하여 폐허가 된 山寺의 모습을 생생하게 묘사하고 있다.

실제로 顯宗 이후 억불 정책이 강화되면서 사찰에서도 소유 田土에 대한 租稅를 납부하여야 했으며, 山城 修築과 같은 국가적 토목

38 『息山別集』, 卷4, 79쪽, 「俗離山記」: 釋子散去 庭茂草廚冷灰 獸蹄鳥跡 交於堂 蓋不堪汚吏債帥所侵漁也 噫 字牧者非其人 則害及山人 况匹夫編戶之民乎 民之畏惡政 甚於猛虎 豈虛語哉

39 同上 : 入谷口門 兩山環立 聱岈蜿蜒 綿邈豁然 若得天地 過二重門 又有門曰鐵柱 門內當中五層閣曰八相殿

공사에 승려들이 동원되었고 사찰에서 관가와 유생들에게 종이, 기름, 신 등을 만들어 바치게까지 하였기[40] 때문에 승려들이 사찰에서 수도와 포교에 전념할 수 없었던 것이다. 윗글에 등장하는 債帥는 17세기 이후 화폐의 전국적 유통을 틈타 부정한 방법으로 화폐를 축적하여 기층민을 상대로 高利貸付를 일삼던 자들을 지칭한다. 이들은 대부분 농민들의 토지를 담보로 高利貸付를 자행하였기 때문에 이들에게 농토를 빼앗긴 '無土不農之民'이 양산[41]되어 심각한 사회문제를 야기하기도 하였는데 이들의 마수가 息山 당시에는 사찰에까지 미쳤던 것으로 보인다.

윗글 후반부에서 息山은 '농민에 비해 상대적으로 租稅나 軍役에 대한 부담이 가벼운 승려들도 汚吏의 수탈에 견디지 못하여 山寺를 버리고 도망갈 지경이니 농민들의 고통은 말할 필요가 있겠는가?'라고 하여 부패한 지방관의 가혹한 수탈 행위를 고발하고 있다.

이 밖에도 「智異古事」에서는 산기슭을 개간하여 농사짓는 농민들에게 무거운 세금과 번거로운 身役을 부담시키고[42] 지리산 山神廟에서 굿하는 무당에게까지 지방 관아에서 관리를 파견하여 세금을 거둬들이는[43] 행위를 비판적 시각으로 기술하고 있다.

40 우정상 · 김영태 공저, 『한국불교사』, 進修堂, 1969, 160쪽 참조

41 『한국사』 14, 252쪽 참조.

42 『息山別集』, 卷3, 63쪽, 「智異古事」 : 大集日 山居者 有採釣之樂 而無疾首之歎 年來賦重役煩 有過於都鄙受廛 眀眀若不保朝夕 良可慨也

43 同上, 62쪽 : 天王峰 有上中下三臺 有淫祠……巫母擧幢幡跳梁呼號 日費千百 晉陽天嶺二官 定差直 月稅乾糗鍮銅器以資用

당대의 사회현실에 대한 논의와는 무관할 듯한 山水遊記에 위에서 검토한 바와 같은 작자의 예리한 현실 비판의식이 도처에 실려 있는 것은 在野의 학자로 일생을 보낸 그의 개인사와 깊은 관련이 있는 것으로 생각된다. 즉, 息山은 혼탁한 官界로 진출하지 않고 초야에서의 삶을 택함으로써 기층민들의 고통스러운 삶을 목도할 수 있었으며, 또 부조리한 당대의 사회 현실을 객관적인 시각으로 직시할 수 있었던 것이다.

Ⅳ. 結 : 작가의식의 정신사적 의의

이상에서 필자는 조선후기의 재야 학자인 息山 李萬敷가 저술한 『地行錄』의 체제와 이 저술에 투영된 작가의식을 검토하였다. 여기서는 지금까지 논의한 내용을 요약하면서 『地行錄』과 이 책에서 추출된 작가의식이 지닌 정신사적 의의를 간략하게 언급하는 것으로 결론을 삼으려 한다.

『地行錄』은 저자가 전국의 명승 고적을 견문한 사실과 기존의 歷史·地理書의 내용을 바탕으로 기술한 것으로 紀行文學集 및 人文地理志의 성격을 아울러 지닌 저술이다. 息山이 『地行錄』에 순수 문예문의 범주에 속하는 山水遊記 외에 우리 민족의 역사, 국토 전역의 지리적 환경, 풍속, 산물 등에 대한 기록을 포함시킨 사실과, 그 속에 국토 산하에 대한 애정과 자긍심, 민족사와 민족문화의 독자성을 강조하는 자주적 역사의식을 투영하고 있는 것은 실학자들의 國學精神과 정신사적 맥락을 같이 하는 것으로 판단된다.

즉, 이와 같은 작가의식은 壬·丙 兩亂을 겪은 뒤 민족이 처한 현실에 대한 각성의 기풍이 일부 선각적인 지식인들 사이에 형성되고, 만주족이 세운 淸이 중국을 통치하게 되면서 전통적인 華夷論을 극복할 수 있는 국제적 여건이 조성되자[44] 중국 중심의 세계관에서 벗어나 민족의 역사, 지리, 언어, 풍속 등에 대하여 탐구함으로써 민족의 삶을 보다 풍요롭게 하고자 한 실학자들의 의식세계와 궤를 같이 하는 것이다.

실재하는 現象에 주목하고 현상에 대한 철저한 탐구를 통하여 거기에 구현된 理를 파악해야 한다는 息山의 객관적 세계 인식 태도와, 경험적이고 실증적인 태도로 특정 事象에 접근하여 그 원리와 정체를 해명하려 하였던 합리적 세계인식 태도는, 現象 그 자체에 대한 탐구보다 窮理를 통하여 사물에 구현된 理를 인식하고자 하였던 성리학자들의 주관적 관념적 세계인식 태도와는 뚜렷한 차이가 있다. 이러한 息山의 세계인식 태도는 사물에 理가 구현되어 있음을 전제하고 있다는 점에서는 자연을 객관적 순수 존재로 파악하고, 과학적 자연관을 수립하였던 후배 실학자들[45]의 자연관과 일정한 차이가 있으나 객관적, 합리적이라는 사물에의 접근 태도는 이들과 일치

44 『한국사』 14, 306쪽 참조.
45 同上, 169~171쪽 참조.

하는 것으로, 세계에 대한 객관적이고도 합리적인 인식이 선행되어야 삶의 질을 제고할 수 있는 이념을 찾아낼 수 있다는 현실주의적인 성격을 지니고 있는 것으로 판단된다.

당대의 부조리한 정치 현실에 대한 息山의 비판 의식은 그것이 현실 개혁을 위한 체계적인 정책 제시로 이어지고 있지 않다는 점에서 일정한 한계를 지니고 있다. 그러나 현실 비판의 지향점이 봉건 지배체제의 유지에 있다기보다 고통 받는 기층민의 삶을 개선하려는 데 있는 것으로 생각되어 후배 실학자들의 현실 비판의식 내지 경세학이 지향하는 바[46]와 의식적인 측면에서의 동질성을 인정할 수 있다.

위에서 언급한 바와 같이 『地行錄』에 투영된 息山의 의식세계는 정신사적인 측면에서 볼 때 星湖, 燕巖, 茶山 등에 의하여 확립된 실학의 기본 성격, 즉 客觀的 自然觀, 社會的인 實踐倫理 및 民族的 主體意識[47]과 연결될 수 있는 국면들을 다분히 내포하고 있어 이를 통해 형성기 실학의 성격을 파악할 수 있다는 점에서 중요한 의의를 지니는 것으로 판단된다.

•『한국한문학연구』, 제21권, 한국한문학회, 1998. 273~296쪽.

---

46 강만길, 「實學論의 現在와 展望」, 『分斷時代의 歷史認識』, 創作과 批評社, 1978, 271쪽 참조. 이 논문에서 강교수는 "성리학의 경세학이 사대부의 지배체제를 유지하기 위한 데 그 근본적인 목적이 있는 데 반하여 실학자의 경세학은 그것에서 탈피하여 본질적으로 백성의 이익을 추구하는 경세학으로 보아야하며 이점에서 두 경세학 사이의 분명한 차이점을 찾아야 하지 않을까한다."라고 하여 실학자의 경세론이 기층민의 이익을 추구하기 위한 것임을 밝히고 있다.

47 『한국사』 14, 169쪽 참조.

Ⅷ.

息山 李萬敷의 기행시에 대하여

Ⅷ. 息山 李萬敷의 기행시에 대하여

Ⅰ. 序

이 논문은 조선후기의 재야 학자인 息山 李萬敷(1664~1732)의 문학세계를 총체적으로 구명하는 작업의 일환으로 그의 저술『地行錄』에 실린 紀行詩를 검토하기 위하여 집필된 것이다.

息山은 조부인 芹谷 李觀徵(1618~1695)이 吏曹判書, 父 博泉 李沃(1641~1698)이 禮曹參判을 지낸 사실에서 알 수 있듯이 名門의 후예로 서울에서 태어났다.[1] 그러나, 息山은 25세에 치열한 당쟁으로 혼탁해진 관계로의 진출을 포기하고, 34세 때부터 별세할 때까지 경상도 상주지역에서 학문에 전념하며 公刊된 문집 38권[2]을 위시하

1 息山의 家系와 生涯에 대해서는『息山集 Ⅱ』(『韓國文集叢刊 179』, 民族文化推進會, 1996)의「世系」와「附錄 上」의 盧啓元이 撰한「行狀」및 권태을 교수의『息山 李萬敷 文學硏究』(오성출판사, 1990) 23~31쪽의 내용을 토대로 서술하였다.

2『息山先生文集』은 1813년 尙州 北長寺에서 간행되었으며, 原集 22卷, 別集 4卷, 續

여 10여 종[3]에 달하는 방대한 저술을 남겼다.

『息山先生別集』 卷2 · 3 · 4에 수록되어 있는 『地行錄』은 '地行錄(原錄)', '地行附錄', '總敍'로 구성되어 있다. '地行原錄'은 저자가 금강산, 지리산, 속리산, 경주 등 국내 명승 고적을 탐방하고 그 여정과 자연경관 및 역사유적 등에 대하여 散文으로 기술하고 末尾에 현장에서의 감회를 토로한 詩篇들을 수록한 것이고, '地行附錄'은 동해안 및 49개에 이르는 전국 명산의 山勢, 物産, 기후 등에 대하여 저자가 직접 견문한 사실에다 기존 지리지에 기술된 내용을 참조하여 기술한 것이며, '總敍'는 우리 국토의 지리적 환경, 민족사의 흐름, 山川風氣와 주민의 풍속, 각 지역의 특산물 등에 대하여 종합적으로 정리한 것이다. 따라서 '地行原錄'은 순수 紀行詩文集이며 '地行附錄'과 '總敍'는 인문지리지적 성격을 지니고 있는 것으로 판단된다.

본고의 논의 대상은 '地行原錄'에 실린 154題 180首의 紀行詩이다. 필자가 息山의 紀行詩에 특별히 주목하게 된 것은 탁월한 학문적 역량과 선각자적 의식을 지니고도 官界로의 진출을 포기한 채 초야의 학자로 일생을 보내며, 국토산하와 명승고적을 탐방하면서 남긴 그의 紀行詩에는 독특한 개인사에 상응하는 작가의식이 투영되어 있으리라는 기대 때문이다.

集 10卷, 世系 · 附錄 2卷 등 도합 38卷으로 이루어져 있다.

3 息山의 遺著로는 公刊된 文集 외에 『太學成典』, 『志書』, 『四書講目』, 『道東編』, 『易統』, 『易大象便覽』, 『禮記詳節』, 『讀書法』, 『讀書日記』, 『讀書隨錄』, 『雜錄』 등이 있다.(권태을, 「息山 李萬敷의 思想과 文學」, 『東方漢文學』, 第13輯, 동방한문학회, 1997, 2쪽 참조.)

본고에서는 먼저 息山이 국토 산하를 기행하게 된 배경을 그의 개인사와 관련하여 검토하고, 그의 紀行詩를 첫째 청정한 산수 자연에 몰입함으로써 세속적 고뇌를 떨치고 마음을 정화하려는 의지가 표출된 작품, 둘째 儒者로서 治世의 경륜을 펼쳐 보지 못하고 無位의 士로 살아가는 자신의 처지와 관련된 갈등의 모습이 드러나는 작품, 셋째 기행 중 답사한 역사유적과 견문한 문화유산에 대한 작자의 관심과 애정이 표명된 작품으로 나누어 논의하려 한다.

주지하듯이 紀行詩는 일상적인 삶의 울타리를 벗어나 새로운 산천과 문물을 접하고 그 정회를 토로한 것이기 때문에 自說的 경향이 뚜렷하기 마련이다. 즉, 중세 지식인으로서 일상적 요구에 의해 창작된 詩篇이나 居敬·窮理하는 생활 속에서 주변의 자연을 매개로 관념의 세계를 他說的으로 표출한 작품과 비교할 때 紀行詩에는 작가의 내면세계가 보다 진솔하게 표출되어 있을 가능성이 다분한 것이다. 이러한 관점에서 볼 때 息山의 紀行詩에 대한 검토는 息山의 삶과 문학세계 전반을 이해하는 데 일정한 기여가 있으리라 생각된다.

Ⅱ. 紀行의 背景

조선시대 성리학자들은 자연을 宇宙的 秩序의 表象으로 파악하고 자연을 관조함으로써 天人性命의 근원적 이치를 탐구하려 하였기 때문에 修學의 방편으로 山水를 탐방하기도 하였다. 그러나 居敬·

窮理라는 靜的이고 관념적인 학문자세를 爲學의 要訣로 신봉하였던 성리학자들에게 있어서 잦은 遠遊는 그들의 학문적 체질과 맞지 않았을 뿐만 아니라 제반 현실적 사정으로 인하여 특별한 계기가 없이는 불가능한 일이기도 하였다. 이러한 관점에서 볼 때『地行錄』'總敍'의 첫머리에서 작자 스스로 밝힌 것[4]처럼 息山이 우리 국토 거의 전역을 기행하게 된 배경은 그의 개인사와 관련하여 추적함이 온당하리라 생각된다.

앞에서 언급한 바와 같이 息山의 家門은 息山을 중심으로 10촌 이내 대과 급제자가 19명, 소과 급제자가 47명에 달할 만큼 번성하였으며, 祖父 芹谷과 父 博泉은 南人의 중추적 인물이었다. 그러나 1674년(현종 15년) 二次 禮訟에서 패배한 尤庵 宋時烈(1607~1689)을 처벌하는 문제를 두고 南人이 강경파인 淸南과 온건파인 濁南으로 분열되었을 때 博泉은 淸南의 핵심 구성원으로 당시 실권자였던 濁南의 영수 許積(1610~1680)과 대립하였고, 급기야 숙종의 외척인 金錫冑(1634~1684)의 모함을 받아 息山이 15세 때인 1678년(숙종 4년)에 평안북도 宣川으로 유배되었다. 이때부터 1689년 己巳換局으로 방면될 때까지 博泉은 宣川, 嘉山, 安寧, 會寧, 甲山, 谷城 등지에서 12년 간 유배생활을 하였다. 息山은 당시 부친의 배소에 따라가서 우리나라 서북지역을 편력하였으며, 이를 계기로 국토 산하

4 『息山別集』, 卷44, 「總敍」(『韓國文集叢刊 179』, 민족문화추진회, 1996, 98쪽, ※이하 한국문집총간본에서 인용하는 경우 문집 권차와 해당 면수만 밝힘.) : 余少從先大夫西出過王氏舊都 檀君箕子之墟……海岸望漆齒之島 於域內迨遍矣

에 깊은 관심을 가지게 되었다.

> 선생은 평소 山水를 좋아하였는데 소년시절 博泉公의 유배지를 따라 다니며 西北地方의 山水를 두루 보았는데, 이때(상주 북곽에 升室堂을 짓고 거처할 무렵 : 필자 주)에 이르러 멀리 유람할 뜻을 품게 되었다. 지리산, 금강산, 가야산, 청량산, 속리산 등 크고 작은 명승지는 모두 찾아가 유람함으로써 自然의 본체와 마음의 본체를 합치시키지 않음이 없었고, 산천의 이어짐과 흩어짐, 토지와 풍속 또한 모두 조사하여 기술하였다.[5]

息山이 64세 때 심한 병에 걸려 生死의 갈림길에서 자신의 일생을 회고하며 읊은 20首의 詩 가운데 3편이 금강산, 지리산, 청량산의 勝景을 회상한 작품[6]일 정도로 유별난 息山의 山水癖은 윗글에서 언급한 바와 같이 부친의 유배라는 가정적 불행에서 배태된 것이다. 부친이 유배에서 풀려난 이후에도 息山은 27세에 黔智山, 29세에 伽倻山, 30~31세에 영남지역을 두루 유람하였으나, 34세에 尙州 魯谷으로 移居한 후 53세까지 20년 간은 講學과 著述에 전념하며 遠遊를 중단하였던 듯하다. 실제『地行錄』에 실린 山水遊記는 53세[7]부터 66세까지 유람한 名勝을 제재로 기술한 것이다. 위의 인용문에는 언급

5 『息山集』, 附錄 上, 322쪽, 「家狀」 : 先生素好山水 少時從博泉公 行遣遍觀西北流峙 及是有遠遊之志 方丈蓬萊伽倻淸凉俗離大小名勝 無不歷陟遊覽 以合內外之體 山川融散 土地謠俗 亦莫不采摭記述

6 『息山續集』, 卷1, 101~102쪽, 「死生吟」이란 제목의 연작시 20首가 실려 있는데, '其十四'는 금강산, '其十五'는 지리산, '其十六'은 청량산의 승경을 회상한 작품임.

7 권태을, 『息山 李萬敷 文學 硏究』, 五成出版社, 1990, 23쪽 〈息山先生年譜〉 참조.

되어 있지 않으나 息山이 53세에 다시 遠遊에 나서게 된 것은 단순히 山水癖 때문만은 아니며, 당시 그가 처했던 사회적 처지와 깊은 관련이 있는 것으로 판단된다.

> 아! 나는 젊은 시절 금강산을 유람하지 못하였나니 영남지방에서 流落하는 신세가 되어 질병과 근심, 슬픔 속에 홀홀히 세월만 보내면서 늙고 쇠약한 몸으로 칩거하여 분노와 근심을 풀 길이 없었다. 지금 천리길을 뛰어넘어 안개와 이슬에 젖고 산기운에 목욕하며, 山水를 마음껏 즐기고 천하의 壯觀을 모두 관광하니 정신과 기운이 맑고 왕성하여 가슴 속이 확 트였다.[8]

「金剛山記」 말미에 기술된 위의 진술에서 상주로 移居한 후 息山의 처지가 매우 불우하였음을 감지할 수 있다. 실제 息山은 44세에 전염병으로 두 자녀를 잃었고, 48세에는 伯兄을, 54세에는 柳氏夫人을 잃었으며 51세 봄에는 魯谷의 집이 화재를 입었고, 53세에는 水災로 집이 무너지고 말았다. 뿐만 아니라 息山은 자신의 학문적 신념 때문에 退溪學을 尊崇하는 경상도 북부지역 선비들과 老論側 인사들에게 모두 배척당하는 곤란한 처지에 놓이게 되었다.

南人으로 息山과 같은 당파에 속하는 退溪學派의 학자들은 息山이 45세 무렵 『道東編』을 저술하면서 退溪의 理氣說과 아울러 栗谷의

8 『息山別集』, 卷3, 53~54쪽, 「金剛山記」: 噫余之遊 失於少壯 而流落嶺表 疾病憂戚 忽忽過光陰 衰謝伏蟄 無以釋其慍忳 今乃跨越千里 衝霧露 沐沆瀣 放情流峙之間 極天下壯觀 神氣淸旺 胷懷開豁

理氣說까지 이 책에 함께 수록하자 息山을 이단시 하였으며, 老論側 인사들에게는 그들이 尤庵의 遺旨를 받들어 明나라 神宗을 제향하는 萬東廟를 세우려 할 때 息山이 「萬東祀議」를 저술하여 반대했다는 이유 때문에 배척당했던 것이다. 따라서 息山이 상주로 移居한 뒤 학문에 전념하다가 53세의 나이에 다시 名勝을 찾아 유람을 시작하게 된 배경에는 이와 같은 가정적 불행으로 인한 상심과 왜곡된 당대의 학풍에 대한 강한 분노가 자리하고 있었던 것으로 판단된다.

이 점은 "덧없는 삶 세속과 어긋나니 믿을 곳 전혀 없어, 마음 산란하면 곧장 나가 유람하네.[浮生落落總無賴 不御心時輒出遊]"[9]라는 詩句를 통해서도 확인할 수 있다. 말하자면 息山의 遠遊는 淸淨한 자연과의 만남을 통해 개인적 불행 및 부조리한 사회 현실과의 대립에서 야기된 고뇌를 해소하고 자위하기 위한 것이었다 할 수 있다.

Ⅲ. 紀行詩에 나타난 作家意識

1. 脫俗的 志向과 그 限界

息山의 紀行詩에서, 승경을 題材로 한 작품에 등장하는 自然은 모순과 부조리로 가득찬 현실세계와는 대척적인 공간으로서 淸淨

9 同上, 卷4, 81쪽, 「次伯春韻」

한 세계의 표상이다. 「又書金剛山記後」의 끝부분에서 息山은 '금강산 유람을 통하여 귀와 눈을 상쾌하게 하고 가슴을 후련하게 하였으며, 거침없이 떠났다가 마음을 가득 채워 돌아와서 춤을 출 정도로 기쁘나 내 마음의 본체와 자연의 본체를 합일시키지 못한 것이 근심이다'[10]라고 그의 금강산 기행을 반성한 것으로 미루어 息山 또한 자연을 관조함으로써 거기에 구현된 理法을 체득하여야 한다는 성리학자들의 관념적 山水觀을 표면적으로나마 수용하고 있었던 것으로 생각된다. 그러나 息山에게 있어서 자연은 가정적 불행과 모순된 사회 현실로 인한 고뇌가 그의 삶을 억압할 때 이를 해소하여 주는 안주처로서의 의미를 지닌 것이었다.

자연에 대한 이러한 인식 속에는 자연과 세속이 상호 대립하는 별개의 세계라는 인식이 전제되어 있는 것으로 판단되며, 이 점은 다음 작품에서 확인할 수 있다.

裝成一壑簇巖巒	빽빽한 바위산이 온 골짜기를 감싸고
沆瀣吹噓古木間	이슬은 고목들 틈에서 피어 오르네
不用狂濤奔疊石	쌓인 돌 위로 세차게 흐르는 물 없었더라도
世緣曾未到雲山	세상 일 구름 덮힌 산에 이르지 못했으리[11]

「紅流洞用孤雲題詩石韻」이란 詩題에 밝혀져 있듯이 위의 작품은

10 『息山別集』, 卷3, 55쪽, 「又書金剛山記後」: 矧我以天下奇勝 快耳目壯襟懷 浩然而往 充然而返 不知手之舞之足之蹈之者乎 惟恐蔑裂不能合內外之體 是我之憂

11 同上, 卷2, 37쪽, 「紅流洞用孤雲題詩石韻」.

崔致遠의 「題伽倻山讀書堂」을 차운한 것이다. 息山은 例詩에서 紅流洞을 둘러싸고 있는 빽빽한 巖峯과 홍류동 주변의 티없는 자연 경물을 묘사함으로써 세속과 단절된 淸淨界의 아름다움을 노래하고, 轉·結句에서는 孤雲의 "常恐是非聲到耳 故敎流水盡籠山"의 뜻을 뒤집어 自然은 그 자체로서 이미 시비가 들끓는 世俗과는 단절된 은일의 세계임을 강조하고 있다. 息山이 승경을 탐방하는 기쁨을 "현불동은 깊고 깊고, 현불암은 높고 높네. 바람 불어와 편히 가노라니, 몸은 안개옷 입은 듯.[深深現佛洞 高高現佛巖 步爲風便送 身如霧衣參]"[12]이라고 경쾌한 리듬으로 노래한 것도 바로 자연을 세속과는 단절된 청정공간으로 인식하였기 때문이다.

세속과 자연을 상호 배타적인 대립의 공간으로 인식한 息山은 자연 속에서의 자유로운 삶을 희구한다.

遠色返諸嶺	먼 산 빛이 여러 봉우리에 어리는 데
幽尋小路危	깊숙한 곳 찾아드니 작은 길 위태롭네
巖倚螮蝀梁	바위는 무지개 다리에 기대 있는데
瑞氣相因依	상서로운 기운 얽혀 있네
烟霞錦繡谷	비단에 수놓은 듯한 골짜기엔 烟霞가 자욱하고
日月珊瑚枝	산호 같은 나뭇가지엔 해와 달이 걸려 있네
久作塵土客	오랫동안 티끌세상 사람이 되어
永負三秀芝	길이 신선세계 저버렸네
願滅靑峯迹	원하노니 푸른 산 속에 자취 감추어

12 同上, 卷3, 59쪽, 「現佛巖」.

歲寒聊自怡　　추운 계절에 스스로 즐겼으면[13]

例詩의 배경을 이루는 공간은 시비가 분분한 세속과는 멀리 떨어진 탈속적 청정 공간이다. 작자의 시야에 포착된 '여러 산 봉우리', '우거진 숲 사이에 난 작은 길', '烟霞', '단풍 든 골짜기', '산호 같은 나뭇가지' 등은 부조리가 횡행하는 세속과는 동떨어진 순수한 자연계의 사물들로 작자가 희구하는 청정한 세계의 표상이다. 작자는 자신의 시야에 포착되는 이러한 사물들을 차례로 나열하고 작품의 후반부에서 자신의 주관적 의지를 드러내고 있다. 즉, 작자는 오랜 세월 동안 塵土에서 부대끼며 살아온 자신의 삶을 되돌아보며 "願滅青峯迹 歲寒聊自怡"에서 확연히 드러나는 바와 같이 청정한 공간을 이루고 있는 구성물 속에 자신을 함입시킴으로써, '歲寒'이란 상징적 표현에 함축된 바 어지럽고 고통스러운 현실에서 벗어나 자연 속에서의 평온한 삶을 누리려고 하는 것이다.

그러나 이 聯에서 서정적 자아는 자연과의 융일한 합일의 경지에 도달하기를 원할 뿐 거기에 도달한 모습은 보여 주고 있지 않다. 따라서 서정적 자아와 자연 사이에는 얼마간의 거리가 상존하고 있으며, 이러한 경향은 다음 작품에서도 발견할 수 있다.

❶ 連峯巉岏開一壑　　이어진 봉우리 드높아도 한 골짜기는 열려 있고

---

13 同上, 60쪽, 「摩訶衍」.

千丈積翠猶濕痕　　천 길 쌓인 녹음은 아직 젖어 있네
披衣柱策窺幽湫　　옷 걷은 채 지팡이 짚고 깊은 소 내려다 보니
白日叢林霧雨渾　　한낮의 우거진 숲은 안개비에 흐릿하네
飛廉相送欲凌虛　　바람 타고 허공을 건너려 하나니
野馬之下絕群喧　　아지랑이 저 아래의 시끄러운 소리 들리지 않네
是非何緣來到此　　시비소리 어떻게 여기까지 들리랴만
寄語塵寰不須諠　　티끌 세상 사람들아 떠들지들 마소[14]

❷ 頭上纔餘一尺天　　머리 위 하늘은 한 자 남짓 떨어졌고
塵寰漠漠但雲烟　　티끌세상 아득히 雲烟에 묻혀 있네
吾身已入清涼界　　내 몸 이미 맑은 세계에 들어왔으니
不羨泠然羽化仙　　시원스레 날아 다니는 신선도 부럽지 않네[15]

例詩 ①과 ②는 모두 超世絕俗을 희구하는 서정적 자아의 모습을 보여주고 있다. ①에서 작자는 '이어진 높은 봉우리', '천 길이나 쌓인 녹음', '안개비에 젖은 숲' 등을 제시하여 서정적 자아가 차지하고 있는 공간을 티끌에 뒤덮인 세속세계와 대립시킴으로써 두 세계 사이의 교섭 가능성을 차단하고 仙界로의 비상을 시도한다. 그러나 '欲凌虛'에서 드러나는 바와 같이 仙界로의 함입을 의도하면서도 자연과 융화된 모습을 보여주지는 않고, 서정적 자아가 차지하고 있는 공간이 '野馬之下', '塵寰'으로 설정된 세속세계와는 단절된 공간임을 의식적으로 강조하고 있을 뿐이며, 서정적 자아는 세속과 멀리

14 同上, 68쪽, 「尋眞洞」.
15 同上, 卷4, 81쪽, 「文壯臺二絕」.

떨어진 자연 속에서도 세속과 유관한 상념을 떨쳐내지 못하고 있다. 즉, 높은 곳에서 세속 세계를 조망함으로써 세속에서 일어나고 있는 일들을 의식적으로 무시 내지 왜소화하려는 것이 바로 그것이다. 특히 ②에서 작자는 "塵寰漠漠但雲烟"이라고 하여 자신을 고뇌케 한 세상사란 현실을 벗어나 보다 확대된 공간에서 보면 실상 무의미한 것이라고 관념함으로써 세사에 지친 심신을 위로하려 한다.

이와 같이 자연을 노래한 息山의 紀行詩에서, 자연에 몰입된 서정적 자아의 모습은 드러나지 않고 超世絕俗에의 의지만 볼 수 있는 것은 작자가 자연 속에서도 진정한 해방의 기쁨을 누리지 못했음을 의미한다고 할 수 있다. 息山에게 있어서 자연은 일시적 위안의 공간일 뿐 항구적 열락의 공간은 될 수 없었던 것이다. 이 점은 「愁送臺」의 마지막 聯 "여기에 앉아 온갖 근심 씻었으나, 떠난 뒤에는 응당 근심 어린 꿈을 꾸리.[坐此掃百憂 去後應愁夢]"[16]라는 작자의 고백을 통해서도 확인할 수 있다.

2. 現實的 自我와 當爲的 自我 사이의 葛藤

주지하는 바와 같이 儒者는 부단한 수양을 통해 도덕적 자기완성에 도달하고 이에 바탕한 사회적 실천, 즉 정치에 참여하여 왕도정치의 이상을 실현하는 것을 인생의 궁극적 목표로 삼는다. 그러나

16 同上, 卷3, 67쪽, 「愁送臺」.

그것이 儒者의 목표라 하더라도 時勢라는 사회적 여건에 따라 개인적 덕성의 함양과 정치에 참여하여 이상을 실현하는 일은 긴밀하게 연결되지 않을 수 있으며 경우에 따라서는 상호 배치될 수도 있다.

息山의 紀行詩에서 草野의 선비로 살아가는 자신의 처지와 관련된 갈등과 함께 자신의 경륜을 펼칠 수 없게 하는 현실에 대한 비판의식이 발견되는 것은 儒者로서의 當爲的 自我와 現實的 自我와의 괴리에서 비롯된 것이라 할 수 있다.

奧區龜以名　　구석진 곳에서 거북이란 이름으로
經劫藏其六　　오랜 세월 동안 그 몸을 숨겨왔네
聖人方御極　　성인이 이제 왕위에 오르셨고
地又近淸洛　　땅 또한 맑은 洛東江에 가까운데
胡不住呈瑞　　어찌하여 가서 祥瑞를 바치지 않고
空爲幻頑石　　헛되이 무딘 돌이 되었나
欲借眞宰斧　　조물주의 도끼를 빌어
鐫以箕疇目　　箕子의 九疇目을 새기고자 하노라[17]

「遊盤龜」라는 제목의 例詩는 작자가 彦陽의 盤龜臺 일대를 탐방하면서 거북처럼 생겨 '盤龜'라고 불리는 바위에 자신의 뜻을 기탁한 것이다. 例詩의 작중화자는 오랜 세월 동안 깊은 산골짜기에 몸을 숨겨온 거북 형상을 돌을 향해 聖人이 등극했음에도 불구하고 禹임금에게 洛書를 바침으로써 德治의 이상을 실현할 수 있는 大法을

17　同上, 69쪽, 「遊盤龜五首」.

완성케한 洛水의 거북처럼 祥瑞를 드러내지 않음을 꾸짖고, 스스로 天理에 합치하는 統治理念이 함축된 洛書를 돌 거북의 등 위에 새기려고 한다. 작중화자의 이러한 언술에서 우리는 息山이 儒者로서 草野에 은거하는 자신의 처지와 관련하여 갈등하는 상황임을 감지할 수 있다.

앞에서 언급한 바와 같이 息山은 25세 때 科試에 대비하라는 부친의 편지를 받고 「上庭下稟廢擧書」를 올려 부친으로부터 廢擧를 허락받았다. 이 서간에서 息山은 '과거가 立身揚名하고 부모에게 효도하는 길임을 인정하면서도 과장의 질서가 지극히 문란하고 재앙을 당한 뒤 이리저리 떠돌아 다니느라 몸이 약해져서 과거 공부에 열중할 수 없으므로 앞으로는 외부와의 접촉을 끊고 조용히 거처하면서 학문에 열중하겠다.'[18]는 자신의 뜻을 밝히고 있다. 息山이 과거 포기 이유의 하나로 들고 있는 "재앙과 변고의 여파로 이리 저리 떠돌아 다니느라 흔들려 넘어져서 저의 목숨이 실낱 같습니다."[19]에서 말하는 '재앙과 변고'는 바로 당쟁으로 인하여 부친이 유배 당한 사실을 지적한 것으로, 직설적으로 표현하지는 않았으나 이러한 언표 속에는 당쟁으로 험악해진 宦路에 대한 거부감이 내포되어 있는 것으로 생각된다. 말하자면 息山은 관계 진출의 당위성을 인정하면서도 시대 현실이 治世의 경륜을 펴기에는 적합하지 않은 것으로 판단한

---

18 『息山集』, 卷3, 84쪽, 「上庭下稟廢擧書」: 便中下書 有敎習擧子業 夫立身揚名 以顯父母……間閱古人文字 以服膺其敎 而庶幾寡過其身 復何敢望

19 同上: 加以禍變之餘 流離撼頓 殘喘如綫

것이다.

例詩 頷聯의 "聖人方御極"은 1724년에 英祖가 즉위한 사실에 대한 언급인데, 息山은 당쟁으로 점철된 肅宗 · 景宗 시대가 끝나고 영조가 즉위하여 탕평을 표방함으로써 정치 상황의 변화가 예고되자 새롭게 전개될 정치상황에 희망을 가진 듯하다. 이 점은 "성상이 이제 왕위에 오르셨으니, 나라 안이 화합하길 기다리네.[聖上方御極 邦內佇和協]"[20]라는 詩句에서도 확인할 수 있다.

例詩의 서정적 자아가 盤龜에게 呈瑞를 요구한 것은 바로 이러한 얼마간의 낙관적 현실 인식을 바탕으로 오랜 초야 생활을 마감하고 현실에서 경륜을 펼쳐 보고자 하는 작가의 의지를 대변한 것으로 생각된다. 그러나 英祖 즉위 초기의 정치적 상황은 息山의 희망과는 달리 1725년(영조 1년) 己巳處分을 계기로 노론이 득세하여 정국은 또다시 노론 · 소론의 파쟁으로 혼탁해졌[21]으며 이러한 정치적 혼란으로 인하여 남인에 속했던 息山을 비롯한 초야의 선비들이 정치적 경륜을 펼칠 수 있는 여건이 조성되지 않았다. 「牧場」이란 제목의 다음 작품에서 우리는 이러한 당대 현실에 대한 息山의 비판의식을 엿볼 수 있다.

20 『息山別集』, 卷3, 57쪽, 「壽春俯」.

21 정만조, 「英祖代 初半의 政局과 蕩平策의 推進」, 『朝鮮時代 政治史의 再照明』, 汎潮社, 1985, 244~246쪽 참조.

昇平百餘年　　태평세월 백여 년에
蕃殖華林群　　華林의 무리 번식하였네
黃白黑紫赤　　누른색, 흰색, 검은색, 붉은색 말이
着處如雲屯　　구름 같이 떼 지어 모여 있네
自齧枯草根　　스스로 마른 풀뿌리 씹으며
長嘶滄海雲　　푸른 바다 위 구름 보고 길게 우네
絡頭與貫鼻　　말에 굴레 씌우고 소의 코를 꿰니
聖制非强分　　본성을 억제함은 성인의 제도 아니라네
應有千里才　　응당 천리마가 있을 것인데
不遇老岡濆　　불우하게 언덕과 도랑에서 늙어가리[22]

例詩 2句의 '華林'은 중국 고대의 신선 浮丘公이 은거하던 山名이고, 第7句는 『莊子』「秋水」편의 "말에 굴레를 씌우고 소의 코를 꿰는 것을 人爲라고 한다.[落馬首 穿牛鼻 是爲人]"에서 用事한 것으로 타고난 본성을 인위적으로 억압함을 뜻한다.

例詩의 外延的 의미는 '壬·丙兩亂後 100여 년간 전쟁이 없자 전쟁터를 달려야 할 다양한 종류의 많은 말들이 본성대로 살지 못하고 억압당한 채 울분에 차서 자유롭게 떠다니는 구름을 보고 길게 울며 언덕과 도랑에서 늙어간다.'는 것이다. 그러나 유능한 인재가 초야에서 늙어감을 비유한 마지막 聯을 통해 감지할 수 있는 것처럼 例詩는 千里馬처럼 유능한 인재로 하여금 자신의 능력을 발휘할 수 없게 하는 당대의 정치현실에 대한 비판의식을 함축하고 있다. 즉, 첫째 聯의 '昇平百餘年'은 병자호란 이후 거의 백여 년간 지속되어 온

22 『息山別集』, 卷3, 69쪽, 「牧場」.

노론 일파의 벌열 정치에 대한 반어적 표현으로 이해할 수 있으며, '蕃殖華林群'은 벌열 정치의 여파로 많은 선비들이 초야에 묻혀 살아감을 뜻한 것으로 볼 수 있다. 둘째 聯은 草野의 선비들이 지닌 다양한 재능을 형상화한 것이고, 셋째 聯은 유능한 草野의 선비가 갖은 고초를 겪으며 울분에 차 있는 모습을 그린 것으로 이해된다. 특히 이 聯의 '푸른 바다 위 하늘에 자유롭게 떠다니는 구름을 보며 길게 우는 말'은 작가 자신의 현재적 상황에 대응하는 정서적 등가물이라 할 수 있다. 넷째 聯은 강고한 정치적 장벽에 막히어 자신의 經綸을 펼 수 없는 草野의 인재들이 처한 상황과 이러한 상황을 조성한 당대 위정자들에 대한 비판이라 할 수 있는 것이다.

息山이 昭陽亭에 올라 끝없이 펼쳐진 강물을 바라보며 "늙어 감에 心力이 약해지니, 사물을 보면 그윽한 정 일어나네. 탄식하며 舜임금 부르나니, 길이 賡載歌를 부를 수 없도다.[老去心力弱 觸物感幽情 歎息叫虞舜 永言莫可賡]"[23]라고 탄식한 詩句에서도 治世의 經綸을 실현할 수 없는 정치 현실에 대한 작자의 울울한 심회를 엿볼 수 있으며, 「觀海」라는 제목의 다음 작품에서는 비분강개하는 모습이 드러나 있다.

東州地紀窮	동쪽 고을 땅 끝난 곳에
溟海以爲池	검푸른 바다 큰 못을 이루고 있네.
……	

23 同上, 58쪽, 「昭陽亭」.

聖何思浮于	공자는 왜 바다에 뜰 것을 생각하고
狂何欲蹈之	노중련은 왜 동해에 빠지겠다 했던가
歸來復衰季	돌아가도 다시 쇠미한 말세리니
老矣吾何爲	늙은 내가 무엇을 하리오
繁陰作雲雨	짙은 그늘 구름과 비가 되니
曖曃迷東曦	흐릿한 기운 동녘 햇빛 가리네
安得嘘太和	어쩌면 태화의 바람 얻어
拂開扶桑枝	부상의 나뭇가지 떨쳐 열리오[24]

例詩에서 작중화자는 검푸른 동해를 바라보며, 자신의 道를 실현하지 못함을 탄식[25]한 孔子와, 동해에 빠져 죽는 한이 있어도 포악한 秦王이 帝가 되어 천하에 그릇된 정치를 펴게 하지는 않겠[26]다고 한 魯仲連을 상기하며 비분강개한다. 이어서 그는 道가 행해지지 않는 혼란한 시대에 경륜을 펴보지 못한 채 늙어가는 자신의 처지를 성찰하고 임금의 총명을 가리는 조정의 부패한 관료들이 쫓겨나길 바라고 있다. 그러나 보편화된 상징과 수동적인 어조로 이루어진 마지막 두 聯을 통해 알 수 있는 것처럼 이 작품에서 작자가 정치에 직접 참여하여 현실을 개혁하겠다는 강렬한 의지를 드러내고 있지는 않다. '老矣吾何爲'라는 自嘆에서 느낄 수 있듯이 老年의 息山에게 있어서 현실의 벽은 강고한 것이었기 때문이다. 息山이 66세 때 左議政 李

24 同上, 卷4, 72쪽, 「觀海三首」.

25 『論語』, 「公冶長 第五」: 子日 道不幸 乘浮于海 從我者其由與

26 司馬遷, 『史記』, 卷83, 「魯仲連 鄒陽列傳」: 彼秦者 棄禮而上首功之國也 權使其士 虜使其民 彼則肆然而爲帝 過而爲政於天下 則連有蹈東海而死耳 吾不忍爲之民也

台佐(1660~1739)의 천거로 長陵參奉에 제수되었으나 出仕하지 않은 것도 微官末職으로 혼탁한 정계에 나아가서는 자신의 정치적 이상을 실현할 수 없다고 판단했기 때문일 것이다.

息山은 자신의 정치적 경륜을 저술을 통해 구현하고자 하였던 것으로 생각된다. 이 점은『周易』의 大象을 王道政治의 時務策으로 이해하고『易大象便覽』을 저술하여 왕에게 올리려[27]고 한 사실이나, 당대의 관념적이고 내향 편중적인 학풍을 비판적으로 인식하고 日用人事와 관련된 실천적인 학문에 힘써야함을 강조한 점[28] 등을 통하여 짐작할 수 있다.

3. 民族史와 民族文化에 대한 愛情

息山은 民族史와 民族文化에 대하여 대단한 관심과 애정을 지니고 있었다.『지행록』「總敍」에서 息山은 민족사에 있어서 檀君과 箕子의 실재를 인정함으로써 우리나라 역사시대의 上限을 올리고, 衛滿 대신 三韓에 정통성을 부여함으로써 민족 토착세력에 의한 역사의 계승을 강조하였으며, 민족 문화의 특수성을 역설[29]하였다. 息山의 이

27 『易大象便覽』은 식산이 66세 경에 저술한 것으로『周易』大象을 王道政治의 시무책으로 해석하여 왕에게 올리려고 하였음.(권태을,『息山 李萬敷 文學 研究』, 119쪽 참조.)

28 拙稿,「朝鮮後期 近畿實學派의 藝術論 研究」, 고려대학교 대학원 박사학위논문, 1988, 15~16쪽 참조.

29 『息山別集』, 卷4, 98쪽,「總敍」: 自檀君箕子三韓四郡二府及三國之世 百濟并有馬韓弁韓之地 新羅起於辰韓 而并臨屯獩貊 句麗并樂浪玄菟 入於遼東……其聲音言語 人民所喜好 服食嗜慾 與中國異俗

러한 주장은 "우리나라가 비록 外服이라고는 하나 예부터 小中華라는 일컬음이 있었다. 지금은 오랑캐가 중국을 훔쳐 점령하여 天下가 모두 오랑캐의 풍속을 따르는데 오직 우리나라의 列聖들만이 三代의 治法을 서로 이어 왔다."[30]라는 언표가 시사하는 바와 같이 문화적 주체의식에서 비롯된 것이다.

息山의 기행시에서 민족의 역사와 문화 및 先賢들의 고결한 精神이 어려 있는 유적지를 탐방하고 남긴 작품들은 이러한 문화적 주체의식의 정서적 등가물이라 할 수 있다.

❶	迤程陟大墳	굽은 길 따라 큰 언덕에 오르니
❷	俛仰俱寥廓	굽어보고 쳐다보아도 모두 텅 비었네
❸	指點詢古謠	손가락으로 가리키며 옛 이야기 묻는데
❹	波濤一片石	한 조각 바위에 파도가 일렁이네
❺	稱是厥衛停	이곳에 임금님 장례 행렬 머물렀고
❻	隧道開其隙	광중은 바위틈에 있다고 하네
❼	雞林昔多事	옛날 신라에는 일이 많아서
❽	四境兵不息	사방 국경엔 전쟁이 이어졌네
❾	東垠餘一髮	동쪽 끝 저 너머 한 가닥 머리털 같은
❿	漆齒負隣約	왜적들 交隣의 약속 저버렸네
⓫	風棹互出沒	바람타고 노를 저어 매 번 출몰하여
⓬	變詐肆蠆毒	변괴와 속임수로 맹독을 뿌렸네
⓭	生未淸海波	살아서 바닷물결 잠재우지 못하여
⓮	死願衛社稷	죽어서라도 사직을 지키기 원했네

30 『息山別集』, 卷9, 288쪽, 「諭選士文」: 我東雖曰外服 自古有小中華之稱焉 況今胡虜竊據 天下左衽 而惟我 列聖相承 治法三代

⑮ 嗣王來羽益　　뒤이은 왕이 오셔서 우익하여
⑯ 追慕孝思則　　추모하는 효심으로 본받았네
⑰ 靈異會風雲　　신령스럽고 기이하게 풍운을 일으키고
⑱ 鬐鬣凌鯨鰐　　수염과 갈기로 고래와 악어 눌렀네
⑲ 神威掣海門　　신령한 위엄으로 海門을 지키며
⑳ 百萬貔貅敵　　백만의 군대를 대적 하였다네
㉑ 大象取羲文　　주역의 大象에서 문자를 취하여
㉒ 有築嘉名錫　　축대를 쌓고 아름다운 이름 붙였네
㉓ 英坯千百載　　아름다운 언덕은 오랜 세월 전하나
㉔ 峻宇煙埽跡　　높다란 집은 연기처럼 사라졌네
㉕ 恍惚不可詰　　흐릿한 옛 일 따질 수 없어
㉖ 徘徊重自惑　　배회하니 다시 스스로 미혹되네
㉗ 恭聞古哲王　　공손히 듣건데 옛 聖王들은
㉘ 柔遠惟其德　　오직 德으로 먼 곳 사람 안정시켰다네[31]

"신라사에 의하면 文武王은 일본이 자주 來侵하는 것을 근심하여 죽을 때 遺命으로 동해의 바위 위에 장사지내라고 하였다. 신문왕이 그 명을 따르고, 부왕을 추모하기 위해 쌓은 축대에서 바라보니 바다에서 龍이 나타났기 때문에 利見臺라고 命名하였다."[32]라는 附序가 있는 위의 작품은 내용상 세 단락으로 나눌 수 있다. 첫째 단락은 제 1~4句로 이견대에서 조망한 大王岩의 정경을 그린 것이고, 제 5~20句는 작자가 聽聞한 대왕암에 얽힌 설화를 敍事的 형태로

31 『息山別集』, 卷4, 72쪽, 「利見臺」.

32 同上 : 新羅史文武王患日本數來侵 將薨 遺命葬東海石上 神文王從之 追慕築臺望之 有龍見于海中 仍名曰利見臺

노래한 것이며, 제21~28句는 이 설화에 대한 작가의 견해를 밝힌 것이다.

例詩에서 주목되는 것은 息山 스스로가 文武王이 죽어 海龍이 되었다는 설화를 믿지 않았음[33]에도 불구하고, 둘째 단락의 서정적 자아는 설화의 내용을 감격에 찬 어조로 노래하고 있다는 점이다. 이는 작자가 객관적 진실성과 상관없이 이 설화가 지니는 설화적 진실성, 즉 죽어서도 국가를 호위하려 하였던 문무왕의 간절한 우국충정에 깊이 감동하였기 때문이다.

儒家의 倫理觀으로 볼 때 父王의 시신을 화장하고 그 유골을 水葬한다는 것은 엄청난 패륜[34]임에도 불구하고 例詩 제15~16句에 드러나는 바와 같이 작자가 문무왕의 유명을 따른 신문왕의 행위를 찬양한 것은 父王의 거룩한 우국충정을 받드는 것이 진정한 孝의 실현이라는 의식이 저변에 흐르고 있는 것이다. 例詩의 마지막 聯에서 '옛 哲王은 먼 지방의 오랑캐를 오직 덕으로 다스렸다.'고 언표함으로써 신이한 힘을 빌어 국가를 호위하려 하였던 문무왕의 태도를 은근히 비판하고 있으나 작자가 문무왕의 우국충정 그 자체를 폄하한 것은 아니다.

---

33 同上, 74쪽 : 上利見臺 望文武王葬處 其爲龍之說 亦謠俗所傳 凡龍是水中物 海中龍見 不是異事 何以必知王靈之化龍乎

34 실제 陽村 權近은「東國史略論」文武王二十年條에서 문무왕의 시신을 화장하여 그 유골을 水葬한 사실을 맹렬히 비난한 바 있다.(權近, 『陽村集』, 卷)34, 「東國史略論」, 『韓國文集叢刊』, 민족문화추진회, 303쪽 : 今文武王遺命火葬 一時臣子從其亂命 而不知其爲非 至於孝成宣德 旣燒其柩 又散骨東海 邪說之感人 可勝痛哉)

이와 같이 息山은 民族史上 '제왕의 우국 충정'이란 숭고한 이념 구현의 정채로운 표상으로 남아 있는 역사 유적에 관심을 기울이는 한편 조상들의 예지와 미의식이 구현된 문화유산에 대해서도 주목하였다.

吐嶽連月峽	토함산은 함월산과 이어졌는데
道場千年闢	천년 동안 도량이 열려 있구나
青雲白雲橋	청운교 백운교는
雙虹起邃壑	깊은 골짜기에 걸린 쌍무지개인 듯
駕噓十二樓	허공에 걸린 열두 누각은
爭挐矯鳳翼	나는 봉의 날개 다투어 잡으려는 듯
礱玉更標直	옥을 갈아 다시 곧은 華標柱 세웠는데
蛟螭拱欄轆	교룡은 난간을 받들고 있네
鐫鑿參造化	조각한 솜씨 조화에 참여하니
工倕應歎息	공수도 응당 탄식하리라
異哉雞林國	기이하도다 계림국은
佞佛浚民澤	백성에게 내릴 은택으로 부처에게 아첨했네
西歸爲遆程	서쪽으로 돌아가는 먼 여정에
訪古撫遺跡	고도를 찾아 유적을 어루만지네[35]

息山은 佛敎의 교리에 대하여 "佛氏는 楊 · 墨을 합치고 老子의 無를 宗旨로 삼아 莊子의 허탄함에 참여하였으니 어찌 이단 가운데 더욱 두려운 것이 아니겠는가?"[36]라고 비판하였으며, 例詩 제11~12句

35 『息山別集』, 卷4, 73쪽, 「佛國寺」.

36 『息山文集』, 卷5, 129쪽, 「答白鵝丈 別紙」: 佛氏其出家時 自絕君父……合楊墨而宗

에 표명된 바와 같이 佛事에 국가재정을 소모하는 행위를 온당치 않게 인식하였다. 그러나 佛國寺의 青雲橋, 白雲橋를 위시한 石造物과 누각의 아름다움을 극찬한 例詩 3~10句를 통하여 엿볼 수 있는 것처럼 불교문화 유적에 대해서는 자신의 종교적 신념과는 분리하여 그 가치를 인정하는 입장을 드러내고 있다. 즉, 息山은 불교의 교리를 부정하고 그 폐단을 지적하면서도 유적 그 자체는 조상의 탁월한 美感과 예지가 어린 민족 문화 유산으로 인식하는 전진적 문화의식을 보여주고 있는 것이다. 이 점은 속리산 법주사의 웅장한 건물들이 지방관의 가렴주구로 인하여 폐허가 되어가는 것을 안타깝게 여긴 사실[37]에서도 확인할 수 있다. 이 밖에도 息山은 유형 무형의 민족 문화 유산에 대하여 깊은 관심을 보이고 있는 바 萬波息笛과 신라시대의 玉笛이 관리 소홀로 없어져 버린 사실과, 玉寶高가 작곡한 琴樂三十曲이 한 곡도 전해지지 않음을 개탄한 사실[38] 등에서도 민족 문화 유산에 대한 그의 애정을 엿볼 수 있다.

한편 息山은 여행 중 해당 지역에 남아 있는 선현의 유적지를 탐방하고 선현의 행적과 선현이 남긴 교훈을 상고하며 추모의 정회를 토로하고 현실을 성찰하는 내용의 시편[39]들을 남기고 있다.

於老氏之無 參於莊氏之誕 豈非異端之尤可畏者耶

37 『息山別集』, 卷4, 79쪽, 「俗離山記」: 過二重門 又有門曰鐵柱 門內當中五層閣……釋子散去 庭茂草廚冷灰 獸蹄鳥跡 交於堂 蓋不堪汚吏債帥所侵漁也

38 同上, 75~76쪽, 「東都雜錄」: 萬波息笛 歷世所寶云 而事出常理 惟玉笛 國初時猶存 前人多歌詠之……然則玉寶高實我東琴樂之祖也 今三十曲不傳其一 豈不歎哉

39 예를 들면, 『息山別集』, 卷2의 「學士臺(崔致遠)」, 「陶山書院 三首」, 「退溪(李滉)」, 卷3의 「自德川轉上矗石樓 二首」, 「論介」, 卷4의 「玉山(李彦迪)」, 「青巖亭(權橃)」 등이 있음.

昔時大隱屛	옛날 큰 학자 숨어살던 곳에서
亦修俎豆事	지금도 향사를 모시고 있네
海東餘千載	천년 뒤까지도 해동 땅에서
復見恢大義	큰 뜻 넓혀 감을 다시 보리라
直恐賁文盡	다만 두려운 건 아름다운 문채 사라져
闡實反不類	실상을 드러낸다는 것이 도리어 어긋날까 함이네
勉勉駿奔子	힘써 달려가는 자들이여
莫自渝其志	스스로 그 뜻 바꾸지 마시오[40]

例詩는 작자가 53세 때인 1716년에 陶山書院을 방문하여 尙德祠에 謁廟하고 남긴 세 수의 연작시 가운데 두 번째 작품이다. 이 작품의 전반부에서 작자는 오랜 세월 뒤까지 우리 민족의 길잡이가 될 퇴계 선생의 위대한 가르침을 기리고, 후반부에서는 선생의 학문세계를 올바로 계승하여야 함을 강조하고 있다. 例詩의 頸聯은 후진들이 先賢의 심오한 학문을 온전히 이해하지 못한 채 섣불리 그 의미를 闡揚하려고 하기 때문에 先賢의 참뜻을 왜곡시킬 수 있음을 경계한 것이다. 작품「退溪」에서도 息山은 "어찌 성대한 집 지어, 흙벽을 칠하고 화려한 편액 걸었나. 자세히 생각해보니 본말이 바뀌어서, 말 멈추고 우두커니 서 있네.[云何壯結搆 塗墍耀華扁 細推本末變 歇馬且佇延]"[41]라고 하여 퇴계학의 精髓를 闡揚하고 이를 계승하는 일에 전심하지 않고 유적지의 외관을 화려하게 장식함으로써 본

40 『息山別集』, 卷2, 42쪽,「陶山書院 三首」.

41 同上,「退溪」.

말을 전도시켜 버리는 후진들의 행태를 비판하고 있다. 息山이 67세 때 慶尙監司였던 趙顯命(1690~1752)에게 보낸 서간에서 先賢의 遺風을 진작하고 講學에 열중하는 場이어야 할 書院이 당쟁의 본거지가 되고, 私欲을 채우는 수단으로 악용되는 현실을 개탄한 사실[42]을 통해서 우리는 서원 설립의 취지를 망각함으로써 야기된 폐단의 심각성을 확인할 수 있다.

先賢의 유적지를 탐방하고 남긴 息山의 詩에 드러나는 이와 같은 작가의식은 후인들이 先賢의 고결한 삶의 자세와 선현이 남긴 저술의 참뜻을 본받고 궁구하는 본질적인 측면에 전심하여야 선현의 유지를 온전히 계승하여 후대인에게 바람직한 삶의 지표를 제공할 수 있다는 자각에서 비롯된 것이다.

Ⅳ. 結

이상에서 필자는 조선후기의 재야 학자인 息山 李萬敷의 저서『地行錄』에 수록된 紀行詩를 검토하였다. 지금까지 논의한 내용을 요약 정리하는 것으로 결론을 삼으려 한다.

Ⅱ章에서는 息山이 우리 국토 거의 전역을 기행하게 된 배경을 살

42 『息山別集』, 卷4, 192쪽,「與趙時晦」: 究厥本意 其於國家化民成俗之道 豈少補哉 只緣世遠敎弛 風俗敗壞 目今書院并土田 聚民丁于一處 大則爲黨論爭奪之場 小則作閒談討食之所

펴보았는데, 작자가 15세 때부터 부친의 配所를 따라 국토의 西北地方을 流歷하면서 국토 산하에 관심을 지니게 되었으며, 50대 이후 가정적 불행과 부조리한 사회 현실로 인한 고뇌를 해소하기 위해 名勝을 찾아 遠遊에 나선 것으로 밝혀졌다.

Ⅲ장에서 紀行詩에 나타난 작가의식을 검토한 결과 첫째, 식산은 자연을 세속과 단절된 청정한 공간으로 인식하고 자연에의 합일을 희구하였으나 자연과의 완전한 합일에는 도달하지 못하였다. 둘째, 息山은 儒者로서 無位의 士로 살아가는 자신의 처지를 성찰하고 현실 참여 문제와 관련하여 고뇌하였으며, 유능한 인재를 등용하지 않는 당대의 정치현실을 비판적으로 인식하였다. 셋째, 息山은 민족의 역사와 문화에 대하여 깊은 애정을 지니고 있었으며, 역사적 · 문화적 가치와 이념적 가치를 분리하여 인식하는 전진적 역사 내지 문화의식을 지니고 있었음이 밝혀졌다.

본고에서는 이와 같은 息山의 작가의식이 내포하고 있는 역사적, 문학사적 의미에 관한 논의가 거의 이루어지지 않았다. 이러한 측면에 대한 논의는 息山의 사상과 문학 전반에 대한 충분한 연구가 이루어진 후에야 가능하리라 생각된다.

•『한문교육연구』, 제12권, 한국한문교육학회, 1998. 313~331쪽.

Ⅸ.

『精言妙選』의 문헌적 검토

Ⅸ. 『精言妙選』의 문헌적 검토

Ⅰ. 序

이 논문은 栗谷 李珥(1536~1584)가 漢에서 宋에 이르는 중국 역대 시인의 漢詩를 品格別로 選集하여 편찬한 『精言妙選』의 書誌的 사항과 출간 경위 등을 집중적으로 검토하기 위하여 집필된 것이다.

『精言妙選』은 현재까지 完帙이 발견되지 않았음에도 불구하고 70년대 이래 몇몇 학자들에 의해 다양한 시각에서의 연구[1]가 진행되어

1 『精言妙選』을 論題 혹은 논문의 항목으로 수용하여 논의한 논문을 주된 논의 내용에 따라 나누면 대체로 다음과 같다.
① 栗谷의 美意識, 文學論, 風格論을 검토한 논고
임형택, 「16세기 士林派의 文學意識」, 『韓國學論集』, 제3집, 계명대학교 한국학연구소, 1975.
김풍기, 「栗谷 李珥의 文學論 硏究」, 고려대학교 대학원 석사학위논문, 1988.
이연세, 「栗谷의 風格論에 대한 硏究」, 『고전비평연구 2』, 태학사, 1998.
② 『精言妙選』에 나타난 栗谷의 詩觀을 바탕으로 「高山九曲歌」를 분석한 논고
이민홍, 「高山九曲歌考」, 『成大文學』, 제18집, 1973.
최진원, 「高山九曲歌와 淡泊」, 『韓國古典詩歌의 形象性』, 성균관대학교출판부, 1988.

왔다. 이는 이 책의 편찬자인 栗谷이 한국 사상사와 문학사에서 차지하는 비중이 지대할 뿐만 아니라 栗谷 自撰인 「精言妙選序」와 品格別로 분류된 『精言妙選』 各集의 敍 및 選集된 詩를 분석함으로써 栗谷의 審美意識을 파악할 수 있으며, 이를 통해 16세기 사림파 문인들이 견지하였던 문예의식의 중요한 한 국면을 성찰할 수 있으리라는 기대 때문일 것이다. 그러나 『栗谷全書』에 실려 있는 「精言妙選序」와 「總敍」 외에 이 책의 내용이 알려진 것은 최근의 일이고, 그것도 全 8卷 가운데 1, 3, 5卷만이 남아 있는 木版本 2種과 1~5卷이 수록된 필사본 1種[2]만이 발견되었을 뿐이다. 필자가 『精言妙選』에 관심을 가지게 된 것은 지금까지 알려진 1~5卷 외에 6~7卷과 출간 경위를 추측할 수 있는 기록이 附記된 筆寫本 1冊[3] 및 이 책의 書誌를 밝히는데 중요한 자료가 되는 木版本 1冊[4]을 열람할 수 있었기 때문이다.

김병국, 「高山九曲歌研究」, 성균관대학교 대학원 박사학위논문, 1991.
③ 『精言妙選』의 文獻的 사항을 검토한 논고
김병국, 「『精言妙選』의 文獻的 檢討와 栗谷의 詩觀」, 『書誌學報』, 한국서지학회, 1995.
______, 「『精言妙選』智字集의 品格名考」, 『基谷 姜信沆 博士 定年紀念論叢』, 태학사, 1995.

2 지금까지 학계에 알려진 『精言妙選』 木版本은 서울대학교 규장각 一蓑文庫本(存卷 1, 3, 5)와 연세대학교 도서관본(存卷 1, 3, 5)이며, 필사본은 연세대학교 도서관본(存卷 1, 2, 3, 4, 5)임.

3 필자 소장본으로 存卷은 1, 2, 3, 4, 5, 6, 7이다. 이 책의 書誌에 대해서는 Ⅲ章에서 詳論할 것임.

4 대구 개인 소장본으로 存卷은 1, 3, 5임. 소장자의 堂號가 樂窩임으로 樂窩本이라 命名함.

본고에서는 먼저 『精言妙選』의 편찬 동기와 체제에 대하여 논의하고, 이미 알려진 3種과 새로 발견된 2種의 書誌的 事項을 검토한 다음, 이를 바탕으로 이 책의 간행 경위를 추론하려 한다. 이러한 작업은 『精言妙選』에 제시된 각 품격의 개념과 栗谷의 審美意識을 온전히 구명하기 위한 선행 연구로서의 의미를 지닐 것이다.

Ⅱ. 편찬 동기와 體裁

『精言妙選』은 栗谷이 여러 해 동안의 작업을 거쳐 38세 때인 1573년에 편찬한 책[5]이다. 걸출한 성리학자였던 栗谷이 학문이 성숙단계에 접어드는 30代에 일견 성리학자의 주된 관심사와는 일정한 거리가 있는 것으로 생각되는 詩選集 편찬을 시도한 것은 心性 陶冶에 도움을 준다는 詩의 效用에 대한 성리학자로서의 긍정적 인식 때문만은 아니었을 것이며, 무언가 특별한 계기가 있었기 때문일 것이다.

> 사람의 소리 가운데 精한 것이 말이 되며, 詩는 말 가운데 더욱 精한 것이다. 詩는 性情에 바탕을 두니 속이고 꾸며서 이루어지는 것은 아니며, 소리의 높고 낮음은 자연에서 나오는 것이다. 『詩經』에 실린

5 「精言妙選序」의 末尾에 "萬曆 癸酉夏 栗谷病夫書"라는 편찬 年紀가 기록되어 있는데 萬曆 癸酉는 宣祖 6년(1573)임.

시는 仁情을 곡진하게 표현하고 사물의 이치에 두루 통하였으며, 부드럽고 순하며 정성스러워서 반드시 바른 데로 돌아가게 하니 이것이 詩의 本源이다. 세대가 점차 내려오면서 風氣가 점점 흐려져 그것이 詩로 표현된 것도 모두 性情의 바름에 바탕을 두지는 못하였으니, 혹 화려하게 꾸며 사람의 눈을 즐겁게 하는 데 힘쓴 것도 많다. 나는 몇 해 동안 병을 앓아 한가롭게 혼자 지내며 신음하는 틈에, 때때로 옛 시를 열람하여 여러 가지 詩體를 갖추어 모았으니, 詩의 근원이 오랜 세월 동안 막히어 末流에 와서는 갈래가 많아져서 배우는 자가 눈을 부릅뜨고 보아도 현혹되고 어지러워 그 길을 찾지 못함을 염려해서이다. 이에 감히 가장 精하면서도 法으로 삼을 만한 것을 가려 뽑아 여덟 편을 만들고 圈點을 찍어 '精言妙選'이라고 이름 부쳤으니, 沖淡한 것으로 머리를 삼은 것은 그렇게 하여 源流의 所從來를 알게 한 것이다. 차례로 점차 내려와 美麗에 이르면 詩의 조리가 거의 참모습을 잃은 데에 가깝다. 이에 道를 밝힌 시로 끝을 맺어 속이고 꾸밈에 흐르지 않게 하였으니 버리고 선택한 사이에 나의 의도가 개입되어 있다. 詩는 비록 학자의 능사는 아니지만 詩로써 性情을 吟詠하여 청명하고 화창함을 펼쳐내어서 가슴 속의 찌꺼기와 더러움을 씻어낸 즉 또한 存養省察에 한 가지 도움은 되는 것이니, 어찌 시가 아름답게 꾸며 情志를 바꾸고 마음을 방탕하게 하기 위하여 마련된 것이겠는가? 이 選集을 보는 자는 그 생각이 여기에 있어야 할 것이다.[6]

6 李珥,『精言妙選』,「精言妙選序」: 人聲之精者爲言 詩之於言 又其精者也 詩本情性 非矯僞而成 聲音高下 出於自然 三百篇 曲盡人情 旁通物理 優柔忠厚 要歸於正 此詩之本源也 世代漸降 風氣漸淆 其發爲詩者 未能悉本於性情之正 或假文飾 務說人目者多矣 余數年抱病 閑居處獨 殿屎之隙 時搜古詩 備得衆體 患詩源久塞 末流多岐 學者睢盱眩亂 莫尋其路 乃敢採其最精而可法者 集爲八篇 加以圈點 名曰精言妙選 以沖淡者爲首 使知源流之所自 以次漸降 至於美麗 則詩之路脈 殆近於失眞矣 乃以明道韻語終焉 俾不流於矯僞 去取之間 有意存焉 詩雖非學者能事 亦所以吟詠性情 宣暢淸和 以滌胸中之滓穢 則亦存省之一助 豈爲雕繪繡藻 移情蕩心而設哉 覽此集者 其念在玆

윗글의 첫머리에서 栗谷은 詩가 人間의 意慮를 표출하는 언어의 精粹임을 전제하고, 末尾에서는 性情을 吟詠하여 가슴속의 人欲을 씻어 내어서 存養省察에 도움이 되는 것이어야 함을 강조하고 있다. 詩의 본질과 효용에 대한 이러한 栗谷의 주장은 心性 陶冶를 학문의 목표로 삼았던 士林派 文人들의 보편적 문예의식이기도 하며, 인간과 문학의 관계를 존재론적으로 보다 심화된 차원에서 연계시키고 있다는 점에서 문학의 존재 의의에 대한 적극적 인식이라고 할 만하다.

栗谷이 詩選集 序文에서 원론적 차원의 詩觀을 피력하고 "三百篇 曲盡人情 旁通物理 優柔忠厚 要歸於正"이라고 하여 『詩經』의 의의를 환기한 것은 "後代의 詩들이 화려하게 꾸며 사람의 눈을 즐겁게 하는 데 힘쓴 것이 많다."라는 언급에서 짐작할 수 있듯이 後代의 詩에 대한 부정적 인식 때문이다. 윗글에서는 詩의 正道에서 벗어난 詩風을 구체적으로 지목하지 않았으나 栗谷의 이러한 주장은 16세기 전후 조선시단의 상황과 무관하지 않을 것이며, 『精言妙選』을 편찬한 동기도 이와 긴밀한 관련이 있는 것으로 생각된다.

韓國 漢詩史上 이 시기에 활동한 대표적 시인인 朴祥(1475~1530), 李荇(1478~1534), 朴誾(1479~1504), 鄭士龍(1492~1570), 노수신(1515~1590), 黃廷彧(1532~1607) 등은 모두 宋의 黃庭堅, 陳師道 등으로 대표되는 江西詩派의 詩風을 적극 수용하여 海東江西詩派로 지목[7] 되어 왔다. 주지하는 바와 같이 강서시파는 시를 창

7 이종묵, 『海東江西詩派 研究』, 태학사, 1995, 23~25쪽 참조. 이 논문에서 이종묵 교수는 위의 6名을 대표적인 海東江西詩派로 규정하였음.

작함에 있어 字·句의 단련이 우선되어야 한다는 시론을 견지하면서 진지한 자세로 詩作에 임하여 개성적인 詩境을 전개하였으며, 그 詩風은 黃庭堅이래 200여 년간 宋代의 詩壇을 풍미하였다. 그러나 이들이 好尙한 作詩法은 拗體를 배워 생경한 율격을 구사하고 僻字를 즐겨 쓰고, 用事도 궁한 것을 활용함[8]으로써 新奇함을 추구하는 것이었다. 이 詩派의 창시자인 黃庭堅의 詩風에 대하여 후대의 비평가가 "蘇軾의 시는 타고난 재주가 高妙하며, 황정견의 詩는 힘써 배워 정교하고 엄격하다. 소식의 律格은 너그러우면서 활발하고, 황정견의 율격은 까다로우면서 切實하다."[9]라고 評한 사실에서도 확인할 수 있듯이 江西詩派의 作詩法은 각고의 단련과 조탁을 근간으로 하는 것이었다. 明의 李東陽이 이 詩派의 시풍에 대하여 "天眞을 잃은 捕風捉月의 시풍"이라고 혹평[10]한 것은 江西詩派에 속하는 詩人들이 作詩 過程에서 기교적 측면을 지나치게 중시함으로써 자연스러움과 진솔함을 상실하였기 때문일 것이다. 海東江西詩派에 속하는 시인들 또한 雄壯과 奇跌의 美를 숭상[11]하여 拗體와 까다로운 韻字를 즐겨 써서 新奇하고 生硬한 律格을 형성하였으며, 이러한 시풍은 詩를 性情의 자연스러운 표출로 인식한 士林派 文人들에 의해 비판된다.

---

8 同上, 35쪽 참조.

9 方回, 『瀛奎律髓』: 坡詩天才高妙 谷詩學力精嚴 坡律寬而活 谷律刻而切(葉慶炳, 『中國文學史』, 臺比 : 弘道文化事業有限公司, 中華民國 67年, 392쪽에서 再引)

10 민병수, 『韓國漢詩史』, 태학사, 1996, 232쪽 참조.

11 이종묵 교수는 海東江西詩派의 공통적 풍격으로 "雄壯"과 "奇跌"을 들고 있다.(앞의 책, 37쪽 참조.)

16세기 초를 대표할 만한 사림파 문인인 金淨(1486~1520)은 「顔樂堂詩集跋」에서 江西詩派의 詩風에 대하여 詩의 본원을 변질시킨 것으로 파악하고, 이를 추종한 해동강서시파의 시풍은 거듭거듭 변질시킨 것[12]이라고 신랄하게 비판하였다. 후대의 申欽(1566~1628) 또한 『淸窓軟談』에서 "朴祥, 鄭士龍, 盧守愼, 黃廷彧, 崔岦은 험벽하고 진귀하며, 기이하고 건장한 것을 능사로 삼았으나 진정한 깨달음을 얻은 자는 오히려 많지 않다. 朴淳이 근래에 唐詩를 대강 섭렵하여 詩를 지었는데 매우 淸楚하다"[13]라고 하여 해동강서시파의 시풍을 부정적으로 인식하였다. 16세기 후반에 이르러 朴淳(1523~1589)을 위시하여 李達, 崔慶昌(1539~1583), 白光勳(1537~1582) 등이 情感과 興趣 위주의 당시풍에 경도된 것은 100여 년 이상 조선 시단을 풍미한 江西詩風의 지나친 형식주의에 대한 회의에서 비롯된 것으로 판단된다.

현존하는 『精言妙選』 1~7卷에 江西詩派의 창시자인 黃庭堅의 作品과 황정견의 詩論을 충실히 계승함으로써 江西詩派의 핵심적 인물로 손꼽히는 陳師道[14]의 작품이 一首도 選集되어 있지 않다는 사

12 金淨, 『冲庵集』, 卷4, 「顔樂堂詩集跋」 : 自宋黃巢以來 始竝與其所變性情者而遺之 一歸之於寸學文字以爲之 得一字以爲巧 使一事以爲能 直欲躙躒古人 學之者尤乖僻凡鄙 此變中之變 而東方又變變之變 學者率不求之於性情之本 而反尋之於文字之上(『韓國文集叢刊』 23, 민족문화추진회, 183~184쪽)

13 申欽, 『象村集』, 卷52, 「淸窓軟談 下」 : 如訥齋朴祥 湖陰鄭士龍, 蘇齋盧守愼, 芝川黃廷彧, 簡易崔岦 以險瑰奇健爲之能 至於得正覺者 猶不多 思庵朴公淳 近來稍涉唐派 爲詩甚淸楚

14 葉慶炳, 앞의 책, 396쪽 : 黃庭堅專作詩論詩 學者多宗之 在當時已隱然成一宗派 陳師道初從曾鞏學文 中年入蘇軾之門 得列爲六君子之一 及見庭堅詩 遂傾心焉

실은 栗谷이 이 시파의 시풍에 대하여 호감을 가지지 않았음을 반증한다. 性情之正에서 나온 情志가 꾸밈없이 자연스럽게 표출된 것을 이상적인 詩로 파악하고, 精深한 시의와 성률의 조화로움은 모두 자연에서 나온다고 주장하면서 시상을 억지로 짜내거나 자구를 조탁하는 행위를 부정적으로 인식[15]하였던 栗谷의 시각에서 볼 때 치밀한 語句彫琢을 요구하는 江西詩風은 시의 本領으로부터 크게 벗어난 것으로 보일 수밖에 없었을 것이며, 이 시풍이 요구하는 詩作技巧 수련을 위해서는 학자들이 많은 시간과 정력을 소비해야 한다는 점 또한 심각히 우려되는 일이었을 것이다. 栗谷이 歷代 中國詩를 品格別로 選集하여 『精言妙選』을 편찬한 것은 이상에서 검토한 바와 같이 詩가 心性 陶冶에 도움이 될 수 있다는 詩의 효용에 대한 성리학자로서의 긍정적 인식과 아울러 16세기 전후 江西詩風이 크게 유행함으로써 야기된 폐단에 대한 심각한 우려 때문이었던 것으로 생각된다.

『精言妙選』은 편찬자가 自序에서 밝히고 있듯이 8篇 즉, ①元字集 : 沖淡蕭散 ②亨字集 : 閑美淸適 ③利字集 : 淸新灑落 ④貞字集 : 用意精深 ⑤仁字集 : 情深意遠 ⑥義字集 : 格詞淸健 ⑦禮字集 : 精工妙麗 ⑧智字集 : 明道韻語(?)로 이루어져 있었던 것으로 생각되나 智字集은 選集된 詩가 발견되지 않았다. 각 集의 첫머리에는 選集된 詩의 품격과 해당 품격의 美的 特徵, 選詩 基準 및 작품이 독자에

15 李珥, 『栗谷全書』, 拾遺 卷3, 「與宋頤菴」 : 旨趣之精 聲律之協 咸出於自然耳 何嘗若後人之牽强作意 雕杇鏤冰者之所爲哉(『韓國文集叢刊』 45, 민족문화추진회, 506쪽)

게 끼치는 情緒的 효과 등을 진술한 敍가 실려 있으며, 이어 각 품격에 해당하는 작품이 五言古詩, 七言古詩, 五言律詩, 七言律詩, 五言絕句, 七言絕句의 순으로 수록되어 있고, 각 詩體는 창작 시기 순으로 작품이 배열되어 있다. 앞에서 인용한 「精言妙選序」의 "以沖淡者爲首 使知源流之所自 以次漸降 至於美麗 則詩之路脈 殆近於失眞矣 乃以明道韻語終焉"이라는 체제와 관련된 언급으로 미루어 편찬자는 元字集에서 禮字集까지 7篇은 品格에 따라 選集하고, 智字集의 경우 詩의 내용을 기준으로 '明道韻語' 즉, 道를 밝히는 내용으로 이루어진 詩[16]를 選集한 것으로 생각된다.

各集의 敍에 제시된 品格語는 選集된 詩의 美的 特質, 즉 순수 풍격만 제시한 ① ② ③과 특정 美感을 형성케한 作法上의 특징 혹은 작품의 내용까지를 함축하고 있는 ④ ⑤ ⑥ ⑦을 나눌 수 있는데, 이는 각기 性情이 꾸밈없이 자연스럽게 표출됨으로써 형성된 품격과, 창작과정에 작위가 개입됨으로써 형성된 품격임을 감지할 수 있다. 따라서 前者와 後者에 分屬된 작품의 美的 特質이, 함유한 價値의

16 「精言妙選序」의 "乃以明道韻語終焉"이란 栗谷의 언급에 대하여 임형택 교수와 김풍기 씨는 전게 논문에서 "明道韻語"를 智字集의 표제어로 간주하였으며, 이종술 씨는 이 문장을 國譯하면서 "明道(程顥의 號)의 韻語(운자를 단 문장 따위)"로 보았고(『國譯栗谷全書』Ⅲ, 정신문화연구원, 1987, 269쪽), 김병국 교수는 "詩의 本源에 이르는 길을 밝혀주는 詩"란 의미로 이해하고, "乃以明道韻語終焉"을 『精言妙選』 전체 내용에 대한 언급으로 보고 있다. 또 김 교수는 「精言妙選序」의 "以次漸降 至於美麗 則詩之路脈 殆近於失眞矣"란 내용을 근거로 '美麗'가 智字集의 品格名 가운데 일부일 것으로 추정하고 있다(김병국, 「『精言妙選』 智字集의 品格名考」). 그러나 美麗는 妙麗와 동의어로 禮字集의 표제어인 "精工妙麗"를 지칭하는 것으로 봄이 온당할 것으로 생각된다.

優劣에 대한 편찬자의 관점은 敍에 제시된 品格語 속에 드러나 있다고 볼 수 있는 것이다. 이 점은 '沖淡으로부터 점차 내려와 美麗(=妙麗)에 이른 즉 詩의 조리가 거의 참됨을 잃은 것에 가깝다'라는 편찬자의 언급을 통해서도 확인할 수 있다. 각 集의 品格語나 敍의 내용만으로는 판단하기 어려우나 前者와 後者 내의 배열 순서 또한 해당 품격에 대한 栗谷의 선호도 내지 가치관이 반영된 것으로 생각되나, 이 점은 各 集에 選集된 작품에 대한 면밀한 분석이 이루어져야 분명히 밝혀질 것이다.

Ⅲ. 現存本의 書誌

필자가 열람한 『精言妙選』은 木版本 3種과 筆寫本 2種이다. 木版本은 서울대학교 奎章閣 一蓑文庫本과 延世大學校 圖書館本 및 본고에서 처음 소개하는 대구 개인 소장의 樂窩本이고, 筆寫本은 연세대학교 도서관본과 필자 소장의 同春堂本이다. 논의의 편의를 위하여 각 本의 명칭을 다음과 같이 정한다.

서울대학교 규장각 일사문고본 → 一蓑文庫本
연세대학교 도서관본(木版本) → 延大木版本
대구 개인 소장본 → 樂窩本
연세대학교 도서관본(필사본) → 延大筆寫本
필자 소장본 → 同春堂本

1. 筆寫本

(1) 同春堂本

書誌要約 : 筆寫本(年紀未詳), 8卷中 存 7卷 1冊, 32.5×21.2㎝, 線裝本, 四周單邊, 半葉匡郭, 26.6×17.6㎝, 烏絲欄 9行 20字, 註雙行, 無魚尾, ※序 : 木版本

이 책을 '同春堂本'이라고 命名한 것은 序文 첫장 前面 우측 하단에 가로 세로 4.5㎝ 크기의 '同春翁'이란 朱印이 있고, 필사 대본에 대하여 기록한 표지 안쪽 면의 草書와 楷書로 쓴 본문의 필치로 미루어 同春堂 宋浚吉(1606~1672)의 親筆 寫本임이 거의 확실하기 때문이다.

이 책의 표지 겉면에는 '精言妙選'이란 冊名과 책명 아래 '合'이라는 冊數 표시가 있으며, 안면에는 筆寫 臺本과 관련된 범례가 다음과 같이 기록되어 있다.

> 精言妙選 序則栗谷自筆 元字集 利字集 仁字集 此三篇 以印本謄書 而間多脫漏 亨字集 貞字集 義字集 禮字集 此四篇 以寫本謄書 而脫漏尤多 智字集 元不得見(『精言妙選』: 序는 栗谷의 자필이다. 元字集, 利字集, 仁字集 이 3편은 인쇄된 책을 보고 필사하였는데 중간에 빠진 것이 많다. 亨字集, 貞字集, 義字集, 禮字集 이 4편은 필사본을 보고 필사하였는데 빠진 것이 더욱 많다. 智字集은 원래부터 볼 수 없었다.[17])

---

17 序卽栗谷自筆 元字集 利字集 仁字集 此三篇 以印本謄書 而間多脫漏 亨字集 貞字集 義字集 禮字集 此四篇 以寫本謄書 而脫漏尤多 智字集 元不得見

위의 기록으로 미루어 同春堂 當時에도 木版本『精言妙選』은 元, 亨, 利字集이 한 冊으로 편철되어 있었으며, 온전한 필사본 또한 구하기 어려웠음을 알 수 있다. 이 책의 序는 栗谷의 친필을 판각한 木版本의「精言妙選序」를 잘라서 백지에 붙인 것이다. 이 책은 元字集, 利字集, 仁字集의 경우 木版本에 편철되어 있는 61판에 대해서는 張次 표시가 되어 있으나 다른 자료에서 보충한 것으로 보이는 나머지 부분에는 장차 표시가 없으며, 亨 · 貞 · 義 · 禮字集은 첫 장부터 張次가 표시되어 있지 않다. 筆寫者는 필사 대본의 脫漏 부분을 백지로 남겨 두어 자료를 찾으면 써넣을 수 있도록 대비하였다. 백지로 남아있는 부분은 元字集의 16張 前面~17張 後面과, 貞字集의 9張 後面~10張 後面 및 仁字集의 14張이며, 禮字集 뒷부분에 5張의 백지를 남겨 두었는데 現存 禮字集은 후반부가 결락된 것임을 뜻한다. 元字集의 백지로 남아 있는 17張 뒤에, 張次 표시 없이 五言古詩를 수록한 1張 半이 편철되어 있고 이어 19張이 편철되어 있는데 이는 木版本에 缺落된 16張 前面~18張 後面에 들어가야 할 작품을 필사자가 찾아 수록하고 확실한 張次를 알 수 없기 때문에 張次를 표시하지 않고 작품만 수록해 둔 것으로 생각된다.

現存 木版本에 수록된 1, 3, 5卷과 이 책의 해당부분을 대비해 보면 이 책은 木版本과 동일한 형태로 필사되어 있으며, 圈點과 註釋의 위치와 내용 또한 동일하다.

同春堂本은 백지 포함 총 123張이며 無名氏와 작가 미상인 경우를 제외하고도 漢代의 卓文君으로부터 宋代의 陳與義에 이르는 140여

명의 작품 520首[18]를 수록하고 있다. 수록된 작품의 詩體別 현황은 다음 표와 같다.

區分	元集	亨集	利集	貞集	仁集	義集	禮集	合計	備考
5언고시	84	14	34	3	51	4	1	191	
7언고시	4	1	2	2	3	5	8	25	
5언율시	11	13	38	15	12	16	7	112	
7언율시	·	2	7	8	10	4	4	35	
5언절구	7	4	15	12	17	7	·	62	
7언절구	5	24	22	9	23	12	·	95	
계	111	58	118	49	116	48	20	520	

위의 표에 나타난 바와 같이 同春堂本은 旣存本에 실려 있지 않은 義字集과 禮字集을 수록하고 있을 뿐만 아니라, 旣存本에서 누락된 仁字集 七言絕句 17首와 기타 1首를 수록하고 있어 현재 발견된 異本 가운데 原本에 가장 가까운 책이라고 할 수 있다.

(2) 延大筆寫本

書誌要約 : 筆寫本(1896년), 8卷 中 存 5卷 2册, 35×22.5㎝, 線裝本, 無匡郭, 無界, 10行 20字, 註雙行, 無魚尾

18 同春堂本에 選集된 작품(작가명 확인이 가능한 작품)의 작가를 시대별로 나누면, 漢 : 李陵 등 4명, 위진남북조 : 陶潛 등 17명, 唐 : 李白 등 104명, 宋 : 朱熹 등 14명이며, 40首 이상 수록한 작가는 李白 : 54首, 杜甫 : 48首, 韋應物 : 44首 등이다.

이 책은 乾, 坤으로 분책되어 있으며 乾에는 元字集, 亨字集이, 坤에는 利字集, 貞字集, 仁字集이 수록되어 있다. 序文 첫 장 앞면 오른쪽 위 "精言妙選序"라는 글자 아래 '羅州丁氏世藏'이란 수장자 표기가 있고, 뒷면 중앙 아랫 부분에 "大韓建陽元年十月 伯兄舜泰謹受庭訓以鈔 癸亥十月上旬 胞弟鳳泰拜志"라고 하여 필사자와 필사 년도를 밝히고 있으며, 各 卷의 卷次 아래에는 수장처를 구체적으로 밝힌 "錦城丁氏寓居 谷城珍藏"이라는 기록이 附記되어 있다. 이 기록들을 종합하면 이 책은 羅州(錦城) 丁氏인 丁舜泰가 1896년 10월 아버지의 지시를 받아 筆寫하였으며, 羅州 丁氏의 寓居地인 谷城에 보관되어 오던 책[19]임을 알 수 있다.

이 책의 元字集 利字集 仁字集을 木版本과 대비하면 체제와 내용면에서 상당한 차이가 있음을 발견할 수 있다. 우선 이 책에는 圈點이 찍혀 있지 않으며, 各 張 半葉의 行數 또한 木版本보다 1行이 많은 10行으로 되어 있다. 이 밖에도 註釋의 위치와 내용[20], 연작시를 수록하는 방식[21], 작가 표기 위치[22], 작가 혹은 제목이 다르게 표기된

19 김병국, 「『精言妙選』의 文獻的 檢討와 栗谷의 詩觀」, 앞의 책, 45쪽 참조.

20 수록 작품의 주제와 표현방식 등을 요약하여 주석한 경우, 목판본에는 작품의 末尾에 주석이 附記되어 있으나 연대 필사본에는 詩題 아래 附記되어 있다. 또 목판본에는 없는 주석이 연대 필사본에는 첨가된 곳이 있는데 예를 들면 利字集의 「山中訪道者」라는 詩題 아래 목판본에 없는 "櫟下一句 壁下一句 宅下一句 及末句皆剛"이라는 詩評이 첨기되어 있고, 같은 集 五言律詩 수록 부분에는 詩體에 대한 고증내용이 첨가된 경우가 여러 곳에서 발견됨.

21 연작시의 경우 木版本에서는 第 1首가 끝나면 '又'라고 쓰고 第 2首 이하를 수록하고 있으나 연대 필사본에서는 '又' 대신 '其一', '其二' 식으로 표시하고 있음.

22 목판본의 경우 詩題를 표기한 行의 하단에 作家名이 표기되어 있으나, 연대 필사본

곳도 다수 발견된다. 따라서 이 책의 필사 대본 또한 筆寫本이었음을 알 수 있다. 同春堂本과 이 책을 대비하면, 이 책은 義字集 禮字集 외에도 貞字集에서 1首[23], 利字集 끝부분에서 17首[24]를 缺하고 있다.

이 책은 木版本과 同春堂本에서 失題로 처리한 작품의 제목과 작가[25]를 밝히고, 새로운 주석을 첨기하는 등 나름대로 자료적 가치가 있으나, 매거하기 힘들 정도로 많은 誤字와 脫字가 있어 치밀한 교감이 요구된다.

3. 木版本

旣存의 一蓑文庫本, 延大木版本과 최근 발견된 樂窩本은 같은 판본이다. 필자가 열람한 3種의 木版本은 모두 복사본인데 延大木版本은 一蓑文庫本에 缺落된 부분만 延大木版本에서 보충한 것이기 때문에 一蓑文庫本과의 대비가 불가능했으나, 樂窩本이 발견됨에 따라 樂窩本과 一蓑文庫本, 樂窩本과 延大木版本을 상호 대비한 결과 학

에는 詩題 바로 아래 작가명이 표기되어 있음.

23 7言律詩 부분에 杜甫의 「明妃村」 아래 「涪城縣香積寺官閣」이 결락됨.

24 연대 필사본에는 利字集 7言絕句 「寫情」까지만 수록되어 있으나, 同春堂本에는 戴叔倫의 「湘南卽事」 등 17首가 더 수록되어 있음.

25 同春堂本과 木版本에서 失題로 처리한 元字集 五言古詩 一首가 연대 필사본에서는 韋應物의 「善福精舍秋夜遲諸君」임을 밝히고 있으며, 또 앞의 두 本에 제목과 작가명이 결락된 王維의 五言古詩 「春日田家作」도 연대 필사본에는 제목과 작가명이 표기되어 있음.

계에 보고된 것[26]과는 달리 세 본이 동일 판본임이 확인되었다. 세 本 모두 元字集 利字集 仁字集만 수록된 零本이며, 이 세 集의 내용도 온전히 남아있지 않으나 延大木版本이 보존 상태가 가장 양호하다.

書誌要約(延大木版本) : 木版本(刊年未詳), 8卷中 存 3卷 1冊 27.9×19.3㎝, 線裝本, 四周雙(單)邊, 半葉匡郭 23.4×15.4㎝, 有界, 9行 20字, 註雙行, 上下內向黑魚尾序 : 萬替癸酉(1573)夏 栗谷病夫

延大木版本과 同春堂本의 해당 集을 대비하면 이 책에는 元字集의 五言古詩 14首가 결락되었으며, 3首는 詩의 일부가, 1首는 詩題가 결락되었다. 그리고 仁字集의 五言古詩 후반부부터 34人의 작품 74首가 결락되었으며 1首는 일부만 결락되었다.

一蓑文庫本의 경우 연대 木版本에 결락된 부분은 모두 결락되었으며, 이 외에도 「精言妙選序」와 元字集 첫 부분 15首, 중간부분 17首가 결락되었고 1首는 제목만 남았다. 樂窩本은 전반적인 보존 상태가 좋지 않으며, 이 책에는 延大木版本의 결락 부분 외에 元字集, 五言古詩의 끝부분 4首가 결락되었고, 2首는 일부가 결락되었으며, 利

26 김병국 교수는 「『精言妙選』의 文獻的 檢討와 栗谷의 詩觀」에서 연대 목판본과 일사문고본은 匡郭의 형태와 목판본의 필체, 貫珠 · 批點의 크기와 모양 등이 차이가 있어 같은 木版이 아니라고 단정하였으나, 필자가 조사한 바로는 동일 木版本 내에 四周單邊과 四周雙邊이 섞여 있으며, 목판의 필체나 圈點의 모양과 크기는 인쇄 당시의 목판 보전상태에 따라 약간의 차이가 있어 보일 수도 있으나 같은 版을 대비하면 이 두 本이 동일 판본임이 드러난다.

字集의 五言古詩 5首가 결락되었고, 1首는 일부가 결락되었다. 그러나 樂窩本에는 延大木版本에 결락된 仁字集 張12 後面이 보존되어 있어, 기존의 木版本에 남아 있는 작품 외에 3首(1首는 일부만 남아 있음)의 작품이 더 수록되어 있다.

책의 체제가 木版本과 전혀 다른 延大筆寫本을 제외하고 지금까지 검토한 내용을 바탕으로 소장처별 版(張)數 현황을 도표화하면 다음과 같다.

區分	奎章閣一蓑本	延大木版本	樂窩本	同春堂筆本	備考
序文	( )	1	1	1	
권1	( )	2	2	2	
(元集)	( )	1	1	1	
	( )	2	2	2	
	( )	3	3	3	
	( )	4	4	4	
	5後	5	5	5	
	6	6	6	6	張次 표시 없이 18張 차례에 1張 半이 편철 되어 있음
	7	7	7	7	
	8	8	8	8	
	9	9	9	9	
	10	10	10	10	
	11	11	11	11	
	12	12	12	12	
	( )	13	13	13	
	( )	14	14	14	
	( )	( )	( )	15	
	( )	( )	( )	( )	
	( )	( )	( )	( )	

권1	( )	( )	( )	1+1/2張	
(元集)	19	19	19	19	
	20	20	20	20	
	21	( )	( )	21	
	( )	( )	( )	22	
	23	23	23	23	
	24	24	24	24	
	25	25	25	25	
	26	26	26	26	
	27	27	27	27	
	28	28	28	28	
	29	29	29	29	
	30	30	30	30	
권2				[1]	
(亨集)				[2]	
				[3]	
				[4]	
				[5]	
				[6]	
				[7]	
				[8]	
				[9]	
				[10]	
				[11]	
권3	1	1	1	1	
(利集)	2	2	2	2	
	3	3	3	3	
	4	4	4	4	
	5	5	5	5	
	6	6	6	6	
	7	7	7	7	

권3	8	8	8	8	
(利集)	9	9	9	9	
	10	10	10	10	
	11	11	11	11	
	12	12	12	12	
	13	13	13	13	
	14	14	14	14	
	15	15	15	15	
	16	16	16	16	
	17	17	17	17	
	18	18	18	18	
	19	19	19	19	
	20	20	20	20	
	21	21	21	21	
	22	22	22	22	
권4				[1]	
(貞集)				[2]	
				[3]	
				[4]	
				[5]	
				[6]	後面1行 까지 필사됨.
				[7]	
				[8]	
				[9]前	
				( )백지	
				[11]	
				[12]	
권5	1	1	1	1	
(仁集)	2	2	2	2	
	3	3	3	3	
				4	

권5				5	
(仁集)				6	
				7	
				8	
				9	
				10	
	4	4	4	11	
	5	5	5	12	
	6	6	6	13	
	7	7	7	( )백지	
	8	8	8	[15]	
	9	9	9	[16]	
	10	10	10	[17]	
	11	11	11	[18]	
	12前	12前	12	[19]	
	( )	( )	( )	[20]	
				[21]	
				[22]	
				[23]	
				[24]	
				[25]	
				[26]	
				[27]	
권6				[1]	
(義集)				[2]	
				[3]	
				[4]	
				[5]	
				[6]	
				[7]	
				[8]	
				[9]	

권6 (義集)				[10] [11] [12]	
권7 (禮集)				[1] [2] [3] [4] [5] [6]	
합계	52	59 1/2	58	118 1/2 백지 포함 123張	

Ⅳ. 出刊經緯에 대한 탐색

現存하는『精言妙選』諸本의 書誌事項을 검토한 결과 이 책의 편집 및 출간과 관련된 다음과 같은 의문점을 발견할 수 있었다. 첫째, 현재까지 발견된 3種의 木版本은 모두 漢籍의 일반적인 편철 방식과는 달리 元, 利, 仁字集이 1冊으로 편철되어 있으며, 亨字集을 위시한 나머지 集을 묶은 木版本이 발견되지 않는다는 점과 둘째, 앞의 도표에 나타나 있듯이 現存 木版本에 공통적으로 缺落된 張(元字集 : 15~18張, 22張. 仁字集 : 13~27張)이 있다는 점이다.

첫 번째 의문점과 관련하여, 同春堂本 범례의 "元字集 利字集 仁字集 이 세 편은 인쇄된 책을 보고 필사하였는데 중간에 빠진 부분이 많았다. 亨字集 貞字集 義字集 禮字集 이 4편은 필사본을 보고 필사하였는데 빠진 것이 더욱 많다. 智字集은 원래부터 볼 수 없었다”라는 진술이 주목된다. 이 진술을 통해 우리는 同春堂本의 필사대본이 된 木版本 또한 現存 木版本과 동일하게 편철된 책이었으며, 17세기 중반에도 元, 利, 仁字集 외에는 木版本을 구할 수 없었고, 智字集은 필사본도 볼 수 없었음을 알 수 있다. 또 3種의 現存 木版本이 같은 版本임을 감안하면 『精言妙選』은 한 번밖에 公刊되지 않았음이 거의 확실하며, 元, 利, 仁字集 외에는 公刊되지 않았을 가능성이 다분하다.

「精言妙選序」의 “乃敢採其最精而可法者 集爲八篇 加以圈點 名曰精言妙選”이란 언급에서 확인할 수 있듯이 栗谷은 智字集이 포함된 8卷의 『精言妙選』을 완성하였음에 틀림없다. 그럼에도 불구하고 이 책을 통상적인 방식대로 元 亨 利 貞 仁 義 禮 智의 順으로 편철하여 간행하지 않고 元, 利, 仁字集을 묶어 1册으로 출간한 것은 특별한 사정이 있었기 때문일 것이다. 이와 관련하여 同春堂本 범례의 ‘필사대본이 된 필사본의 亨, 貞, 義, 禮字集은 木版本보다 脫漏된 것이 더욱 많다’라는 필사자의 언급과 同春堂本 各集의 版(張)數에 주목하면, 木版本 『精言妙選』이 비정상적인 형태로 출간될 수밖에 없었던 것은 간행 당시의 자료 사정과 관련이 있는 것으로 추정된다.

앞 章의 도표에 나타나 있듯이 同春堂本 各 集의 版數는 元字集 : 30版, 亨字集 : 11版, 利字集 : 22版, 貞字集 : 12版, 仁字集 : 27版, 義字集 : 12版, 禮字集 : 6版으로 各 集은 심한 量的 不均衡을

이루고 있으며, 公刊된 元, 利, 仁字集은 각기 30판, 22판, 27판으로 公刊되지 않은 것으로 생각되는 기타 集의 版數보다 월등히 많다. 특히 禮字集의 경우 5언 절구와 7언 절구는 1首도 수록되어 있지 않고, 7언 율시도 4首만 수록되어 있으며, 이어 백지 5張이 편철되어 있는 것으로 미루어 禮字集, 뒷부분부터 智字集 끝까지는 최소한 17세기 중반에 이미 逸失되었던 것으로 판단된다.

이러한 사실을 종합해 볼 때 現傳하는 木版本『精言妙選』은 편집이 완료된 1573년에 간행된 것이 아니고 栗谷이 서거한 후 간행되었을 것이며, 간행 당시 智字集과 禮字集 후반부 및 기타 集의 일부 등 栗谷이 편집한 원본의 상당 부분이 逸失된 상황이었기 때문에 비교적 온전한 형태로 남아있던 元, 利, 仁字集을 우선 木版本으로 간행하고 나머지 集은 原本을 찾아 보완한 후 公刊하려 했던 것으로 추정된다.

現存 木版本에 공통적으로 결락된 부분과 木版本에 의거하여 필사한 同春堂本의 元, 利, 仁字集을 대비하면 同春堂本에는 元字集의 15張, 22張, 仁字集의 6張, 13張이 더 남아 있다. 또 同春堂本 元字集의 18張이 들어갈 자리에는 張次가 표기되지 않은 채 1張 半에 걸쳐 五言古詩 6首가 수록되어 있는데 이는 15~18張에 들어갈 내용 일부를 필사자가 다른 자료를 보고 보완한 것으로 판단되며, 仁字集의 15~27張 또한 張次 표기가 없는 것으로 미루어 당시 전해지던 필사 자료에 의거하여 보완한 것으로 생각된다. 앞에서 언급한 것처럼 同春堂本의 張次는 木版本에 따라 표기된 것이다. 따라서 同春堂

本의 대본이 된 木版本은 現存本보다 최소한 3版(元字集 : 15張, 22張 ; 仁字集 : 13張)이 더 남아 있었던 것으로 생각되며, 이는 現存木版本이 모두 간행 당시의 木版 일부가 없어진 뒤 인쇄된 後刷本임을 의미한다. 처음 간행 당시의 版數를 정확하게 알 수는 없으나 同春堂本에서 張次를 표기한 부분 및 장차 표기 없이 필사한 元字集 16張~18張 사이의 1張 半과 仁字集의 15~27張은 初刷 당시에는 木版이 있었던 것으로 생각된다. 해당 부분의 필사자료가 남아 있는데 公刊時 발견하지 못했다고 보기는 어렵기 때문이다. 그렇다면 同春堂本의 대본이 된 木版本 또한 初刷本은 아니었을 가능성이 다분하다. 이로 미루어 元, 利, 仁字集만 수록된 木版本『精言妙選』은 간행 당시 元字集에 1~2版, 仁字集 1版이 결락된 불완전本으로 출간된 듯하나, 現存本 보다는 비교적 온전한 형태로 출간되었을 것으로 판단된다.

Ⅴ. 結

이상에서 필자는 栗谷이 편찬한『精言妙選』의 편찬동기와 체재를 검토하고, 現存 諸本의 書誌를 점검하였으며, 이를 바탕으로 출간 경위를 추론하였다. 지금까지 논의한 내용을 요약 정리하면 다음과 같다.

첫째, 栗谷은 性情之正에서 자연스럽게 표출된 詩를 선호하였으며, 그것은 성리학자의 학문적 목표인 性情 陶冶에 도움이 되는 것으로 인식하였다. 그러나 15~16세기에 조선 시단을 풍미하였던 江西詩風은 性情의 자연스런 표출보다는 각고의 조탁을 통한 新奇의 美를 지향하는 것이었다. 栗谷이 『精言妙選』을 편찬하게 된 동기는 江西詩風의 부정적 측면을 심각하게 인식하고, 詩의 典範을 品格別로 제시함으로써 學者들이 當代의 詩風을 객관적인 시각으로 省察할 수 있도록 하기 위해서였던 것으로 판단된다.

8권으로 편집된 『精言妙選』의 元字集에서 禮字集까지는 栗谷의 심미 기준에 따라 品格別로 분류하여 詩를 選集한 것이고, 智字集은 詩의 내용에 초점을 맞추어 道를 밝힌 작품을 選集한 것으로 생각된다.

둘째 본고에서 처음 소개하는 同春堂本을 대본으로 하여 現存 諸本의 版數를 비롯한 書誌 事項을 점검한 결과, 現存本은 지금까지 발견되지 않은 智字集 외에도 상당 부분이 缺落된 것임이 밝혀졌다. 그리고 元, 利, 仁字集이 1冊으로 편철된 現存 木版本 3種은 같은 版本이고 간행 당시 불완전본으로 출간된 것임을 알 수 있다.

셋째, 現存 諸本의 書誌와 同春堂本의 범례를 바탕으로 출간 경위를 추적한 결과, 現存 木版本은 栗谷이 서거한 후 智字集 全卷을 위시한 원고의 상당 부분이 逸失된 상황에서 비교적 온전하게 보전되어 있던 元, 利, 仁字集만 1冊으로 公刊된 것으로 추정되며, 亨字集 등 기타 集은 출간되지 못한 것으로 판단된다.

이와 같은 결론에도 불구하고 이 논문은 다음과 같은 과제를 남기고 있다. 우선 불완전본으로 남아있는 現存 諸本을 대비 교감하여 원본에 가장 가까운 선본을 제작하여야 할 것이며, 各 集에 選集된 詩에서 공통적으로 추출되는 내용, 표현 방식 등을 분석함으로써 해당 集의 敍에 제시된 品格語의 개념을 해명하는 작업이 이루어져야 할 것이다. 이러한 작업은 栗谷의 詩觀과 審美意識을 구명하고 士林派 문인들의 문예의식을 파악하며, 한문학 연구에서 많은 과제를 안고 있는 漢詩의 文藝美에 접근하기 위해서 반드시 필요한 것이라 생각된다.

•『韓國漢文學硏究』, 제23집, 한국한문학회, 1999, 169~196쪽.

X.

泰村 高尙顔의 『效嚬雜記』에 대하여

X. 泰村 高尙顔의 『效嚬雜記』에 대하여

Ⅰ. 序

『效嚬雜記』는 조선중기의 관료문인 泰村 高尙顔(1553~1623)이 30여 년간의 宦路에서 물러나 草野에 은거할 때 자신이 견문한 일과 사색의 결과를 자유로운 형식으로 雜記한 이른바 筆記類[1]에 해당하는 저술이다.

한국한문학사상 필기류 문학은 李仁老(1152~1220)의 『破閑集』. 崔滋(1188~1260)의 『補閑集』, 李齊賢(1287~1367)의 『櫟翁稗說』이후 200년에 가까운 공백기를 거쳐 조선 초기 훈구파 관료문인 姜希顔(1419~1464)의 『養花小錄』, 徐居正(1420~1488)의 『太平閑話』·

1 임형택, 『韓國文學史의 視覺』(창작과 비평사, 1984) 44쪽에서 임교수는 일관된 서술체제로 구성되어 있지 않고, 정치 · 역사 · 경제 및 문화전반, 자연현상, 인물일화 등을 제재로한 견문잡기류를 문체상 筆記類에 속하는 것으로 규정하였다.

『筆苑雜記』, 姜希孟(1439~1504)의 『村談解頤』, 李陸(1438~1498)의 『靑坡劇談』, 成俔(1439~1504)의 『慵齋叢話』 등이 저술되면서 성황을 이루었다[2].

16세기 이후 어숙권의 『稗官雜記』, 沈守慶(1516~1599)의 『遣閑雜錄』 등이 저술되었으나 性理學을 이념적 기반으로 한 士林派가 政界와 思想界를 주도하면서 淫譚 稗說類가 다수 포함된 筆記類는 서서히 쇠퇴하기 시작하였다. 17세기 초엽에 이르러 15세기 필기류의 전통을 계승한 柳夢寅(1599~1623)의 『於于野譚』과 백과사전적 奇事逸聞集으로 조선후기 실학사상 형성에 지대한 영향을 끼친 것으로 알려진 李睟光의 『芝峯類說』이 저술되었다.

泰村의 『效嚬雜記』는 『於于野譚』, 『芝峯類說』과 거의 같은 시기[3]에 저술된 것으로 그 내용을 일별할 때 19세기 야담집이 발흥하는데 지대한 영향을 미친 『於于野譚』[4]이 지닌 破閑的 · 敎訓的 특성과 『芝峯類說』을 위시한 李瀷(1681~1763)의 『星湖僿說』 등 조선후기 실학자들의 필기류 저술에 나타나는 고증적 · 실사구시적 특성을 포괄하고 있는 것으로 파악되어 대단히 주목되는 필기류 저술인 것으로 판단된다. 그럼에도 불구하고 필자가 조사한 바로는 『效嚬雜記』를

---

2 任完爀, 『조선전기 필기연구』, 성균대학교 대학원 석사학위 논문, 1981, 참조.

3 『效嚬雜記』의 저술 연대를 정확히 알 수는 없으나 그 속에 仁穆大妃 廢出事件과 관련된 기록이 있는 것으로 미루어 작자가 향리에 은거했던 1618~1623년 사이에 저술된 것으로 볼 수 있어 『芝峯類說』의 완성 연대인 1614년, 『於于野談』의 완성 연대인 1622년과 거의 비슷한 시기이다.

4 李京雨, 『初期野譚의 文學性에 관한 연구』, 서울대학교 대학원 박사학위 논문, 1991, 62쪽 참조.

위시한 泰村의 문학에 대한 본격적인 연구논문은 학계에 보고된 바가 없다. 다만 泰村이 저술한 농사기술서 『農家月令』에 관한 3편의 論文[5]이 발표되어 그의 生涯와 『農家月令』의 내용이 밝혀졌을 뿐이다.

주지하듯이 필기류는 저술 당시의 정치 · 경제 · 풍속 · 학문 등 사회문화 전반에 대한 학술적 정보를 제공해 줄 뿐만 아니라 그 속에는 산문양식의 흥미로운 작품이 다수 포함되어 있다. 본고에서 泰村의 『效嚬雜記』를 연구대상으로 삼은 것은 16세기 말에서 17세기 초에 이르는 우리민족의 수난기이자 정치적 혼란기를 체험한 선각적 관료출신문인의 시야에 포착된 당대의 현실을 점검하고 그 속에 투영된 작가 의식을 규명하기 위해서이다.

본고에서는 泰村의 생애와 당대의 시대상황을 검토함으로써 『效嚬雜記』 저술의 배경을 해명하고, 구성과 내용을 개관한 다음 이를 바탕으로 작가의식을 추출하려 한다.

Ⅱ. 著述의 背景

『效嚬雜記』의 제명인 '效嚬'은 『莊子』「天運」篇의 '美人 西施가 심장

5 高尙顔의 『農家月令』에 대한 연구 논문으로는 ① 洪在休, 『農家月令歌의 作者에 대한 瞥見』(어문학사집, 1959). ② 同上, 『農家月令攷』(東洋文化6,7, 1968) ③ 閔成基, 『農家月令과 16世紀 農法』(釜山史學9, 1985) 등이 있음.

병을 앓아 얼굴을 찡그렸는데 그 모습이 아름답게 보인다고 그 마을 추녀들도 서시의 흉내를 내었다'[6]는 삽화에서 끌어온 말이다. 『效嚬雜記』 맨 끝 逸話는 발문의 성격을 지닌 것으로 간접적이기는 하나 泰村이 『效嚬雜記』를 저술하게 된 동기를 시사한 글이다.

> 嘉靖 乙巳年(1545)에 사대부들이 말 때문에 죄를 얻은 자가 많아서 가벼운 경우 유배되고 심한 경우 賜死되어 면한 자가 적었다. 어떤 늙은 재상이 탄식하며 말하기를 '늙으막에 무료하나 할 수 있는 이야기가 없다. 이제부터는 마땅히 안방에서 일어나는 일이나 이야기하며 익살거리로 삼아 쓸쓸함을 달래야겠다. 듣는 사람에게 해로울 것이 없고 詼諧에 가까움이 있기 때문이다'라고 하였는데 같은 시대 사람들이 다투어 본 받아 지금까지 그 폐단이 남아 있다.[7]

윗글에서 泰村이 지목한 늙은 재상이 누구인가를 구체적으로 밝히기는 어려우나 乙巳士禍의 화를 면한 은퇴 재상임이 분명하고 그가 저술한 음담 위주의 雜記는 언론 자유를 억압당한 병적인 시대 상황에서 분비된 해학적 풍자문학일 가능성이 농후하다. 이런 관점에서 보면 늙은 재상의 雜記는 그런 방식으로 표현할 수밖에 없는 필연성

---

6 『莊子』「天運」: 故西施病心而矉其里 其里之醜人 見而美之 歸亦捧心而矉其里

7 『泰村先生文集』, 卷5, 「效嚬雜記 下」(韓國文集叢刊59, 1995) 287쪽 : 嘉靖乙巳間 三輯多以言獲罪……一時人爭慕效 至今其弊猶有存焉者. (以下 『泰村先生文集』, 「效嚬雜記」의 내용을 인용한 경우 原文 전부를 제시하지 않고 첫 부분과 끝 부분만 제시하며, 『泰村先生文集』 卷4 「效嚬雜記 上」 叢話의 첫 번째 이야기의 경우 4~1, 두 번째 이야기는 4~2로, 同上 卷5, 『效嚬雜記 下』 餘話의 92번째 이야기의 경우 5~92와 같은 방식으로 略記하고 『韓國文集叢刊』 59집의 해당 쪽만 표시함)

을 확보하고 있는, 말하자면 西施의 '찡그림'에 해당하고 그것을 모방한 작품은 그 표피인 음담패설에만 관심을 기울인, 즉 추녀의 '찡그림'에 해당한다 할 수 있다. 泰村은 윗글에서 '效嚬'의 폐단을 지적하고서도 '效嚬'을 표방하고 雜記를 저술한 자신의 모순된 행위에 대해서는 해명하지 않았다. 그러나 행간의 의미를 음미해 보면 윗글은 노재상의 경우처럼 자신도 한문의 정통양식에서 얼마간 벗어난 글을 쓰지 않을 수 없다는 뜻을 함축하고 있는 것으로 생각된다. 그렇다면 16세기 후반 조선 성리학의 본 고장이라 할 수 있는 안동문화권에서 생장한 泰村이 성리학적 시각에서 볼 때 정도에서 벗어난 문장이라고 할 수 있는 『效嚬雜記』를 저술하게 된 배경은 무엇인가? 이 장에서 그의 個人史[8]와 時代狀況을 검토함으로써 이를 해명하고자 한다.

泰村은 명종 8년(1553) 7월 29일 龍宮의 旺泰洞(현 경상북도 예천군 용궁면 왕태동)에서 父 天佑와 母 信川康氏 사이에서 태어났다. 그의 가문은 고려 文宗 때의 令臣이 始祖인 開城高氏이다. 泰村의 5代祖로 藝文館 直提學을 지낸 士源이 落鄕하여 용궁에 世居하게 된 것이다. 泰村의 高祖는 全羅道 萬戶를 지낸 若淮이고, 曾祖 壽延은 武科에 급제하여 部將을 지냈으며, 祖 克恭은 蔭補로 忠順衛를 지냈으나 父는 관직에 나가지 않았다. 이러한 先祖들의 관력으로 미루어

8 泰村의 生涯와 관련된 내용은 『泰村先生文集』, 券6, 『附錄』의 淸臺 權尙一(1679~1760)이 撰한 「行狀」, 納翁 李光庭(1552~1627)이 撰한 「墓碣銘并序」 및 泰村의 孫 世章이 기록한 「年代記」 등을 참고한 것임.

泰村은 정치적으로 서서히 몰락해가는 양반의 후예라고 할 수 있다.

泰村의 학문적 성향과 관련하여 유의할 만한 사실은 그가 어려서부터 詞章과 筆法에 능했다는 점이다. 泰村은 7 · 8세 무렵부터 白石 姜霽의 문하에서 수학하였는데 어느 날 白石이 강가의 흰돌을 가리키며 "白石千年白"이라 읊고 續句를 명하자 泰村은 즉시 "長江萬古長" 이라 답하여 스승으로부터 "이 아이는 장차 반드시 나라를 빛낼 큰 문장가가 될 것이다"[9]라는 칭찬을 받았으며, 筆法이 老成한 경지에 이르렀다고 한다. 泰村의 『行狀』에는 조선중기 학자들의 행장에 흔히 등장하는 孝 · 悌와 관련된 篤行, 講學과 관련된 특이한 일화는 기술되어 있지 않고 그의 文詞와 筆法이 탁월하였음을 드러내는 일화만 특기되어 있다. 이러한 사실로 미루어 그는 어려서부터 性理學보다는 과거를 위한 詞章學에 관심을 두었던 것으로 판단된다. 이 점은 李光庭(1552~1627)이 撰한 墓碣銘의 "爲詞章 聲望蔚然"이란 평가와 泰村의 문집에 전문적인 性理說이 실려 있지 않다는 사실을 통해서도 확인할 수 있다. 요컨대 泰村은 수학기에 일반학자들처럼 儒家經典을 위시한 子史諸集을 공부하였으나 당대 안동지방의 학자들이 性理學에 전념하였던 것과는 달리 官人이 되기 위한 詞章에 관심을 기울였다 할 수 있다. 뒷날 그가 農書인 『農家月令』과 삶의 현장에서 일어난 일들을 제재로 『效嚬雜記』를 저술할 수 있었던 것은 '居敬窮理' · '存心養性'을 학문의 강령으로 삼는 내향편중적인 性理

9 『泰村先生文集』, 券6, 「行狀」 : 是子必爲華國大手

學의 울타리를 벗어났기 때문인 것으로 판단된다.

泰村의 官歷을 살펴보면 그는 비교적 어린 나이인 21세에 進士試에 합격하고 24세에 盧守愼(1515~1590), 金貴榮(1519~1593), 鄭惟吉(1515~1588), 尹根壽(1537~1616) 등이 관장한 大科에 급제함으로써 宦路에 들어섰다. 泰村이 처음 맡은 관직은 墓碣의 '中弟補館職'이란 기록으로 미루어 成均館 學諭였던 것으로 보인다. 이후 泰村은 一善饗官(25세), 成歡郵丞(26)세, 咸昌縣監(42세), 知禮縣監(49)세, 咸陽郡守(50세), 蔚山判官(54세), 豊基郡守(55세) 등을 역임하고 57세에 落鄕하였다. 이러한 官歷으로만 보면 泰村이 출사한 기간은 24세에서 57세까지로 약 34년간이나 시묘를 위해 사임한 기간과 다른 사유로 관직에서 물러났던 기간은 제외하면 실제 관직을 맡았던 기간은 10여 년에 지나지 않고[10] 그것도 대부분 지방관으로 전전한 기간이며, 최후에 맡은 관직인 豊基郡守의 품계는 正五品에 불과하다. 이러한 사실은 그의 宦路가 순탄치 않았음을 시사한다. 『行狀』, 『墓誌銘』, 『行年記』에는 언급되어 있지 않으나 『宣祖實錄』에는 泰村이 2회 遞任되고 1회 파면된 것으로 기록되어[11] 있다. 특히 宣

---

10 『泰村先生文集』 卷1. 「泰村幽居吟二首」의 둘째 首에 "筮仕逾三紀 居官僅十春"이란 표현이 있음.

11 『朝鮮王朝實錄』, 卷22(探究堂, 1981) 宣祖二十一年 戊子 四月條：府啓 端川郡守 李渾泛濫貪鄙 請罷 刑曹佐郎 高尙顔昏劣請遞 依允
宣祖 三十一年 戊戌 十二月條：正言 構縉來啓曰……丹陽郡守 高尙顔 請命遞差 答曰 白士霖 旣爲定罪 況大赦之後 豈可更爲加罪 不允 餘依啓
宣祖 三十八年 乙巳 正月條：憲府啓曰……咸陽郡守 高尙顔 爲人庸劣 政委下吏 官事日至廢墜 民生多至侵害 且縱無賴族屬 爲怯奸村女之計 恣行爲暴 至使呼冤於本府 如此之人 不可一日在宮 請命罷職

祖 38년(1605)乙巳 正月 條에는 "咸陽郡守 高尙顔은 사람됨이 용렬하고 정사는 아전에게 맡기어 官事가 날로 무너지고 민생을 침해함이 심합니다. 또 무뢰배를 풀어 시골 여인을 겁간하려 하고 포악한 일을 恣行하여 백성들이 本府에 원통함을 호소하기까지 합니다. 이러한 사람은 하루도 관직에 있게 해서는 안되니 파직을 명하시기를 청합니다."[12]라는 기사가 실려 있다. 牧民官으로서 泰村의 行爲에 대한 『實錄』의 이러한 기사는 『墓碣銘』의 "이르는 곳 마다 모두 훌륭한 업적이 있었다."[13], 『行狀』의 '다스림이 온화하여 백성들이 은혜롭게 여겼으며 모두 훌륭한 업적을 남겼다. …… 관직에 있으면서 백성을 다스림에 청렴하고 근신하여 법을 어김이 없었으며, 임시를 마치고 돌아갈 때는 짐이 단출하였다. 거처하는 집은 비와 바람을 피하기 힘든 곳이었고 방안에는 아무것도 없었다."[14]라는 기술과는 상반된다. 『墓碣銘』이나 『行狀』에서는 故人의 短處를 지적하지 않는 것이 상례임을 감안하더라도 泰村의 行跡을 검토해 볼 때 『實錄』의 기사는 실상과는 거리가 먼 것으로 판단된다. 예를 들면 泰村이 咸昌縣監으로 부임하였을 때 그는 그곳의 지세를 살펴 洑를 쌓아 상주와 함창지역 3·4천 두락의 전지에 관개함으로써 가뭄 피해를 막아 주어서 농민들이 永世不忘碑를 세우고 泰村의 자손들 가운데 이곳에

12 同上.

13 『泰村集』 卷6 「墓碣銘」 : 所至皆有治績

14 『泰村集』 卷6 「行狀」 : 居官莅民 淸愼無犯 罷歸之日 行李淡然 所居室不避風雨 環堵蕭條 晏如也

거주하는 자는 영원토록 부역하지 않게 한 사실이 있으며, 三嘉縣監 시절 스승인 姜霽와 李舜臣에게 올린 서간에도 전란으로 인해 흩어진 민심을 수습하고, 피폐한 民生을 소생시키기 위해 고뇌하는 모습[15]이 드러나 있다. 泰村이 목민관으로서 나름대로 원대한 계책과 성실한 자세로 정사에 임했음을 말해주는 자료이다. 뿐만 아니라 임진왜란 발발초기 省墓를 위해 고향에 돌아와 있던 泰村은 상주와 함창의 義兵들에 의해 大將으로 추대되어, 적을 참수하고 총기를 노획하는 전과를 올렸으며, 정유재란 때는 喪中에 있으면서도 당시 영의정으로 군무를 총괄하던 西厓 柳成龍(1542~1607)에게 禦倭八策[16]을 올려 채택하게 하기도 하였다. 이러한 泰村의 행적에서 우리는 그가 文武를 겸비한 경륜가임을 알 수 있다. 그럼에도 불구하고『實錄』에서 泰村의 행적을 부정적으로 기술하고 있는 것을 권력가에게 아첨하지 않고 불의와 타협하지 않는 그의 성품과 당대의 정치적 상황

15 『泰村先生文集』卷3.「與李統相舜臣 甲午」: 尙顔自來 菲才淺品 邑弊民瘼 字牧之道 去益無涯於亂中料理 經怯餘生 將何以拯濟其萬一 以至其蘇完也
同上「上白石姜先生霽 甲午 在三嘉時」: 尙顔自來愚冗 狼當字牧之任 喪亂之餘 民情吏習 莫無鎭定之方 晝宵憂懼 無以報答聖上付界之萬一 拯濟黎民 使之蘇完 沓無其策

16 同上 卷2「上西涯先生 附八策 丁酉」,「禦倭八策」의 내용을 요약하면 다음과 같다.
첫째, 변방에 군사를 주둔시켜 밖을 막고 안을 보호하게 할 것.(屯兵邊郡 以能扞外而衛內)
둘째, 좋은 말로 화친을 맺고 군사를 늘여 방비를 견고히 할 것.(卑辭約和 以圖濟師而益備)
셋째, 소서행장에게 많은 뇌물을 주어 적정을 탐지할 것.(厚賂行長 以探敵情)
넷째, 관북지방의 은을 캐서 國用에 보탤 것.(採銀關北 以佐國用)
다섯째, 말을 목장에 모아서 병사들에게 줄 것.(括馬牧場 以資戰士)
여섯째, 쇠로 鞭梗을 만들어 殺手梗 대신 쓸 것.(作鐵鞭梗 以代殺手梗)
일곱째, 병서를 초록하여 여러 장수에게 가르칠 것.(抄孫吳書 以教諸將)
여덟째, 화공법을 써서 적을 사로잡을 것.(用火攻策 以隷敵人)

때문인 것으로 판단된다.

泰村의 성격에 대하여 『行狀』에서는 "성품이 대범하고 자존심이 강하여 좀처럼 남을 허여하지 않았고, 남의 허물을 보면 문득 꾸중하여 일찍이 용서하거나 변호하지 않았으며, 권세와 이익을 싫어하여 굽히거나 흔들리지 않았다. 이 때문에 요직에 있는 자들이 꺼려하여 낮은 지위에 머물고 말았으나 또한 근심하지 않았다."[17]라고 기술하고 있거니와 태촌 자신도 '權門에 발을 들인 일이 없다.'[18]라고 진술한 바 있다. 이러한 기록을 통하여 알 수 있듯이 그는 올연하고 개결한 성품을 지니고 있었던 듯하다. 이 점은 泰村이 함양군수로 재직할 때 時任 左參贊 李軸(1538~1614)이 銀魚를 보내달라고 청탁하자 그는 "丙戌 · 丁亥年間(1586~1587년 : 李軸이 함양군수로 재직한 기간임)에 한 욕심 많은 태수가 다 잡아먹어 생산되지 않는다."[19]라고 기롱하며 거절한 일화에서도 확인할 수 있다. 요컨대 태촌은 올연한 자존심과 불의와는 타협하지 않는 개결한 성품 때문에 권세 있는 자들에게 배척당했던 것이다. 함양군수 시절 태촌의 행적을 신랄하게 공박한 『朝鮮王朝實錄』 선조 38년 正月條 기사의 경우 『禦倭八策』을 올린 것을 계기로 泰村을 후원하던 柳成龍이 실각하고 서애를 탄핵한 李山海(1538~1609), 南以恭(1565~1640) 등이 정권

17 『泰村集』 卷6 「行狀」 : 性簡亢少許可 見人有過 輒加驚責 而未嘗容護 嫉惡勢利 無所掘撓 以故當路皆啣之 沈滯下位而 亦不恤也

18 『泰村先生文集』 卷2 「讀柳柳州年譜有感」 : 只緣足不權門及 到老優遊陋巷中

19 效嚬雜記 下 : 丙戌丁亥年間 李元山爲天嶺太守……丁亥年間 有一饞太守 絕種打食 故不產耳

을 장악한 때임을 고려하면 정치적 모함일 가능성이 농후한 것으로 판단된다.

泰村이 57세라는 비교적 이른 나이에 관직에서 물러난 것도 당시의 정치적 상황과 무관하지 않다. 『行年記』에는 "나이가 많아짐에 따라 병도 더욱 깊어져 문서를 감당하기 어려워서 마음을 정하여 南石庄으로 돌아왔다."[20]고 기술되어 있으나, 바로 전해(1608)에 선조가 승하하고 光海君이 즉위하여 大北政權이 들어섰고 이들에 의해 이해에는 臨海君이 살해되는 등 昏政이 시작되던 상황이었음을 감안할 때 태촌이 은퇴한 것을 이러한 정치적 상황에 환멸을 느꼈기 때문일 것이다.

光海君 3년(1611)에는 정국이 더욱 혼란하여 泰村은 가족과 함께 草洞이라는 깊은 산골로 피신한다. 草洞 隱居時期에 지은 다음 작품에서 당시 泰村이 처했던 상황을 엿볼 수 있다.

❶ 山中多暴風	산중이라 폭풍이 심하여
風來振林木	바람 불면 숲이 진동하네
屋破偏警寒	집이 부서지니 추위에 놀라고
巖仄却恐覆	바위가 기우니 떨어질까 두렵네
閉門深縮頭	문을 닫고 깊이 목을 움츠리니
不語心自忸	말 못하는 이 마음 절로 부끄럽네 (値風)

20 『泰村集』卷6「行年記」: 乙酉(光海君元年) 府君五十七歲 年益高 病益深 簿書之勞有多不堪 決意而歸臥南石新庄

❷ 欲窺前人迹　　선인들의 자취를 엿보려
盡日掩柴關　　온종일 사립문 닫고 있네
時寧從古氣　　시는 고인의 기상을 따를지언정
筆則誅淫姦　　문장지어 간사한 무리 벌 하리라
修書將遺後　　글 써서 후세에 남기고
優遊老此間　　한가히 노닐며 이 사이에서 늙어가리 (修書)

『又次雲谷雜詠十二首』란 제목의 연작시 가운데서 뽑은 위의 두 작품은 그의 만년작[21]이다. ①의 1~4句에서 집을 무너뜨리고 바위를 기울게 하며 추위와 공포에 떨게 하는 거센 바람은 5~6句에 표명된 작중화자의 고백으로 미루어 거대하고도 강포한 세력에 의해 자행되는 부당한 행위를 연상케 한다. 당시 정권을 잡은 李爾瞻(1535~1623) 등은 政敵인 小北勢力을 제거하기 위하여 臨海君과 柳永慶(1535~1623)을 사사하고 金直哉(1554~1612)의 誣獄을 일으켜 宣祖의 손자인 晉陵君을 죽이는 한편 永昌大君을 살해하고 人穆大妃를 서궁에 유폐하는 등 生殺置廢를 자행[22]하였다. 5~6句에서는 이러한 정치상황을 목도하면서도 이들이 불의에 맞서 싸우지 않고 초야에 은거한 자신의 행위에 대해 자괴하고 있다. 작자의 이러한 자성의 모습에서 불의한 시대를 살아가는 지식인의 고뇌를 상기할 수 있다.

21 『泰村先生文集』 卷1. 이 작품은 자신의 『草洞山居次朱夫子雲谷詩一絕』을 다시 次韻한 것으로 작자가 草洞에 은거할 때 지은 것이다.

22 『한국사』 12. 국사편찬위원회, 1984, 244~245쪽 참조.

작품 ②에서, 작중화자가 종일 문을 닫고 先人들은 어떠한 방식으로 대처했던가를 탐색하여 난세를 살아가는 지혜를 얻기 위해서인 것으로 생각된다. 작자는 4~5句에 언표된 것처럼 간교한 무리들의 행위를 기록으로 남김으로써 이들을 단죄하리라고 결심한다. 소극적 현실 대응 자세라고 할 수 있으나 정치적 배경이 없었던 작가로서는 그것이 양심을 지키며 생존할 수 있는 최선의 길이었던 것이다.

이상에서 검토한 바와 같이 『效嚬雜記』는 몰락해가는 사대부가에서 태어나 문사를 전공하여 환로에 진출했으나 불의와 타협하지 않는 곧은 성품과 취약한 정치적 배경 때문에 경륜을 펴보지 못하고 10여년간 지방관으로 전전하다가 혼정으로 인해 정계에서 은퇴할 수밖에 없었던 조선중기의 불우한 관료문인에 의하여 저술된 것이다.

Ⅲ. 『效嚬雜記』의 構成과 內容

1. 構成과 特徵

『效嚬雜記』는 『泰村先生文集』 卷4에 『效嚬雜記 上』, 「叢話」란 제목아래 80項, 卷5에 『效嚬雜記 下』, 「餘話」란 제목아래 92項 도합 172項으로 이루어져 있다. 172項에 달하는 『效嚬雜記』의 내용은 대체로 첫째, 이야기의 초점을 특정인물에 맞추고 그 인물의 성격을 드러내는 삽화를 제시하는 人物譚, 인물 그 자체보다는 그 인물과 관련된 특정 사전에 초점을 맞추고 삽화를 통해 사건의 의미를 드러내는 事件譚, 인간의 정황을 쥐를 등장시켜 형상화한 寓話 등이 중심이 된 逸話와 둘째, 특정 詩의 저작 배경을 밝히거나 詩句의 의미에 대한 고증, 詩評 등으로 이루어진 詩話와 셋째, 작가가 견문한 특수한 자연현상, 특정 사물 혹은 특정 사건에 대한 자신의 견해를 직서한 論說로 나눌 수 있다. 물론 이러한 구분은 기계적이라 할 수 있으며 작품을 보는 시각에 따라 다른 장르에 귀속시킬 수 있는 소지는 다분하다. 『效嚬雜記』에 수록된 詩話의 경우 전문화된 본격적인 비평문학이라기보다 대부분 詩와 관련된 逸話이거나 단편적 인상비평에 불과하기 때문에 逸話 혹은 論說의 범주에 귀속시킬 수 있으나 詩話가 여타 일화와 함께 필기 속에 혼재 하다가 전문적인 비평문학으로 성립된 것임을 고려하여[23] 분리하였다. 일화에 귀속된 사건담의 경우 대부분 인물과 일정한 사건이 복합된 형태로 내용이 구성되어 있어 인물담과 구분하기 어려운 일화도 허다하다. 이러한 한계를 전제하고 『效嚬雜記』의 내용을 장르별로 구분하면 대체로 다음 표와 같다.

<table>
<tr><th colspan="2">區 分</th><th>項 數</th><th>計</th></tr>
<tr><td rowspan="3">일 화</td><td>인 물 담</td><td>55</td><td rowspan="3">93</td></tr>
<tr><td>사 건 담</td><td>26</td></tr>
<tr><td>우 화</td><td>2</td></tr>
</table>

23 任元爀, 전게논문 63쪽 참조.

시 화	시 일 화	24	31
	시 평	4	
	고 증	3	
논 설	자연현상	8	48
	동 식 물	7	
	풍 속	7	
	정치제도	6	
	농 사	3	
	기 타	17	
합 계			172

한편『效嚬雜記』에 실린 내용의 공간적, 시간적, 계층적 범위를 살펴보면, 공간적으로는 중국의 人物 및 시와 관련된 6項[24]을 제외하면 모두 우리나라의 인물 · 사건 · 시 등에 관한 내용이고, 시간적으로는 10여 항을 제외하면 거의 泰村의 생존 연대와 가까운 시기에 일어난 사건 혹은 동시대인과 관련된 일화를 제재로 하고 있으며, 제왕으로부터 천민에 이르는 다양한 계층의 인물이 일화에 등장하고, 특히 여성이 주인공으로 등장한 경우도 10餘 항이나 된다. 이러한 특징에서 우리는 저자가 직접 견문한 사실을 중심으로『效嚬雜記』를 저술하였으며, 저자의 시선이 특정 신분계층에 머물러 있지 않고 사회 구성원 전체에 미치고 있음을 알 수 있다. 또『效嚬雜記』에는 逸

24 中國의 人物이나 詩에 관한 내용으로 이루어진 것을 4-68 p.266, 4-77 p.267, 5-21 p.268, 5-47 p.278, 5-54 p.280, 5-57 p.280話 등이다.

話 위주로 엮어진 여타의 필기류와는 달리 논설에 해당하는 글이 비교적 많이 수록되어 있으며, 그 내용은 위의 도표를 통해 알 수 있듯이 대개가 인간의 삶과 긴밀한 관련이 있는 다양한 문제에 대한 논의들이다.

2. 內容概觀

(1) 逸話

1)人物譚

인물담은 특정 인물의 성품, 학식, 재능 등 그 인물의 특성을 단적으로 드러내는 단편적 삽화로 구성된 일화이다. 대상 인물의 특성을 드러낸다는 점에서 인물담은 漢文의 傳統樣式 가운데 하나인 傳과 유사한 일면을 지니고 있다. 그러나 '人定記述 - 行跡 - 論贊' 형식으로 구성된 傳과는 달리 人定記述 부분이 축약되거나 생략되며 行跡 부분 또한 기술의도에 부합하는 특정 삽화만 제시한다. 따라서 論贊도 대상인물의 삶 전체에 대한 論評이 아닌 특정행위에 대한 작가의 주관을 언급하는 것으로 끝맺는다.

내용면에서 볼 때 『效嚬雜記』의 인물담은 첫째, 권계를 목적으로 기술한 것이나 흥미 쪽에 비중을 두고 특정인의 재치 있는 언행을 짧은 笑話로 구성한 것, 둘째 당대인들이 공유하였던 윤리적 덕목인 忠·孝·烈을 실천한 특정인의 일화를 비교적 짜임새 있는 서사구조를 갖추어 기술한 것, 셋째 권세가 및 그 일당의 비행을 단적으로 드러내는 일화를 다양한 형태로 기술한 것 등으로 분류할 수 있다.

다음은 첫째 경우에 해당하는 인물담이다.

> 兪仁佐는 金慕齋(金正國 1485~1541)의 누이의 양아들이다. 성품이 방종하였으나 모재는 생질로 대접하고 광대처럼 여겨 집에서 길렀다. 일찍이 유인좌가 모재에게 말하기를 '나는 성인이 한 일 가운데 한 가지에 대하여 불만이 있습니다.'라고 하였다. 모재가 '그것이 무엇이냐?'라고 묻자 인좌는 '聖人이 글자를 만들 때 한 글자가 한가지 뜻만 가지게 하였으면 좋았을 터인데 한 글자가 여러 가지 뜻을 포함하고 있어서 이 때문에 깨닫지 못하는 내용이 많습니다.'라고 하였다. 모재가 말하기를 '성인께서 어찌 후세에 너 같은 사람이 있을 줄 알았겠는가?'라고 하였다. 말이 渾厚하나 기롱하는 뜻이 들어있다.[25]

위의 일화는 유인좌에 대한 간단한 人定記述 – 慕齋와 유인좌와의 대화 – 評結로 구성되어 있는데 서두의 인정기술은 독자에게 실감을 제공하기 위한 최소한의 정보제공이란 차원의 의미를 지닌다. 그러나 유인좌의 경박한 언사에 대한 모재의 대응방식에 관하여 논의한 評結부분은 작자의 기술 목적이 뚜렷이 드러나 있지 않다는 점에서 큰 의미를 지니고 있지 않다. 이 인물담의 핵심은 일견 수긍이 가는 유인좌의 불만에 대한 모재의 해학적이면서도 천박하지 않은 應辭에 있다. 독자가 예상치 못했던 모재의 응사로 인한 극적인 반전

25 『效嚬雜記』上「叢話」: 兪仁佐 金慕齋姊妹之義子也……其言渾厚而含譏諷矣

이 독자에게 웃음을 제공하는 것이다. 위의 일화 또한 모든 일을 자기본위로 사고하는 어리석은 인간에 대한 풍자의 의도를 내포하고 있다. 그러나 작자는 독자의 흥미를 유발할 수 있는 극적인 구성에 중점을 두고 이 일화를 기술한 것으로 볼 수 있다.

다음 예화는 작자의 기술 의도가 문면에 노출되어 있으나 결과적으로 흥미가 일화의 핵심이 된 경우이다.

> 성균관 하인은 聖人의 사당 아래에서 生長하여 오곡을 분간하지는 못해도 불가의 교리가 허탄하고 망령됨은 안다. 한 綠事가 바깥에 나갔다가 길에서 머리 기른 중을 만났는데 시속에서 處士라고 부르는 부류이다. 늘 아미타불을 중얼거리다가 불가의 윤회설에 대하여 이야기 하고는 '전생에 사람이었으나 牛馬를 먹은 자는 今生에 牛馬가 되고, 개와 돼지를 먹은 자는 개와 돼지가 되며, 곤충을 죽인 자에 이르기 까지 그 類가 되는 것으로 報應한다.'라고 하였다. 위의 綠事가 말하기를 '그렇다면 전생에 사람을 먹은 자는 금생에 사람이 되고, 부처를 먹은 자는 부처가 되는가?'라고 하니 처사가 말이 막히어 대답하지 못하였다.[26]

성균관 綠士의 재기 넘치는 언변에 초점을 맞춘 이 일화는 서두에 언표되어 있듯이 불교 교리에 대하여 비판하겠다는 의도에서 기술된 것이라고 할 수 있다. 그러나 이 인물담의 경우 작가의 의도를 극명하게 대변할 수 있는 삽화를 제시하고 있음에도 불구하고 독자는 처사의 논리를 일거에 무너뜨린 성균관 綠事의 기발한 언변 그 자체

26 『效嚬雜記』 上 「叢話」 : 成均下人 生長聖廟下……處士語塞無以應

에 매료된다. 따라서 불교 윤회설의 허구성을 비판하겠다는 작가의 의도는 한편의 흥미진진한 笑話속에 용해되어 독자의 의식 저변에 가라앉아 버린다. 말하자면 권계를 표방하였으나 흥미 쪽으로 비중이 옮겨진 것이다.

주지하는 바와 같이 忠, 孝, 烈 등은 중세인들이 지고한 가치를 부여하였던 윤리덕목이다. 『效嚬雜記』가 저술된 17세기 초반은 임진왜란을 겪은 데다 광해군의 혼정이 이어지면서 윤리의식이 서서히 붕괴 혹은 변화되어 가던 시기였다. 忠·孝·烈을 실천한 인물과 관련된 『效嚬雜記』의 일화에서도 작가의 변화된 윤리의식을 감지할 수 있다.

작자가 舟師試官에 임명되어 統營에 갔을 때 목도한 李舜臣의 풍모와 재략 및 충절을 기술한 다음 일화는 忠에 대한 작가의 독특한 시각을 엿볼 수 있게 하는 흥미로운 자료이다.

> 보름 동안 머물러 있으면서 그 사람됨을 관찰해 보니 元水使(元均 ?~1597)는 거칠고 사나우며 지모가 없고 또 인심도 잃었으며, 李水使(李億祺 1561~1597)는 들뜨고 실이 없어 정신나간 사람 같았다. 이 두 사람은 뒷날 전쟁에 패하여 단명하였다. 오직 具水使(具思稷)만 침착하고 조용했는데 지금까지 아무 탈 없이 壽와 福을 겸하여 누린다. 통제사(李舜臣)는 나와 나이가 같아 여러 날 함께 거처하였는데 그의 언변과 지략은 진실로 난리를 그치게 할 만하였으나 용모가 豐厚하지 못하고 관상 또한 褰脣이어서 내심 福將은 아니라고 생각하였는데 불행하게도 구속되어 국문당하는 불운이 있었다. 비록 다시 등용되기는 하였으나 겨우 일 년 만에 또 飛丸에 맞아 명대로 살지 못하였으니 탄식을 금할 수 없다. 그러나 자신이 죽는 날에도 전략을 수립하여, 죽은 통제사가 산 小西行長을 도망가게 함으로써 나라의 수치를 조금은

씻었다. 공적이 종묘에 기록되어 이름이 만고에 전해질 것이니 죽었어도 죽은 것이 아니다. 그를 원균, 이억기 같은 무리와 비교해 보면 어찌 동렬에 놓고 논할 수 있겠는가?[27]

위의 일화에서 볼 수 있는 것과 같은 직설적인 人物評은 작가의 주관을 비교적 자유롭게 기술할 수 있는 필기류에서나 가능한 것이다. 위의 일화에서 작자가 부정적으로 평가하고 있는 원균은 이순신과 동일한 宣武功臣 一等에, 이억기는 宣武功臣 二等에 책록된 공신들이다. 그러나 작자는 그들의 충절에 대해서는 거론하지 않고 그들의 인간성과 전쟁에서의 패배를 연결시켜 그들의 패배가 필연적인 것이었음을 밝히고, 윗글 말미의 "其視元李諸輩 豈可同日語哉"에 암시되어 있듯이 혁혁한 전공을 세운 이순신과 전쟁에서 패배하여 戰死한 이들을 동등하게 대우하는 것은 부당하다는 점을 강조하고 있다. 두 장수에 대한 泰村의 이러한 평가에서 우리는 전사한 사실에 고귀한 가치를 부여하고 전쟁에서 패한 두 장수를 宣武功臣에 책록하였던 당대인들의 가치관과는 뚜렷이 구별되는 작자의 시각을 엿볼 수 있다.

孝와 관련된 인물담으로는 병든 부친이 生鰒을 먹고 싶어 했으나 구해 드리지 못한 것을 평생의 한으로 여겨 죽을 때까지 복어를 먹지 않았던 李公信 兄弟의 마음가짐을 기린 일화와 작자의 집안 조카

27 『效嚬雜記』 上 「叢話」 : 李世勣簡選偏稗 必擇其狀貌豐厚者……其視元李諸輩 豈可同日語哉

의 효행을 기술한 다음 일화[28]를 들 수 있다.

> 집안 조카 應斗는 자질이 둔하여 학문을 하기는 곤란하나 성품이 본래 효성스럽고 우애가 있었다. 癸巳 · 甲午(1593~1594)년 사이에는 다른 사람 대신 군에 들어가 대가를 받아 부모를 봉양하였는데 비록 살이 트고 굳은살이 박여도 싫어하거나 짜증내지 않았다. 이 때문에 사람들이 서로 잡아먹는 지경에 이르렀어도 늙은 아버지가 기갈을 면할 수 있었다. 乙未(1595)년에 고향으로 돌아와 황무지를 개간하고 씨를 뿌려 점차 형편이 좋아졌다. 그의 아버지는 그 후 18년간 편안히 살다가 죽었다. 장사 지냄에 禮를 갖추어 지극히 슬퍼하였고 庶母에게는 조금의 비용도 들지 않게 하였으며 장사지내고 나서 혼자 남은 몸으로 시묘살이를 하였다. 古今의 일에 통달하고 사리를 아는 자와 비교해 보아도 오히려 더 어짐이 있으니 이와 같이 선한 행실은 옛 사람에게서 찾아보아도 짝이 될 만한 이가 드물다. 마땅히 정려를 세우고 관직으로 상을 주어 본보기로 삼아야 할 것이나 작년에야 이 일이 조정에 전해져서 조서가 금년에 내려 왔는데 단지 復戶만 해주었으니 탄식할 만하다.[29]

위의 인물담에서 주목되는 것은 작자가 평범한 인물이 지극히 현실적인 방식으로 행한 효행을 높이 평가하고 있다는 사실이다. 작자가 孝子로 칭송한 주인공은 자질이 둔하여 학문을 하기 어려울 정도의 인물이다. 이 일화에 예시된 주인공의 효행도 심신을 훼상하거나, 신비적인 힘에 기도하는 등의 특이한 행위가 아니라 전쟁이 치

28 『效嚬雜記』 上 「叢話」 : 古有父在時所嗜 而曾子不食羊棗……此一節無愧古人矣
29 『效嚬雜記』 上 「叢話」 : 族姪應斗 質鈍難學……只給復戶 堪可難也

열할 때에는 대가를 받고 군에 입대하고, 전쟁 후에는 힘써 농사짓는 등 지극히 현실적인 행위이다. 이러한 효행의 주인공에 대하여 작자는 "其視達古今識事理者 猶有賢焉"이라고 극찬하였다. 유식층의 관념적인 효행보다는 마음에서 우러나는 정성이 바탕이 되고 그것의 합리적이고 현실적인 실천이 뒤따르는 孝行에 보다 높은 가치를 부여한 것이다. 이 점은 효행의 주인공에게 정려를 내리지 않고 復戶의 은전만 내린 조정의 처사에 대하여 불만을 표시한 대목에서도 확인 할 수 있다.

烈을 실천한 人物譚에서 주목되는 것은 작자가 대담하고 주도면밀한 여성들의 행위를 집중 부각시키고 있다는 점이다.

> 호남의 광대들은 반드시 무녀에게 장가드는데 이들을 兩種이라고 부른다. 어떤 광대가 무녀를 얻었는데 나이가 어리고 아름다웠다. 도적질을 일삼는 광대가 (무녀의)남편을 죽이고 무녀를 빼앗으려고 喪服을 입고 와서 무녀에게 말하기를 '나는 某邑 某里에 사는 사람인데 돌아가신 아버지의 小祥이 내일이니 오셔서 亡靈을 기쁘게 해주기 바랍니다.'라고 하였다. 무녀가 그 말을 믿고 남편과 함께 길을 가서 골짜기 속 사람이 없는 곳에 이르니 도적이 남편의 머리채를 잡고 땅에 넘어뜨리고는 묶으려고 하였다. 무녀가 돌아보며 말하기를 '늙은 남편은 망령이 들었으니 묶는 것은 급한 일이 아닙니다.'라고 하였다. 묶고 나서 찔러 죽이려 하니 무녀가 말에서 내려와 중지시키며 말하기를 '저 사람이 비록 볼품은 없으나 오랫동안 동거하여 그 죽는 꼴을 차마 볼 수 없으니 점심 먹은 후 보이지 않는 곳에 나를 데다 주고 당신 마음대로 하여도 또한 늦지 않습니다.'라고 하였다. 드디어 (무녀는) 도적을 이끌고 숲속에 들어가 혹 그의 손을 잡기도 하고 혹 그의 등을 어

루만지기도 하며 갖은 교태를 부리면서 말하기를 '당신은 나이도 젊고 힘도 강하여 본 남편의 늙고 쇠약함과는 다르며, 용모도 훤칠하여 못생긴 본 남편보다 나으니 오늘의 일은 내가 바라던 바입니다.'라고 하였다. 바로 점심을 먹었는데 손을 교차하여 서로 먹여주고 또 도적의 칼을 꺼내어서 소매를 걷고 전날 밤 마련했던 고기를 배어 칼끝에 꿰어 먼저 도적의 입에 넣어주니 도적이 기뻐하며 받아먹으려고 하였다. 그때 (무녀는) 칼로 도적의 목구멍을 찔러 죽이고 드디어 그 남편과 함께 돌아와 해로하였다.

전국시대 종횡가의 책모라 할지라도 이보다 나을 것이 없다. 가상히 여길 만하다.[30]

위의 人物譚은 주인공의 행위와 사건 전개 과정의 상황에 대한 묘사가 치밀할 뿐 아니라 거의 완벽한 서사구조를 갖춘 秀作이다. 무녀가 도적을 유혹하는 장면과 상대방의 입에 음식을 넣어 주는 장면에 대한 묘사적 표현은 독자에게 눈앞에 상황이 전개되는 듯한 현장감을 부여한다. 독자는 일화가 지닌 흥미로움과 이러한 장면 묘사가 지닌 생동감으로 인해 자연스럽게 이야기 속으로 빠져들게 되는 것이다.

이 인물담에서 특히 주목되는 것은 작가가 여주인공의 행위와 말을 빌어 충격적인 장면을 연출하고 있다는 사실이다. 예컨대 숲속에서 도적의 손을 잡고 등을 어루만지며, 밥을 먹을 때 서로 먹여주는 행위와. '당신은 나이가 젊고 힘이 세어 노쇠한 본 남편보다 낫다'는 언사는 여성의 본능적 욕구에 대한 이해가 전제된 것으로 주인공이

30 『效嚬雜記』上「叢話」: 湖南優輩 必娶巫女……雖戰國縱橫之謀 何以加此 可嘉也已

비록 중세 신분제 사회에서 최하층에 속하는 무녀이긴 하나 권계를 목적으로 저술에 임하는 儒者의 붓 끝에서는 나오기 어려운 대목이다. 여주인공의 이러한 행위와 언사가 비록 남편을 구하기 위한 계략이긴 하나 당대의 윤리관에 입각하여 본다면 도적을 꾸짖고 자기 몸을 조금도 더럽히지 않은 채 장렬한 죽음을 택하여야 마땅한 것이다. 그러나 작자는 대담하면서도 주도면밀한 여주인공의 언동에 대하여 "雖戰國縱橫之謀 何以加此 可嘉也已"라고 칭찬하였다. 여기서 우리는 행위의 결과를 중요시하는, 보다 개방적인 작가의 윤리의식을 엿볼 수 있다. 이 점은 남편을 죽인 도적을 따라가 몇 년간 함께 살며 자식까지 낳은 후 도적이 술에 취하여 잠든 틈을 타서 도적과 도적의 씨인 자식을 함께 불태워 죽인 여인의 행위를 긍정적으로 평가한 4-65話[31]에서도 확인할 수 있다.

권력가의 부당한 횡포를 풍자한 인물담의 주인공은 金安老(1481~1537). 尹元衡(?~1565). 鄭仁弘(1535~1623) 등 역대 세도가와 그 일당들이다. 명종년간의 세도가였던 윤원형이 일생 동안 저지른 비행을 풍자한 다음 일화는 특이한 구조로 이루어진 흥미로운 작품이다.

(1) 金行은 익살스러운 말을 잘하는 사람인데 일찍이 어느 재상에게 윤원형의 魂이 하는 말을 무당에게 들었다며 다음과 같이 말했다.

31 『效嚬雜記』上「叢話」: 甲午之歲 飢荒太甚……夫委質而圖復夫讎 人所難也 割愛而并殺其子 尤所難也 其去息夫人遠矣

(2) 윤원형이 죽던 날 중종을 배알하니 중종이 화를 내어 大尹 일파와 훈구관료를 죽인 일을 책망하며 '너는 만 번 죽어도 죄를 씻지 못한다.'라고 하며 윤원형을 내쫓앗다.

(3) 물러나 명종을 배알하니 明宗 또한 화를 내어 '어려서 왕이 된 내가 외삼촌의 말을 듣고 失政하였다.'라고 하며 앞으로 찾아오지 말라고 했다.

(4) 동기간임을 믿고 文定王后를 찾아가니 '나의 失德이 역사에 기록된 것은 모두 너 때문이다. 내가 너를 죽이지 못한 것이 한스럽다.'라고 하며 내쫓았다.

(5) 마지막으로 여러 가지 어려움을 겪고 蘭貞을 찾아가니 蘭貞은 맹인 金致命과 함께 宋舜齡이 언제 冥府로 오는 지를 점치고 있었다.

(6) 말이 비록 불경하나 기롱하고 풍자하는 뜻이 들어있어 內殿과 내왕하여 선한 사람을 해치고, 첩을 처로 삼은 자에게 경계가 될 만하다.

(7) 蘭貞은 출신을 알 수 없는 여자인데 일찍이 여러 사내를 거쳐 늦게 윤씨 집안에 들어가 원형의 후실이 되어 사랑을 믿고 교만 방자하였다. 宋舜齡은 그 계집종의 남편이다.

(8) 蘭貞은 절에서 齋를 올릴 때마다 반드시 어리고 예쁜 여자를 가리어 윤원형의 침실에 들이고 혼자 별실에 있다가 밤중에 경쇠를 쳐서 그 소리를 신호로 삼아 송순령을 들어오게 하여 간통하였다.

(9) 하루는 蘭貞이 다리에 종기가 나서 침을 맞았는데 다른 의원이 침을 놓으면 아파 못 견디겠다고 하고 순령이 놓을 때만 괜찮다고 하였다. 원형은 순령의 침술을 여러 사람 앞에서 칭찬하였는데 한 재상이 웃으면서 마구 찌른 것이라고 하였으나 원형은 눈치 채지 못했다.

(10) 윤원형과 蘭貞 사이에 태어난 자녀들은 명문가와 혼인하였는데 하루는 金致命을 시켜 朴啓賢의 자제와 억지로 혼인시키려 하였다. 박계현은 화가 나서 상종 못할 인간이라 여기고 모호하게 답하였다.

(11) 윤원형이 쫓겨난 뒤 박계현은 大司憲이 되어 김치명을 잡아 杖殺하였다. 윤원형과 蘭貞도 얼마 후 죽었다. 그래서 김행이 이런 이야기를 한 것이다.[32]

위의 일화는 (1)~(6) 단락만으로도 흠결이 없는 한 편의 敍事文이 될 수 있다. (1)은 일화의 입수 경위를 밝힌 부분으로 巫女의 넋두리를 통하여 윤원형의 저승 행각을 들은 것으로 되어있다. (2)(3)(4)는 윤원형이 明宗의 母后이자 자신의 손윗누이인 文定大妃를 정치적 배경으로 삼아 정권을 장악하고 乙巳士禍를 일으켜 政敵인 尹任(1487~1545), 柳灌(1484~1545), 柳仁淑(1485~1545) 등을 賜死케 하였으며, 연이어 良才驛 壁書事件을 계기로 鳳城君(中宗의 8남), 宋麟壽(1487~1547), 朴若水(?~1547) 등을 賜死케 하는 등 그가 집권한 20년 동안 지은 죄과[33]를 中宗, 明宗, 文定大妃의 언사를 빌어 드러낸 것이다. (5)는 윤원형이 정권을 장악하고 불의한 짓을 자행하는 동안 수시로 궁궐에 출입하며 정치적 음모에 직접 가담했던 그의 후실 蘭貞의 간교한 배신행위를 삽화로 제시한 것이다. (6)은 評結에 해당하는 부분으로 '言雖不經'이라 評한 것은 (3)(4)단락에 명종과 문정대비가 윤원형이 정권을 농단할 수 있도록 후원한 사실에 대한 비판의도가 내포되어 있기 때문이라 생각된다.

(7)(8)(9)는 (5)에 대한 보충 기술로 (7)에서 작자는 蘭貞과 그녀의

32 『效嚬雜記』上「叢話」: 金斯文行 長於詼諧 嘗語一宰臣日……時朴爲中丞 因致命殺于杖下 元衡與蘭貞 未久亦死 故今斯文有是說

33 『한국사』12. 189~194쪽 참조.

姦夫 宋舜齡의 정체를 밝히고, (8)에서는 이 두 남녀의 간통 장면을 흥미있는 삽화를 통해 보여주고 있다. 이 삽화를 통해 작자는 蘭貞의 교활한 성격을 극명하게 드러내는 한편 (9)에서는 윤원형이 蘭貞에게 속아 公席에서 송순령을 칭찬하는 장면을 삽입함으로써 蘭貞의 교활함과 윤원형의 어리석음을 대비시키고 있다. (10)은 윤원형과 蘭貞 사이에 태어난 자녀의 혼인과 관련된 일화로 윤원형의 私的 非行에 대한 고발에 해당하고 (11)은 두 사람의 말로에 대한 기술이다.

위에서 살펴본 바와 같이 이 일화는 '입수경위 …… 傳聞內容 … 評結 … 보충설명'이란 특이한 구조로 이루어져 있다. 작자는 이러한 구조를 통하여 윤원형의 죄과에 대하여 당대인들이 공유하였던 인식 내용을 자연스럽게 대변하고, 작자가 인지하고 있던 蘭貞의 간통행각에 대한 정보를 기술하여 蘭貞의 간교함과 집안도 제대로 다스리지 못한 윤원형의 어리석음을 폭로함으로써 이들에 의해 저질러진 공적·사적 비리의 개연성을 확인 시켜주고 있다.

2) 事件譚

事件譚은 人物譚이 관심의 초점을 人物에 맞추고 있는 반면 인물 자체 보다는 그 인물을 둘러싼 특정한 사건에 초점을 맞춘 일련의 이야기[34]들이다.

『效嚬雜記』에 실린 事件譚을 내용에 따라 분류하면, 첫째 작자 자

34 李京雨, 전게논문 53쪽 참조.

신을 비롯한 지방관 사이에 일어난 흥미 있는 사건을 소화 형식으로 기술한 것, 둘째 흥미를 유발시킬 만한 특이한 사건을 삽화로 제시함으로써 세태를 풍자하거나 시대 상황을 반영한 것, 셋째 궁중 혹은 정치적으로 중요한 위치에 있는 인물과 관련된 정치적 사건을 기술한 것으로 나눌 수 있다.

첫째 경우에 해당하는 事件譚으로는 작자가 함양군수로 재직할 때 상주목사 黃洛의 무례함을 해학적으로 풍자한 내용의 4-13話[35]와 죽은 아버지가 절에 시주한 토지를 자식들이 찾을 수 있게 하고, 70세 된 노인이 과부를 강간한 사건을 지혜롭게 해결한 지방관의 일화를 기술한 4-63話[36] 등을 들 수 있다.

이러한 笑話類의 事件譚은 흥미 위주로 기술된 것이기 때문에 작가의식이 문면에 뚜렷하게 드러나지 않는다. 그러나 이러한 사건담에는 하급 지방관을 역임하면서 당면했던 어려운 문제들을 해결한 경험과 다른 지방관들의 재기 넘친 사건 해결담을 기술함으로써 處世와 處事의 지혜를 독자에게 제공하려는 의도가 내포되어 있다.

재미있는 삽화를 제시하여 세태를 풍자한 사건 담으로는 관료사회의 모순된 인사정책을 한편의 笑話를 통해 신랄하게 풍자한 4~15話[37]와 설화 형식으로 구성된 다음 일화를 들 수 있다.

---

35 『效嚬雜記』上「叢話」: 黃斯文洛 與余同癸 而京鄕路隔 初未嘗識面也……黃答曰 丐者之說 痛惡痛惡云

36 『效嚬雜記』上「叢話」: 黃有蚩氓 崇信佛教……兩伯之判 可謂竭盡情法 無餘矣

37 『效嚬雜記』上「叢話」: 丁酉之變 湖南之人 流移于嶺南……今世仕宦亦如此 可拍手一笑也

옛날에 廻山女가 있었다. 여자들이 절에 들어가니 여자는 9명인데 승려는 8명뿐이었다. 그중 한 여자는 자기의 미모를 믿고 높은 값을 요구하였다. 승려들이 눈짓으로 유혹했으나 워낙 도도하게 굴어 부득이 그 다음 여자를 점찍었다. 이렇게 하여 8명의 승려가 각기 짝을 맞추어 날이 어두워지자 방에 들어갔다. 미모를 믿었던 여자는 무료함을 이기지 못하여 月臺에서 부르짖기를 '아직 남은 중이 있는가!'라고 하였다.

孟子가 말하기를 '명예를 좋아하는 사람은 千乘의 나라를 양보할 수 있거니와 만일 그럴만한 사람이 아니면 밥 한 그릇 국 한 그릇에도 얼굴빛에 나타낸다'라고 하셨으니 그 情狀이 이 여자와 무엇이 다르겠는가? 千乘의 나라를 사양한 것은 처음에 여자가 도도하게 굴었던 것과 같고 국 한 그릇 밥 한 그릇에 본색을 드러내는 것은 끝내 月臺에서 부르짖은 것과 같은 것이다. 벼슬을 하는 선비도 이와 같은 자가 있으니 王安石이 바로 그 사람이다. 관직이 知制誥에 미치지 않자 매번 관직을 사양하다가 재상에 복귀하라는 명이 내리자 7일 만에 서울에 온 것이 이 경우와 흡사하다.[38]

위의 예화에서 후반부의 장황한 評結을 제외하면 매우 특이하고 흥미 있는 한 편의 설화가 될 수 있다. 評結에서 밝히고 있듯이 전반부의 삽화는 보다 높은 관직을 얻기 위해 낮은 관직이 주어지면 사양하면서 고고한 척하는 일부 양반 사대부 계층의 이중성을 자신의 미모만 믿고 도도하게 구는 창녀의 행위로 형상화한 것으로 그러한 행위를 하는 사대부는 몸을 파는 창녀와 다름없다는 것이다. 이

38 『效嚬雜記』下「餘話」: 昔有廻山女入寺 女則九而僧則八也……每官輒辭 復相命下 七日抵京者似之

삽화에서 풍자하고 있는 대상을 구체적으로 밝히기는 어려우나 廻山女의 이중적 행위에서 겉으로는 고고한 도덕 군자인양 하면서 속으로는 높은 관직이란 利를 추구하는 위선자의 모습을 선명하게 떠올릴 수 있다. 작가가 王安石을 지목한 사실에 너무 집착할 필요는 없다. 작가가 관직에 있을 때 이미 山林의 大儒란 명분으로 鄭仁弘을 위시한 在野人士가 과거를 거치지 않고 국가초빙 형식으로 관직에 등용된 사례가 있고, 과거 혹은 음서를 통해서 관계에 진출한 사람 가운데 낮은 관직을 사양함으로써 높은 관직을 얻은 경우가 있기 때문이다. 작자는 이러한 인물 가운데 특정 부류를 풍자하기 위하여 이 이야기를 기술하였을 가능성이 다분하다. 그러나 전반부의 설화만 제시하고 함축적으로 간결한 평결로 이 사건담을 끝맺었더라면 독자에게 보다 선명한 인상을 줄 수 있었을 것이다. 지나치게 장황한 평결로 독자의 몫인 상상의 공간을 축소시켜 버림으로써 흥미를 반감시킨 것이 이 작품의 결점인 것으로 생각된다.

다음 일화는 특정인과 관련된 특이한 사건을 제재로하여 한 인간의 비극적 삶을 실감있게 그려낸 사건담이다.

> 嘉靖 乙卯年(1555년) 여름 왜구가 湖南地方에 물밀 듯 쳐들어와 여러 城을 함락시켰다. 이때 韓蘊은 長興府使였는데 성이 함락된 후 생사여부를 알 수 없었다. 세상에 傳하는 말로는 蘊이 힘써 싸우다가 죽었는데 어지러이 널려있는 시체 가운데 섞이어 더운 날씨 때문에 빨리 썩어서 그 시체를 가려내지 못했다고 한다. 그러나 성이 함락된 날 도망가서 살았는지는 알 수 없다.

> 어느 해 늙은 승려가 四佛山에 왔는데 그가 어디서 왔는지는 알 수 없었다. 하루는 韓氏 성을 가진 자가 절에 와서 老僧을 만나기를 청했다. 그 老僧이 말하기를 '세상에 어찌 나를 만나려는 자가 있는가. 그렇다면 나를 某處에서 기다려라.' 하고는 즉시 지팡이를 짚고 가버렸다. 절의 중이 몰래 따라가보니 두 사람은 서로 붙잡고 날이 지나도록 통곡하고 노승은 절로 돌아왔다. 승려들이 뒤따라갔던 자에게 가만히 물으니 노승을 찾아왔던 자는 장흥부사의 아들이라고 하였다.
>
> 이 절의 승려 法修는 성실하고 정직하며 식견이 있어 망령된 이야기를 하지 않을 것임을 믿기 때문에 기록한다.[39]

위의 일화는 비교적 단편에 속하나 정연한 서사구조를 통해 한 인간의 비극적 삶을 형상적으로 표현한 수작이다. 이 事件譚은 크게 두 단락으로 나눌 수 있다. 첫째 단락은 장흥부사였던 한온의 생사에 대한 기술이고, 둘째 단락은 노승과 그를 찾아온 한씨 성을 가진 자의 행위에 대한 기술이다. 첫째 단락에서 작자는 한온의 생사 여부에 대하여 애매하게 처리함으로써 독자의 흥미를 유발하고, 둘째 단락에서는 정체불명의 노승을 등장시켜 그 노승을 찾아와 노승과 함께 통곡한 사람이 한온의 아들이라는 점을 암시함으로써 노승이 바로 한온이라는 사실을 독자가 스스로 깨닫도록 유도하고 있다.

이 작품은 일견 내용전개상 앞뒤 단락이 단절된 듯하다. 그러나 작자는 이러한 단절된 공간을 설정함으로써 독자의 상상력이 개입할 수 있는 여지를 제공하여 독자로 하여금 이 일화에 깊이 빠져들

39 『效嚬雜記』 下 「餘話」: 嘉靖乙卯夏 倭寇充斥湖南……寺僧法修 老實有識 信其不妄 故錄之

게 한 것으로 판단된다.

이 작품의 서두나 말미에 여타의 일화와는 달리 작자의 주관을 언표한 부분이 생략되었고, 평결 대신 일화를 입수한 경위만 밝히고 있다. 그러나 독자는 이 한편의 흥미로운 이야기를 접함으로써 거대한 외부의 폭력에 휩쓸린 나약한 한 인간의 불행한 삶에 대하여 연민의 정을 금할 수 없을 것이며, 이것이 바로 작자가 이 일화를 기술한 의도일 것이다.

野史的 性格을 지닌 事件譚으로는 金德齡(1567~1596)의 억울한 죽음에 얽힌 秘史를 기술한 5-48話[40]와 金安老(1481~1537)의 실권과 관련된 다음 일화 등이 있다.

(1) 金安老는 중종 때의 權臣인데 임금의 총명함을 가리고 선한 사람을 무수히 해친 자이다.
(2) 하루는 중종이 繼妃 尹氏를 소홀히 대접한다는 잘못된 정보를 입수하고 尹氏를 폐하라고 주청했다.
(3) 중종이 尹任을 불러 화를 내며 문책하니 윤임은 대사헌에게 김안로를 탄핵하게 하겠다고 중종에게 청하여 허락을 받았다.
(4) 윤임이 대사헌 楊某에게 김안로를 탄핵하라는 왕명을 전하니 양모는 믿지 못하고 공포에 질려 벌벌떨며 거절하였다.
(5) 윤임이 이 사실을 중종께 아뢰니 중종은 '내일 승지 某를 참판에, 司諫 某를 승지에 임명할 터이니 그것을 신호로 삼아 김안로를 탄핵하라.'고 말했다.

40 『效嚬雜記』下「餘話」: 金將軍眼波澄澈 頗似虎睛……金某蓋棺之後 人有題其柩曰 出師未捷身先死 可愛又可惜也

(6) 다음날 楊某는 政目이 나올 때까지 매우 초조해 하다가 전날 윤임이 말한대로 관직이 재수된 후에야 김안로를 탄핵하였다.

(7) 온 세상 사람들이 이 일을 두고 楊某의 막대한 공적이라고 하나 임금의 密旨를 받고 그대로 시행한 것임을 알지 못한다.

(8) 楊某는 임금의 윤허가 내린 후에 바로 피를 數升이나 토한 것으로 보아 그가 줏대 없는 인간임을 알 수 있으니 어찌 강직한 사람이라 하겠는가? 小尹이 정권을 잡자 아부하여 乙巳士禍를 일으키는데 앞장섰으니 그 사람됨을 알 수 있다.[41]

위의 事件譚은 김안로를 제거하는 과정에 일어났던 궁중비사를 제재로한 일종의 野史이다. 金安老는 중종 26년~32년까지 禮曹判書, 大提學, 左議政 등 요직을 역임하며 조정의 실권을 장악하고 권력을 휘둘러 朴紹(1493~1534), 李彦迪(1491~1553), 鄭光弼(1462~1538), 李荇(1478~1534)등 반대파를 제거하고, 敬嬪 朴氏와 福成君을 賜死케 함으로써 조정을 공포에 떨게 하였던[42] 세도가였다. 당시 김안로의 권세는 위의 일화에 드러난 바와 같이 국왕까지도 공공연히 정죄하기 힘들 만큼 막강한 것이었다. 이러한 권력자 김안로를 제거하는 일에 앞장선 인물은 위의 예화에서 楊某라는 익명으로 표시한 당시의 대사헌 楊淵(?~1542)이다. 따라서 양연은 김안로를 탄핵한 일만으로도 당대인에게 剛直한 인물로 평가 받았던 것이다. 그러나 작자는 김안로 제거의 裏面史를 상세히 소개함으로써 양연에

41 『效嚬雜記』上「叢話」: 金安老 中廟之林甫也……助成乙巳之禍 其爲人槩可知矣

42 『한국사』12. 187~188쪽 참조.

대한 기존의 평가를 수정하는 한편 그가 뒷날 小尹派에 가담하여 士類를 해친 행위가 정치적 소신에 의한 것이 아님을 밝히고 있다. 예화에서 양연을 보잘 것 없는 소인배로 묘사한 것도 바로 그에 대한 당대의 평가가 잘못된 것임을 입증하기 위한 것이다. 한편 위의 사건담에서 우리는 작자가 양연과 중종의 성격 묘사에 치중했음을 발견 할 수 있다. 이는 위의 사건담이 일의 결과를 중시하는 政史類 史書가 지닌 결함을 보충하려는 의도에서 기술된 것이기 때문에 특정 사건과 관련된 인물의 행위를 미세한 부분까지 묘사함으로써 자신의 주장을 독자가 신뢰하게 하기 위한 것이나, 결과적으로 문학적 흥미를 유발하는 데 기여하고 있는 것으로 생각된다.

3) 寓話

앞에서 언급한 바와 같이 『效嚬雜記』에 수록된 두 편의 寓話는 모두 쥐를 등장시켜 인간의 정황을 형상화한 것이다.

"옛날 들쥐가 딸을 낳았는데 천하의 절색이라 여겨 태양에게 구혼하였다.……"로 시작되는 이른바 '들쥐의 혼인 이야기'[43]는 외척의 세도가 극심했던 仁宗, 明宗間의 정치적 상황을 배경으로 생겨난 우화로 생각되는데 자신의 신분을 망각하고 國婚을 통해 권력을 잡아 보려는 자의 어리석음을 풍자한 笑話이다.

'물건을 훔치는 일에는 귀신같은 재주를 지니고 있으나 늙고 쇠약

43 『效嚬雜記』上「叢話」: 昔有鼴鼠 生女而美 謂天下無雙 求婚於日……以此世有生女求婚 意望太高 而卒歸相敵者 謂之鼴鼠婚姻也

하여 스스로 움직이지 못하는 쥐가 여러 젊은 쥐에게 훔치는 기술을 가르쳐주고 그들이 훔쳐온 음식을 얻어먹고 살았는데 기술을 비운 젊은 쥐들이 자신들의 힘과 기술을 믿고 늙은 쥐를 돌보지 않다가 어려운 문제에 봉착하자 다시 늙은 쥐에게 찾아가서 해결 방안을 얻었다'는 5-1話[44] 또한 당대의 정치상황을 풍자한 우화인 것으로 판단된다. 이 점은 評結部의 "…… 그러나 지금은 國權이 젊은이들 손에 넘어 갔는데 원로들은 방관하며 혀를 묶어놓고 말하지 않는다. 설사 훌륭한 말을 한다고 하더라도 도리어 보잘 것 없는 사람에게 꾸중이나 듣게 될 것이다."라는 작자의 언표에서 확인할 수 있다. 따라서 이 우화는 光海君이 즉위한 이후 大北派가 집권 하면서 李桓福, 李好閔(1533~1634), 奇自獻(1562~1624) 등 원로 대신들을 추방하고 원로 대신들이 정치적 의견을 제시할 수 있는 언로마저 막아버린 사실을 풍자한 것으로 이해된다.

(2) 詩話

『效嚬雜記』에 수록된 시화는 대부분 특정인의 행적이나 특정 사건의 전말을 기술하면서 이와 관련된 시를 소개하는 형태로 이루어진 詩逸話이다. 詩評에 해당하는 내용도 있으나 비평대상 작품이 지닌 미적특성을 추상적이고 관념적인 개념어로 압축하여 품평하는 본격

44 『效嚬雜記』下「餘話」: 古有老鼠 神於竊物 而眼暗力衰 不能自行……然而斯今國柄付之黃吻 而耆舊旁觀 結舌不言 縱有鳳鳴之語 反被木拱之誚 相鼠若彼 人而不如 可勝歎哉

적인 風格批評의 수준에 이른 것은 거의 없고, 考證의 경우 특정 작품에 쓰인 語·句의 문제점을 지적한 것과 語·句의 의미를 해설한 것이 있다.

다음 詩話는 중요한 정치적 사건과 관련된 풍자시와 그 창작배경을 기술한 것이다.

> 鰲城 李恒福이 폐비론에 반대하다가 멀리 유배가게 되었다. 송별하는 자리에서 어떤 사람이 다음과 같은 시를 지었다.
>
> 凍雨蕭蕭晝晦微　　겨울비 스산히 내려 낮인데도 어두운데
> 朔風吹裂遠征衣　　북풍은 세차 먼 길 가는 사람의 옷을 찢네
> 遼東城郭應依舊　　요동의 성곽은 응당 옛날 같으리나
> 只恐令威去不歸　　영감께서 가셔서 못 오실까 두려울 뿐
>
> 廷陵은 다음과 같은 시를 지었다.
>
> 此地年年送客去　　이곳에서 해마다 객을 떠나 보내니
> 山壇落日祭江蘺　　산단에서 향초로 진 해에 제사하네
> 吾行最晚知何處　　나는 맨 나중 떠날 것이나 갈 곳을 아나니
> 無復故人來別離　　다시는 친구들 와서 이별 할 일 없으리라
>
> 두 시는 哀怨하여 사람으로 하여금 코끝이 찡하게 한다.[45]

위의 詩話는 仁穆大妃 廢出을 극력 반대하다가 北青으로 귀향 가

45 同上：鰲城立異於廢妃之議 遭遠竄……兩詩皆哀怨 令人可酸鼻也

는 李桓福을 전별하는 자리에서 지어진 詩 二首를 소개하고 風格을 '哀怨'이란 두 글자로 品評한 것이다.

첫 번째 시는 찬비, 컴컴한 날씨, 세찬 북풍 등의 詩語를 써서 침울하고 절망적인 현장 분위기를 묘사하면서 암울한 시대상황을 암시하고, 이러한 시대상황이 쉽게 바뀌지 않을 것이라는 절망적 예단으로 끝맺고 있다. 五峯 李好閔(1553~1634)이 지은 두 번째 작품에는 작중화자의 비장한 각오가 서려 있다. 承句의 '落日'은 이호민과 이항복이 섬겼던 宣祖를 상징한다 할 수 있으며, 산단에 제수로 올려진 江蘺는 宣祖의 유지를 받들려다 유배길에 오르게 된 충신들의 충정을 상징하는 것으로 볼 수 있다. '자신이 어디로 가게 될지 알며 다시는 친구들이 자신을 전별하는 일이 없을 것'이라는 轉·結句의 언표는 죽음까지 각오한 작중화자의 비장한 결의와 친구를 유배지로 떠나보내는 이의 처절한 심경을 비감어린 어조로 표현한 것이다.

泰村은 위의 詩話를 기술하면서 이 두 작품의 風格만 언급하고 자신의 주관을 문면에 노출시키지는 않았으나 광해군의 亂政에 대한 비판의식이 내포된 작품과, 죽음으로 거기에 대응하겠다는 비장한 각오가 서린 작품을 기재함으로써 그 속에 자신의 현실 비판 의식을 투영한 것이다.

이 밖에 姜弘立(1560~1627)이 淸에 항복한 사실을 풍자한 자신의 시를 소개한 5-73話[46]와 '子婿弟姪榜'이라는 비난을 받았던 庚戌

46 同上 : 都元帥姜弘立 副元帥金景瑞……人有爲作二絶句 其一日 畏死投降苟保生 却將和議誤宸情 宜稱未死臣而已 可笑猶書舊職名 其二日 在軍君令尙枝梧 無骨何從一

(1610년) 別擧를 풍자한 權韠(1569~1612)의 詩를 실은 5-50話[47] 등도 정치적 사건과 관련된 시를 소개한 詩話이다. 다음 시화는 詩句의 義理를 문제삼은 議論的 性格이 강한 것이다.

> 南秋江이 吉冶隱을 노래한 詩에 '達可는 두 성씨의 왕을 섬겼으니, 아름다운 재목에 작은 흠집이며 밝은 거울에 티끌이로다.[達可身事二姓主 杞梓寸朽鑑中疵]'란 구절이 있는데 이 말은 의리에 맞지 않다. 禑王은 폐출하여야야 할 두 가지 이유가 있으니 첫째는 음란, 포학함이 너무 심한 것이고, 둘째는 신하로써 임금을 친 것이다. 이 두 가지를 범하고도 면하기는 어려운 것이다.[48]

윗글에서 泰村이 義理상 문제점이 있다고 지목한 秋江의 詩句는 圃隱이 辛旽의 자손이란 이유로 폐출당한 禑王과 昌王의 신하였으면서도 다시 恭讓王을 섬긴 사실을 지적한 것이다. 圃隱의 이러한 行迹에 대하여 조선전기 학자들은 王氏의 臣下인 포은이 辛氏인 禑와 昌을 섬긴 사실에 혐의를 두었고, 조선후기 학자들은 禑王과 昌王을 王氏로 인정하고 그들을 廢戮하는데 동참한 사실을 비판[49] 하

紙書 居然解甲甘臣服 冎裂千般罪有餘
위의 시화에서는 인용한 시의 작자를 명시하지 않았으나 『泰村先生文集』 卷1에 「聞姜元帥弘立擧軍降二首」란 제목으로 이 詩가 실려 있음. (『韓國文集叢刊』 59 『泰村集』은 詩話의 '都元帥姜弘立'과 詩의 제목을 지워버린 本을 실었으나 필자 소장 목판본에는 그대로 실려있음.)

47 同上 : 庚戌冬別擧 徇私者多……權韠有詩日 若將科第用私情 子婿之中婿最輕 獨使許筠當此罪 世間公道果難行

48 同上 : 南秋江 詠吉冶隱有詩日……負此二罪 難乎免矣

49 李佑成 「高麗史 및 李朝文獻記錄과 圃隱의 位相」, 『포은사상연구소 주최 학술 발표

였다. 그런데 泰村은 禑王과 昌王이 王氏임을 인정하였으나, 禑王은 음란하고 잔인하여 폐출당할 수밖에 없었다는 새로운 설을 제기하고 있다. 禑王이 王氏라고 하더라도 淫虐한 짓을 자행했으므로 圃隱이 그를 폐출하는 데 동참한 것은 정당한 행위라는 것이다. 泰村의 이러한 시각의 저변에는 光海君의 昏政이 지속되던 당대의 정치상황을 고려할 때 光海君의 昏政에 대한 극렬한 비판의식이 자리하고 있는 것으로 생각된다.

(3) 論說

『效嚬雜記』에 등재된 172項 가운데 50項에 가까운 論說文이 포함되어 있고, 그 내용이 관념적인 문제에 대한 論議가 아닌 자연현상 · 동식물의 생태 · 풍속 · 정치제도 등 현실에서 일어나는 제반 문제에 대한 논의라는 점에서 대단히 주목된다. 현실에 대한 작가의 비상한 관심을 시사하는 자료이다.

> 聞慶에 潮汐水가 있어 옆쪽에서 물이 나오는데, 그쳤다가 나오곤 하며 색깔과 맛은 다른 물과 마찬가지이다. 어떤 사람은 이것을 바다의 밀물과 썰물에 비유하는데 나는 그렇지 않다고 생각한다. 일찍이 물레방아로 곡식 찧는 것을 보았는데 물이 통에 가득 차면 받침대가 기울어져 물이 쏟아 졌다. 이 원리로 헤아려보면 이는 반드시 땅속 빈곳에 받침이 있는 물통같이 생긴 돌 절구가 있어 물이 바위 구멍으로부터 떨어져 절구에 가득 차면 기울어져 흘러 나오는 것이리라. 일찍이

회 발표요지』, 1993.05.24, 9~10쪽 참조.

나의 생각을 禹見吉에게 이야기하니 見吉이 믿지 않았다. 대개 이치에 벗어나 존재하는 사물이 없음을 모르기 때문이다.[50]

물이 간헐적으로 용출하는 현상에 대한 泰村의 해명이 과학적으로 타당한가 하는 문제는 그리 중요하지 않다. 윗글에서 주목되는 것은 작자가 특이한 자연현상에 대하여 전통적인 우주론이나 전고를 인용하여 관념적인 방식으로 해명하지 않고 탐구적인 자세로 문제에 접근하여 합리적인 해명을 시도한 점이다. 인용문 말미의 존재물은 일정한 원리에 의해 존재한다는 언표나 4-18項의 "천하의 모든 일은 귀로 듣는 것이 눈으로 보는 것만 못하고, 가슴으로 헤아린 것은 경험한 것만 못하다"[51]라는 주장은 특이한 자연현상을 기적이나 초자연적인 힘에 의한 것으로 치부해 버리지 않고 직접 견문한 경험적 사실에 근거하여 합리적으로 해명하려는 과학적 세계인식 태도의 소산이라고 할 수 있다. 이러한 그의 세계 인식태도는 結氷時 숨구멍이 생기는 원리를 나름대로 분석한 4-78項[52]과 여름에 얼음이 얼고 겨울에 녹는 義城 氷溪의 특이한 자연현상에 대한 해명을 시도한 4-57項[53] 등에서도 확인할 수 있다.

자연현상이나 동·식물의 생태에 대한 이러한 작가의 관심이 단순히 지적 탐구욕에서 비롯된 것만은 아니다. 태촌이 자연현상이나

50 『效嚬雜記』上「叢話」: 聞喜地有潮汐水 側出而無定時……蓋不知理外無物也.

51 同上 : 然後知天下萬事 耳聞不如目見 臆料不如經驗也

52 同上 : 儉湖在感寧治南十里許 乃吾東之巨浸也……博物者復起 不易吾言矣

53 同上 : 永山在聞韶地 氣候反常……淺見如此 姑俟博物者耳

동 · 식물의 생태를 정확히 파악하여 인간의 삶을 보다 풍요롭게 하는 데 이용하고자 하였음은 약용식물의 생태를 상세히 기술하고 그 약효를 밝힌 일련의 논설문[54]과, 보리 · 조 · 콩 · 면화 등 농작물의 특성을 연구하여 각 농작물을 재배하는 데 적합한 토질과 재배법에 대하여 상술한 5-54項[55], 누에의 생태를 관찰하여 양잠의 요령을 설명한 4-19項[56] 등에서 분명히 확인할 수 있다. 조선후기 농업기술 발달의 원동력이 된 泰村의『農家月令』[57]은 바로 그의 이러한 세계인식태도와 현실주의적인 사고의 소산인 것이다. 당시 상류층의 사치한 풍속을 비판한 5-8項[58] 및 유행에 대하여 상술한 4-59項[59] 등도 삶의 현장에 대한 작자의 관심을 대변하는 자료이다.

정치현실과 관련된 문제 가운데 작자의 비판의식이 극명하게 드러난 것은 蔭敍와 貢納의 폐단을 논한 글이다.

> 先王(宣祖)이 돌아가시자 나라일이 모두 바뀌어 당하관의 관직으로 정부의 兩司(司憲府, 司諫院), 四館(成均館, 校書館, 藝文館, 承文院), 吏曹, 兵曹, 禮曹, 太常이외는 모두 蔭官을 임명한다. 外任에 이르러

54 대표적인 예로 5-80 285쪽, 5-81 285쪽, 5-65 282쪽, 4-54 264쪽 등을 들 수 있다.

55 『效嚬雜記』下「餘話」: 筮仕四十年 仕日常少 閒日常多 從事明農 稍知其妙……大豆一骨巷 小豆日骨巷 相間落種可也

56 『效嚬雜記』上「叢話」: 養蠶之要有三焉……養蚕者不可不知也

57 閔成基,『朝鮮農業史硏究』, 一潮閣, 1990, 223쪽 참조.

58 『效嚬雜記』下「餘話」: 奢侈之弊 比來尤甚……未知末流之如何 徒增慨嘆而已

59 『效嚬雜記』上「叢話」: 笠制之高低 衣袖之 闊狹……餘方六十歲 而猶見其屢變 則麻姑所謂 東海三變爲桑田者 亦不虛矣

서는 문과 출신이 겨우 1/20에 지나지 않으니 선왕 때와는 크게 다르다. 이른바 음관이란 자들은 名士의 父兄이 아니면 그 자제들로 혹 이미 나이가 너무 많거나 아직 젖비린내가 나는 사람들인데 외람되이 백리 땅을 맡아 재물 빼앗기에 혈안이 되어서 백성들의 재물이 탕진되어도 밑바닥까지 퍼낸다. 원망하는 소리가 곳곳에서 들려와도 돌아보지 않고 대간은 듣고도 도외시 하며 관찰사는 알고도 모른 척하니 그 까닭은 무엇인가?……中略……時事가 이와 같으니 백성들이 어찌 곤궁하지 않겠는가?[60]

윗글에서 泰村이 비판하고 있는 門蔭制度는 三品以上職이나 淸要職을 역임한 양반의 자제들에게 과거를 거치지 않고 正七品 參下官까지 제수하였던 관리임명 제도이다. 이 제도는 과거 출신자가 정상적으로 正七品까지 올라가려면 급제로부터 7년 이상 걸리는 데 비하여 門蔭출신들은 간단히 超遷할 수 있어 門閥양반에게 유리한 제도[61]인 것이다. 따라서 門蔭 출신들이 관계를 지배하고 있다는 것은 벌족들이 횡행함을 의미한다. 泰村이 지적하고 있는 것처럼 門蔭출신들이 비리를 저질러도 그들의 정치적 배경을 두려워하여 문책하지 않기 때문에 이들의 탐학은 정도를 벗어난 것이었다. 『效嚬雜記』에 蔭官의 폐해를 지적한 글이 여러 편 실려 있는 것은 작자가 30여 년간 환로에 있으면서 그들의 비행을 직접 목격했을 뿐만 아니라 자신이 바로 이 제도의 피해자였기 때문이기도 하다.

60 『效嚬雜記』 下 「餘話」: 先王賓天 國事易轍……時事若此 民安得不困乎
61 『한국사』 12. 108~109쪽 참조.

泰村이 지방관에 재임하면서 봉착했던 가장 어려웠던 일 가운데 하나는 지방의 토산품을 進上하는 貢納과 貢納이 불가능할 때 私主人을 통해 물품을 구입하여 代納케 하는 防納이었다. 新米貢納의 폐단을 논한 5-60項[62] 및 豹皮, 水獺皮, 鹿皮, 등을 사용하여 만드는 고급요인 阿多介 防納의 폐단을 논박한 다음 글에서 무리한 조세정책에 대한 작자의 비판의식을 엿볼 수 있다.

> 슬프다. 궁궐 안 細氈 위에서 자신들이 깔고 있는 8척에 지나지 않는 요가 서민 10가구의 재산인줄 어찌 알겠는가? 옛말에 '사치의 폐해는 天災보다 심하다'라고 하였다. 全盛時代에도 오히려 識者가 기롱하였는데 지금은 난리가 끝난 뒤인지라 재력이 바닥나 옛날에 비하면 1/100에도 미치지 못하고 더구나 남북변방이 시끄러워 한밤에도 편히 잠잘 때가 아니거늘 어찌 이런 물건을 쓰랴![63]

阿多介 한 장을 防納하기 위해서는 베 400여 필이 필요하고[64] 400필의 베는 中人 10가구의 재산에 해당하는데 임진왜란 이후 백성들의 재력이 피폐하여 여력이 없을 뿐만 아니라 明·淸 교체기의 전운이 감도는 비상시국에 임금이 일신의 안일을 위하여 백성들에게 고통을 주어서는 안 된다는 것이다.

---

62 同上 : 新米之貢 有四色 而封進有二次……待其成肅而封進 而奸巧者 不得踊價而無罔上慢神之弊矣

63 『效嚬雜記』上「叢話」: 進上阿多介 用小豹皮毛斑而有黃色者 中션則用水쾨皮 外縇則用鹿皮 以雪綿子及去核 綿花爲之絮 防納皮價 多至四百餘匹……而天門九重 無路叫閽 肉食者鄙 未能遠謀 不如三緘 以終一世也

64 同上.

작자는 阿多介를 살 돈으로 군량을 비축하고 무기를 미련하여야 한다고 역설[65]하고 자신의 생각을 進達할 길이 없음을 탄식하였다. 작자의 이러한 주장은 무리한 조세부담으로 고통받는 하층민의 현실을 목도하고, 외세의 침략으로 인한 전쟁의 참혹함을 직접 체험한 은퇴 관료로써 당대집권세력의 각성을 촉구하기 위한 것이다.

Ⅳ. 結

이상에서 필자는 泰村 高尙顔이 저술한 『效嚬雜記』의 저술 배경과 내용을 검토하였다. 이 장에서는 지금까지 논의한 내용을 토대로 『效嚬雜記』에 투영된 작가의식을 추출하고 본고에서 다루지 못한 문제를 제시하는 것으로 결론을 삼으려 한다.

저술 배경 및 내용 검토에서 이미 대체적인 윤곽을 짐작 할 수 있었던 것처럼 泰村이 『效嚬雜記』를 통하여 구현하려 하였던 작가의식은 다음 세 가지 정도로 압축 할 수 있다.

첫째, 「당대의 정치 현실에 대한 비판의식」이다. 『效嚬雜記』에 수록된 내용 가운데 當代 政權의 최고 책임자인 光海君이나 권신들의 비행을 직접 비판한 기사는 鄭仁弘의 비리를 폭로한 글이 2편[66] 있을

65 同上 : 若減此獻 而以其所入之價 或貿軍粮 或備器械 則一道粮餉 歲可至五百餘石 而器械 亦不少矣

66 同上 : 近有奉使南中者 姓李名母 仁弘之族姪也……則叔於大君之死 其勸不救何也

뿐이다. 그러나 선조의 학식과 경륜을 칭송한 일화[67]나 광해군 즉위 이후 변화된 정치현실에 대한 비판 기사를 통해 광해군의 통치 방식을 우회적으로 비판하고, 金安老, 尹元衡 등 역대 권력자들의 비행을 신랄하게 풍자함으로써 당대 권력자들의 擅權을 간접적으로 비판한 것으로 생각된다.

泰村의 관심은 昏暗한 君主와 간교한 권신들에 의해 자행된 정치적 비리와 거기에서 파생된 갖가지 폐단에 집중되어 있다. 『效嚬雜記』에서 비판하고 있는 정치 문제는 仁穆大妃 廢出, 永昌大君 殺害 등 왕실 내부의 패륜 행위로부터 과거제의 문란, 蔭敍制度의 남용, 貢納의 폐단 등 정치제도상의 문제점에 이르기까지 대단히 광범위하다. 작자가 이와 같이 폭넓은 비판적 시야를 확보할 수 있었던 것은 우선 그가 임진왜란 발발 초기에 의병장에 추대되었고, 「禦倭八策」을 제시하였으며, 明 · 淸 교체기의 국제 정세를 우려하여 군비강화를 역설할 정도의 우국적인 경륜가였음을 상기할 수 있다. 뿐만 아니라 그는 오랜 기간 하위직 지방관을 역임하면서 부조리한 정치제도로 인해 고통 받는 민중들의 현실을 목격하였고, 향리에 은거하면서 정권과는 일정한 거리를 유지한 채 객관적 시각으로 당대의 정치현실을 조명할 수 있었기 때문이기도 하다.

둘째, 「현실적, 합리적 윤리의식」이다. 忠 · 孝 · 烈을 실천한 人物

仁弘默然

67 대표적인 예로는 4-35 260쪽, 4-36 260쪽, 5-57 264쪽 등을 들 수 있다.

들의 일화의 검토에서 밝혀진 바와 같이 태촌은 윤리적 행위는 단서가 되는 人間內面의 진실성과 그 구현 방식을 경시하지는 않았으나 행위의 결과에 중점을 두고 그 가치를 평가하였다. 이 점은 李舜臣의 忠節을 기린 逸話에서 戰死 그 자체에 높은 가치를 부여하지 않고 어떠한 공을 세웠는가를 중시한 작가의 시각과, 北宋末의 忠信 李若水의 우직하기만 한 忠節을 비판[68]한 사실에서 확인 할 수 있다. 孝行에 대한 작가의 시각 또한 이와 다르지 않다. 『效嚬雜記』에 기재된 일화 가운데 손가락을 잘라 그 피로 어버이를 소생시켰다거나 동지 섣달에 기적의 힘으로 복숭아를 구하여 어버이의 소원을 풀어 드렸다는 등의 상투적인 孝行譚은 발견되지 않는다. 泰村은 현실적이고 합리적인 노력을 기울여 어버이를 편히 모시는 것이야 말로 진정한 孝道라고 생각하였던 것이다. 烈에 대한 泰村의 인식은 당대인의 보편적 인식과는 큰 차이가 있는 것으로 판단된다. 앞 장에서 살펴본 것처럼 銀尺女가 남편을 살해한 강도를 따라가 강도의 자식까지 낳고 난 뒤 복수한 행위나, 巫女가 남편을 구하기 위해 강도에게 교태를 부린 행위는 남편의 원수에 대한 복수, 위기로부터의 탈출이라는 결과를 전제하지 않으면 당대인들에게 용납되기 힘든 비윤리적 행위다. 그러나 泰村은 행위의 결과에 비중을 두고 이들의 행위를 칭송한 것이다. 이러한 泰村의 윤리의식은 고정화한 관념적 윤리의식에서 벗어나 현실적이고 합리적인 방식의 윤리적 가치 구현을 지

---

68 同上 : 李若水之死 吾嘗慕其節義……殺身成仁 僅贖賣其罪 誨翁之闡幽 亦含譏刺矣

향하고 있다는 점에서 의의를 부여할 수 있다.

셋째, 「利用厚生의 중요성에 대한 자각」이다. 『효빈잡기』의 論說文 검토에서 드러난 바와 같이 泰村은 자연현상이나 동식물의 생태에 지대한 관심을 가지고 탐구적인 자세로 현상에 卽하여 존재의 원리를 파악하려 하였다. 泰村의 이러한 세계인식 태도는 단순한 지적 호기심에서 비롯된 것이 아니라 인간을 둘러싼 자연의 생태를 정확히 이해함으로써 인간의 삶을 풍족하게 하는 데 이용하려는 의도에서 나온 것으로 임진왜란 이후 피폐해진 민생을 구제하려는 愛民意識이 그 바탕에 깔려 있는 것으로 판단된다.

『效嚬雜記』에 나타난 「당대의 정치현실에 대한 비판의식」, 「현실적, 합리적 윤리의식」, 「利用厚生의 중요성에 대한 자각」 등의 작가의식은 현실주의라는 이념의 범주에 포괄될 수 있다는 점에서 조선후기 실학파의 현실주의와 연결될 수 있는 가능성을 시사하고 있다.

이상의 논의만으로 『效嚬雜記』가 지닌 총체적 의미가 충분히 검토되었다고 할 수 없다. 『效嚬雜記』의 특성을 보다 선명하게 드러내기 위해서는 전대 및 후대의 필기류와 비교 검토하는 작업이 반드시 이루어져야 하며 『泰村先生文集』에 실려 있는 泰村의 漢詩와 기타 산문에 대한 연구가 병행되어야 작가의식을 폭넓고 심도 있게 해명할 수 있을 것이다.

• 『한문교육연구』, 제10권, 한국한문교육학회, 1996. 283~314쪽.

XI.

白雲 權尙遠의 生涯와 詩

XI. 白雲 權尙遠의 生涯와 詩

Ⅰ. 序

이 논문은 朝鮮中期 詩人 白雲 權尙遠(1591~?)의 生涯와 詩世界를 해명하기 위하여 집필한 것이다.

白雲은 壬·丙兩亂을 겪으면서 조선왕조의 봉건적 지배체제가 심각한 모순점을 露呈하여 그 기반이 동요되기 시작한 17세기 전반기에 활동하였던 庶族 출신의 불우한 流浪詩人이다. 필자가 白雲의 생애와 詩世界에 대하여 특별히 주목한 것은 그의 身分이 중세적 봉건사회에서 현저한 차별대우를 감수하여야 했던 士大夫家의 庶族이라는 점과, 그가 當代의 이름난 文士들에게 크게 인정받았던[1] 탁월한

1 당대의 문사들이 權尙遠의 文學的 才能을 칭찬한 대표적인 경우를 예거하면 다음과 같다. 李植, 「送權生尙遠序」, 『麗韓十家文鈔』(保景文化社, 1990, 73~74쪽) : 永嘉權生尙遠 吾所謂博文攻詞人也

시인이었다는 점에서이다. 말하자면 그의 신분적 특수성에서 분비될 수 있는 독특한 의식 및 그 文學的 形象化 樣相에 대한 기대 때문인 것이다.

白雲의 生涯나 詩世界에 대하여, 지금까지 學界에 보고된 論考가 발견되지 않는 것은 公人으로서 白雲의 지위나 활동이 극히 미미하였고, 또 그의 遺稿가 公刊 流布되지 않았기 때문이라 생각된다. 본고에서는 최근에 발굴된 權尙遠의 遺稿詩集『雲巢遺稿』[2]와 이 詩集의 末尾에 부록된「白雲子傳」[3]을 기본자료로 하여 그의 生涯와 詩世界를 究明함으로써 朝鮮中期라는 봉건적 신분제사회에서 名門의 庶族으로 태어나 불우한 삶을 살았던 한 詩人의 의식세계를 조명하려 한다.

白雲이 詩作活動을 하였던 17세기 전반기에는 아직 庶流를 포함한 中人層이 하나의 사회계층으로 본격적으로[4] 대두되지 않았다는 점을 고려할 때 이러한 작업은 中人文學成立 전단계의 中人層에 귀속될 수 있는 文人의 文學活動 樣相과 작품의 특징적 면모를 구명할

金墍,『北渚集』, 卷3,「再用前韻贈權學官」: 平生技藝層龍手 未露窮通使鬼錢 文學可謂傳後世 功名何必上凌烟

2 『雲巢遺稿』는 不分卷 1册 30張으로 이루어진 筆寫本이다. 이 詩集에는 權尙遠의 詩 185題 198首(五言 53題, 七言 132題 144首)가 五言 七言의 순으로 실려 있고 序文과 跋文이 없으며 卷末에 荷塘 權斗寅(1643~1719)의「白雲子傳」이 附錄되어 있다. 필적으로 보아 이 책은 權斗寅이 직접 필사한 것으로 판단되며 부분적으로 파손된 것을 중년에 각 장을 배접하고 새로 제책한 것이다. 책의 크기는 25.2㎝×20.7㎝이고 각 장은 界線과 魚尾가 없으며 12行 20字로 배열되어 있다.

3 「白雲子傳」은 權斗寅의 文集인『荷塘先生文集』卷3에도 수록되어 있음.

4 윤재민,「朝鮮後期 中人層 漢文學의 硏究」, 고려대학교대학원 박사학위논문, 1990, 101쪽.

수 있다는 점에서 中人文學의 통시적 이해에 일정한 기여가 있으리라 생각된다.

Ⅱ. 生涯

白雲 權尙遠의 生涯에 관한 자세한 기록은 거의 전하지 않지만 白雲의 嫡再從孫이 되는 權斗寅이 지은 「白雲子傳」을 통하여 그의 生涯를 槪略的으로나마 살펴볼 수 있다. 「白雲子傳」 외에도 『安東權氏僕射公派世譜』[5], 『庚午式年試司馬榜目』[6], 澤堂 李植(1584~1657)의 「送權生尙遠序」 및 忘窩 金英祖(1577~1648), 玄谷 鄭百昌(1588~1635), 北渚 金瑬(1571~1648), 霽湖 梁慶遇(1568~?) 등의 문집에 실린 序, 贈·和次韻詩[7] 등에서도 白雲의 生涯와 관련된 단편적인 사실이나 그의 性格, 處地 등을 밝히는 데 단서가 될 만한 자료들을 발견할 수 있다.

---

5 필자가 참고한 『安東權氏伏射公派世譜』는 1862년(철종 13년)에 陵齋에서 간행된 '甲戌重刊譜'인데 權尙遠에 대한 기사는 다음과 같다.
"字遠遊 有文集 辛卯生 庚午進士 號白雲子 墓月浦洞西向 任疎庵門人 荷塘公作傳"

6 『庚午式年試司馬榜目』에 실린 權尙遠과 관련된 내용은 다음과 같다.
"幼學 權尙遠 居安東 父棨 學生 辛卯生 兄尙務 弟尙明"

7 金英祖의 『忘窩集』 卷2, 3에는 「次權遠遊尙遠」 외 7首의 詩가 실려있고, 鄭百昌의 『玄谷詩集』 卷4에는 「敬次使相贈權學官韻」 외 5首가 실려 있으며, 梁慶遇의 『霽湖集』 續集 卷1에는 「送權學官尙遠甫以司馬新恩歸榮嶺南二首」 외 2首가 실려 있고 그 밖에 김유의 『北渚集』, 金烋(1597~1638)의 『敬窩集』, 李植의 『澤堂集』, 睦大欽(1575~1638)의 『茶山詩集』 등에서도 權尙遠의 詩에 和·次韻한 작품과 權尙遠에게 준 작품을 다수 발견할 수 있다.

여기서는 이러한 자료들과 당대의 역사적 상황에 대한 검토 결과를 토대로 하여 白雲의 삶의 궤적을 추적하고 나아가 의식의 일단을 규명함으로써 詩世界 이해의 단서를 삼으려 한다.

權尙遠은 고려 건국 공신인 權幸을 始祖로 하는 安東權氏의 후예이다. 그의 집안은 안동 권씨 가운데 樞密公派와 함께 고려시대 이래로 이름난 學者와 官人을 다수 배출하여 명문으로 지목되는 僕射公派[8]에 속한다. 특히 白雲의 嫡曾祖父가 되는 沖齋 權橃(1478~1548)은 중종~명종 년간에 예조참판 우찬성 등을 역임하였으며 선조 때 영의정에 추증된 名賢으로 諡號는 忠定이다. 沖齋는 正室인 和順崔氏에게서 二男一女, 側室에게서 二男을 얻었는데[9] 庶子 가운데 兄인 東愼이 바로 白雲의 祖父이다. 白雲의 父는 棨인데 白雲은 계의 세 아들 가운데 둘째로 선조 24년(1591)에 태어났으며, 兄은 尙務, 아우는 尙明이다. 『安東權氏世譜』에는 庶系인 白雲의 祖父 東愼, 父계의 生沒年代나 配位에 관한 기록이 없어 白雲의 母系에 대하여서는 전혀 알 수가 없다.

白雲이 태어난 곳은『庚午式年試司馬榜目』에 "居安東"으로 기재되어 있으며, 白雲이 進士試에 합격하고 고향에 돌아갈 때, 李植이 安東府使에게 白雲이 進士가 되어 내려가니 잔치를 열어달라는 내용

8 僕射公派의 派始祖는 安東權氏의 始祖인 權幸으로부터 十世이며 左僕射上將軍을 지낸 守洪이다.

9 鄭經世,『愚伏集』, 卷17,「五衛都摠府都摠管權公神道碑銘并序」: 公配和順崔氏 直長世演之女 先公歿 贈貞敬夫人 男二 長即東輔郡守 次東美縣監 側室男二 東愼東進 女一適佐郎洪仁壽 郡守無子 縣監有四男一女 伯采 仲來爲郡守後 叔集 季棐

의「權生榮歸寄安東洪使君」[10]이란 詩를 부친 것 등으로 미루어 沖齋가 己卯士禍에 연루되어 卜居한 이래 安東權氏의 世居地가 된 奉化地方인 것으로 생각된다.

白雲의 幼少年期 生活에 대하여 權斗寅은 다음과 같이 記述하고 있다.

> 白雲子는 永嘉 사람이다. 나에게는 族祖가 되는데 庶派이다. 어릴 적에는 책 읽기와 술 마시기를 좋아하였으며 나이 열여덟 아홉이 되자 마을의 소년들을 따라 놀기를 좋아하여 매일 씨름을 하고 아이들 놀이를 하였다. 이윽고 다시 분발하고 뜻을 굳게 하여 諸子書를 취하여 틀어박혀 읽어서 드디어 文詞에 크게 힘을 펼쳤다. 얼마 안 되어 詩를 잘 짓는다는 소문이 江左에 진동하였다.[11]

윗글은 幼少年期 白雲의 日常生活과 공부과정을 간략하게 기술한 것이나 함축된 의미는 단순하지 않다. 즉, 名門의 庶族으로 태어난 재능있는 소년의 신분 문제와 관련된 갈등의 모습이 선명하게 투영되어 있다는 뜻이다. 18세 이전 白雲의 生活에 관한 記述, "幼好讀書飮酒"는 白雲이 조선시대 일반 士大夫家의 자제들과 유사한 학습과정을 거치기는 하였으나 자신의 신분문제와 관련된 내부의 갈등

---

10 李植, 『澤堂集』, 卷4, 「權生榮歸寄安東洪使君」: 好在福州使 須看權學官 一鳴成進士 千里辰親歡

11 權斗寅, 『荷塘先生文集』, 「白雲子傳」: 白雲子者 永嘉人也 於吾爲族祖而庶也 幼好讀書飮酒 及年十八九 喜從里中少年遊 日轂抵爲兒戱 已而復發憤勵志 取諸子書 俯而讀之 遂大肆力于文詞 無何已詩名動江以左矣

이 심각하였음을 짐작케 한다. 18 · 9세 무렵에는 이러한 갈등이 더욱 심화되어 미래의 삶이 자신의 포부나 의지와는 상관없이 전개될 수밖에 없다는 비극적 자기 인식에서 말미암은 좌절감으로 방황하였던 것으로 판단된다.

주지하는 바와 같이 조선시대의 庶孼은 각 시기마다 정도는 달랐으나 과거 및 관계 진출에 엄격한 제한이 있었으며 설사 관계에로의 진출은 가능하였다 할지라도 嫡庶의 分이라고 하는 것은 私家, 宗族에서는 마땅히 固守되어야 할 天倫의 하나이며 거기에는 타협이 있을 수 없다는 사회적 통념[12]에 의하여 門內의 儀式에 있어서는 차별대우를 감수하여야 했다.

白雲 當代에는 成宗代에 定着된 庶孽禁錮法이 완화되어 宣祖 16년(1583) 이래 실시되어 온 이른바 納米赴擧法이 시행되었기 때문에 庶族의 赴擧가 전혀 불가능하지는 않았다. 그러나 설사 과거에 급제한다 하더라도 거의 대부분 관직을 제수 받지 못하였으며 더구나 淸職에 進出하거나 顯達한다는 것은 불가능한 실정[13]이었다. 白雲이 좌절감에 빠져 방황할 수밖에 없었던 것은 자신의 포부를 실현시킬 수 없다는 것을 인식한 데서 말미암은 절망감 때문이었던 것으로 판단된다.

白雲이 이러한 좌절감을 극복하고 선택하였던 것은 聖經賢傳을 공

12 송준호, 「朝鮮時代의 科擧와 兩班 및 良人(1) – 文科와 生員進士試를 中心으로 하여 –」, 『歷史學報』 第69輯, 역사학회, 1976, 123~125쪽.

13 同上, 114~118쪽.

부하여 儒道를 세상에 구현하는 儒者的 삶 대신 諸子書를 읽어 지식을 넓히고 詞章을 익히어 文士로서 자신을 정립하는 것이었다. 이는 "修身齊家治國平天下"라는 儒家的 자기완성의 길이 근원적으로 차단된 士人으로써 자신의 훼손된 삶을 만회할 수 있는 유일한 代償수단이 文學을 통하여 현실에서 이루지 못할 자신의 포부를 펴 보이거나 울울한 심정을 달래는 것뿐이었기 때문이다.

이러한 문맥에서 볼 때 白雲이 택한 文士로서의 삶은 자기 의지에 의한 확고한 신념의 소산이 아니라 명문의 후예로 태어났으면서도 당당한 사대부로 행세할 수 없는 자신의 신분적 한계를 인식한 데서 말미암은 비극적 선택이라 할 수 있다.

20代 중반에 이르러 白雲은 자신의 이후 삶에 중대한 영향을 미친 인물인 疎庵 任叔英(1576~1623) 및 淸陰 金尙憲(1570~1652)을 만난다.

疎庵은 光海君 때 赴擧하여 殿試 對策에서 外戚의 발호와 광해군의 폐정을 격렬하게 비판하는 글을 지어 삭과파동을 일으켰던 인물이다. 뿐만 아니라 疎庵은 李德馨(1561~1613), 李恒福(1556~1618) 등의 도움으로 관계에 진출하고 난 뒤에도 광해군의 失政을 비판하다가 1616년 2월 李爾瞻(1560~1623) 등의 誣告로 말미암아 관직을 삭탈당하고 京畿道 廣州 奉安驛 龍津으로 門外出送 당한 바 있는 강직한 성품의 소유자이며 일생을 淸貧하게 보낸 志士였다.[14] 文學에

14 疎庵의 生涯에 대하여는 김상홍, 「世界最長漢詩 任叔英」의 「述懷 硏究」『韓國漢詩論과 實學派 文學』 경인문화사, 1989, 154~164쪽에 자세히 기술되어 있음.

있어서도 疎庵은 長篇古詩 등에 특히 뛰어나 當代에 이미 빼어난 비평가 許筠(1569~1618)의 칭송을 들었던[15] 탁월한 문인이었다.

疎庵과 白雲의 만남을 「白雲子傳」에서는 다음과 같이 기술하고 있다.

> 더욱 司馬遷의 『史記』를 좋아하여 疎庵 任公 叔英에게 배웠는데 밤낮으로 읽기를 그치지 않았다. 처음 疎庵公이 서울에서 온다는 소문을 듣고 날마다 우러러 기다렸다. 그때 마침 (白雲이)출타하게 되었는데 집안 사람에게 말하기를 '오시면 빨리 나에게 알려라. 곧장 돌아오겠다.'라고 하였다. 집안 사람이 任公이 오는 것을 엿보아 달려가 알리자 밤을 새워 걸어서 돌아왔는데 집에 도착하니 아직 날이 새지 않았다. 그래서 앉은 채 아침이 되기를 기다려서 곧 책상자를 지고 나아가 배웠다. 그가 뜻을 돈독히 가짐이 이와 같았다.[16]

白雲이 언제부터 近畿地方에 정착하였는지 분명히 알 수 없으나 위의 인용문으로 미루어 疎庵이 廣州로 문외출송 당한 1616년 무렵 그는 가족과 함께 광주 근처에 거주하고 있었던 것으로 판단된다. 윗글의 내용이나 문세로 보아 白雲은 평소 疎庵의 人品과 文學에 깊이 매료되었던 것으로 판단되는 바 이는 白雲이 당대의 정치현실과 官人들의 처신에 대하여 나름대로의 정보를 소유하고 있었으며, 광해군의 亂政과 大北派의 專橫에 불굴의 기개로 맞섰던 疎庵의 처신

15 許筠, 『惺所覆瓿稿』 卷2, 詩部2, 「後五子詩」에서 許筠은 任叔英을 當代의 빼어난 詩人으로 시목하였음.

16 權斗寅, 『荷塘先生文集』, 「白雲子傳」: 尤喜司馬氏書 從疏庵任公叔英學 窮晝夜不輟讀 始聞疏庵公將從京來 日顒望 適出戒家人 至則疾報我 我且歸 其家人伺其來 則走告之 乃犯星徒步而歸 至家天未曉矣 因坐而待朝 卽負笈就受焉 其篤志類此

에 깊은 경외심을 지니고 있었음을 의미한다.

白雲이 疎庵에게 受學한 기간은 대략 1616년부터 仁祖反正 이후 疎庵이 檢閱로 재등용된 1623년 사이로 짐작되는 바 이때 심혈을 기울여 공부한 책이 사마천의『史記』라는 점이 주목된다.『史記』의「太史公自序」및 任安에게 보낸「報任少卿書」에 의하면 사마천이『사기』를 완성하게 된 데는 匈奴征伐에서 패한 李陵을 두둔하다가 宮刑이라는 개인적 불행을 당한 것이 결정적인 계기로 작용하였다고 한다. 사마천은 이러한 개인적 시련을 통하여 부조리한 당대의 정치현실과 이로 인한 민중의 고통을 절감하고 天道가 실현되지 않는 이 세상에서 인간은 어떻게 살아야 하는 문제를 심사숙고하게 되었으며 이러한 정신이『사기』저술의 기본 이념으로 작용하였던 것이다.

白雲이 疎庵에게『史記』를 배우고 또 그것을 탐독하였던 것은『사기』전편에 충만한 이러한 사마천의 '發憤著書'의 정신에 공감하여서일 것이며 아울러 '列傳'에 立傳된 각계 각층의 다양한 인간 군상들의 삶 속에서 특정시대의 부조리한 사회제도 때문에 庶族이라는 신분적 질곡을 벗어날 수 없는 자신의 울분을 代償할 수 있는 삶의 양식을 발견할 수 있었기 때문이었을 것이다.[17]

疎庵을 師事한 것이 白雲의 삶에 구체적으로 어떠한 영향을 끼쳤는가에 대하여 속단할 수는 없으나 다음과 같은 사실은 분명히 확인

17 김명호,「燕巖文學과『史記』」,『李朝後期 漢文學의 再照明』, 創作과 批評社, 1983, 34~43쪽 참조.

할 수 있다. 우선 白雲이 매우 궁곤한 삶을 영위하면서도 權貴들에게 굴종하지 않고 불의와 타협하지 않는 올연한 기개를 지니고 있었다는 점[18]에서 疎庵의 삶의 자세와 유사하다는 것을 지적할 수 있다. 그 밖에 白雲과 친분을 맺었던 李植, 鄭百昌, 金瑬, 睦大欽, 金慶徵(1589~1637) 등이 대부분 광해군 때 疎庵과 같은 政見을 가지고 出處를 같이 하였던 人士들이었다는 사실을 들 수 있다. 이러한 사실들을 통하여 우리는 白雲이 疎庵을 사사함으로써 자신의 삶의 자세를 재정립하고 문학활동을 할 수 있는 기반을 마련하였던 것으로 이해할 수 있다.[19]

白雲이 淸陰을 만난 시기는 확실하지 않으나 淸陰이 廣州牧使를 지낸 1611년에서 1612년[20] 사이에 만났으리라 생각된다.「白雲子傳」에는 淸陰이 白雲의 詩「登鶴駕作一絕」[21]을 보고 크게 기특하게 여겨 그를 조정의 인사들에게 추천함으로 말미암아 白雲의 이름이 알려지게 된 것으로 기술[22]되어 있는데 白雲이 事大交隣文書를 맡았던

18 權斗寅,『荷塘先生文集』,「白雲子傳」: 白雲爲人 倜儻不羈 其地位雖卑微 不肯爲人屈

19 文學的인 측면에서 任叔英이 權尙遠에게 어떠한 영향을 끼쳤는지는 분명하지 않다. 그러나 疎庵이『雲巢遺稿』에 실린 白雲의 유일한 散文인「送忘言金令公朝天序」가 완전한 四六文이고,「白雲子傳」에서 荷塘은 權尙遠의 詩를 평하면서 "其詩淸高雅健, 高者逼唐人, 下者出入宋明間"이라고 한 것 등으로 미루어 문학적인 측면에서도 白雲은 疎庵의 영향을 일정하게 받은 것으로 짐작된다.

20 『國朝人物考』, 서울대학교 출판부, 1978, 796쪽「金尙憲條」: 辛亥陞通政 出爲廣州牧使 壬子罷歸

21 『雲巢遺稿』張7에 수록된 七言絕句「登鶴駕山」을 지칭하는 것으로 생각됨.

22 權斗寅,『荷塘先生文集』,「白雲子傳」: 淸陰金相公 見其登鶴駕作一絕 大奇之 往往薦譽朝著間 名由此漸著

承文院의 말단 관료인 漢吏學官을 자리에나마 오를 수 있었던 것은 淸陰의 추천에 힘입었던 것으로 생각된다.

漢吏學官이 된 白雲은 仁祖 4년(1626) 明에서 姜日廣과 王夢尹을 詔使로 파견하였을 때 遠接使로 임명된 김유를 수행하였다. 이때 수행원 가운데는 梁慶遇, 鄭百昌 같은 쟁쟁한 文士들이 포함되어 있었음에도 불구하고 明使와 酬應하기 위하여 지은 詩篇들은 반드시 白雲의 검토를 거쳐 取捨를 결정[23]하였다고 하는 바 이러한 사실에서 白雲의 文學的 역량이 탁월하였음을 알 수 있다. 김유, 양경우, 정백창 등의 문집에는 당시 明使를 인도하여 毛文龍이 진을 치고 있던 椵島에 갈 때 白雲에게 주거나 白雲의 詩에 和·次韻한 시가 다수 실려 있는데[24] 대부분 白雲의 詩才를 높이 평가하고 그의 불운을 위로하는 내용을 담고 있다.

遠接使 수행시에 떨친 명성으로 말미암아 白雲의 詩名은 公卿大夫들 사이에 널리 알려져 士大夫들이 다투어 그와 교재하려 하였으며 또 赴擧를 권유하는 사람도 있었던 듯 하다. 그러나 白雲은 애초에 科文을 익히지 않았거니와 때때로 과장에 나가서도 술에 만취하여 누웠다가 백지를 끌고 나갔다고 한다. 白雲이 40세 되던 해인 仁祖 8년(1630)에 進士試에 급제하고 나자 다시는 과거를 보지 않고 應擧를 권하는 사람이 있으면 "나는 한 번 과거에 급제하여 權貴에게 節

23 同上 : 金相國瑬爲儐相, 辟君與之俱 往返椵島 其唱酬詩什 必經君繩墨 然後取舍之 以故聲聞益大彰

24 주7) 참조.

操를 꺾이고 수레채에 매인 망아지처럼 얽매이기보다는 차라리 布衣로서 거칠 것 없이 내 뜻을 마음껏 펴겠다."[25]라고 하여 과거를 통한 입신을 분명히 거부하고 일견 과거 자체를 무시하는 듯한 오연한 자세로 일관하였다. 사사로운 對人關係에 있어서도 白雲은 예법에 구애됨 없이 방약무인하여 주변 인물들에게 질시를 당하기도 하였다. 澤堂은 「送權生尙遠序」에서 白雲의 이러한 처세를 '索隱行詭'라고 나무라면서 平常的인 道에 맞게 살아갈 것을 권유[26]하고 있다.

끼니를 이을 수 없을 만큼 가난했던[27] 白雲으로서는 비록 미관 말직에 그친다 하더라도 과거를 통한 입신이 최선의 생존수단이었을 것이고 원만한 對人關係는 그의 명성을 높일 수 있는 디딤돌이 될 수 있었을 것이다. 그럼에도 불구하고 白雲이 입신의 길과 세속적 명예를 무시하는 듯한 태도를 견지하였던 것은 일차적으로 자신의 능력과는 상관없이 과거를 통하여 입신하는 데는 한계가 있을 수밖에 없는 신분적 질곡에 대한 강렬한 반항심 때문이었다고 할 수 있다. 그러나 '포의로서 거칠 것 없이 내 뜻대로 행동하겠다'라는 白雲의 言表 속에는 자신의 능력에 대한 올연한 긍지가 서려 있는 바 그것은 다름 아닌 자신의 문학적 역량에 대한 자부심이라 생각된다.

---

25 權斗寅, 『荷塘先生文集』, 「白雲子傳」 : 白雲不習擧子業 時出遊場屋 輒大醉倒臥不措思 及出 每曳白 人目笑之 白雲亦夷然不屑也 庚午 中進士 因不復赴擧 人有勸之者 則曰吾與得一科 以折節權貴 局束如轅下駒 寧布衣而蕩然肆志焉

26 李植, 『澤堂集』 卷9, 「送權生尙遠序」 : 雖然 君子進德修業 盡吾性而已 名有所不避 祿有所當受 過此以往 聖人謂之索隱行怪 非大中之道也

27 權斗寅, 『荷塘先生文集』, 「白雲子傳」 : 家甚貧 饘粥不給 有圖籍滿架耳

"백발은 교묘히 늙음을 재촉하고, 문장은 능히 몸을 그르치네. …… 오랜 습성 없애기 어려워, 길이 읊조리니 신명이 절로 나네.[白髮空催老 文章能誤身 舊習難消得 長吟與有神]"[28], "이태백 지금 없으니, 누구와 더불어 속마음 이야기 할까.[謫仙今不在 誰與道中情]"[29]라는 白雲의 詩句에서 확인할 수 있는 것처럼 자신의 문학적 역량에 대한 자부심이 세속적 권력에의 예속을 거부하고 자신을 지탱하게 한 원동력이었다고 할 수 있다.

進士試에 급제하고 고향에 다녀온 후 白雲은 漢吏學官이라는 미관말직에서 물러나[30] 전국을 유랑하면서 여생을 보낸 것으로 짐작되는데 그를 유랑길에 나서게 한 데에는 여러 가지 요소들이 복합적으로 작용한 것으로 생각된다. 우선 생각해 볼 수 있는 것은 자신의 이상을 실현할 수 없는 현실에 대한 저항심과 이에 역작용으로 수반되는 문학적 욕구 때문이었다 할 수 있다. 그러나 "가는 곳마다 객이 되어 호구하나니, 이르는 곳에서 사람 만나면 뻔뻔스러울 뿐.[隨方作客仍糊口 到處逢人只强顔]"이란 詩句에서 드러나는 것처럼 등잔기름을 마련할 비용조차 없었던[31] 혹독한 그의 가난 또한 朴濆(1597~1648) 兄弟를 비롯한 睦大欽(1597~1638), 申悅道(1589~1647) 등 地方官

28 權尙遠, 『雲巢遺稿』, 張5, 「道中」.

29 同上, 張4, 「無題」.

30 權尙遠이 언제 漢吏學官에서 물러났는지는 알 수 없으나 『雲巢遺稿』, 張2, 「軍威贈李措大」의 "姓字何須問, 關西舊學官."이란 詩句로 미루어 관직에서 물러난 후 유랑생활을 시작한 듯함.

31 同上, 張9, 「江陵贈主守睦大欽」.

으로 나가 있는 知人들을 찾아 떠돌게 한 원인이 되었던 것으로 생각된다. 그 밖에 방약무인한 그의 성격으로 말미암아 통상적 인간관계에 적응하지 못한 것 또한 유랑의 한 원인이 되었다고 할 수 있다. "간혹 거만한 말과 고상한 담론을 하였고 말씨와 안색을 낮추어 시속 사람들에게 영합하려 하지 않았다. 비록 士友間에 출입하였으나 그들과 더불어 친선함이 적어서 혹 쫓겨나기도 하였다."[32]라는 澤堂의 진술이나 "가는 곳마다 시비가 따르니 세상일 싫어져서, 여윈 말 채찍질하여 또 이곳에 왔네.[是非隨處厭紛埃 强策羸蹄此又來]"[33]라는 白雲의 詩句를 통해서도 이러한 사정을 유추해 볼 수 있다.

白雲은 자식의 죽음이라는 참담한 고통을 겪으면서도[34] 거의 만년까지 流浪生活을 지속하였던 듯하다.

桃花落盡柳花殘	복사꽃 다 지고 버들 꽃 시들었는데
南客思家尙未還	남쪽 길손 집 생각하나 아직 돌아가지 못했네
四十年間成底事	사십 년간 무얼 이루었나
只留佳句滿江山	아름다운 시만 남아 강산에 가득할 뿐[35]

이 작품의 전반부에서 白雲은 꽃이 진 뒤의 暮春景을 대하면서 꽃다운 청춘이 지는 꽃처럼 사그라지고 집으로 돌아가 정착하고 싶어

32 李植, 『澤堂集』, 卷9, 「送權生尙遠序」: 雖出入士友間 寡與親善 或見掃迹而去之
33 權尙遠, 『雲巢遺稿』, 張21, 「寒水亭醉贈主人」.
34 同上, 張4, 「過兒塚遺感」: 萬事惟古塚 秋風又一吹 翁今年半百 離別豈多時
35 同上, 張19, 「金溝道中」.

하면서도 暮年에 나그네 되어 떠도는 자신의 신세를 서글퍼한다. 그러나 작중화자는 "只留佳句滿江山"에서 확인할 수 있는 바와 같이 자신이 流浪生活을 하면서 지은 詩作에 대하여 은근한 자부심을 드러내 보이고 있다.

「偶吟」이라는 제목의 다음 시는 白雲이 晩年에 자신의 일생을 회상하며 지은 것으로 압축된 자서전이라고 할 만하다.

四海雲巢子	천하의 운소자가
居然一禿翁	어느새 머리 벗겨진 한 늙은이 됐네
自愚從笑罵	제 어리석어 비웃음 뒤따랐고
長醉任窮空	길이 취하여 궁함 아랑곳 않았네
一月謳吟裡	해와 달 아래 시를 읊었고
乾坤放浪中	하늘과 땅 사이 방랑하였네
平生嵇阮輩	평생 혜강 완적의 무리와
曠世事同風	세상에 드물게 같은 풍류 일삼았네[36]

白雲이 언제 운명하였는지는 정확하게 알 수 없다. 「白雲子傳」에는 "白雲이 죽자 아들들은 모두 아버지의 일을 잇지 못하였고 게다가 대를 이를 자식도 없이 일찍 죽었다."[37]라고 기술되어 있으나 『安東權氏世稿』에 의하면 白雲의 아들인 直方, 雲方에게 각기 斗燦, 系子 寅經이 있었고 그의 孫代에 와서 絕孫되었으며 文集을 남겼다고

36 同上, 張2. 「偶吟」

37 權斗寅, 『荷塘先生文集』, 「白雲子傳」 : 及卒其子皆不繼父業 又無嗣早夭

하는데[38] 현재는 찾아볼 수 없다.

權斗寅이 「白雲子傳」의 贊에서 “우리 동방은 나라 풍속이 메마르고 여유가 없어 문벌은 숭상하면서도 서얼은 천시하여 白雲子로 하여금 불우하게 일생을 마치도록 하였으니 슬프도다! …… 하지만 白雲이 곤궁하지 않았다면 어찌 詩에 공교로움이 이와 같을 수가 있었겠는가!”[39]라고 한 것처럼 權尙遠은 서얼 차별이라는 부조리한 사회제도 때문에 士大夫로서의 이상을 실현시키지 못하고 그의 號인 白雲 · 雲巢子, 字인 遠遊가 시사하는 것처럼 생애의 대부분을 流浪하면서 詩作으로 자신의 회한을 달랜 불우한 시인이었다고 할 수 있을 것이다.

Ⅲ. 白雲의 詩世界

『雲巢遺稿』에 실린 200수에 가까운 白雲의 詩篇들을 일별할 때 우선 주목되는 것은 愁 · 悲 · 忘 · 無 · 雲 · 天 · 空 등 유랑자의 슬픔, 세속적 삶의 허망함, 속박없는 세계 등의 이미지를 지닌 詩語들이 반복적으로 나타난다는 점이다. 白雲의 詩 전편에 흐르는 이러한 情調는 그의 비극적 삶과 그러한 삶에서 탈출하고자 하는 관념적 욕구

38 주5) 참조.

39 權斗寅, 『荷塘先生文集』, 「白雲子傳」: 惜吾東 國俗薄隘 尙門閥而賤庶孽 使白雲子不遇而終世 悲夫……然白雲不困窮 惡能工於詩 若是乎

에서 분비된 것이라 할 수 있다.

이 章에서는 이러한 측면에 주목하여 白雲의 詩世界를 '挫折된 自我와 流浪의 悲哀', '自然에의 憧憬과 脫俗의 욕망'이라는 주제로 포괄하여 검토함으로써 그의 意識世界를 照明하려 한다. 여기서 필자가 白雲의 詩世界를 주제별로 분류하여 파악하려 하는 것은 본고의 기본자료인『雲巢遺稿』에 白雲의 詩가 창작 연대와 무관하게 五言, 七言으로 나뉘어 수록되어 있기 때문에 白雲의 의식세계의 변모양상을 시기별로 파악하기는 거의 불가능하기 때문이다. 또 앞에서 제시한 주제들이 일정한 시기의 작품에 집중적으로 드러난다기 보다는 契機的, 反復的으로 나타난다고 생각되므로 白雲의 의식세계에 대한 온전한 이해에 도달하기 위해서는 이와 같은 주제 중심의 작품 분석방법이 효과적인 것으로 판단된다.

1. 挫折된 自我와 流浪의 悲哀

(1) 書劍志의 挫折

생애를 검토하면서 언급한 바와 같이 白雲은 庶族이라는 신분적 질곡 때문에 士大夫로서의 경륜을 펼칠 수 없었다.

白雲의 詩篇 속에서 당대 사회의 구조적 모순이나 자신의 신분문제와 관련된 직접적인 言表는 거의 발견할 수 없으나 소년 시절에 지녔던 功名에의 포부가 좌절됨에 따른 울울한 심정을 토로한 작품들은 다수 발견된다. 특히 白雲은 書, 劍의 이미지를 사용하여 자신의 기개와 포부를 형상화하고 그것의 실현을 원천적으로 차단하는 부조리한 社會制度에 대하여 우회적으로 비판하고 있다.

少時書劍志功名	어릴 적 書劍 익혀 功名을 이루렸는데
老去方知萬事輕	늙음에 바야흐로 萬事 가벼움을 알겠네
妻子棄捐逃世累	처자식 버려 세상짐 벗었고
江山領略長高情	강산 마음껏 다녀 높은 정취 길이 누렸네
黃花滿眼酒初熟	국화 눈에 가득할 때 술은 막 익고
明月入門詩又成	밝은 달빛 문에 비칠 때 시는 또 이루어지네
大醉豪飮還自得	크게 취하여 호탕히 읊조리며 다시 自得하나니
百年天地一狂生	한평생 천지 사이에 한 狂生이로다[40]

주지하듯이 書劍은 功名을 획득하는 수단, 즉 經世를 위한 학문과 武藝를 의미한다. 따라서 이 작품의 표면적 의미는 書劍으로 표현된 세속적 榮達은 부질없는 것이어서 아름다운 자연을 대하며 술을 마시고 시를 짓는 일에 만족한다는 것이다. 그러나 例詩의 首聯 前句와 尾聯 後句를 연결하면 '소년시절 학문과 무예를 닦아 功名을 이루려 하였던 포부는 좌절되고 일생 미친 사람처럼 하늘과 땅 사이를 떠돌아 다닌다'는 뜻이 된다. 이 점에 유의하면 이 두 句 사이에 언표된 내용은 自我成就慾求의 挫折에 대한 의도적 자위의 차원에서 이해할 수 있는 것이다. 즉, 강산을 떠돌아다니며 자연 풍광을 즐기고 술을 마시며 시를 짓는 일 그것이 진정한 자족의 수단이 될 수 없

40 權尙遠, 『雲巢遺稿』, 張12, 「述懷」.

었기 때문에 '하늘과 땅 사이의 한 狂生'이라고 自笑한 것이며 이는 자신의 자아성취 욕구를 좌절케한 세계의 횡포에 대한 울분의 역설적 표현이기도 한 것으로 파악할 수 있다.

한편 白雲은 劍의 이미지를 사용하여 자신의 기개와 포부를 격정적으로 노래함으로써 자신을 억압하고 있는 세계를 향해 울분을 토로하기도 하였다.

古館寥寥客枕疎	옛 집은 고요하고 나그네 잠자리 쓸쓸한데
半庭斜月夢回初	뜰에 내리는 지는 달빛 첫 잠을 깨우네
身如老驥長道縶	몸은 늙은 천리마가 먼 길에 매여 있는 듯
迹似孤鴻不定居	자취는 외로운 기러기 정처 없이 떠도는 듯
碧樹生凉秋袂滿	푸른 나무 서늘한 기운 가을 옷깃에 가득한데
青燈吐焰夜窓虛	밝은 등 토하는 불꽃 밤창은 쓸쓸하네
狂圖未試頭先白	큰 뜻 펴지도 못했는데 머리 먼저 희어지니
獨倚龍泉望斗墟	홀로 용천검에 기대어 북두성 바라본다[41]

「苞山東軒醉贈朴監司兄弟」라는 제목의 위의 작품은 知己였던 朴潢, 朴濠 兄弟에게 작가의 내면 깊은 곳에 응어리진 울분을 토로하고 있다는 점에서 대단히 주목된다. 例詩의 頷聯에서 作中話者는 자아성취 욕구를 실현하지 못하고 늙은 몸으로 외롭게 떠도는 자신의 신세를 '가야할 길을 달리지 못하고 매여 있는 늙은 천리마', '정처 없이 떠도는 외로운 기러기'로 교묘하게 형상화 하고 있다. 尾聯의

41 同上, 張9, 「苞山東軒醉贈朴監司兄弟」

"狂圖未試頭先白 獨倚龍泉望斗墟"는 내용상 함련과 긴밀한 유기적 관련성을 지니고 있는 것으로 보인다. '龍泉'은 古代의 名劍으로 여기서는 작자가 지닌 탁월한 재능의 표상이며, '斗墟'는 天帝가 살고 있다는 天闕으로 임금이 살고 있는 대궐을 의미한다. 따라서 頷聯과 尾聯의 의미를 연결하면 탁월한 재능을 지닌 작중화자가 늙도록 자신의 뜻을 펴보지 못하고 먼 거리에서 대궐을 바라볼 수밖에 없다는 뜻이 된다. 例詩의 行間을 지배하고 있는 비장감은 首聯과 頸聯의 고요한 옛 집, 지는 달빛, 서늘한 가을 기운, 텅 빈 창 등 쓸쓸함·고독함을 상징하는 詩語들이 頷, 尾聯에 집중적으로 드러나는 바와 같은 작자의 울울한 심정의 정서적 대응물로 기능함으로써 긴장을 提高시키고 있기 때문이다.

그러나 劍의 이미지를 사용하여 자신의 기개와 능력, 포부 등을 노래한 白雲의 詩篇들은 보다 적극적인 현실개혁의 의지 표명에까지 도달하지 못하고 좌절된 자아성취 욕구에 대한 代償의 차원에 머물고 만 듯 하다. 즉, "부귀는 오지 않고 때는 이미 늦으니, 취하여 龍劍에 의지한 채 홀로 슬피 노래한다.[富貴不來時已晩 趣憑龍劍獨悲歌]"[42], "행장엔 龍劍이 있는데, 생계는 술에 맡기네.[行莊有龍劍 生計付烏程]"[43] 등의 詩句에서 확인할 수 있는 것처럼 '劍'으로 표상된 자신의 능력을 펼칠 수 없게 하는 부조리한 세계와 적극적인 자

42 同上, 張20, 「偶吟」.

43 同上, 張3, 「無題」.

세로 대결하지 않고 술을 마심으로써 울분을 삭인다는 부정적 순응의 태도를 노정하고 있는 것이다. 이 점은 "포부 쇠함 따라서 머리털 절로 희어지니, 공명은 귀신이 시샘하는 것임을 뉘 알았으랴.[年髮暗從書劍老 功名誰識鬼神慳]"[44]에서 볼 수 있듯이 자신의 불우를 불가항력적인 운명으로 받아들이는 듯한 言表나, "임금을 요순 되게 함은 그대들이 하실 일, 한 조각 외로운 구름은 이 몸이 맡으리.[致君堯舜須公等 一片孤雲任此身]"[45]에서처럼 세계의 횡포를 체념적으로 수용하는 듯한 자세를 통하여 확인할 수 있다.

그러나 白雲의 이러한 처세관은 불가항력적인 세계의 압제로 말미암아 타의적으로 형성된 것이었기 때문에 자아성취에의 욕구는 집요한 형태로 표출된다. 이 점은 "뉘 생각이나 했으랴 장년에 이름 드러내지 못하고, 포의로 초췌하게 하늘 가 떠돌 줄을.[誰念壯年名未立 布衣憔悴客天涯]"[46] 등의 시구에서 확인할 수 있으며, 자아성취에의 미련은 그의 시세계를 지배하는 요소의 하나로 기능한다.

(2) 경제적 궁핍과 鄕愁

앞 절에서 우리는 부조리한 사회제도 때문에 자아성취 욕구를 실현시키기 못하고 하늘과 땅 사이를 유랑하며 울울한 심정을 토로한 白雲의 詩篇들을 검토해 보았다. 白雲의 流浪도 그의 사회적 처지와

44 同上, 張14, 「金參判慶徵宅贈俞參諸省曾金槐山孝誠」.
45 同上, 張11, 「贈朴監司」.
46 同上, 張14, 「偶吟」.

긴밀한 관련이 있는 것으로 그것은 외부의 압제에 대한 저항의식이 수반된 행위였다 할 수 있다. 그러나 白雲 스스로가 "千首文章도 주림을 구해주지 못하네.[千首文章不求飢]"[47]라고 고백한 것처럼 뛰어난 문학적 재능 외에는 중세사회에 적응할 아무런 조건도 갖추지 못하였던 白雲에게 있어서 유랑이란 가혹한 시련 바로 그것이었다. 流浪의 悲哀를 주제로 한 그의 詩 가운데 경제적 궁핍과 관련된 작품이 우선 눈에 들어오는 것은 바로 白雲의 이러한 처지 때문일 것이다.

策馬來千里　　말을 채찍질하여 천 리 길 달려오니
雙旌已出遊　　태수는 이미 나가고 없네
去留無所適　　갈 곳도 머무를 곳도 없어
獨立暮城頭　　저무는 城 머리에 홀로 서 있다.[48]

이 시는 白雲의 54세 때 작품으로 전주부윤에 재임 중이던 박황을 찾아갔으나 박황이 출타 중이어서 오갈 데 없는 신세가 되어버린 자신의 처량한 처지를 읊은 것이다. 형상적 표현이 거의 없으며 사실의 진술에 그치고 있음에도 불구하고 이 작품을 대할 때 모종의 무거운 긴장감을 느낄 수 있다. 이 작품을 지배하고 있는 이러한 분위기는 작중화자가 처한 상황과 조응하는 언어들인 '獨立', '暮城'이 지닌 이미지 및 詩想의 展開가 動的인 起, 承句와 靜的인 轉, 結句의

47 同上, 張13, 「仁洞寄金進士休」.
48 同上, 張5, 「往全州不遇主倅」.

부딪침이 주는 정서적 충격 때문이기도 하지만 이 시를 구성하고 있는 글자들의 소리 및 소리의 연결양식이 빚어내는 음성효과 때문이기도 하다. 즉, 起句에서 轉句의 '所'에 이르기까지는 첫 글자 '策'을 제외하면 종성이 모두 유성음계로 이어져 오다가 돌연히 '適'이라는 촉급하면서도 단절적인 음성영상을 지닌 入聲音이 등장하여 動的인 흐름을 일거에 단절시킴으로써 이 부분의 진술 내용인 '절벽 앞에 선 듯한 절망감'을 극적으로 提高시킨다. 이러한 분위기가 '獨立'이란 入聲音의 結句 첫 두 글자로 이어지면서 고조된 상태로 지속되다가 '暮城頭'란 유성음계의 종성음으로 된 글자로 연결되어 그 유장한 음조의 긴 여운 속에 작자의 암울하고 막막한 심정을 싣고 있기 때문인 것이다.

白雲이 저무는 城 머리에 서 있을 수밖에 없었던 것은 친구를 만나지 못한 아쉬움에서라기보다 朴潢의 도움을 받지 않고서는 전주에 유숙하거나 다른 곳으로 떠날 수 없었기 때문이며 例詩가 지닌 암울한 분위기는 바로 이러한 자신의 처지를 성찰한 데서 온 참담한 心懷와 조응하는 것이다.

그러나 가난한 유랑자의 행각을 소재로 한 白雲의 詩篇이 경제적 궁핍 그 자체만을 말하고 있는 것은 아니며 그가 부딪친 현실적 장벽의 강고함을 내포하고 있기도 하다.

短衣羸馬任西東	짧은 옷 여윈 말로 여기저기 다니나
天地無情志士窮	천지는 무정하여 志士가 궁해지네

世路正長歸未得　　세상 길 참으로 길어 돌아가지 못하는데
一庭黃葉又秋聲　　뜨락 가득 낙엽지고 가을바람 부네[49]

「客裡偶吟」이란 제목의 이 작품은 자신의 궁핍한 처지를 直抒하지 않고 형상화를 통하여 의미의 확충을 시도하고 있다는 점에서 주목된다. 承句의 '天地'는 바로 白雲을 流浪하게 한 現實을 表象한 것으로 볼 수 있으며, '世路'는 세계의 횡포 속에서의 자신의 삶을 의미한다 할 수 있다. 따라서 이 작품은 知己를 찾아 궁색한 행색으로 사방을 떠돌아다니나 천지로 표현된 뛰어넘을 수 없는 현실적 장벽 때문에 작품내적 자아인 志士는 窮할 수밖에 없으며 좌절과 시련으로 점철된 삶에서 벗어나고자 하면서도 그러한 삶에 매몰된 채 세월을 보내야 한다는 의미로 이루어져 있다.

단순한 신세 타령으로 전락하기 쉬운 자신의 곤궁을 소재로 하고 있음에도 불구하고 이 작품이 일정한 무게와 공감대를 지니게 된 것은 바로 개인적 상황 그 자체에 지나치게 경사되지 않고 응어리진 비애를 形象化란 장치를 통하여 여과하고 있기 때문이다.

가난한 유랑자에게 있어서 鄕愁는 필연적으로 수반되는 것이며 그 심도는 유랑의 고통에 정비례한다 할 수 있다. "스스로 비웃나니 이 괴로움 무엇 때문인가? 반평생 길이 나그네 길 집 삼아서라네.[自笑辛勤緣底事 半生長以客爲家]"[50]라는 시구에서 단적으로 드러나는 바

49　同上, 張21, 「客裡偶吟」.
50　同上, 張20, 「暮吟」.

와 같이 고난과 시련 속에서 끊임없이 이어졌던 白雲의 유랑생활을 상기할 때 그의 詩作 가운데 鄕愁를 주제로 한 작품이 다수 발견되는 것은 자연스러운 일이다.

❶ 西風一夜露華冷	서풍 밤새 불어 이슬꽃 찬데
樹杪秋聲透葛衣	가지 끝 흔드는 가을 소리 베옷을 뚫네
獨坐窮山正愁絕	깊은 산에 홀로 앉았으니 참으로 시름겨운데
更北征雁向南飛	게다가 북으로 간 기러기 남쪽 향해 날아오네[51]

❷ 芦花蕭瑟暝烟昏	지황꽃 쓸쓸하고 저녁연기 가물거리는데
江上孤村獨掩門	강가 외로운 마을에서 홀로 문을 닫는다
客枕凄凉眠不得	객지 잠 쓸쓸하여 잠 못 이루니
故園無夢寄歸魂	고향에 돌아갈 꿈조차 꿀 수 없네[52]

例詩 ①은 향수와 관련된 직설적 언사는 배제한 채 주변의 경물과 자신이 처한 상황을 참신한 표현을 통하여 형상화함으로써 작자의 진한 향수를 성공적으로 전달하고 있다. 특히 承句 '가을바람이 나뭇가지를 흔드는 소리가 베옷을 뚫고 들어온다'는 표현은 청각을 촉각으로 전환시킴으로써 '밤새 부는 가을바람', '차가운 이슬 꽃'의 이미지를 계승하면서 수심의 심도를 심화시켜 轉句 '正愁絕'의 실감을 상승시키고 있다. 작중화자의 깊은 시름이 다름 아닌 향수인 것은 轉句의 '獨坐窮山'에서도 짐작할 수 있지만 結句 '게다가 북으로 갔

51 同上, 張15, 「客中聞雁」.

52 同上, 張19, 「旅愁」.

던 기러기 남쪽으로 돌아오네'라는 형상적 표현에서 선명하게 드러난다.

제목 자체가 「旅愁」인 例詩 ② 또한 참신한 발상으로 향수를 실감있게 표현한 작품이다. 즉, '엄습하는 旅愁로 말미암아 잠을 못 이루기 때문에 고향으로 돌아가는 꿈조차 꿀 수 없다'는 언표는 작중화자의 사무치는 향수를 역설적으로 표현한 것이다.

白雲이 강렬한 향수에 젖어 시름겨워 하면서도 유랑생활을 계속할 수밖에 없었던 것은 그가 처자를 버리고 유랑하는 동안 가족들은 정처없이 흩어져 정작 돌아가 안주할 곳마저 없었기 때문이다.[53] 돌아가 안주하고 싶어도 돌아갈 집이 없는 白雲에게 있어서 궁핍한 유랑생활은 또 하나의 속박에 다름 아니었다 할 수 있다.

2. 淸淨한 世界에의 憧憬과 脫俗의 욕망

(1) 自然에 대한 憧憬

白雲의 詩에 등장하는 自然은 모순과 부조리로 가득찬 현실세계와는 대척적인 공간으로서 淸淨한 세계의 표상이다. 끝없는 유랑이라는 白雲의 현실이 그에게 변형된 속박으로 작용하였을 때 自然은 관념적 안주처였던 것이다. 이 점은 "자줏빛 노을 푸른 안개 속에 돌아와 누우니, 세상 인연 잡된 생각 일시에 멀어지네.[來臥煙霞紫翠中

53 同上, 張19, 「大丘」의 "故國無家歸亦懶 殊方爲客事多艱"으로 미루어 고향에는 돌아갈 집이 없었던 듯함.

世緣塵念一時空]"[54]라는 詩句나 「偶吟」이란 제목의 다음 작품을 통해 분명히 확인할 수 있다.

人間佚宕白雲翁　　세상에서 칠칠찮은 白雲翁
北去南來天地闊　　남북을 오감에 천지가 넓었다
風塵世路少知音　　풍진 세상에 알아주는 이 적으니
歸臥仙山弄明月　　돌아가 仙山에 누워 明月을 즐기리

유랑에 지친 작자의 심회를 토로한 위의 작품의 轉句 '風塵世路'는 作者가 유랑생활을 하면서 겪은 갖은 시련들을 함축하고 있으며 '少知音'이란 言表로 미루어 유랑을 통하여 자신의 존재의의를 확인하고자 했던 의도도 제대로 이루어지지 않았음을 알 수 있다. 例詩의 結句 "歸臥仙山弄明月"은 현실에서 성취하고자 하였던 욕구가 좌절된 상황에서 작가가 관념적으로 설정한 이상적인 삶의 樣式에 다름 아니며 그것은 청정한 自然 속에서의 자유로운 삶이라 할 수 있다.

「大悲岩」, 「禪悅臺」란 제목의 다음 작품들은 白雲이 희구하였던 淸淨한 세계의 모습과 그것에 合一하려는 의지를 명료하게 드러내고 있다.

❶ 縈回松逕綠苔封　　구비진 솔길 푸른 이끼 낀 흙더미 사이에서
石室岩龕次第逢　　석실과 돌탑 차례로 만나네

54 同上, 張22, 「偶吟」.

城市一塵飛不到　　저자의 한 점 티끌 날아오지 않나니
白雲青嶂擁西東　　흰 구름 푸른 산 봉우리 동서를 감싸서라네

❷ 仙臺超絶枕丹丘　　선대는 높다랗게 산을 베고 있는데
長嘯登臨趨晩秋　　긴 파람 불며 오르니 늦가을 깊어 가네
錦繡千重山萬疊　　천 겹 비단에 수놓은 듯한 산은 만 겹
怳如身在畵中遊　　황홀하구나! 이 몸 그림 속에 노니는 듯

例詩 ①, ②의 배경을 이루는 공간은 세속의 시끄러움과는 멀리 떨어진 탈속적 청정공간이다. 작자의 시야에 포착된 '구비진 솔길', '이끼 낀 흙더미', '돌탑', '까마득히 높은 바위', '곱게 단풍 든 산' 등은 모순과 부조리가 횡행하는 현실과는 동떨어진 순수한 자연계의 사물들로 작자가 희구하는 청정한 세계를 표상하는 것들이다. 작품 ①에서 작자는 자신의 시야에 포착되는 이러한 사물들을 차례로 나열하면서 주관적 의지의 개입을 가능한 한 억제하고 있다. 단지 "城市一塵飛不到"라고만 言表하여 자신이 처한 공간이 청정한 세계임을 강조하고 있으며 작품 ②에서는 "怳如身在畵中遊"라고 하여 청정한 공간을 이루고 있는 구성물 속에 자신을 함입시킴으로써 은밀하게 자연과의 합일을 꾀하고 있을 뿐이다. 즉, 白雲은 자연을 노래하면서 자연을 주관적, 관념적으로 해석하여 그 속에서 인간사에 적용할 수 있는 道德性이나 敎訓性을 찾고자 했던 일반적인 儒家들과는 달리, 작중화자인 작품 내적 자아가 자연과 일체가 되고자하는 의지와, 일체가 된 모습을 아무런 가치론적 전제 없이 표출하고 있는 것이다. 뿐만 아니라 自然에의 동경을 주제로 한 白雲의 詩 가운데는

脫禮教主義的[55] 志向과 道禪的 志向을 내포하고 있는 작품들도 포함되어 있다.

❶ 解衣閑臥曲欄前	옷을 벗고 굽은 난간 앞에 한가롭게 누웠으니
風歸長空月滿天	바람 그친 넓은 공중에 달빛 가득하네
萬慮消停百神泰	온갖 근심 사라지고 百神이 편안하니
人間何地可拘牽	인간 세상 어느 곳에서 나를 구속하리[56]

❷ 千載新羅寺	신라 때 세운 천년 古刹에
登臨病眼揩	올라보니 흐린 눈 시원해지네
已抛身外事	이미 세상일 포기했나니
堪學佛前齊	부처님께 제계하는 일이나 배우려네
殿古疎藤合	오래된 절집엔 성근 등넝쿨 타고 오르고
窓虛列宿排	텅 빈 창엔 수많은 별들 늘어섰네
沈吟坐遙夜	나직이 읊조리며 긴긴 밤에 앉았으니
月明上層崖	밝은 달이 층애에서 떠오르네[57]

❸ 掛壁靈泉素練飛	절벽 틈 신비한 샘에서 흰 물줄기 솟구치니
天風吹濕薛蘿衣	바람은 물기 실어 벽라의 적시네
仙書讀罷一回首	仙書를 다 읽고 고개 한 번 돌리니
金翠千峯淡落暉	황금빛, 비취빛 천만 봉우리 석양에 아스라하네[58]

55 윤재민 교수는 전게논문 37쪽에서 예교주의의 개념을 "봉건적 예교는 동아시아 중세사회를 지탱하는 기본적인 질서이자 교의이며 예교주의는 이러한 봉건적 교의의 준수를 설파하는 도덕적 설교, 주장 및 그에 따르는 삶과 자세를 가리킨 것이다."라고 정의한 바 있는데 본고에서는 윤교수의 이러한 견해를 수용하였음.

56 權尙遠, 『雲巢遺稿』, 張22, 「月夜」.

57 同上, 張1, 「浮石寺」.

58 同上, 張11, 「龍臺」.

例詩 ①, ②, ③은 清淨한 세계에서 누리는 작자의 해방감이나 즐거움을 표현하고 있다는 점에서 앞에서 검토한 「大悲岩」, 「禪悅臺」와 유사한 意趣를 지니고 있다고 할 수 있다.

그러나 이 세 작품에서 특별히 주목되는 것은 例詩 ①의 起句, ②의 頷句, ③의 轉句에서 볼 수 있는 바 유교적 예교주의의 구속에서 벗어나 자유로운 삶을 희구하거나 禪仙的 志向을 보여준다는 점이다. 즉, 옷을 벗고 난간에 드러눕는 행위나 佛前에 제계하는 것을 배우겠다는 言表 및 道家書를 읽는 행위 등은 유교적 예교주의에서 벗어나 청정한 자연 속에서의 자유로운 삶을 누리고자하는 의식의 소산이라 할 수 있는 것이다. 작자의 이러한 지향은 自我成就에의 욕구를 좌절시킨 旣成의 社會制度나 價値觀에 대한 소극적 저항의 의미를 지닌다고 할 수 있다.

⑵ 현실부정의식과 仙界에의 희구

앞에서 검토한 것처럼 白雲은 모순과 부조리가 없는 清淨한 自然을 찬미하고 그 속에서의 자유로운 삶을 동경하였으나 그에게 있어서 청정한 세계는 지속적으로 향유할 수 있는 공간이 아니었으며 고통스러운 유랑생활 중 잠시 머물 수 있었던 오아시스 같은 존재였다. 따라서 그것은 그가 획득할 수 없었던 功名, 즐거운 여행처럼 그의 번뇌를 심화시키는 하나의 요인이 되었을 뿐이다.

인간세계의 모든 일들이 자신의 의지대로 이루어지지 않음을 절감한 白雲은 현실과 멀리 떨어진 거리에서 세계를 조망함으로써 세속적 가치를 무시하려는 의도를 드러낸다.

落日三盃酒　　지는 해에 석 잔 술 마시니
高樓萬里風　　높다란 누대엔 시원한 바람 부네
古今多少事　　고금의 온갖 사연들은
片月卦長空　　저 하늘 조각달만 알리라[59]

「浮石寺鍾閣醉吟」이라는 例詩의 제목에서 알 수 있는 것처럼 작중 화자는 세속과 멀리 떨어진 높다란 누대에서 세속적 번뇌로부터 벗어난 자의 해방감을 누린다. 結句에 등장하는 '片月'은 바로 이러한 작자의 의식에 조응하는 작품내적 자아의 心象으로 '인간세계와는 아득히 멀리 떨어져 있음으로 해서 人間事의 곡절을 참으로 아는 존재'이다. 따라서 이 작품은 인간들에 의하여 행해지는 모든 행위의 참된 가치나 시비는 현실에 매몰된 채 살아가는 인간들에 의하여 규정지워질 수 없다는 작자의 의식을 반영한 것이라 할 수 있다. 이와 같은 의식의 이면에는 현실에서의 패배로 인한 절망감, 허무감을 현실 그 자체를 무시함으로써 초극하려는 의지가 숨어있다.

❶ 鶴逢西畔有高臺　　학가산 서쪽 언덕에 높은 대가 있어
一嘯登臨眼豁開　　휘파람 불며 오르니 눈이 활짝 열리네
萬里雲煙風捲盡　　만 리 구름과 연기 바람이 모두 걷어버리니

59 同上, 張1, 「浮石寺鍾閣醉吟」.

八州山色坐中來　　八州의 산색이 앉은 자리로 밀려오네[60]

❷ 萬里天風袖裏秋　　만 리 천풍에 소매 속 서늘한데
憑高獨立意悠悠　　높이 올라 홀로 서니 생각은 아득하네
人間回首一長嘆　　세상을 돌아보며 길이 탄식하나니
南陌東城何所求　　남쪽 밭 동쪽 성 어디 있어 찾으랴[61]

例詩 ①, ②에서도 작자는 높은 곳에 올라 市井을 조망하면서 '萬里雲煙', '南陌東城'으로 표상된 현실세계와 현실에서 인간들이 추구하는 가치의 의미를 '風捲盡', '何所求'란 표현을 써서 무시 내지 왜소화함으로써 세속적 가치를 부정하려는 의식을 노출하고 있다. 현실을 벗어나 보다 확대된 시야에서 보면 현실세계의 인간 군상들이 추구하는 가치는 무의미하다는 것이다. 이러한 白雲의 의식은 "높은 곳에 올라 바다를 보니 생각은 끝이 없어, 열두 성곽과 누대는 꿈속처럼 허망하네.[登高望海意無窮 十二城樓如夢中]"[62]란 詩句에서도 확인할 수 있다.

그러나 白雲이 올라 市井을 조망하며 세속적 가치를 부정함으로써 자신의 좌절에 대한 자위를 관념하던 지점도 자신을 고뇌케한 現實世界의 일부에 불과하였으므로 그의 고뇌를 원천적으로 해소할 수 있는 공간은 아니었다. 결국 白雲이 이상적 삶을 향유하거나 진정한

60 주27) 참조.
61 權尙遠,『雲巢遺稿』, 張22,「登太白山」.
62 同上, 張17,「登高望海」.

해방감을 누릴 수 있는 공간은 地上에 존재하지 않았던[63] 셈이다. 仙界로의 飛翔을 희구하는 詩想을 지닌 작품들은 바로 이러한 상황에서 창작된 것으로 생각된다.

❶ 手持綠玉杖	손에는 綠玉杖을 짚고
散步青山間	푸른 산 사이를 산보하노라
寄語羽衣客	날개 옷 입은 이에게 말하노니
爲我開雲關	나를 위해 구름문 열어주구려[64]

❷ 臨風一嘯上高頂	바람 속에 휘파람 불며 높은 정상에 오르니
碧海萬里心茫然	푸른 바다 만 리라 마음도 아득하네
從玆願作鶴背客	이후부터 이 몸 학 탄 신선되어
俔視浮世三千年	뜬 세상 삼천 년 흘겨 보았으면[65]

例詩 ①은 지팡이를 짚고 푸른 산 속을 거닐면서 선계로의 飛翔을 企圖한다는 내용으로 이루어져 있다. 따라서 이 작품은 청정한 자연을 대했을 때의 정서적 고양 상태에서 仙界를 想念한 것 정도로 이해할 수도 있다. 그러나 이 작품의 結句 '나를 위하여 선계로 들어가는 문을 열어 달라[爲我開雲關]'라는 직설적 진술은 여유 있는 문사들의 낭만적 상념에서 나온 仙界志向的 言辭와는 뚜렷이 구별된다.

63 白雲이 이러한 상황에 처해 있었음은 敬窩 金烋의 "塵臼更無伸脚處 會當携手上天台(『敬窩集』, 卷1「次權學官尙遠韻」)라는 詩句를 통해서도 짐작할 수 있다.

64 權尙遠, 『雲巢遺稿』, 張12, 「洞口」.

65 同上, 張17, 「登高望海」.

즉, 그것은 지상 어느 곳에서도 안주할 수 없는 극한적 상황에서의 자기 구원을 위한 悲願의 목소리인 것이다.

선계로의 비상을 기도하는 의식의 내면에 이와 같이 절박한 상황이 전제되어 있음은 例詩 ②를 통해서도 짐작할 수 있다.「登高望海」란 제목에서 알 수 있듯이 이 작품은 높은 곳에 올라 끝없이 펼쳐진 바다를 바라보면서 仙界를 상념한다는 평범한 구조로 이루어져 있다. 그러나 轉, 結句의 진술 내용은 단순하지 않다. 작중 화자는 仙界로 비상하여 청정한 세계에서 아무런 구속 없이 영원한 삶을 누리겠다는 염원을 노래하는 대신 "俔視浮世三千年"이라고 하여 세속적 삶의 의미 없음을 거듭 확인하려 한다. 작자의 이러한 의식은 초극할 수 없는 강고한 현실의 벽에 대한 잠재된 불만에서 형성된 것이라 할 수 있으며 그 현실의 벽이란 지금까지 논의해온 바 白雲으로 하여금 어느 곳에도 안주하지 못하게 한 당대의 사회현실 그 자체이다. 여기서 "권생은 명산에 놀기를 좋아하고 方外의 교유가 많으니 나는 그 道가 허탄하여서 의뢰할 곳이 없어 혹 이단의 術에 흐를까 두려워한다"[66]라는 澤堂의 충고를 상기해 볼 만하다. 이와 같이 白雲이 유가의 입장에서 볼 때 이단에 지나지 않는 道佛에 경사된 것은 당대 사회를 지탱하고 있는 유교적 이념에 대한 부정적 인식 때문이었던 것이라 할 수 있다.

이러한 관점에서 볼 때 세속적 가치에 대한 부정과 선계에의 동경

66 李植,「送權生尙遠序」: 權生好遊名山 多方外交 吾懼其道虛曠無所倚 或流於異術

을 주제로 하고 있는 白雲의 작품들도 자신을 좌절케한 부조리한 현실에 대한 비판의식과 관념적으로나마 그것을 초극해 보려는 의지의 소산이라고 할 수 있다.

Ⅳ. 結

이상에서 조선중기라는 봉건적 신분질서의 벽이 强固하였던 時代에 庶族으로 태어나 流浪詩人으로 불우한 일생을 살았던 白雲 權尙遠의 生涯와 詩世界를 검토하였다. 지금까지 논의한 바를 요약 정리하는 것으로 결론을 삼고자 한다.

白雲의 삶과 詩世界를 결정한 가장 큰 요인은 庶族이라는 그의 신분적 질곡일 것이다. 白雲은 십여 세에 이미 자신의 신분적 한계를 절감하고 통상적인 士大夫的 삶을 포기한 채 文士로서의 삶을 택하였다. 20대에 白雲은 淸陰 金尙憲에게 詩才를 인정받고, 疎庵 任叔英의 門下에서 수업하면서 비록 제한적이기는 하나 사회적 진출의 발판을 마련하였다. 承文院의 말단관료인 漢吏學官이 된 白雲은 36세에 遠接使 김유의 막하에서 문학적 역량을 발휘하여 그의 詩名이 公卿大夫들 사이에 알려졌다. 40세 되던 해 白雲은 進士試에 급제한 후 다시는 赴擧하지 않고 流浪길에 나선다. 白雲의 流浪은 그가 관계로 진출한다 하더라도 자신의 능력과는 상관없이 말단관료로 만족하여야 하는 부조리한 사회제도에 대한 반항심과 방약무인한 그의 성격으로 인한 주변의 배척 때문이었던 것으로 생각된다. 그의 유랑은 거의 만년까지 지속되었고 『雲巢遺稿』에 실려 전하는 200首에 가까운 그의 詩는 대부분 유랑생활 중 창작한 작품들이다.

白雲의 詩篇들을 일별할 때 유랑자의 슬픔, 세속적 삶의 허망함, 속박 없는 세계 등을 상징하는 詩語들이 반복적으로 등장하는 바 이는 그의 비극적 삶과 그러한 삶에서 탈출하고자하는 관념적 욕구의 대응물이라 생각되며 그의 詩의 핵심적 주제를 이루고 있는 것으로 파악된다.

자신의 불우한 삶을 읊은 작품들은 功名에의 포부가 좌절된 데 따른 울울한 심정을 토로한 것과 가난한 유랑자의 비애와 향수를 주제로 한 작품으로 나눌 수 있다. 이러한 작품에서 白雲은 劍의 이미지를 사용하여 자신의 기개와 포부를 격정적으로 노래함으로써 세계의 횡포에 대한 울분을 토로하거나 자신의 궁핍, 고독, 향수 등을 표현하고 있으나 세계의 횡포에 대한 과감한 대결의지를 드러내고 있는 작품은 거의 발견되지 않는다.

自然으로 표상된 청정한 세계를 지향하는 작품과 현실적 가치를 부정하고 선계로의 비상을 관념하는 작품들은 자신의 불우한 삶에서 탈출하고자하는 내면적 욕구의 표출이라 할 수 있다. 이러한 경향의 작품들은 유교적 예교주의의 속박에서 벗어나 자유로운 삶을 희구하거나 禪仙的 志向을 보여준다는 점에서 대단히 주목되는 바 이는 自我成就의 욕구를 좌절시킨 旣成의 社會制度나 價値觀에 대한 저항의 의미를 지니며 現實世界 어느 곳에서도 자유로운 삶을 누릴 수 없었던 白雲이 觀念的 차원에서나마 현실을 초극해보려는 자기 구원의 외침이라 할 수 있다.

이러한 白雲의 詩世界는 劍의 이미지를 사용하여 자신의 울울한 심정을 격정적으로 노래한다거나, 脫禮敎的 志向을 지니고 있다는 점에서 조선후기 중인층 문인의 詩에서 발견되는 특징적인 국면들과 유사한 면모를 지니고 있다.

이상과 같은 논의만으로 白雲의 生涯와 詩世界가 온전히 밝혀졌다고 할 수 없다. 白雲의 生涯를 자세히 밝히기 위해서는 보다 폭넓은 자료의 섭렵이 요청되며 白雲의 詩가 지닌 文藝美나 詩風에 관한 검토 또한 반드시 이루어져야 하리라 생각된다.

• 『한국학논집』, 제19권, 계명대 한국학연구소, 1992. 177~201쪽.

XII.

鄭彦儒의 「耽羅別曲」에 대하여

XII. 鄭彦儒의 「耽羅別曲」에 대하여

Ⅰ. 序

이 논문은 조선후기의 문인 迂軒 鄭彦儒(1687~1764)의 紀行歌辭 「耽羅別曲」을 개관하고 작가의식을 검토하기 위하여 집필된 것이다. 필자가 「탐라별곡」에 대하여 관심을 가지게 된 것은 최근 「耽羅別曲」이 수록된 필사본 『迂軒集』[1]을 접할 수 있었기 때문이다. 필사 초고본으로 보이는 이 책을 일별한 결과 「耽羅別曲」에 대한 기존의 연구는 대체로 작품 그 자체를 고립적으로 검토하였기 때문에 내용이해 및 작가의식 파악에 있어 다시 논의해야 할 여지를 남기고 있는 것으로 판단되었다.

1 이 책의 서지는 다음과 같다. 筆寫本, 不分卷 2冊, 東裝, 四周單邊, 半郭 20.5×15.5㎝, 有界 10行 22字 無魚尾.

「耽羅別曲」은 1982년 尹石昌 교수에 의해 「耽羅別曲 研究」[2]가 발표되면서 처음 학계에 알려졌다. 윤석창 교수는 자신의 소장본인 4卷 2册으로 편집된 필사본 『迂軒集』에 수록된 「耽羅別曲」의 작자가 제주목사를 지낸 鄭彦儒임을 밝혔으며, 작자와 창작연대, 장르와 형식 등에 대하여 간략히 언급하고 작품의 구성과 내용을 검토하였다. 이어 尹致富 교수는 한국학 중앙연구원 소장 두루마리 필사본을 대본으로 한 「耽羅別曲의 구성과 표현」[3]을 발표하였다. 이 논문에서 윤치부 교수는 윤석창 교수 소장본과 한국학 중앙연구원 본을 대비하여 그 차이와 필사연대의 선후관계를 밝히고, 내용전개에 따라 分段하여 단락별 내용을 분석하고 각 단락이 의미상 유기적 관련성을 지니고 있음을 구명하였으며, 표현기법에 있어서 작품의 각 句는 當句對, 雙句對, 隔句對 등 다양한 對偶法으로 이루어져 있음을 논증하였다.

이상의 선행업적을 선택적으로 수렴하면서 본고에서는 「탐라별곡」 창작과 관련이 있을 것으로 예상되는 작가의 행적과 이 논문의 대본이 된 『迂軒集』의 체제를 점검한 다음 작품을 개관하고, 이 작품에 투영된 작가의식을 검토하고자 한다. 이러한 작업은 「탐라별곡」의 내용 및 작가의식에 대한 기존의 인식을 수정 혹은 심화하는 데 일정한 기여가 있을 것이다.

2 尹錫昌. 「耽羅別曲研究」. 『명지어문학』 제12호. 명지대학 국어국문학과. 1982. 81~97쪽.

3 尹致富. 「耽羅別曲의 구성과 표현」. 『제주교육대학논문집』 제24집. 제주교육대학교. 1995. 1~16쪽.

Ⅱ. 作家와 出典

1. 鄭彦儒의 生涯

鄭彦儒의 生涯를 추적할 수 있는 자료는 비교적 많이 전하고 있는 편이다. 이 논문의 주자료인 필사본『迂軒集』坤에는 鄭元容(1783~1873)이 撰한「嘉義大夫 戸曹參判兼同知義禁府事五衛都摠府副摠管 鄭公墓碣名」[4]과 鄭沆이 撰한「嘉義大夫 戸曹參判鄭公墓」[5], 迂軒의 玄孫인 鄭圭宬이 기술한「迂軒參判公行狀」[6] 등이 부록되어 있다. 뿐만 아니라『朝鮮王朝實錄』에도 迂軒과 관련된 기사 30條[7]가 수록되어 있다. 여기서는 이러한 자료들을 바탕으로「耽羅別曲」창작과 깊은 관련이 있는 것으로 판단되는 그의 행적을 집중적으로 조명하고 나아가 그의 의식의 일단을 규명함으로써 작품 이해의 단서를 삼으려 한다.

鄭彦儒의 字는 林宗, 號는 迂軒, 本貫은 東萊이며, 成宗 때의 名臣 鄭蘭宗(1433~1489)은 그의 10대조이다. 曾祖는 有徵, 祖는 匡周, 父는 雲瑞이며, 母는 全州 李氏로 佐郎 李鼎興의 따님이다. 曾

4 鄭彦儒.『迂軒集』(필사본, 계명대학교 동산도서관 소장, 이하 이 책에서 인용한 원문은『迂軒集』으로 표시함.) 坤 61~64張.

5 같은 책. 65~68장. 앞쪽.

6 같은 책. 68~75장.(이하 註 4), 5), 6)에서 인용한 내용은 특별한 경우를 제외하고는 주석을 생략함.)

7 한국고전번역원. 영조1년 을사(1725) 9월 27일 條 이하 정조20년병진(1798) 4월 18일 條까지 정언유 관련기사가 30則 수록되어 있음.

祖, 祖, 父는 迂軒이 현달함에 따라 司僕正, 承旨 吏曹參判에 추증되었다.

迂軒은 1687(숙종13)년 10월 23일 서울에서 태어났다. 유년기 및 수학기의 迂軒의 행적에 대한 상세한 기록은 남아있지 않다. 어려서 조부에게 수학하였는데 문장과 식견이 나날이 진보하였으며, 한번 본 책은 바로 암송하였다는 그의 명석함에 대한 찬사와, 科文體에 능하였고 四·六文에 정통하여 바둑 한판을 두면서 문득 한 편을 지어 사람들이 '번개같은 솜씨'라고 칭송하였다는 일화가 「行狀」에 기술되어 있다. 이러한 기사로 미루어 迂軒은 수학기에 이미 초야에서 학문에 매진하는 학자적 삶을 꿈꾸지 않고 관계로 진출하여 경세에의 포부를 구현하는 관료로서의 삶을 선택하였던 것으로 판단된다.

1721(경종1)년 증광문과에 급제한 迂軒은 승문원에 배속되었으나 '승문원의 권점이 공정하지 못하다'는 臺臣 李普昱의 論斥을 받고 門外出送 당하였다. 이 사건의 발단은 1755(영조31)년 나주괘서사건을 일으켜 처형된 尹志(1688~1755)가 1723(경종3)년 문과에 급제했을 때 윤지의 종형인 尹慤(1665~1724)이 辛丑獄事(1721년)에 연좌되어 유배중인데도 의기양양하게 遊街行進을 하는 것을 目覩하고, 윤지가 權知의 신분[8]으로 승문원에 배속되자 迂軒이 그를 못마땅하게 여겨 일어난 사건이다.

1726(영조2)년에는 6품에 올라 氷庫別提를 거쳐 禮曹佐郎에 제수

8 조선시대에 성균관, 승문원, 교서관, 홍문관 등의 分館에서 정식관원으로 임용되기까지 임시관원으로 근무하는 것을 말함.

되었는데 名利를 좇는 무리들이 迂軒을 찾아와 "우리들과 마음을 같이하면 출세가 빠를 것이다."[9]라고 유혹하였으나 엄하게 배척하였다. 며칠 후 迂軒을 咸鏡都事로 밀어내자 迂軒은 사직하고 부임하지 않았다.

1727(영조3)년에 兵曹佐郎, 黃海都事를 거쳐 泰川縣監에 제수되었다. 태천현감을 역임하면서 공평하고 청렴하였을 뿐만 아니라 백성들을 잘 돌보아 영내가 잘 다스려졌다. 그러나 眚災로 말미암아 迂軒이 체직되자, 아전과 백성들이 모두 원통하게 여겨 고을을 떠나지 못하게 막아서 밤에 몰래 강을 건너 태천을 떠났는데, 다음 날 새벽 백성들이 강가에 몰려나와 어떤 사람은 목 놓아 울기까지 하였다. 충청도 관찰사 宋寅明(1689~1746)이 장계를 올려 체직을 막으려 하였으나 끝내 성공하지 못하였다.

1731(영조7)년에는 溫陽郡守에 제수되었는데 1년 전인 1730년에 보리농사가 크게 풍년이 들어 식량이 매우 풍족하였다. 迂軒은 흉년이 올 것을 예상하고 순찰사 李衡佐에게 청하여 싼값에 보리를 구매하여 여러 고을에 쌓아두게 하였다. 迂軒의 예상대로 그해 벼농사가 크게 흉년들었으나 온양은 물론 충청도 일대의 백성들까지 비축해둔 곡식 덕분에 굶주리지 않았다. 이때 쌓아둔 곡식으로 장사하기를 권하는 사람이 있었으나 迂軒은 단호히 거부하고 남은 곡식을 군민 진휼에 충당하여 2년 동안 연이어 흉년이 들었으나 온양 군민들

---

9 『迂軒集』. 坤. 「迂軒參判公行狀」 68張 뒤 : 嘗直春曹 有時輩來見 曰若與君輩同心 則朝夕當爲名宦 公嚴斥之 居數日 黜爲咸鏡都事 公亦辭不赴

은 기근을 면할 수 있었다.

1738(영조14)년 이후 掌令, 弼善, 知製告 등 내직을 역임하였다. 사헌부 장령이던 1739(영조15)년 宗室 琅瑅君 李燀이 英祖의 비위를 맞추기 위하여 대왕 대비와 當宁의 尊號를 청하였다. 이때 迂軒이 "말이 아첨에 가깝습니다. 이섬을 파직함이 마땅합니다."[10]라고 직언하니 영조가 "오늘 비로소 옛 臺閣의 당당한 모습을 보겠다."[11] 라고 칭찬하였다.

1741(영조17)년에는 順天府使에 임명되었으나 4개월 만에 부친상을 당하여 사임하였다. 3년상을 마치고 나서 1744(영조20)년 獻納에 제수되었으나, 持平 朴聖源(1687~1757)이 영조가 耆老所에 들어가는 것을 반대하다가 南海에 圍籬安置될 때 왕의 부당한 처사를 論斥하다가 관직을 삭탈당하고 門外黜送되었다.

1748(영조24)년에 司諫에 제수되었으나 얼마 되지 않아 경상도 관찰사가 寧海府使를 뽑아 파견해달라는 장계를 올리니 이조에서 迂軒을 선발하여 파견하였다. 임지에 도착한 迂軒은 장부에만 남아있고 이미 없어진 漁船과 鹽釜에 대한 세금을 없애고, 묵은 밭을 새로 개간하면 10년간 세금을 부과하지 말 것 등 民瘼 改善策을 건의하여 조정의 윤허를 받아 시행함으로써 邑民의 고통을 덜어 주었다. 뿐만

10 『朝鮮王朝實錄』. 英祖15年 己未 6月 18日 條 : 掌令鄭彦儒申前啓 不允 又啓 聖上臨御以後 謙挹彌切 聖德愈光 向者琅堤君燀請上尊號 言近阿諛 宜罷職

11 『迂軒集』. 「嘉義大夫 戶曹參判兼同知義禁府事 五衛都摠府 副摠管鄭公墓碣銘」 66張 뒤 ; 又面斥宗臣之諂諛 上嘉乃曰 今日始見古臺臣風采

아니라 騰雲山 아래에 제방을 쌓아 數千頃의 농지에 관개함으로써 물걱정 없이 농사지을 수 있게 하니 영해 주민들이 이 제방을 '鄭公堤'라고 불렀다.

1749(영조 25)년에는 濟州牧使에 제수되었는데 당시 제주 전역에 큰 흉년이 들어 島民들이 굶주림으로 고통받고 있었다. 迂軒은 3천 석의 구휼미를 조정에 요청하여 餓死 직전의 島民들을 구제하였다. 또 대정면 하모리 남쪽 앞바다에 있는 加波島라는 작은 섬에 목장을 만들어 祭享에 쓰이는 黑牛 50마리를 방목하여 進貢[12]에 대비하였으며, 세 곳에 과수원을 만들어 귤과 유자 貢納에 대비하였다. 뿐만 아니라 가축을 훔치는 도둑이 많았는데, 迂軒은 엄한 법을 만들고 도둑을 잡아들여 도둑들이 없어지게 하였다. 그 밖에도 10여 가지의 폐단을 제거하였으나, 1751(영조27)년 8월 청귤의 진상에 문제가 있고 貢馬가 수척하다는 이유로 파직[13] 당하였다. 그러나 貢納문제는 핑계일 뿐 실은 1750(영조26)년 종실 李熷이 유배 올 때 妻와 庶叔인 爣이 따라 와서, 牧使인 迂軒을 찾아와 弓矢를 요구하고, 관인을 구타하기까지 하며 工匠들을 제멋대로 부리는 등 만행을 일삼아 민폐가 심하였다. 이들의 행패를 목도한 迂軒이 "섬사람들이 단지 驪川君 李熷이 있는 것만 알고 목사가 있는 줄은 모른다."[14]는 등

12 『譯註 增補耽羅誌』. 제주문화원. 2005년 12월. 122쪽.

13 같은 책. 813쪽. 行狀에서는 貢馬가 수척하다는 이유로 체임되었다고 기술하고 있으나, 이 책에서는 "청귤의 진상과 공마의 문제가 잘못되어 붙잡혀 갔다"라는 기록이 있음.

14 『朝鮮王朝實錄』. 英祖47年 辛卯 2月 5日 條 : 頃年鄭彦儒爲濟牧時狀聞曰 島民只知

그들의 만행을 규탄하는 狀啓를 올렸는데, 李爣과 李增의 아우 李壆가 여러 가지 일을 꾸며 迂軒을 무함하였기 때문[15]이다.

1755(영조31)년에 다시 同副承旨에 敍用되었고 이어 刑曹參判, 副摠管 戶曹參判 등을 역임하였는데, 영조의 신임이 매우 두터웠다. 1764(영조40)년 3월 3일 龍山坊의 집에서 78세를 일기로 별세하였다.

迂軒은 질박하고 청렴하였으며 아첨하지 않고 직언을 서슴지 않았다. 이와 같은 性行이 널리 알려져 1796(정조20)년에 淸白吏로 추천되었다.

이상에서 살펴본 바와 같이 迂軒은 34세에 문과에 급제한 이후 78세로 별세할 때까지 이런저런 이유로 공백은 있었으나 줄곧 官界에 몸을 담았던 관인이었고, 주로 地方官과 言官을 역임하였는데 지방관으로서 迂軒은 대단히 성실하고 유능한 행정가였다. 泰川, 淄陽, 寧海, 濟州 등 여러 지방의 수령을 역임하면서 임지의 백성들이 당면하고 있는 문제점을 정확히 파악하고 합리적 해결책을 모색하여 실천함으로써 주민들의 고통을 덜어 주었으며, 민생 안전을 위해 관례적으로 지방관이 누릴 수 있는 혜택까지도 거절한 이상적인 목민관이었던 것이다. 이 점은 영해부사 재임 시 迂軒이 邑弊를 摘示하여 陳達한 상소문에 대한 영조의 批答을 수록한 『朝鮮王朝實錄』의

有增 不知有牧云

15 『迂軒集』. 坤 「從政遺事」 52張 뒤 : 狀論其豪横 而爣之 作拿狀 爣蒼黃上來 與增之弟壆 百計構陷 湊成罪過 終至於被拿 告身之罰

다음 기사를 통해 확인할 수 있다.

> 정언유는 侍從臣으로서 지방관을 맡아 이러한 상소를 하였으니 백성을 위하여 진실로 가상한 일이다. 진달한 다섯 조항을 즉시 回啓하여 거행하게 하라. 지금 영해 백성들은 정언유를 얻었기 때문에 그 고통을 조정에 알릴 수 있었다. 그런데 여러 道에도 이와 같은 경우가 또 얼마나 있을지 알지 못하니 여러 道의 道臣들로 하여금 널리 물어 조리 있게 열거해서 보고하게 하라. 備局에서는 무심히 보아 넘기지 말고 성심으로 시행하라.[16]

요컨대 牧民官으로서 迂軒은 진심으로 민생을 염려하는 투철한 애민의식을 지니고 있었기에 민중들의 요구를 정확히 파악할 수 있었고, 따라서 가장 효과적인 개선책을 마련할 수 있었던 것이다. 위의 비답에서 영조가 迂軒의 경우를 모범적인 사례로 들어 여러 道의 관찰사에게 알리고, 道民의 고충을 조사하여 보고하라고 명령한 것은 迂軒의 상소문에서 민생을 염려하는 진정성과 개선책이 지닌 현실성에 공감했기 때문일 것이다.

迂軒이 관직에 있을 때 배경이 될 만한 친척도 없었고 특별한 교분이 있는 권세가도 없었음[17]에도 참판의 지위에 오를 수 있었던 것은 관료로서의 재능과 사심 없는 처신, 검소하고 청렴한 평소 생활태도 때문이었을 것이다.

---

16 『朝鮮王朝實錄』. 英祖 24年 戊辰 5月 18日 條 : 寧海府使鄭彦儒上疏 陳邑弊 上賜批褒之 敎曰 彦儒以侍從 宰百里 爲此陳章 爲民之誠可嘉 所陳五條 卽爲回啓擧行 今玆寧海之民 得鄭彦儒故導達民隱 而諸道若此者又未知幾許 其令諸道臣 廣詢條列狀聞 備局無視冷暖 誠心許施焉

17 『迂軒集』. 64장. 앞 ; 立朝內無葭莩之親 外無蟠木之援

迂軒은 가난하기도 하였지만 매우 검소하여 낡아 보잘 것 없는 헌옷 한 벌을 사철 입고 있었고, 비바람도 피할 수 없는 초가에서 한겨울에도 온돌에 불을 때지 않고 짚으로 만든 거적때기를 깔고 지내면서도 즐거운 기색[18]이었다고 한다. 迂軒 死後 32년이 지난 1796(정조 20)년에 청백리에 薦選된 것은 일생을 청빈하게 보낸 양심적인 관인이었던 迂軒의 삶에 대한 보상이었던 것이다.

2.『迂軒集』의 구성

계명대학교 동산도서관 소장의 필사본『迂軒集』은 불분권 2冊(乾 · 坤)의 필사본으로 필사자는 미상이다. 먼저 이 책의 체제를 개괄하면, 乾의 卷首에는 撰者를 밝히지 않은「序」가 수록되어 있다. 「序」의 내용 가운데 "高王考迂軒公"이란 표현이 있는 것으로 미루어 이「序」는 迂軒의 4세손(圭容, 圭憲, 圭宬, 圭密) 가운데 한 사람이 틀림 없고, 6세손 雨德이 쓴 이 책의「跋」에 "至我王父 始用力於先代文獻……爲上下二卷 親自傳謄而寶藏之"라고 기술한 것으로 미루어 雨德의 조부로 迂軒의 行狀을 지은 鄭圭宬이 쓴 것임을 알 수 있다. 「序」에 의하면 乾 1冊은 저자의 후손들이 저자와 내왕이 있었던 여러 집안에 전해오던 詩文을 수집하여 엮은 것으로, 和 · 次韻詩는 原韻을 附錄한 경우가 많다. 이는 후손들이 迂軒과 교유가 있었던 詩

18 같은 책. 63장 뒤：公愈老愈自勵 草屋不蔽風雨 盛冬藉藁薦 日中一疏糲 處之怡如

文集에서 저자의 詩文을 찾아내었음을 시사한다. 「序」 뒤에는 계선만 그어진 4장의 빈종이가 연결되어 있는데, 목록을 정리하여 수록하기 위해 비워둔 것으로 판단된다.

본문의 첫 면에는 1행 우측 상단에 '迂軒集'이란 册題가 표기되어 있고 권차 표시나 이하에 集錄된 詩文의 性格과 관련된 아무런 언급 없이 바로 "自試場來從祖主(號東溪 諱來周)步簡易堂韻示一律(辛丑年)"이란 7언 율시와 "原韻"이 수록되어 있다. 이하 10장 "挽再從叔(諱昌瑞)"까지 23題 43首의 시작품과 6首의 原韻이 수록되어 있다.

第11張 1行 상단에도 '詩'라는 장르 표시가 있고 2행에는 '西征錄上'이라는 卷題 아래 '서정록'의 창작배경에 해당하는 10행의 산문이 기술되어 있다. '西征錄上'에는 45장에 걸쳐 「悼亡(十二日)」 이하 114題 252首의 작품과 32首의 原韻이 실려 있으며, 끝부분에는 「家信(5首)」이 창작된 배경을 진술한 6行의 산문이 부록되어 있는데 이 가운데 第39張에서 第44張에 걸쳐 수록되어 있는 30首의 詩는 唐詩의 제목을 그대로 써서 지은 특이한 형태의 작품이다.

'西征錄上'이 끝나고 乾의 第56張 1行 상단에는 '迂軒集'이라는 册題가 표시되어 있고, 그 行 상단에 '詩'라는 장르 표시가 있으며 3行에 '西征錄下'라는 卷題 표시가 있고, 「寄德弘」 이하 61題 132首의 작품과 30首의 原韻이 附錄되어 있다.

'坤'의 첫 장은 계선만 그어져 있는 빈 장이 묶여져 있다. 본문이 시작되는 첫 장 앞면 1행 상단에는 '迂軒集'이라는 册題가 표기되어 있으며 '坤'에 실린 '頂門針 上 · 下'를 수집한 경위를 7행에 걸쳐 쌍

행의 산문으로 기술하고 있다. 이어 제9행에는 '頂門針上'이라는 卷題가 있고 제10행 상단에는 작은 글씨로 된 '詩'라는 장르 표기가 있으며 행을 바꾸지 않고 "金吾胥命時作"이라는 詩題가 쓰여져 있다. 뒤이어 26장에 걸쳐 97題 143首의 시가 수록되어 있다.

'坤'의 제27장 제1행 상단에는 '迂軒集'이란 册題, 제2행에는 '頂門針下'라는 卷題 표기가 있다. 제3행에는 '序'라는 문체 표기가 있으며, 이어 6장에 걸쳐 「沙湖集序(吳益昌 號沙湖 官正郎 咸陽人)」, 「春谷集序」, 「平山申氏別譜序」, 「擇里誌序」, 「大迂識後序」 등 5편의 '序'가 수록되어 있다. 제33장 1행 우측 상단에는 '記'라는 문체표기가 있고 「水雲亭重修記」가 수록되어 있다. 이어 제35장 1행 상단에는 '行狀'이란 문체표기 아래 「嘉義大夫行工曹參判兼內資寺提調尹公鼎和行狀」이 수록되어 있다. 제44장 1행 상단에는 '謚狀'이라는 문체표기가 있고 「茂山君謚狀」이 1편이 수록되어 있다. 제47장 1행 상단에는 '墓誌銘'이란 문체 표기가 있으며 「奉列大夫春秋館記注官行兵曺正郎表叔松厓李公墓誌」가 수록되어 있다. 제49장 제1행 상단의 '從政遺事'라는 제목이 있으며, 「溫陽郡守鄭東儒褒啓御史啓辭」, 「道伯啓辭」와 「姪孫溫陽倅彦儒褒識」, 「諭全羅道兼防禦使濟州牧使鄭東儒(乾隆 十四年八月初六日)」 등이 수록되어 있다. 이어 제54장 제6행 상단에 '疎'란는 문체명 표기가 있고 「刑曺參判辭職上疏(辛巳 十月二十四日 以來擬復拜刑曹參判)」 및 「戶曹參判辭職上疏」가 실려있다. 제57장에는 국왕을 대신하여 文純公 李滉(1501~1570)에게 올리는 제문 및 「祈雪親祭文」이 수록되어 있다. 제58장 이하는 跋文으로

「先府君遺筆後跋」, 「松厓集跋」, 「擇里誌跋」이 수록되어 있는데 이 가운데 「擇里誌跋」은 정언유의 글이 아니고 李鳳煥이 지은 것이다.

제61장에서 75장까지는 附錄에 해당하는데 鄭元容(1783~1873)이 撰한 「嘉義大夫戶曹參判兼同知義禁府事五衛都摠府副摠管鄭公墓碣銘」, 鄭汇의 「嘉義大夫戶曹參判鄭公墓誌銘」, 鄭圭庞이 지은 「迂軒參判公行狀」이 수록되어 있다.

제77장에서 80장 사이에는 合綴別錄에 해당하는 국한문 혼용의 가사 「耽羅別曲(一百二十句)」이 수록되어 있으며 제80장 말미에 "撻川之賊鋒猝迫智不及謀 龍灣之天步遙巡勢急逃難(壬午 八月初二日夢中作)" 글이 부록되어 있다. 제81장에는 1905년에 鄭雨德이 쓴 발문이 있다.

이상에서 검토해 본 바와 같이 이 책은 일반 문집의 체제에 따라 편집된 完定本이 아니라 公刊을 위해 遺文과 관련 기사들을 수집하여 대략 정리한 草稿本이며, 필사 연대는 발문이 쓰여진 1905년 직후인 것으로 추측된다. 따라서 이 책은 일반 문집의 편찬 방식에 따라 4卷 2冊으로 편집된 윤석창 교수 소장 필사본보다 선행본인 것으로 볼 수 있다.

계명대학교 소장 『迂軒集』 所載 「탐라별곡」(A)과 한국학중앙연구원 소장 권자본 「탐라별곡」(B) 및 윤석창 교수 소장 『迂軒集』 所載 「탐라별곡」(C)의 序詞[19]부분을 대비해 보면 다음과 같다.

---

19 윤석창 소장본과 한국학 중앙연구원 소장 권자본은 尹致富의 전게 논문 46~51쪽에 실린 것을 재인용함.

(1) A. 耽羅녯도읍이 몃千年基業인고
B. 耽羅 녯 都邑이 몃 千年 基業인고
C. 耽羅 녯 都邑이 몃 千年 基業인고

(2) A. 星主王子디난후의 物換星移오릭거다
B. 星主 王子 디난 후에 物換星移 오릭도다
C. 星主 王子 디난 後의 物換星移 오릭도다

(3) A. 城郭이곳치시니 人民인들녯긋탈손가
B. 城郭이 곳쳐스니 人民인들 녯 긋틀손가
C. 城郭이 곳쳐스니 人民인들 녯 긋흘손가

(4) A. 聖朝의臣屬ᄒᆞ미 命吏을보닉시니
B. 聖朝에 臣屬듸매 命吏을 보내시니
C. 聖朝의 臣屬되미 命吏을 보닉시니

(5) A. ᄒᆞᆫ됴각彈丸小島 大海예써잇난듸
B. ᄒᆞᆫ 됴각 彈丸小島 大海예 써잇난듸
C. ᄒᆞᆫ 조각 彈丸小島 大海예 써잇난듸

(6) A. 三邑을ᄂᆞᆫ화안쳐 솟발로버려시니
B. 三邑을 ᄂᆞᆫ허 잇셔 솟발 ᄀᆞᄐᆡ 버려시니
C. 三邑을 分置하여 솟발 갓치 버려시니

(7) A. 山南은兩縣니오 山北은州城니라
B. 山南은 兩縣이오 山北은 州城이라
C. 山南은 兩縣이오 山北은 州城이라

(8) A. 土地ᄂᆞᆫ긔을ᄆᆡ여 民物은어ᄃᆡᄒᆞ니

B. 土地ᄂᆞᆫ 긔 얼마며 民物은 어ᄃᆡ하니

C. 土地난 그 얼마며 民物도 壯大하다

(9) A. 罃門을陞設ᄒᆞ여 名位을重히ᄒᆞ여

B. 罃門을 陞設ᄒᆞ고 名位을 重히 ᄒᆞ니

C. 罃門을 陞設하고 名位을 重히 하야

(10) A. 節制使兼防禦로 一島을彈壓ᄒᆞ니

B. 節制使兼防禦로 一島을 彈壓ᄒᆞ니

C. 節制使兼防禦로 一島를 彈壓이라

(11) A. 丹邱의차던印綬 새使君씌傳掌ᄒᆞ고

B. □□의 찻던 印綬 새 使君씌 傳掌ᄒᆞ니

C. 寧海의 차던 印綬 새 使君께 傳掌ᄒᆞ고

(12) A. 行李을收拾ᄒᆞ야 嶺湖로도라와셔

B. 行李을 收拾ᄒᆞ야 嶺湖로 도라와셔

C. 行李을 收拾ᄒᆞ야 嶺湖로 도라와셔

(13) A. 諭書을압셔오고 重溟을겨오건너

B. 諭書을 압세오고 重溟을 겨오 건너

C. 諭書을 압셔오고 重溟을 겨우 건너

(14) A. 禾北鎭下碇ᄒᆞ여 東城門도러드니

B. 禾北鎭 下碇ᄒᆞ여 東城門 드러오니

C. 禾北鎭 下碇하여 東城門 도라와셔

(15) A. 閭閻이錯雜ᄒᆞᄃᆡ 四隅의石墻이오
B. 閭閻이 錯雜ᄒᆞᄃᆡ 四隅에 石墻이오
C. 閭閻이 錯雜한데 四隅에 石墻이오

(16) A. 街路가廣平ᄒᆞᄃᆡ 兩行의楊柳러라
B. 街路가 廣平ᄒᆞᄃᆡ 兩行에 楊柳로다
C. 街路가 廣平한데 兩行에 楊柳로세

(17) A. 左右을둘너보니 壯麗할ᄉᆞ 公廨로다
B. 左右을 둘너보니 壯麗할ᄉᆞ 公廨러다
C. 左右을 둘너보니 壯麗할손 公廨로다

(18) A. 觀德亭노피안쟈 將士의禮貌밧고
B. 觀德亭 노피 안쟈 將士의 禮貌밧고
C.觀德亭 넙히 안져 將士의 禮貌밧고

(19) A. 殿牌의肅謝ᄒᆞ고 斧鉞을손의쥐니
B. 殿牌에 肅謝ᄒᆞ며 斧鉞을 손에 쥐니
C. 殿牌에 肅拜하며 斧鉞을 손에 쥐니

(20) A. 公然ᄒᆞᆫ白面書生 大將의威儀로다
B. 公然ᄒᆞᆫ 白面書生 大將의 威儀로다
C. 公然한 白面書生 大將의 威儀로다

(괄호 속의 숫자는 句의 차례임)

이상에서 세 본의 序詞부분을 대비해 본 결과 표기상 약간의 차이가 있을 뿐 내용상 큰 차이는 발견되지 않는다. 다음은 이 부분에 나타난 표기 및 내용상 상이한 부분을 정리한 것이다.

(2) 디난후의(A) – 디난 후에(B) – 디난 後의, 오ᄅᆡ거다 – 오ᄅᆡ도다 – 오ᄅᆡ도다

(3) ᄀᆞᆺ탈손가 – ᄀᆞᆺ틀손가 – ᄀᆞᆺ흘손가

(4) 보ᄂᆡ시니 – 보내시니 – 보ᄂᆡ시니

(5) ᄒᆞᆫ됴각 – ᄒᆞᆫ 됴각 – ᄒᆞᆫ 조각

(6) ᄂᆞᆫ화안쳐 – ᄂᆞᆫ허 잇셔 – 分置하여

ᄉᆞᆺ발로 – ᄉᆞᆺ발 ᄀᆞ틔 – ᄉᆞᆺ발 갓치

(7) 兩縣니오 – 兩縣이오 – 兩縣이오, 州城니라 – 州城이라 – 州城이라

(8) 土地ᄂᆞᆫ긔을ᄆᆡ여 – 土地ᄂᆞᆫ 긔 얼마며 – 土地난 그 얼마며

民物은어ᄃᆡᄒᆞ니 – 民物은 어ᄃᆡ하니 – 民物도 壯大하다

(9) 陸設ᄒᆞ여 – 陸設ᄒᆞ고 – 陸設하고, 名位을重히ᄒᆞ여 – 名位을 重히 ᄒᆞ니 – 名位을 重히 하야

(10) 彈壓ᄒᆞ니 – 彈壓ᄒᆞ니 – 彈壓이라

(11) 丹邱의차던 – □□의 찻던 – 寧海의 차던, ᄉᆡ使君ᄭᅴ傳掌ᄒᆞ고 – 새 使君ᄭᅴ 傳掌ᄒᆞ니 – ᄉᆡ使君께 傳掌ᄒᆞ고

(13) 압셔오고 – 압셰오고 – 압셔오고, 겨오건너 – 겨오건너 – 겨우 건너

(14) 도러드니 – 드러오니 – 도라와셔

(15) 錯雜ᄒᆞᆫᄃᆡ – 錯雜ᄒᆞᆫᄃᆡ – 錯雜한데, 四隅의 – 四隅에 – 四隅에

(16) 廣平ᄒᆞᆫᄃᆡ – 廣平ᄒᆞᆫᄃᆡ – 廣平한데, 兩行의 – 兩行에 – 兩行에

(17) 壯麗할ᄉᆞᆫ – 壯麗할ᄉᆞᆫ – 壯麗할손, 公廨로다 – 公廨러다 –公廨로다

(18) 노피안쟈 – 노피 안쟈 – 넙히 안져

(19) 殿牌의肅謝ᄒᆞ고 – 殿牌예 肅謝ᄒᆞ며 – 殿牌에 肅拜하며, 손의쥐니 – 손에 쥐니 – 손에 쥐니

(20) 公然ᄒᆞᆫ – 公然ᄒᆞᆫ – 公然한

이상의 대비에서, (5)句의 '됴각-됴각-조각', (9)句의 'ᄒᆞ여-ᄒᆞ고-하고', (14)句의 'ᄒᆞ여-ᄒᆞ여-하여', (15)句의 'ᄒᆞᆫᄃᆡ-ᄒᆞᆫᄃᆡ-한데', (19)句의 'ᄒᆞ고-ᄒᆞ며-하며' 등으로 보아 A본과 B본의 선후 관계는 분명히 판단하기 어려우며, A · B본이 C본 보다 선행본임은 분명하다. 특히 (6)句 'ᄂᆞᆫ화안쳐-ᄂᆞᆫ허 잇셔-分置하여'에서 확인할 수 있듯이 C본의 경우 순수 우리말을 한자어로 바꾸어 놓은 경우도 있다. 그리고 표현의 정확도와 관련하여, (6)句, (14)句 등을 통해 볼 때 A본이 비교적 선본인 것으로 판단된다. 다만 A본 (8)句의 'ᄆᆡ여'에서 '여'는 '며'의 誤記이고, A · C본 (11)句의 'ᄉᆡ'는 '새'의 誤記인 것으로 판단된다.

Ⅲ. 작품 개관

앞에서 언급한 것처럼 「耽羅別曲」은 120句에 이르는 비교적 장형의 가사이다. 작품 이해의 편의를 위하여 내용 전개 양상에 따라 序詞 · 本詞 · 結詞로 나누어 각 단락의 내용을 개관하고자 한다.

1. 序詞

1) 耽羅녯도읍이 몃千年基業인고
2) 星主王子디난후의 物換星移오릐거다

3) 城郭이곳치시니 人民인들녜ᄀᆞᆺ탈손가
4) 聖朝의臣屬ᄒᆞᄆᆡ 命吏을보ᄂᆡ시니
5) ᄒᆞᆫ됴각彈丸小島 大海예ᄲᅧ잇난ᄃᆡ
6) 三邑을ᄂᆞᆫ화안쳐 솟발로버려시니
7) 山南은兩縣니오 山北은州城니라
8) 土地ᄂᆞᆫ긔을ᄆᆡ여 民物은어ᄃᆡᄒᆞ니
9) 營門을陞設ᄒᆞ여 名位을重히ᄒᆞ여
10) 節制使兼防禦로 一島을彈壓ᄒᆞ니
11) 丹邱의차던印綬 식使君ᄭᅴ傳掌ᄒᆞ고
12) 行李을收拾ᄒᆞ야 嶺湖로도라와서
13) 諭書을압셔오고 重溟을겨오건너
14) 禾北鎭下碇ᄒᆞ여 東城門도러드니
15) 閭閻이錯雜ᄒᆞᆫᄃᆡ 四隅의石墻이오
16) 街路가廣平ᄒᆞᆫᄃᆡ 兩行의楊柳러라
17) 左右을둘너보니 壯麗할ᄉᆞ公廨로다
18) 觀德亭노피안자 將士의禮貌밧고
19) 殿牌의肅謝ᄒᆞ고 斧鉞을손의쥐니
20) 公然ᄒᆞᆫ白面書生 大將의威儀로다

1)~4)句는 제주의 역사를 언급한 부분으로 2)句의 星主 · 王子는 高乙那의 15대손 高厚 삼형제가 바다를 건너 신라 땅인 耽津에 왔을 때 신라왕이 高厚와 아우인 高淸에게 준 칭호[20]이다. 耽羅라는 명칭 또한 耽津에와서 新羅에 조회하였기 때문에 신라에서 붙여준 이름이다. 1402(태종2)년에 이르러 星主 高鳳禮와 王子 文忠世 등이 入朝

20 「국역 신증동국여지승람」. 고전국역총서. 민족문화추진회. 1987. 193쪽.

하여 '성주 · 왕자'라는 칭호는 참람되니 改稱해 줄 것을 건의하여 星主를 左都知管, 王子를 右都知管으로 개칭함으로써 탐라국은 없어졌다.[21] 4)句의 "聖朝의臣屬ᄒᆞ믜"는 이러한 역사적 사실을 지적한 것으로 이해된다.

5)~8)句는 제주의 지리적 환경을 언급한 부분이다. 6)~7)句는 1416(태종16)년 이래 한라산을 경계로 북사면에 제주목, 남사면의 동쪽에 旌義縣, 서쪽에 大靜縣을 두어 三邑制가 실시되어 온 사실을 말한 것이다.

9)~17)句는 작자가 제주 목사로 부임하는 과정을 기술한 부분이다. 9)~10)句는 제주도가 군사적으로 매우 중요한 위치에 있기 때문에 제주 목사의 지위를 격상시켜 절제사와 방어사라는 고위 무관직을 겸하게 한 사실을 언급한 것이고, 11)句의 丹邱는 작자가 재임하였던 寧海의 옛 地名이다. 18)~20)句는 牧使 부임행사장면을 그린 부분으로 觀德亭 은 원래 병사들의 훈련 상황을 돌아보던 곳[22]인데 제주목사 부임행사도 이곳에서 진행되었던 듯하다.

이 단락에서 주목되는 점은 작가가 머나먼 바닷길을 건너 제주에 도착하기까지 적지 않은 고초를 겪었음직한데도 부임도중의 어려움에 대한 언급은 전혀 없고 이 단락 끝부분에 집중적으로 언표되어 있듯이 軍職을 겸한 牧民官으로서의 자긍심을 드러내고 있다는 점

21 앞의 책, 94쪽 참조.

22 『譯註 增補耽羅誌』, 제주문화원, 2005년 12월, 229~230쪽.

이다. 이러한 자긍심은 牧民官으로서의 자신의 역할에 대한 긍정적 인식에서 비롯된 것으로 생각된다.

2. 本詞

21) 延曦閣잠간쉬여 巡歷길밧비나셔
22) 海方도둘너보며 風俗도살펴보니
23) 어엿불ᄉᆞ우리百姓 무ᄉᆞᆷ일로偏苦ᄒᆞ여
24) 衣食이艱窘컨니 興味가잇실손가
25) 八陽足踏계우ᄒᆞ여 薄田을耕作ᄒᆞᆫ니
26) 자른호ᄆᆡ져근보십 辛苦히ᄆᆡ갓고아
27) 五六月盡力ᄒᆞ여 西成을바라더니
28) 造物이忌劇ᄒᆞ고 天時도그릇되여
29) 惡風과甚ᄒᆞᆫ霖雨 ᄒᆡ 〃〃ᄆᆞ다孔極ᄒᆞᆫ니
30) 田畝을도라보면 兵馬로즛발론닷
31) 各穀을둘려보면 鐵鞭으로즛쳐ᄂᆞᆫᄃᆞᆺ
32) 나문이삭주어ᄂᆡ니 뷘써풀샌이로다
33) 무어ᄉᆞᆯ公債갑고 어디구러사라날고
34) 거리 〃〃모ᄃᆞᆫ飢民 駕轎잡고니ᄅᆞᆫ말리
35) 셜러울ᄉᆞᆫ울리性命 나라희달려시니
36) 流民圖옴겨다가 人君겨신ᄃᆡ알외고져
37) 가족옷풀戰笠니 이무ᄉᆞᆫ衣冠이며
38) 모밀밥橡實粥이 긔무산飮食일고
39) 歲 〃예國恩입어 羅鋪移轉虛費ᄒᆞᆫ니
40) 請粟도ᄂᆞᆺ치업고 生計도茫然ᄒᆞᆫ니
41) 牧子一族鮑作구실 이예셔더셜우며
42) 船格의貿易무리 긔안이難堪ᄒᆞᆫ가

43) 滄溟이限隔ᄒᆞ고 邦禁이嚴截ᄒᆞᆫ니
44) 살곳예못가기ᄂᆞᆫ 紇干山언ᄉᆡᄀᆞᆺ도다
45) 슬프다너의艱苦 ᄂᆡ어이모라리오
46) 힘ᄃᆡ로救濟키ᄂᆞᆫ 官長의게ᄆᆡ여씨나
47) 견듸여다ᄂᆡ기ᄂᆞᆫ 네ᄆᆞᄋᆞᆷ의ᄃᆞᆯ려시니
48) 글러ᄉᆞ록惕念ᄒᆞ야 常ᄒᆡ心性保全ᄒᆞ야
49) 天恩을닛디말고 父子兄弟相愛ᄒᆞ면
50) 玉皇니구버보셔 福祿을쥬시ᄂᆞᆫ니
51) 窮困을恨치말고 네道理盡心ᄒᆞ면
52) 그中의榮華잇셔 貧賤을버셔나니
53) 녯時節도라보면 그안니알일인가
54) 三聖神소ᄉᆞᄂᆞᆫ後 民俗이淳和ᄒᆞᆫ니
55) 歲事도豐登ᄒᆞ고 人畜도蕃盛ᄒᆞ여
56) 집” 이 橘林이오 곳” 이駿馬너라
57) 御乘도예셔나고 祭牛도예셔나니
58) 國畜도盛커니와 私屯인들져글넌가
59) 飛龍ᄀᆞᆺ튼宛馬種은 各牧場의가득ᄒᆞ고
60) 黃金갓튼洞庭橘은 公私園의香ᄂᆡ나니
61) 和平ᄒᆞᆫ別天地을 前古의일너시니
62) 조흔ᄯᆡ그世界예 너희처로셔러ᄒᆞ랴
63) 하물며漢拏山이 天下의일홈잇셔
64) 瀛州가奇異ᄒᆞᆷ이 三神山의ᄒᆞᆫᄂᆞ히니
65) 老人星발근光彩 壽域을여러노코
66) 金剛草ᄑᆞᄅᆞᆫ빗치 白髮을검게ᄒᆞᆫ니
67) 녯날의秦皇漢武 못보와遺恨인ᄃᆡ
68) 너희ᄂᆞᆫ仙分됴화 이곳에生長ᄒᆞ여
69) 瀛室을겻희두고 白鹿潭우희안쟈
70) 流霞觴ᄀᆞ득부어 老仙과酬酌ᄒᆞ니
71) 煙火食不關커든 다른念慮이실논가

72) ᄃᆞ툴거시무어시며 求ᄒᆞᆯ거시무어시니

73) 노푼峯올너셔〃 塵土을구버보면

74) 큰바다잔만ᄒᆞ여 世上이春夢이라

75) 그가온ᄃᆡ인ᄂᆞᆫᄉᆞ람 營爲ᄒᆞ기可笑로다

76) 山房을볼작시면 뷘절만基址잇고

77) 土城을ᄉᆞᆯ펴보면 녯陣터잇셔시니

78) 萬事을혜아리면 뉘안니헛되리오

79) 金方慶崔瑩將軍 왓던踪跡긔뉘알며

80) 李文景三別抄ᄂᆞᆫ 叛亂만지어잇데

81) 九鎭이버러잇셔 防守을申飭ᄒᆞᄆᆡ

82) 兵器도精巧ᄒᆞ고 武士도壯健ᄒᆞᆫ니

83) 異國이여어본들 ᄂᆞ라못건너리니

84) 軍餉이업건마ᄂᆞᆫ 天塹이밋분지라

85) 閑漫ᄒᆞᆫ營中公事 開閉門ᄲᅮᆫ이로다

86) ᄎᆞ라히 막ᄃᆡ잡고 勝地나遊賞ᄒᆞ러

87) 翠屛潭題名ᄒᆞ고 登靈區ᄎᆞ쟈가셔

88) 流觴曲水노리ᄒᆞ며 追雉ᄉᆞᆫ양시작ᄒᆞᄂᆡ

89) 妓女의歌管소ᄅᆡ 仙樂과和荅ᄒᆞᄆᆡ

90) 天風에놀ᄂᆞᆫ笙鶴 半空의ᄂᆞ리오니

91) 世緣을다쩔치고 胸海을더널리니

92) 赤松子安期生을 거의셔로만날러니

93) 王事을못닛져셔 驅點을시쟉ᄒᆞᆫ니

94) 十二場ᄎᆞ례지여 往來ᄒᆞ며볼ᄉᆞᆯ피니

95) 무리" " 모ᄃᆞᆫ말리 구룸인가비ᄃᆞᆫ인가

96) 壯觀이더ᄒᆞ기ᄂᆞᆫ 山馬點烙릴로다

97) 木柵을구지젓고 一時예모라ᄂᆡ니

98) ᄂᆞᄂᆞᆫᄃᆞᆺ쒸노ᄂᆞᆫ닷 巖谷이며林藪로다

99) 북소ᄅᆡ旗幟빗히 山獸됴챠ᄂᆡᄃᆞᄅᆞ니

100) 豪健ᄒᆞᆫ모ᄃᆞᆫ將校 다토와ᄌᆡ조뵈니

101) 獐鹿도만커이와 武勇도壯ᄒᆞ도다
102) 一場에勝ᄒᆞᆫ로옴 보기도죠컨니와
103) 民情을히아리니 心膽이아득ᄒᆞ여
104) 悄〃히도로와〃셔 臥仙閣의비겨더니
105) 無端ᄒᆞᆫᄎᆞᆫ비발암이 橘園에셔릴어ᄂᆞ니
106) 시음으로쟈던쉼을 놀ᄂᆞᆺ씌여이러ᄂᆞ셔
107) 望京樓노픈欄干 의지ᄒᆞ여멸리보니
108) 바다빗아득ᄒᆞᆫᄃᆡ 長安이멀러시니
109) 瓊樓玉宇縹緲ᄒᆞᆫ곳 우리人君치우신가
110) 孤臣의수문근심 到處의ᄆᆡ쳐시니
111) 어ᄂᆞ쩍順風만나 險海을利涉ᄒᆞ여
112) 이곳예物情民憂 細〃히알외고져

本詞는 신임 제주목사로서 巡歷中 작가가 견문한 사실과 작가의 상념을 묘사한 것으로 내용상 다시 네 소단락으로 나눌 수 있다.

첫째 단락은 21)~32)句로, 열악한 환경 속에서 갖은 고초를 겪으며 농사에 열중하여도 고르지 못한 일기 때문에 농사를 망쳐 버린 농민들의 참상을 그려내고 있다. 이 단락의 26)~27)句, 30)~31)句에서 볼 수 있듯이 작가는 제주 산간 지역의 좁고 거친 농토와 이러한 환경 때문에 짧은 호미와 작은 보삽을 쓸 수밖에 없는 실정과 태풍과 홍수로 인하여 '말이 짓밟은 듯 철로 만든 채찍으로 마구 내리친 듯한' 참혹한 현장을 실감나게 그려내고 있다. 이러한 사실적 묘사는 독자로 하여금 작가의 현실 인식의 진정성을 신뢰케 한다. 32)句의 '뷘'은 '빈'의 誤記이다.

33)~44)句는 굶주림에 지친 제주도민들의 눈물겨운 신세 한탄을

직접화법으로 재현한 것이다. 39)句의 '羅鋪移轉'은 제주도에 흉년이 들었을 때 도민들이 굶주림 때문에 육지로 도망가는 것을 막기 위해 전라도 임피에 마련해 둔 구호미를 제주도로 실어 오는 것을 말한다. 41)句의 '牧子'는 나라의 목장에서 소와 말을 치는 사람이고, '鮑作'은 해녀들이 바다 속에 들어가 해산물을 채취하는 것이며, 船格은 배를 부리는 格軍이다. 羅鋪穀을 풀어 주린 백성들을 구휼하여도 턱없이 모자라 생계가 茫然하고, 牧子와 해녀들에게 부과되는 세금 또한 감당하기 힘들며, 뱃사공들의 생계대책이었던 무역마저 난감한 지경에 이르렀다는 것이다. 44)句의 紇干山의 언새꼴이 되어버렸다는 것은 굶주림에서 탈출할 길이 없는 제주도민들이 당면한 현실이 흘간산 위의 꽁꽁 얼어붙어 좋은 곳으로 날아가지 못하는 새의 신세[23]와 같다는 것이다.

45)~80)句는 목민관으로서 기근과 가혹한 세금에 시달리는 백성을 慰撫하는 대목이다. 이 단락의 45)~52)句에서 작자는 기민 구제의 성패는 목사인 자신의 역량에 달렸다는 점을 분명히 밝히고 우선 연이은 흉년으로 인하여 흉흉한 민심을 안정시키려고 하고 있다. 父子 兄弟가 서로 사랑하면 天福이 내린다는 상투적인 언사를 쓰기는 하였지만 가장 기초적인 윤리가 확립되지 않으면 설사 조정으로부터 구제미가 도착한다하더라도 혼란은 여전히 지속될 수밖에 없기

23 일명 紇眞山으로 여름에도 늘 눈이 쌓여 있기 때문에 "흘진산 꼭대기 참새 한 마리 죽었네. 어찌하여 날아가서 즐겁게 살지 못했는가."라는 속요가 있었다고함.(『資治通鑑』. 唐昭宗 天佑元年條)

때문이다.

53)~62)句에서 작자는 귤 · 말 · 소 등 제주의 풍부한 物産을 상기시켜 당면한 곤경에서 벗어날 수 있도록 용기를 북돋우고 있으며, 63)~72)句에서는 한라산의 빼어난 자연 경관을 고사를 통해 환기하고 이러한 仙境 속에서의 삶 그 자체가 진시황과 한 무제도 누릴 수 없었던 천운임을 강조함으로써 기민을 위로하려한다.

73)~80)句에서 작자는 폐허가 되어버린 유적과 자취조차 아는 이 드문 역사적 인물을 들어 한때의 榮華가 허망한 것임을 강조함으로써, 목전의 작은 이익에 집착하는 것을 경계하고 있다. 이 부분 80)句의 '데'는 '녜'의 誤記인 것으로 판단된다.

81)~101)句는 巡歷中 행하였던 행사를 기술한 것이다. 81)~85)句는 무관직인 防禦使를 겸임하였던 제주목사로서 9진을 둘러보고 軍備를 점검하는 관례적 행사를 기술한 부분이며, 82)~92)句는 巡歷中 벌어진 여흥 장면을 기술한 것으로 판단되는데, 제주의 名所인 靈區[24]에서 술과 妓樂을 즐기면서 순력에 지친 심신을 달랬던 것이다. 93)~101)句는 휴식하고 난 뒤 12목장을 차례로 방문하여 말을 점검하고, 山馬에 낙인을 찍는 장면과 장교들이 조정에 진상할 노루, 사슴 등을 사냥하는 씩씩한 장면을 신명난 어조로 표현한 것이다.

102)~112)句에서 작자는 순력을 마치고 관아로 돌아왔으나 순력

24 『譯註 增補耽羅誌』 제주문화원, 2005년 12월, 152쪽 참조. 한라산 북쪽 기슭의 물이 모여드는 한라산 입구의 계곡을 말하는데 기암괴석에 많은 사람들이 흔적을 남겨두었다.

중 목도한 백성들의 참상이 뇌리에서 사라지지 않아 시름겨워하다가 설핏 잠이 든다. 잠결에 귤밭에서 불어오는 찬바람에 놀라 깨어난 작자는 서울 쪽을 바라보며, 112)句에 언표되어 있듯이 제주 백성이 처한 상황을 상세히 조정에 보고하리라 결심한다. 이 부분의 의미를 단순히 戀君으로 이해하는 것은 온당치 않은 것으로 생각된다. 임금을 그리워하는 언사가 없는 것은 아니지만 民情을 생각하니 마음이 아파 백성들의 참상을 조정에 알려 그들을 구제할 대책을 마련하겠다는 것이 이 부분의 핵심적 내용이라고 할 수 있다.

3. 結詞

113) 嘿 〃히ᄒᆞᆫ쟈안쟈 百가지로思量ᄒᆞᆫ니
114) 술이라盡醉ᄒᆞ여 한ᄣᅵ나이살지라
115) 一盃 〃 〃復一盃을 無盡 〃 〃먹어시니
116) 睡鄕인듯醉鄕인닷 客懷世慮有無間에
117) ᄇᆞ람길 畵角聲에 玉簫仙을접ᄒᆞᄂᆞᆫᄃᆞᆺ
118) 恍惚ᄒᆞᆫ이ᄂᆡ몸이 華胥天에와잇ᄂᆞᆫᄀᆞ
119) 塵客인가仙官인가 긔뉘라셔分辨ᄒᆞ리
120) 어화이렁져렁지ᄂᆡ니 萬斛시음다플어ᄇᆞ리거라

이 단락을 문면 그대로 보면, 술을 진탕 마시고 醉興에 젖어 목민관으로서의 고뇌를 일시적으로나마 벗어난다는 내용이다. 그러나 이 단락의 문면 내용을 근거로 작가가 지닌 현실인식의 불철저성을 지적 내지 비판하는 것은 온당치 않다고 생각한다. 歌辭의 단락 내용 구성 방식에서 醉興을 노래하는 것으로 結詞를 삼는 경우가 허다하기 때문이다. 이 점은 宋純의 「俛仰亭歌」, 鄭澈의 「關東別曲」, 「星山別曲」 등에서도 확인[25]할 수 있다. 말하자면 이러한 표현은 고정화한 격식 가운데 하나인 것이다.

Ⅳ. 세계관적 배경과 작가의식

작품개관에서 확인한 바와 같이 「탐라별곡」은 작가가 제주목사로 부임하면서 관할지역을 순력하고 제주의 역사 · 지리 · 민생 · 자연경관 · 풍속 등을 객관적으로 묘사하고 자신의 심회를 노래한 기행가사이다. 여기서는 迂軒이 이러한 작품을 창작하게 된 세계관적 배경과 작가의식에 대하여 논의하고자 한다.

「탐라별곡」의 내용을 검토해보면, 작가가 견문한 내용을 객관적으로 기술하고 있는 부분과 견문한 사실과 관련된 작가의 심회를 토로한 부분으로 대별할 수 있다. 대체로 보아 1)~44)句, 54)~62)句, 81)~102)句는 앞의 경우에 해당하고, 45)~53)句, 63)~80)句, 103)~120)句는 뒤의 경우에 해당한다고 할 수 있다. 견문사실을 객관적으로 기술한 부분에서 주목되는 것은 작가가 자신의 시야에 포착된 경물과 사실을 가치론적 전제 없이 사물 그 자체에 즉하여 객

25 尹致富. 앞의 논문. 55~57쪽.

관적으로 기술하고 있다는 점이다. 경물에 대한 사실적 묘사는 조선 후기 기행가사가 지닌 중요한 특징의 하나이지만, 「탐라별곡」의 경우 객관적 사실 즉, 제주의 역사, 지리적 특성, 백성들이 처한 현실 등에 많은 지면을 할애하여 실감 있게 표현하고 있는 것이다. 예컨대 흉년으로 말미암아 고통받고 있는 도민들의 상황을 23)~31)句에 걸쳐 기술하고, 폭풍우로 폐허가 된 농토와 작물을 "兵馬로즛발론닷", "鐵鞭으로즛쳐ᄂᆞᆫ듯" 등으로 표현하고 있는 것이 바로 그것이다. 그 뿐만 아니라, 귤, 祭牛 , 宛馬種, 金剛草 등 제주 특산물과 驅點, 山馬點烙, 사슴사냥 등 제주에서만 행해지는 각종 행사에도 깊은 관심을 드러내고 있다.

주지하듯이 조선전기 士林派 文人들은 문학의 효용을 正心에 두고 그들의 학문이 그러하듯 문학 또한 내면적 자기완성에 기여할 수 있어야 존재의 의를 지닌다는 폐쇄적인 도덕론적 문학관을 견지하였다. 따라서 사림파 문인들이 선택한 소재 또한 그들의 이념을 형상화하는 데 기여할 수 있는 사물이었으며, 소재를 대하는 시각도 소재의 객관적 특성에 대한 탐색보다는 소재를 주관적 관념 표현의 도구로 인식할 뿐 소재 그 자체에 대한 관심은 상대적으로 미미하였다. 迂軒이 일상적인 삶 속에서 부딪치는 사물 그 자체에 비상한 관심을 지니고 있었다는 사실은 그의 한시를 통해서도 확인할 수 있다. 개 · 말 · 소 · 닭 · 매 등 인간 주변의 동물, 구름 · 바람 같은 자연현상[26], 생활

26 『迂軒集』 坤. 13장 앞 「犬」, 8장 앞~뒤 「牛馬」, 14장 앞 「鷄」, 10장 앞~뒤 「雁」, 10장 「雪」, 12장 앞~뒤 「風」.

도구인 풍로에 이르기까지 다양한 사물을 대거 작품의 소재로 수용한 것이 바로 그것이다.

朝暮辛勤下上田	아침저녁 괴롭게 애쓰며 밭을 오르내리니
一生那占片時便	한평생 잠시도 편안치 않네
枯箕臥齕無多地	좁은 마구간에 누워 마른 콩깍지 씹는데
更有樵兒苦擧鞭	게다가 초동들은 채찍 들고 괴롭힌다[27]

「馬牛」라는 제목의 연작시 가운데 소를 소재로 한 위의 시에서, 작가는 일생 노동에 시달리면서 제대로 먹지도 못하고 초동들에게 매질 당하기까지 하는 소의 일상을 묘사하고 있다. 작품 전체를 일관하는 분위기로 보아 작가는 이 작품을 통해 땀흘려 일하면서도 굶주림과 관리의 횡포에 시달리는 당시 피지배층의 고달픈 삶을 부각시키고자 했던 것으로 이해할 수 있다. 그러나 작가의식을 관용적인 詩語를 사용하여 선언적으로 직설하지 않고 소의 생태묘사를 통해 실감나게 형상화함으로서 독자들의 공감을 획득하고 있다.

풍로를 소재로 한 다음 작품 또한 풍로의 구조를 묘사하고 그 현실적 효용을 부각시키고 있다는 점에서 매우 주목된다.

百工技藝鶩爭馳	장인들이 힘써 재주를 다투어
冶器形摸最巧奇	만들어낸 기구 모양 교묘하고 기이하네
鋪板置爐通孔穴	판자 깔고 화로 두어 구멍과 통하게 하니

27 같은 책. 8장 뒤.

鼓風燃火恣施爲	마음대로 바람 일으켜 불꽃을 돋우네
堅如金鐵皆成變	쇳덩이처럼 단단한 것도 모두 모양을 바꾸니
製出陶鎔各適宜	만들어낸 솜씨는 제각기 모두 적당하네
大抵民生資利用	무릇 백성들이 취하여 이용하니
厥初營造是阿誰	맨 처음 만드신 이 그 누구인가[28]

위의 시는 작가가 하층민의 노동 현장인 대장간에서 목도한 체험을 바탕으로 하여 창작한 작품으로 판단된다. 보다시피 작가는 풍로 그 자체의 구조와 현실적 효용에 관심을 가질 뿐 풍로라는 사물에 어떠한 관념적 가치도 부여하지 않고 있다. 사물의 객관적 특성과 실용적 가치에 주목한 것이다. 迂軒의 漢詩가 지닌 이러한 표현 및 내용상의 특성을 감안할 때, 「탐라별곡」에 나타난 사물 그 자체에 대한 객관적 묘사 및 사물에 대한 관심은 그의 현실주의적 세계관의 소산인 것으로 판단된다. 迂軒이 실학적 인문지리인 『擇里誌』의 序文을 쓰게 된 것도 그의 현실주의적인 세계관과 무관하지 않을 것이다.

「탐라별곡」에 투영된 작가의식은 牧民官으로서 작가가 견지하였던 對民意識과 깊은 관련이 있다. 작가의 생애 검토에서 확인된 바와 같이 迂軒은 순천, 온양, 영해 등의 지방관을 역임하면서 민생안정을 위하여 진력하였고 탁월한 치적을 남겼다. 「탐라별곡」의 23)句 이하 44)句에 이르기까지 20여 句에 걸쳐 흉년과 가혹한 세금 때문에 고통받는 제주도민의 비참한 삶을 묘사한 대목 또한 牧民官으로

28 같은 책. 45장 앞.

서 迂軒이 지니고 있었던 愛民意識의 소산인 것으로 판단된다.

유학을 이념적 기반으로 한 조선시대의 사대부가 民生을 염려함은 당연한 일이다. 그러나 그것은 관념적, 논리적 차원의 당위이지, 애민의식이 그 진정성에 상응되게 문학적으로 형상화된 경우는 희귀하다. 이런 관점에서 볼 때 「탐라별곡」 뿐만 아니라 迂軒의 시 가운데 사냥꾼, 어부 등 하층민의 삶을 애정어린 시선으로 관찰하여 묘사한 작품[29]이나, 다음 작품은 그가 보호해 주어야 할 대상에 대한 애정의 소산에 다름아니다.

鶉衣百結色凄涼	누덕누덕 기운 옷에 안색은 처량하니
無乃前身是孟光	아마도 전생엔 맹광이었으리
筋力不堪勞走作	근력이 못 견디도록 노동에 시달리니
洗梳何暇理容粧	씻기 빗질하기도 바쁜데 얼굴 돌아볼 틈이 없네
曉汲昏舂元雇債	새벽 물긷기, 저녁 절구질은 빚갚기 위함이니
時豐歲歉揔飢腸	풍년에도 흉년에도 언제나 굶주리네
收拾隣家餘瀝去	이웃집 남은 음식 거두어 가는 것은
爲憐童稚在空床	텅빈 상 앞에 모인 애들 불쌍해서라네[30]

「貧婦」라는 제목이 말해주듯이 위의 시는 가난한 아낙네의 고달픈 일상을 애정어린 시선으로 포착하여 형상화한 주목할 만한 작품이다. 頸聯에서 작가는 몸을 가누기 힘들 정도로 그녀를 지치게 하

29 같은 책. 20장 앞. 「獵夫」: "山頭伏雉方求哺 臂上馴鷹已放條", 20장 뒤. 「漁家」: "戢戢群鱗齊上下 朝朝密網暗鋪張".

30 같은 책.

는 노동행위를 구체적으로 적시하고 있는데, 이처럼 힘겹게 노동하면서도 그녀는 텅 빈 상 앞에서 먹을 것만 기다리는 아이들에게 먹일 양식을 구하지 못한다. 당겨써 버린 빚을 노동으로 갚고 있기 때문이다. 따라서 매일 노동에 시달려도 풍년이건 흉년이건 주릴 수밖에 없고, 그녀의 아이들도 남의 집 음식 찌꺼기로 주린 배를 채울 수밖에 없는 것이다. 작가는 부조리한 현실을 관념적 언사를 동원하여 직설적으로 비판하지 않고, 체험적 사실을 바탕으로 구체적 주인공을 등장시켜 그녀의 고달픈 삶의 모습을 실감나게 묘사하고 있다. 위의 작품이 지닌 이러한 구체성에서 우리는 작가의 애민의식의 진정성을 신뢰할 수 있는 것이다. 작가가 기근과 과중한 세금 도적 떼의 발로 등으로 말미암아 고통받고 있는 제주도민을 구제하고 민생을 안정시킬 수 있었던 것은 바로 진정성이 담보된 애민의식을 바탕으로 목민관으로서의 책무를 수행했기 때문인 것이다.

Ⅴ. 結

이상에서 필자는 조선후기의 문인 迂軒 鄭彦儒의 生涯와 그의 詩文集인 『迂軒集』을 검토하고 이를 바탕으로 迂軒이 제주목사 재임시 창작한 紀行歌辭 「耽羅別曲」의 내용과 작가의식 등에 대하여 논의하였다. 지금까지 논의한 내용을 요약하고 과제를 제시하는 것으로 결론을 삼으려한다.

迂軒은 조선후기에 이르러 서서히 몰락해가던 名門의 후예로 태어나 경세에의 포부를 지니고 과거 준비에 매진하였다. 34세 때 과거에 급제한 迂軒은 이후 40여 년에 걸쳐 20여 년간 환로에 있으면서 주로 牧民官과 言官의 직분을 담당하였다. 牧民官으로서 迂軒은 자기희생적인 애민의식과 뛰어난 행정력을 바탕으로 탁월한 治積을 남겼고, 言論을 담당하고 있을 때는 是非를 분명히 가려 자신의 안위를 돌보지 않고 직언을 서슴지 않았으며, 일생을 청빈하게 보낸 淸白吏였다.

「탐라별곡」이 수록된 계명대학교 동산도서관 소장 필사본『迂軒集』은 불분권 2册(乾 · 坤)으로 구성되어 있으며, 迂軒의 6세손 鄭雨德의 跋文에 의하면 1905년에 편집이 완성된 초고본이다. 「탐라별곡」은 坤의 말미에 合綴別錄 형태로 수록되어 있는데, 기존 2본과 대비한 결과 필사연대, 표기의 정확도 등을 기준으로 볼 때 비교적 善本인 것으로 판단된다.

「탐라별곡」은 120句로 이루어져 있으며 기행가사의 전형인 序詞-本詞-結詞의 구조로 이루어져 있다. 序詞는 제주의 역사, 지리적 환경, 작가가 제주목사로 부임해오는 과정 등으로 구성되어있고, 本詞는 흉년, 가혹한 세금 등으로 인해 굶주리는 제주도민의 참상, 이들에 대한 慰撫, 순력 중 실시된 행사 등으로 이루어져 있으며, 結詞는 醉興에 젖어 牧民官으로서의 고뇌를 일시적으로나마 잊는다는 언사로 구성되어 있다.

「탐라별곡」 전편의 내용은 작가의 견문사실을 객관적으로 기술한 부분과 견문한 사실과 관련된 작가의 심회를 토로한 부분으로 대별할 수 있다. 견문 사실을 기술한 부분에서 주목되는 점은 작가가 견문사실에 대한 객관적 묘사에 치중하고 있으며, 눈앞에 전개되는 사물에 깊은 관심을 가지고 있다는 사실이다. 이 점은 그의 漢詩가 지닌 특성이기도 한데, 이는 작가의 현실주의적 세계관이 작품에 구현된 것으로 판단된다. 「탐라별곡」에 투영된 핵심적 작가의식은 牧民官으로서의 애민의식이다. 이점은 하층민의 고달픈 삶을 소재로 한 그의 漢詩에서도 확인할 수 있는데, 그의 애민의식은 논리적 차원의 당위가 아닌 현실적 · 정감적 차원의 진정성을 지닌 것이었다.

이상의 논의만으로 「탐라별곡」의 진면목이 온전히 밝혀졌다고 할 수는 없다. 「탐라별곡」의 형식 내지 표현상의 특징 및 비슷한 유형의 작품들과의 대비를 통한 변별적 특성 파악 등은 반드시 해명되어야 할 과제인 것으로 생각된다.

•『한국학논집』, 제36호, 계명대 한국학연구소, 2008. 349~381쪽.

XIII.

申景濬의 『文章準則莊子選』 연구
-문헌적 성격 검토를 중심으로-

XIII. 申景濬의 『文章準則莊子選』 연구
-문헌적 성격 검토를 중심으로-

Ⅰ. 序

이 논문은 최근 필자가 발굴한 필사본 『文章準則 莊子選』의 구성과 저자 및 기술 내용의 특성을 검토하기 위하여 집필된 것이다.

주지하듯이 유교 그것도 道·佛에 대해 대단히 폐쇄적인 시각을 지녔던[1] 성리학을 국가의 기본 이념으로 선택한 조선시대의 대부분 학자들에게 老·莊사상은 佛敎와 함께 이단으로 지목되어 배척의 대상이었다. 그러나 『老子』와 『莊子』에 대한 학문적 접근 그 자체가 문제시 되지는 않은[2]듯하다. 오히려 『노자』 『장자』는 사상적 호기심

1 朱熹는 「中庸章句序」에서 "이단의 말은 날로 새로워지고 달로 흥성하여 老·佛의 무리가 나옴에 이르러서는 이치에 더욱 가까워 크게 眞을 어지럽혔다.[而異端之說 日新月盛 以至於老佛之徒出 則彌近理而大亂眞]"이라 하여 老莊思想을 대표적인 이단 가운데 하나로 지목하였다.

2 송항룡·조민환, 「朝鮮朝 老莊註解書 硏究(1)」, 『동양철학연구』, 26집, 동양철학연구

과 문장에 대한 매력 등으로 인해 조선시대 학자들에게 꾸준히 읽혀졌던 것으로 판단된다. 이 점은 세종조에 이미 국가소유 활자로 『莊子鬳齋口義』가 公刊되었고, 그 후에도 여러 차례 이 두 책이 공간된 사실[3]을 통해 확인할 수 있다. 이처럼 『장자』가 조선조 선비들의 독서 목록에서는 배제되지 않았으나, 그 사상에 대한 본격적인 연구나 독자적인 주석은 극히 드문 실정이다. 특히 『莊子』에 대한 본격적인 주석서는 지금까지 장자 전편을 주석한 西溪 朴世堂(1629~1703)의 『南華經註解删補』와, 南塘 韓元震(1682~1751)이 『장자』 內七篇을 箋註한 『莊子辨解』가 학계에 알려져 있을 뿐이다.

이번에 발굴된 『文章準則 莊子選』은 비록 『장자』 전편에 대한 주석서는 아니지만 저자가 조선후기의 저명한 실학자라는 점과 내용을 일별할 때 기존의 역대 주석서와는 구별되는 뚜렷한 특징을 드러내고 있다는 점에서 대단히 주목된다. 특히 『장자』에 대한 조선시대의 주석서가 위에서 언급한 2종밖에 없다는 실정을 감안하면 이 저술의 전반적인 면모에 대한 연구는 조선후기 사상사 내지 문학사의 실상을 온전히 해명하는 데 필수적이라고 할 수 있을 것이다.

본고에서는 우선 이 책이 처음으로 학계에 소개된다는 점을 고려하여 이 책의 서지와 구성 그리고 저자 및 저술 배경 등 문헌적 측

회. 2001, 163~166쪽 참조.

3 한국고전적종합목록시스템에 의하면 『장자권재구의』는 세종 7년(1452) 금속활자인 庚子字로 출간된 이래 세조 4년(1458), 성종 5년(1474) 등 조선 전기에만 3차에 걸쳐 간행되었다.

면을 검토하고, 내용의 특성을 개괄적으로 살펴보려고 한다. 이러한 작업은 조선후기 사상사 및 문학사 이해의 폭과 깊이를 더하는 데 일조할 것이다.

Ⅱ. 書誌와 體裁

필자가 발굴한 『文章準則 莊子選』은 전통적인 韓籍의 장정 방식에 따라 장정한 五針 線裝本으로 보존 상태가 양호하며 품질이 우수한 도침지에 능숙한 楷書體로 쓰여진 淨寫本이다. 불분권 1책으로 장정된 이 책의 크기는 30.5×19cm이고, 半郭은 21.5×15cm이다. 界線이 있고 10行 22字로 정서되었으며, 註는 雙行이고 총 57張으로 구성되어있다. 책의 표지에는 「莊子選」이라고 묵서되어있고 제 1장 제 1행 상단에 '文章 準則 莊子選'이라는 冊題 표시가 있다. 서문과 발문은 없으며, 저자와 필자에 대한 정보 또한 찾을 수 없다. 이 책은 제목에 드러나 있듯이 『莊子』 全篇에 대한 주석서가 아니다. 『장자』 內篇의 「逍遙遊」, 「齊物論」, 「養生主」와 外篇의 「秋水」의 원문과 주석이 수록되어 있는데, 이 가운데 「秋水」의 주석은 宋代의 저명한 학자인 林希逸(1193~1271)의 『莊子鬳齋口義』의 주석을 그대로 옮긴 것임으로 본고의 검토 대상에서 제외한다.

각 편의 첫머리에는 篇題에 대한 저자의 해설이 실려 있고 「소요유」와 「제물론」의 끝에는 각 편의 구조, 주제, 의의 등에 대한 저자의 견해가 논리적으로 서술되어 있다. 특히 「제물론」 말미에는 1,400자에 달하는 비교적 장편의 논설이 수록되어 있다. 각 편은 저자 나름대로 분단하였는데 「소요유」는 11단락, 「제물론」은 18단락, 「양생주」는 5단락으로 나누어 分章하였다. 각 단락의 끝에는 해당 단락의 요지에 대한 설명과 역대 학자들의 견해가 상충되는 문제에 대한 저자의 견해 등이 기술되어 있다. 원문 註解 내용은 대체로 반절법으로 특정 글자의 음을 표시한 것, 글자의 뜻을 설명한 것, 기존의 주해를 소개한 것, 저자 자신의 의견을 제시한 것 등으로 구분할 수 있는데, 기존의 주해를 소개하거나 자신의 의견을 제시할 경우 주해 시작 부분이 아니면 모두 동그라미 표시를 하여 구분하였다. 저자의 견해는 '按'이라 하여 대체로 끝부분에 제시하였고, 글자의 뜻을 풀이하는 경우에도 특정 고전을 인용할 때는 동그라미 표시를 하였다. 그 밖에 「소요유」와 「제물론」편의 대의와 주제를 해설한 부분에도 문단이 나누어지는 곳에 동그라미 표시를 하였다. 역대 연구자들에 의해 다양한 견해가 제출된 「소요유」의 "去以六月息者也"에 대한 저자의 주해를 예거하면 다음과 같다.

> "여섯 달을 날아가서 쉬는 것이다."(곽상은 "한 번에 반년을 날아가서 천지에 이르러 쉰다."라고 말하였다. ㅇ임희일은 "붕새가 왕래할 때에는 반드시 반년 동안 쉬어야 바야흐로 움직일 수가 있다."라고 말하였다. ㅇ어떤 사람은 "'六月息'이란 반년의 음기와 양기이니 '息' 또한 바람이다."라고 하였다. ㅇ살피건대 곽상의 설을 따라야 옳을 것이다. 저 '바닷물이 3천 리에 걸쳐 출렁이며 서로 부딪힌다'는 것은 그 장쾌함을 말한 것이고 '9만 리 날아오른다'는 것은 그 높음을 말하는

것이며, '여섯 달 가서 쉰다'는 것은 그 멀리감을 말하는 것이니, 모두 붕새의 큼을 표현한 것이다.)[4]

저자는 위의 주해에서 晉代의 郭象(252~312)과 宋代의 林希逸(1193~1271)의 주해를 소개하고 곽상의 주해가 옳다는 자신의 견해를 밝힌 다음, 나름대로 이 부분의 요지에 대하여 정리하고 있다. 이 책에는 임희일, 곽상 이외에도 朴世堂과 韓元震 등 조선후기 학자의 주해를 위시하여 崔譔, 呂惠卿(1032~1112), 劉槩, 褚伯秀, 劉辰翁(1232~1297), 劉因(1249~1293), 李元卓, 焦竑(1541~1620), 陳深, 楊愼(1488~1559), 凌玄觀, 陸西星(1502~1606), 袁宏道(1568~1610) 등 역대 중국의 저명 학자들의 주해가 인용되어있다. 비교적 논리적인 형태를 갖춘 저자의 按說은 「소요유」에 4항, 「제물론」에 27항, 「양생주」에 8항 등 총 31항이 수록되어있다. 이 점은 이 책이 역대 주해를 선택적으로 수록한 단순한 편집서가 아님을 시사한다.

Ⅲ. 저자와 저술 배경

앞에서 언급한 것처럼 이 책에는 저자를 확인할 수 있는 序, 跋 등

4 『文章準則 莊子選』, 제1장 뒷면 : 去以六月息者也. (郭象云 一去半歲 至天池而息 ○林希逸云 鳥之往來必歇 住半年 方可動也 ○一說六月息 半年陰陽之氣 息亦風也 ○按當從郭說 夫水擊之千里 言其壯也 九萬里言其高也 六月息 言其遠也 皆形容鵬之大者也)

이 수록되어 있지 않고 그 밖에 저자와 관련된 정보를 제공하는 직접적인 자료가 없다. 그러나 이 책에 박세당과 한원진의 주해가 인용된 것으로 미루어 저자가 조선후기의 학자임을 짐작할 수 있다. 필자가 이 책의 저자로 申景濬을 지목한 것은 이 책의 「제물론」편 말미에 1,400자에 달하는 「제물론」에 대한 총괄적 논의가 부록되어 있는데 이 글이 신경준의 문집인 『旅菴遺稿』 卷五에 수록되어 있는 「書莊子齊物論後」[5]와 정확히 일치하기 때문이다.

이 밖에도 신경준의 학문과 사상을 점검해보면 이 책의 저자를 신경준으로 추정할만한 개연성은 더욱 높아진다. 신경준의 생애에 대해서는 이미 여러 논문[6]에서 자세히 검토되었기 때문에 여기서는 기존의 연구 성과와 『旅菴遺稿』에 실린 「行狀」 「墓碣銘」 등[7]의 자료를 근거로 간략히 정리하여 논지 전개의 바탕으로 삼고자 한다.

신경준의 字는 舜民, 본관은 高靈이며 申叔舟(1417~1475)의 아우로 세조의 왕위 찬탈에 협조하지 않고 한때 전라도 順昌에 隱居하였

---

5 신경준, 『旅菴遺稿』, 한국문집총간 231, 민족문화추진회, 1999, 73~75쪽 참조.

6 대표적인 논문으로는
고동환, 「旅菴 申景濬의 학문과 사상」, 『지방사와 지방문화』, 제6집, 역사문화학회, 2003.
이준영, 「旅菴 申景濬의 學問傾向과 詩世界」, 서울대학교 대학원 국문과 석사논문, 2011.
김명희, 「旅菴 申景濬의 詩則考 I」, 『동고학논총』 제2집, 수원대학교 동고학연구소, 1998.
조유진, 「旅菴 申景濬의 思惟様式과 詩文學世界」, 경북대학교 교육대학원 한문교육전공 석사논문, 1996.
등이 있다.

7 주 5)와 같음. 卷13, 167~171쪽에는 여암의 행적을 비교적 소상히 기술한 「申獻求撰行狀」과 洪良浩가 撰한 「墓碣銘」이 수록되어 있다.

던 歸來亭 申末舟(1439~1503)의 10대손으로 세거지가 된 순창에서 진사 淶와 한산 이씨 사이의 장남으로 태어났다. 신경준의 집안은 대대로 小北系로 분류되는데, 증조인 澐(1617~1645)의 형제들인 濡(1610~1665), 混(1624~1656)은 소북계 名士였다. 「行狀」에 의하면 신경준은 어려서부터 특이한 재능을 지니고 있었다. 4세 때 『千字文』을 읽고 글자의 뜻을 알았으며, 5세 때에는 이미 『詩經』을 수학하였다. 8세에는 유학차 上京하였고, 9세에는 강화도로 가서 수학하다가 12세에 순창으로 돌아왔다. 고향에 돌아온 뒤에도 한 곳에 정착하지 못하고 井邑 玉果 등에 옮겨 살았다. 23세에는 온양에 우거하면서 『詩則』을 저술하였으며, 27세에 소사로 거처를 옮겨 「素沙問答」을 저술하였다. 33세에 순창으로 돌아와 43세이던 1754(영조 30)년 耳溪 洪良浩(1724~1802)가 試官으로 파견된 增廣鄕試와 그 해 시행된 甲戌增廣試에 급제함으로써 관계에 진출하였다.

신경준은 이처럼 이주가 거듭되는 불안정한 삶 속에서도 학문에 열중하여 40세 이전에 이미 많은 저술을 남겼다. 과거급제 이후 신경준은 승문원 기주관을 시작으로 성균관 전적, 사간원 정언, 사헌부 지평 등 청요직을 역임하고 51세에는 서산 군수에 임명되었는데, 바닷물을 끓여 소금을 만들어 팔아서 기민을 구제하는 등 선정을 베풀었다. 56세에는 사간원 정언으로 승진하였는데, 간관들 가운데 자리를 지키지 않은 자가 많아 신경준도 연좌되어 충청도 면천으로 유배되었으며, 해배 후 순창으로 돌아갔다. 얼마 후 영의정 洪鳳漢(1713~1778)의 추천으로 비변사의 낭관에 임명되어 『文獻備考』 편찬에 참여하였는데, 『輿地考』 부분의 편찬을 담당하였다. 이후 승지, 북청부사, 동부승지, 순천부사 등을 역임하고 63세의 나이로 제주목사에 임명되어 재임하다가 영조가 승하하자 3년 상을 마치고 고향으로 돌아와 1781년 70세를 일기로 세상을 떠났다.

신경준이 호남에 기반을 둔 小北 가문의 후예라는 점은 그의 사상 형성에 적지 않은 영향을 끼쳤을 것으로 판단된다. 호남의 학풍에 대하여 신경준은 '호남지역에는 예부터 위인과 훌륭한 선비가 많았으나 서울서 멀리 떨어져있으며 후미져서 출세하기가 어렵고, 평생 과거 공부에 열중해도 서울 선비들과 겨루어 이기기가 쉽지 않으며, 다행히 벼슬길에 나가도 경륜을 펼치기가 어렵기 때문에 바둑이나 거문고에 취미를 붙이기도 하고, 술을 마시고 시를 읊조리는 것을 즐기기도 하며, 맑고 넓으며 텅 빈 경계, 즉 道家思想에 심취하기도 한다.'[8]고 하였다. 특히 신경준은 호남지역에 道家思想이 유행할 수 있었던 배경을 다음과 같이 지리적 환경과 관련시켜 설명하기도 하였다.

> "楚나라의 산은 기이하고 빼어나서 특이하게 생긴 바위가 많다. 그래서 가끔 맑고 고상한 사람이 태어나는데 노자, 老萊子, 長沮, 桀溺, 接輿, 莊周 같은 자가 있다. …… 이후에도 道士와 禪宗이 남쪽에 많으니, 모인 기운이 그러해서 인가? 우리나라 호남 지방은 곧 중국의 초나라에 해당한다. 방장산, 서석산, 내장산, 추월산, 조계산, 백양산,

8 고동환, 전게논문, 194~195쪽 참조.

월출산, 달마산, 대관산 등 여러 산은 모두 石山인데 맑디 맑으며 우뚝이 빼어나고 아득히 깊으며 괴상하고 기이하여, 보며 즐거워하고 놀랄만하다. 초나라 산도 이런 지 알지 못 하겠다."[9]

신경준이 언급한 것처럼 관계로의 진출이 쉽지 않았을 뿐만 아니라 영리 추구에 악착스럽지 못했던 호남인들의 기질[10]과 빼어난 산세가 자연스럽게 호남의 선비들로 하여금 도가사상에 관심을 가지게 했다는 것이다. 조선후기의 대표적인 도가사상가로 『周易參同契註解』를 저술한 靑霞子 權克中(1585~1659) 또한 고부 출신이다. 「本生祖考進士公墓誌銘」에 의하면 '신경준의 생 조부인 善溥 또한 일찍부터 속세를 떠나 자연에 은둔할 뜻을 품고 즐겨 靑霞子의 丹訣을 읽었다.'[11]고 한다. 道家에 대한 관심은 호남지역뿐만 아니라 서울을 위시한 근기지역을 중심으로 임 · 병 양란 후 주자학적 세계관이 이완 내지 해체 되어가는 과정에서 나타난 사상사적 변화의 조짐 가운데 하나였던 것이다. 뿐만 아니라 善溥는 詩文, 書畵, 兵法, 卜筮, 機械, 舟車 등 예술과 과학에 이르기까지 폭넓게 섭렵한[12] 개방적이

9 주5)와 같음. 卷3.「霜月禪師詩集序」: 楚之山奇秀 石多瑰異 出人往往淸高 有若老聃老萊子長沮桀溺接輿莊周者……後來道士禪宗多在南 氣之所鍾者然歟 我國湖南 卽中國之楚分也 方丈瑞石內藏秋月曹溪白羊月出達麽天冠八影諸山皆石耳 淸絕迥拔 幽敻詭奇 見之可怡可愕

10 동상 卷3,「孝友堂權公行蹟序」: 南州自古多偉人善士……其性氣 不甚齷齪專意榮利者 豈肯爲此哉

11 고동환. 전게논문. 92쪽 참조.

12 주5)와 같음. 卷1,「本生祖考進士公墓誌銘」: 公於文章天得也 不大肆力而就 世稱公有三絕藝 詩學唐筆法晉 畫以逼神名……又悅孫吳書 攻守營陣 奇正合散 天時陰陽之法 皆通焉 平居一語未嘗及此 凡璣衡儀器報時鍾 戰陣機械舟車水車 其他開物利用之

면서 박학다식한 학자였다. 어려서부터 매우 총명하였던 신경준은 이러한 호남의 학풍과 家學을 자연스럽게 계승하였던 것으로 생각된다.

> "공은 사람됨이 침착하고 생각이 깊었다. 일찍이 말하기를, '대장부가 이 세상에 태어남에 천하의 일이 모두 나의 직분이다. 하나의 사물이라도 궁구하지 못하면 부끄러운 일이며, 하나의 기예라도 능통하지 못하면 병통이다.'라고 하였다. 드디어 성인이 남긴 책으로부터 마음을 가라앉히고 깊이 탐구하여 그 큰 뜻을 알았고, 제자백가와 道教, 佛教에 두루 통하였으며, 天官, 職方, 聲律, 醫卜에 관한 학문과 역대의 憲章, 海外의 기이하고 특수한 책에 이르기까지 그 깊은 이치를 밝히고 그 요점을 밝히지 않은 것이 없었다. 무릇 우리나라의 山川과 道里에 대해서는 더욱 눈 안에 있는 듯이 분명하게 하고 말하기를 '무릇 장수된 자는 모름지기 먼저 지리를 알아야 한다.'라고 하였으니, 그 자임함이 이와 같았다."[13]

위의 인용문은 洪良浩가 撰한 「墓碣銘」 가운데 일부이다. 윗글에서 홍양호가 파악하고 있는 신경준의 학문 세계는 한마디로 博學 그 자체라고 할만하다. 신헌구가 「行狀」에서 열거하고 있는 신경준의 저서로는 天文분야의 『儀表圖』『頫仰圖』, 地理분야의 『疆界志』『山水

具 解古制之難解 或創智以成者多 而皆試之已 不示於人 畏其名也

13 동상 권13, 附錄, 「墓碣銘」: 公爲人沈深有大志 嘗曰 大丈夫生斯世 天下事皆吾職 一物未格恥也 一藝不能病也 遂自聖人書 潛心探賾 得其大旨 汎濫于九流二教 以至天官職方聲律醫卜之學 歷代憲章海外奇僻之書 靡不鉤其奧而絜其要 於本國山川道里尤瞭然如在目中 曰凡爲將者 須先識地理 其自任如此(이준영도 전게논문에서 이 자료를 인용하여 신경준의 박학을 논증하였다.)

經』『道路考』, 언어 문자 분야의『日本證韻』『諺書音解』『五聲韻解』, 철학 분야의『素沙問答』등[14]이 있다. 이 밖에『旅菴遺稿』『旅菴全書』에 수록된「東音解」「四沿考」「兵船製」「泰定琴引」「海珠詩解」「淳園花卉雜說」「伽藍考」등을 통해서도 신경준의 학문적 관심의 폭을 짐작할 수 있다.

「墓碣銘」이나「行狀」의 기술내용 가운데 특별히 주목되는 것은 신경준이 '九流二敎' 즉, 제자백가와 도교, 불교에 널리 통했다는 부분이다. 홍양호와 신헌구가 신경준의 학문세계를 기술하면서 이 점을 특기한 것은 다양성과 개방성을 신경준의 학문 및 사상이 지닌 특성으로 파악했기 때문일 것이다. 실제 신경준은 道·佛에 대해 학문적 식견이 깊었을 뿐만 아니라 긍정적, 관용적인 태도를 지녔던 것으로 판단된다.

> "대저 文이란 마음에 근원을 둔 것이고 마음이란 理와 氣가 모여서 이루어진 것인데, 理란 하나일 뿐이다. 氣는 둘이고 둘이 변하여 천만가지가 되니 어찌 같을 수 있겠는가? 어떤 사람이 말하기를, '氣 가운데 지극히 맑고 순수한 것을 얻은 자는 성인이 된다고 하였으니 성인의 氣는 의당 같아야 한다. 그런데 공자의 文言傳, 繫辭傳과 文王의 彖傳, 주공의 象傳이 같지 않은 것은 어째서인가'라고 하였다. 대답하기를 '성인의 氣는 맑고 밝고 순수하여 천지간에 충만한 것은 같다. 그

14 동상,「行狀」: 先生之爲文章 本諸經史……所著述頗多 而若儀表圖 頫仰圖 如漢書之天文志也 疆界誌山水經道路考 倣周官之職方圖也 日本證韻諺書音解五聲韻解 若祝文與字書也 素沙問答 所謂道者 不離不雜乎形器 而卽器亦道道亦器之論也 雖其汗漫著述 皆卓然有可行之實

> 러나 성인의 외모는 같지 않고, 음성도 같지 않으며, 수명 및 빈궁함과 영달함도 같지 않으니 성인의 氣도 어찌 같지 않음이 없겠는가? 또 성인의 制作도 시대에 따라 바뀌었다. …… 저 諸子들은 얻은 氣가 같지 않아 理를 본 것이 같지 않은데다 세상의 변화가 끝이 없어 얕은 경우 詞藻가 되고, 깊은 경우 術數가 되었다. 이단을 주장하는 자는 다투어 신기함을 숭상하여 지루하게 끝이 없으니 성인의 道에 위배되는 것이 많다. 그러나 또한 천하 사물의 변화를 궁구하여 나의 지식을 넓힐 수 있다. 학자들은 반드시 같지 않은 것에서 그 박식함을 극진히 하고, 같은 것에서 그 요약된 핵심을 지켜, 그 氣를 기르고 이치를 밝힘으로써 근원을 바르게 할 따름이다.'라고 하였다."[15]

위의 인용문은 柳稚敬이란 사람이 8년 동안 제자백가의 글을 모아 38권으로 편집한 『四部節選』이란 책의 「序」이다. 윗글에서 신경준은 '理一分殊'라는 儒家의 존재론적 이념을 근거로 諸子百家 思想의 존재 가치에 대한 긍정적 인식을 드러내[16]고 있다. 즉, '理氣－心－文'이란 논리적 연쇄를 설정하고 '文'이 드러내고자 하는 '理'는 동일하다 하더라도 氣에 해당하는 표현 방식은 시대와 상황에 따라 다양한 면모를 보일 수 있다는 것이다. 그 예로 孔子, 文王, 周公과 같은 聖

15 同上, 卷3. 「四部節選序」 : 夫文者原於心者也 心者合理與氣而成 理一而已 氣則二二之變化千萬 烏可同乎 或曰 得氣之至淸至粹者爲聖人 聖人之氣 宜無不同 而孔子之文言繫辭與文王之彖周公之象不同何歟 曰聖人之氣 淸明純粹 塞乎天地之間者同 而聖人之形貌不同也 音聲不同也 年壽窮達不同也 聖人之氣 亦豈無不同者乎 此聖人制作與世推移……彼諸子者 得氣不同 見理不同 加之以世變無窮 淺之爲詞藻 深之爲術數 異端者競尙新奇支離曼衍 其於聖人之道 違背者多 而亦足以窮天下事物之變 而廣吾識矣 學者必於不同者而致其博 於同者而守其約 養其氣 明其理 以正其原而已

16 송항룡, 조민환은 전게논문 190면에서 "박세당이 物論을 齊一하는 방법 중의 하나로 理一分殊를 들어 설명하는 것은 이전의 장자 이해와는 다른 특징을 보이고 있다"라고 하여 박세당의 장자 이해 방식의 하나로 '理一分殊'를 지목하였다.

人들이 周易의 특정 卦 혹은 爻에 대하여 해설한 文言傳, 繫辭傳, 彖傳, 象傳의 해설 방식이 각기 다름을 들고 있다. 나아가 신경준은 이른 바 聖人은 타고난 元氣가 '淸明純粹'하다는 점에서는 같으나, 외모 · 음성 · 수명 · 궁달이 각기 다르듯이 氣의 발현 양상 또한 다를 수밖에 없기 때문에 制作이 시대에 따라 달라진다고 주장함으로써 비록 제한적이기는 하나 제자백가 출현의 당위성에 대한 논리적 해명을 시도하고 있다. 이러한 논리를 근거로 신경준은 천하사물의 변화를 궁구하여 지식을 넓히는 데 諸子百家의 글이 도움이 된다고 주장한다. 실제 『旅菴遺稿』에는 莊子的 세계 인식에 근거한 것으로 판단되는 논설들을 발견할 수 있다.

> "그러나 나보다 먼저 태어난 자를 나는 앞 시대 사람이라고 하고, 나보다 뒤에 태어난 사람은 나를 앞 시대 사람이라고 한다. 내가 다른 사람을 따라가면 나를 뒷사람이라고 하고 나를 따라오는 사람을 나는 뒷사람이라고 한다."[17]

윗글은 金君晦라는 사람의 堂號 '後齋'에 대한 해설인 「後齋說」의 일부이다. 윗글에 표명된 신경준의 주장은 老子 제2장의 "有無相生難易相成長短相傾 聲音相和 前後相隨"라는 상대주의적인 세계 인식1[18]태도와 크게 다르지 않다. 즉, '無'라는 관념이 '有'를 전제로 성

17 주5)와 같음, 卷5. 「後齋說」: 然而先我而生者 我以爲前 而生於我之後者 以我爲前 我隨人而行 則以我爲後 而隨於我而行者 我以爲後焉

18 조유진, 전게논문, 22~24쪽 참조.

립되는 관념이듯이 '前'이라는 관념은 '後'라는 관념을 전제로 성립되는 관념이다. 즉, '前', '後'라는 관념 자체가 고정불변적인 것이 아니라, 기준점에 따라서 변한다는 것이다. 신경준의 詩文에서도 莊子的 세계관을 시적 모티브로 삼은 경우와 『장자』에서 用事한 語句[19]를 다수 발견할 수 있다. 예컨대 "누가 장자 앞에서 鯤과 鵬을 말하는가? 큰 것 좋아하는 기이한 문장 지으며, 일생을 마쳤네.[鯤鵬誰說漆園前 好大奇文載末年]"[20]에서는 직접 莊子를 지칭하고 있으며, "어찌 8년에 7년 가뭄을 걱정하랴![豈憂旱八七]"[21]는 『莊子』「秋水」[22]에서 용사한 것이다. 「淳園花卉雜說」의 "천하에 쓰임새가 없는 물건은 없다"[23]라는 언표 또한 "功效로써 보면 그 있는 것에 근거하여 있다고 하면 없는 사물이 없다"[24]라는 장자적 세계관과 관련이 있는 것으로 판단된다. 보다 면밀한 검토가 요구되지만 詩文을 창작하면서 빈번히 장자에서 用事한 사실 그 자체만으로도 신경준이 『장자』에 비상한 관심을 지니고 있었음을 감지할 수 있다.

신경준은 老莊思想뿐만 아니라 불교에도 주목할 만한 관심과 조예

19 이준영, 전게논문, 57~70쪽 참조. 이준영은 신경준의 시세계를 검토하면서 『장자』에서 용사하거나 이미지를 취한 작품을 다수 제시하고 내용을 분석하였다.

20 주5)와 같음. 卷1, 「總吟」, 27쪽 참조.

21 同上, 「野蟲」, 17쪽 참조.

22 이준영, 전게논문, 『莊子』, 「秋水」 : 夫千里之遠 不足以擧其大 千刃之高 不足以極其深 禹之時 十年九潦 而水弗爲加益 湯之時 八年九旱 而崖不爲加損

23 주5)와 같음, 卷10, 「枳」 : 天下無不可用之物

24 주22)와 같음 : 以功觀之 因其所有而有之 則萬物莫不有 因其所無而無之 則萬物莫不無

가 있었던 것으로 판단된다. 우선『여암유고』에는 승려들과의 폭넓은 교류를 시사하는 詩文이 여러 편[25] 수록되어 있는데, 특히「慕菴師畵像贊」에서는 "그러나 사람들에게 우러러 보게 하고, 자기도 모르는 사이에 저절로 무릎을 꿇게 하며 손을 모으게 하네…… 堂에 가득 찬 사미승들 중엔 반드시 서쪽으로 돌아갈 자 있으리니 가서 18나한 속에 스님이 몇 번째 자리에 앉았는가를 보시오."[26]라고 하여 慕菴이란 승려의 행적을 칭송하고 있다. 이 밖에 신경준은 전국 각 지방에 있는 사찰의 명칭과 소재지, 記文, 현판, 금석문 등을 망라한『伽藍考』를 저술하였으며, 18세기의 고승인 霜月禪師를 위시한 龍潭禪師, 秋波大師, 西岳禪師, 侃禪師 등의 시문집 序文을 썼고,「卞山來蘇寺記」「龍泉寺記」등 여러 편의 사찰 기문을 남기고 있다. 신경준의 道佛에 대한 이해 수준 또한 상당한 경지에 이르렀음은「西岳集序」「龍潭禪師詩集序」등에서 확인[27] 할 수 있다.

이상에서 간략히 검토한 바와 같이 신경준은 조선후기의 사대부 가운데 유례를 찾기 어려울 정도로 老莊思想에 관심과 조예가 깊었다고 할 수 있는데, 이 점은 신경준의 사상적 개방성을 시사하는 사실로,『文章準則 莊子選』저술의 사상적 배경이 되고 있는 것으로

25 『旅菴遺稿』卷1의「示宗上人」「次鄒山人齋謝茂秦書來謁作此以贈」「寄山中友二首」「初夏」「懷二上人」卷2의「答慣拭上人」등 승려와의 교류를 시사하는 詩文이 남아 있다.

26 동상, 卷5,「慕菴師畵像贊」: 猶然使人瞻之 不覺膝自跪而手自叉……沙彌滿堂必有西歸者 試觀於十八大羅漢之列 師之坐在第幾坐

27 고동환, 전게논문, 204~205쪽 참조.

판단된다.

Ⅳ. 『莊子』 해석의 시각과 특성

『文章準則 莊子選』에 투영된 저자의 『莊子』 觀을 온전히 파악하기 위해서는 이 책의 註解를 면밀히 분석하는 작업이 선행되어야 할 것이다. 그러나 여기서는 우선 이 책을 일별할 때 드러나는 특징적 부면들을 검토함으로써 『장자』에 대한 신경준의 시각과 그것이 지닌 의의를 간략히 정리하려 한다.

한국사상사에서 老·莊 思想에 대한 논리적 접근이 처음으로 이루어진 것은 鄭道傳(1342~1398)의 「心氣理」편이다. 정도전은 이 논설문에서 주자학적 理氣論의 구도 아래 『莊子』의 이질성과 이단성을 명료하게 정리하였다.[28] 朱子學的 이념을 공고히 하기 위한 이단 배척의 차원에서 莊子에 대한 검토가 이루어진 셈이다. 그러나 『莊子』에 대한 본격적 주해서인 박세당의 『남화경주해산보』는 오히려 주자학의 견고한 틀에서 벗어나 儒學의 본모습을 되찾기 위한 성찰 과정의 일환이었던 것[29]으로 이해할 수 있다. 박세당은 장자의 사상이 聖

28 김형석, 「韓·中·日 莊子學의 비교 검토를 통한 朴世堂·韓元震의 莊子注연구」, 『양명학』, 제25호, 한국양명학회, 2010, 294~295쪽 참조.

29 김송희, 「朴世堂 『南華經註解』 「逍遙遊」篇 考察」, 『中國學硏究』, 제7집, 숙명여자대학교 중국연구소, 1991, 98쪽 참조.

人의 道에 어긋나는 측면이 있기는 하지만 시각에 따라 聖人의 道와 契合하는 부분도 있을 뿐만 아니라 유가 사상의 원형이 되는 측면도 있다고 본 것이다. 박세당의 이러한 『장자』관은 宋代 성리학자들의 『장자』 이해의 기본 틀에서 크게 벗어난 것은 아니나, 莊子 사상을 이단으로만 이해하는 폐쇄적 관점과는 확연히 구별된다. 韓元震의 『장자변해』는 『장자』를 배척하기 위하여 집필된 것이기 때문에 일부 긍정적인 시각이 있기는 하나, 장자철학의 단점을 지적하는 것이 주된 내용을 이루고[30] 있다.

신경준이 『장자』를 대하는 기본적인 시각은 유가의 입장에서 『장자』를 해명하는 박세당의 관점을 계승하는 것으로 보인다. 예컨대 「逍遙遊」의 "요임금이 천하의 백성을 다스리고 海內의 정치를 평정한 다음 막고야산 분수의 북쪽에 가서 네 사람을 만나보고 멍하니 그 천하를 잊었다.[堯治天下之民 平海內之政 往見四子藐姑射之山 汾水之陽 窅然喪其天下焉]" 대목에 대하여 '요임금이 만난 네 선인의 덕을 지극하다고 칭송하면서 요임금의 덕이 높기 때문에 네 선인의 지극함을 알았으며, 천하를 잊은 것은 허유에게 천하를 양보한 것보다 높은 경지'[31]라고 주해하여 유가에서 성인으로 숭배하는 요임금의 덕을 찬양하고 있다. 또 「제물론」의 "저것이 아니면 내가 없고,

30 송항룡 · 조민환, 「朝鮮朝 老莊註釋書 硏究(Ⅱ)」, 『동양철학연구』, 제27집, 동양철학연구회, 2002, 333쪽 참조.

31 주4)와 같음. 9장 앞면 : 堯旣治天下 平海內 而猶此茫然自失 則四子之德 可謂至矣 而堯有能治天下 平海內之德 故能知四子之至也 喪天下 高於讓天下

내가 아니면 취하는 주체가 없다. 이 말이 또한 실상에 가까우나 무엇에 부림을 당하는지는 알지 못한다.[非彼無我 非我無所取是亦近矣 而不知其所爲使]"라는 대목에 대해서는 "天이 아니면 사람이 생겨날 수가 없고, 사람이 아니면 天에서 취하여 情을 삼을 대상이 없다. 따라서 天과 人은 서로 결합되어 틈이 없으니 단지 '가깝다'라고만 할 수는 없다. 그런데도 '가깝다'라고 한 것은 『중용』의 '忠과 恕는 道에서 떨어진 것이 멀지 않다'는 뜻과 같다."[32]라고 주해하였다.

신경준은 天과 人의 관계에 대한 장자의 인식을 『中庸』 제13장의 '忠恕違道不遠' 대목을 인용하여 '나를 다하는 마음'과 '나를 미루어 남에게 미침'이라는 지고한 윤리적 덕목이 바로 道 그 자체는 아니나 道에 도달하는 과정[33]이 되듯이 人 그 자체가 天은 아니나 天이라는 존재의 근원에 대한 인식은 人을 통해서만 가능하다고 주해하고 있는 것이다.

『문장준칙 장자선』에는 장자가 儒家를 배척한 것이 아니라는 주장, 즉 장자를 위한 변론에 해당함직한 주장 또한 여러 곳에 실려 있다. 이 점은 「제물론」의 "道는 작은 성공에 은폐되고 말은 과장하고 꾸미는 것에 은폐된다. 그래서 儒家와 墨家의 시비가 있게 되어 상대가 그르다고 하는 것은 옳다고 하고 상대가 옳다고 하는 것은 그르다고 한다.[道隱於小成 言隱於榮華 故儒墨之是非 以是其所非 而

32 同上 16장 : 言非天無以生人 非人無以取於天而爲情 天與人相合無間 不可徒以近言之 而曰近者 與中庸忠恕違道不遠之義同

33 李東歡, 『大學 · 中庸』, 玄巖社, 1975, 187쪽 참조.

非其所是]"라는 부분에 대한 다음과 같은 신경준의 주해를 통해 확인할 수 있다.

> "전국시대에는 道術이 분열되어 百家가 무리지어 일어나 서로 시비하였다. 이른 바 '物論'이라는 것이 바로 이것이다. 儒家와 墨家는 그 가운데 세력이 큰 것이었다. 그러나 여기서 말한 儒者는 참다운 儒者가 아니라 작은 성공에 얽매여, 과장된 수식에 빠져서 시비 다투기를 좋아하는 자이다. 장자의 입장에서 이들을 본다면 새끼 새의 울음소리와 무엇이 다르겠는가? 이런 것 때문에 장자가 儒道를 배척했다고 한다면 장자의 본심을 잘못 파악한 것이다."[34]

「제물론」의 이 대목에서 지목한 '儒'가 신경준이 이른 바 '非眞儒'라고 보기는 어렵다. 이 부분의 문맥으로 보아 장자는 '儒'와 '墨'을 '物論' 가운데 하나로 예거한 것일 뿐, '眞儒'와 '非眞儒'로 나누고 '非眞儒'를 지목하여 비판한 것은 아니다. 따라서 이러한 신경준의 주장은 장자에 대한 우호적인 시각이 작용하여 성립된 것이라고 할 수 있다. 이 밖에도 "장오자가 말하기를 이것은 黃帝도 잘 모르는 것인데 丘가 어찌 알겠는가![長梧子曰是黃帝之所聽瑩也 而丘也何足以知之]"라고 하여 공자의 이름자를 지칭하여 조소한 대목에 대해 신경준은 "분노가 지극하여 골계가 심해진 것"[35]이라고 변론하기도

34 주4)와 같음, 20장 앞면 : 戰國之世 道術分裂 百家朋起 互相是非 所謂物論卽此 而儒墨卽其中之大者也 然而此云儒者 非指眞儒 而乃拘於小成 耽於榮華 而好爭是非者也 若莊子者視之 以鷇音不異矣 以此爲莊子斥儒道則 非其本心

35 동상, 33장 앞면 : 莊子並與祖師而譏之 憤激之極 滑稽之甚也

하였다.

『장자』 주해서로써 이 책이 지닌 가장 큰 특징은 책의 제목에 '문장의 준칙이 되는 전범'이라는『莊子』에 대한 저자의 관점을 표방하고 있다는 점이다. 신경준이『장자』를 주해하면서 文章論임을 표방한 이면에는 이단으로 지목된 사상서를 주해하는데 따른 부담감이 작용하였으리라고 짐작할 수 있다. 그러나 저자가 23세의 어린 나이에 學詩法을 창작론, 풍격론 등으로 요령 있게 정리하여『詩則』을 편찬한 사실에서 확인할 수 있듯이 문예에 각별한 관심을 가지고『詩則』과 대비될만한 '文則' 저술을 의도했을 가능성도 배제할 수는 없다. 그러나 정작 방대한 주석 가운데 文章 批評에 해당하는 내용은 30여 항에 불과하고 그것도 간략한 인상 비평과 조응관계에 대한 언급을 제외한 본격적인 문장 분석을 시도한 예는 몇 항에 지나지 않는다. 예컨대「齊物論」의 "이 바람이란 것은 불지 않을지언정 불었다 하면 온갖 구멍들이 떨쳐 일어나 소리 지른다. 너 혼자 저 윙윙하는 소리를 듣지 못 했는가? …… 앞에서 우우- 소리치면 뒤에서 웅웅- 소리친다. 산들바람이면 작게 화답하고 세찬 바람이면 크게 화답하다가 거센 바람이 가라앉으면 모든 구멍이 빈다. 너만 유독 그 움직임과 가늘게 흔들림을 보지 못했는가?[子綦曰 夫大塊噫氣 其名爲風 是唯無作 作則萬竅怒號 而独不聞 之翏翏乎……前者唱于 而隨者唱喁 冷風則小和飄風則大和 厲風濟則 衆竅爲虛 而独不見 之調調之刁刁乎]"에 대해서 다음과 같이 비교적 긴 비평을 하고 있다.

> 장자의 문장은 영롱한 곳에 이르면 韻語를 많이 쓴다. '떨쳐 일어나 소리지른다[怒號]'에서부터 여기까지는 韻字를 썼다. 아래 문장 '크게 지혜로운 사람은 여유롭고[大知閒閒]'라는 구절에서도 운자를 썼다. '調調刁刁'는 숲의 나무가 흔들리는 모양이다. 소리는 그쳤으나 나뭇가지 끝은 가늘게 움직이니 이것은 바람의 여운이다. 마치 즐겁게 노래한 사람은 곡이 끝나도 눈썹에 기쁜 기색이 남아있고 슬피 운 사람은 우는 소리는 그쳐도 얼굴에 슬픈 기색이 아직 남아있는 것과 같다.……무릇 소리는 있는데 형체가 없는 것은 바람인데 여기에서 바람의 모양 또한 볼 수 있으니 南華老仙은 문장에만 신묘했던 것이 아니고 깊은 깨달음이 있었던 것이다.[36]

인용문에서 신경준이 극찬한 대목은 「제물론」 첫 부분의 地籟, 즉 대지가 내뿜는 기운인 바람이 천태만상의 나무 구멍을 통과하면서 내는 다양한 소리와 그 여운을 묘사한 부분이다. 여기서 신경준은 이 대목의 내용과 관련된 언급은 생략하고, 散文에서의 운자 활용과 적절한 의태어 사용이 주는 정서적 효과를 거론하고 있다. 인용문 말미에서 "깊은 깨달음이 있다"라고 하여 장자를 극찬한 것도 이 대목을 구성하고 있는 문장을 통해 신경준이 도달한 장자관에 다름 아니다. 즉, 신경준은 이 대목을 통해 분분한 物論의 발생원인과 양상에 대한 장자의 견해에 논리적 긍정을 넘어 정감적으로 깊이 공감했다는 뜻으로 이해된다. 이 밖에 주목되는 사례는 문장 구조 분석

36 동상, 13장, 뒷면 : 莊子之文 到玲瓏處 多用韻語 自怒號至此用韻 下文大知閑閑一節亦用韻 調調勻勻 林木動搖貌 聲雖止 而樹梢微動 此風之餘也 如人之樂而歌者 曲雖經 而怡然之氣 尙帶於眉也 哀而哭者 聲已止 而悽然之色 猶在於面也……夫有聲無形者風 而於此風之形亦可以見 南華老仙 非但神於文 而有玄解也

을 통하여 문예미 해명을 시도한 경우이다. 예컨대, 「逍遙遊」의 "그러므로 지혜는 한 관직을 감당할만하고 행실은 한 고장을 화합하게 하고 덕은 한 군주에게 합당하여 한 나라에 신임을 받는 사람도 스스로를 봄에 이와 같은 것이다.[故夫知效一官 行比一鄕 德合一君而徵一國者 其自視也 亦若此矣]"라는 대목을 다음과 같이 분석하고 있다.

> '官'과 '鄕'과 '國'은 그 처한 곳에 3등급이 있는 것이고 '知'와 '行'과 '德'은 그 이룬 것에 3등급이 있는 것이며, '效'와 '比'와 '徵'은 그 효험에 3등급이 있는 것이니 그 등급에 따라 적합한 글자를 쓴 것이 지극히 정밀하다.[37]

이 대목에 대해서는 대체로 세상에서 능력과 덕성을 인정받아 출세한 인물에 대한 장자의 조소이며, 조소대상은 세속적 출세의 전형이 될 만한 불특정 1인인 것으로 이해하고 있다. 그러나 신경준은 문장 분석을 통해 장자가 '官-知-效', '鄕-行-比', '國-德-徵'으로 세속적 출세의 유형을 나누어 등급별로 제시하였다고 주장한다. 위와 같은 주장의 타당성 여부는 차치하고 이러한 유형의 註解를 통해 신경준이 『장자』를 구성하고 있는 문장의 문예미에 비상한 관심을 보이고 있음을 확인할 수 있다.

37 동상, 4쪽, 뒷면 : 官與鄕與國 其所處有三等 知與行與德 其所達有三等 效與比與徵 其所驗有三等 隨其等而下其字 極精妙

『文章準則 莊子選』의 주해 가운데 특기할만한 다른 하나는 특정 대목의 의미를 주해하면서 佛經을 인용하여 내용 이해의 심화를 꾀하거나, 道 · 佛과의 차이점을 부각시키고 있다는 점이다. 예컨대 「齊物論」의 "顔成子游가 앞에서 모시고 있다가 말하기를 '어찌된 일입니까? 형체는 참으로 마른 나무처럼 할 수 있고 마음은 참으로 꺼진 재처럼 할 수 있습니까? 오늘 안석에 기대고 있는 사람은 전에 기대고 있던 사람이 아닙니다.'라고 하였다. 子綦가 말하기를, '偃아 참 좋은 질문을 하였다. 나는 지금 나를 잊었다.'라고 하였다.[顔成子游 立侍乎前 曰何居乎 形固可使如枯木 而心可使 如死灰乎 今之隱几者 非昔之隱几者也 子綦曰 偃不亦善乎 而問之也 今者吾喪我]"라는 대목에 대하여 다음과 같이 주해하였다.

> '喪我'란 '나를 잊었다'는 말이다. 앞서 '상대를 잊었다'라고 말하고 여기서 나를 잊었다고 하였으니, '남'을 잊었을 뿐만 아니라 아울러 '나'도 잊었다는 말이다. 불교에서 이른바 "남을 의식하지 않으면 나한이 되고 나를 의식하지 않으면 보살이 된다."는 것[38]이다.

이 대목은 제자백가의 다양한 주장을 통일시키기 위해서는 나와 남을 구분하는 분별의식을 없애야 한다는 장자의 관념을 남곽자기와 안성자유의 대화를 통해 드러낸 것이다. 여기서 신경준은 '物我兩忘'이란 이 대목의 요지를 불교의 '人空' · '我空'이라는 개념을 끌

38 동상, 12쪽, 뒷면 : 喪我 言忘我也 前言喪耦 此言喪我 言非但忘物 併與己忘之也 如釋家所謂人空爲羅漢 我空爲菩薩

어와서 '物'을 잊은 차원과 '我'를 잊은 차원으로 분리하여 내용이해의 深化를 꾀하고 있는 것으로 이해된다. 그러나 신경준은 "佛敎에서는 物을 허상으로 여기고 관념에서 모두 지우고자 하는 데 비해 장자는 物을 현상대로 인정하면서 가지런하게 하려 한다. 불교의 설교는 항상 우주의 밖을 대상으로 하나 장자는 우주 밖은 논변하지 않고자 하니 이것이 장자가 불교와 다른 점이다"[39]라고 하여 장자의 세계관이 불교의 그것과 확연히 구별됨을 예거하고 장자의 사상이 공허하고 텅 비어 허무한 것이 아님을 강조하고 있다.

Ⅴ. 結

이상에서 필자는 조선후기 학술사에서 큰 자취를 남긴 旅菴 申景濬이 저술한 『文章準則 莊子選』의 구성, 저자, 저술 배경, 주해 내용이 지닌 특성 등에 대하여 검토하였다. 지금까지 논의한 내용을 요약하고 이 책이 지닌 의의와 남은 과제를 언급하는 것으로 결론을 삼고자 한다. 『文章準則 莊子選』은 학계에 처음 소개되는 『莊子』 주석서로 장자 33편 가운데 「逍遙遊」「齊物論」「養生主」「秋水」 등 4편의 원문과 註解가 필사 되어있으나 「秋水」는 임희일의 주석을 轉載한 것이다. 이 책에 저자에 대한 직접적인 정보를 제공하는 序·跋

39 동상, 40쪽, 앞면 : 然而佛氏以物爲幻 欲一切掃除之 莊子則存是物 而欲齊之 佛氏說常在於六合之外 莊子則六合之外 欲不論 此莊子之所以異於佛氏也

등이 수록되어 있지는 않다. 그러나 주해 내용 가운데 박세당의 『南華經註解刪補』와 한원진의 『莊子辨解』의 내용이 포함되어 있어 조선후기 학자의 저술임이 분명하다. 그리고 이 책의 「제물론」 총평에 해당하는 글이 『旅菴遺稿』에 수록된 「書莊子齊物論後」와 정확히 일치하며, 『여암유고』에 실린 여러 편의 詩와 산문 그리고 「行狀」과 「墓碣銘」에 언급된 신경준의 행적 등으로 미루어 『문장준칙 장자선』은 신경준의 저서임이 거의 확실하다.

『문장준칙 장자선』의 주해가 지닌 특성으로는 장자의 사상에 대한 변론과 해명, 장자에 대한 문예 미학적 접근, 불교의 교리를 인용한 『장자』 해석 등을 지목할 수 있는데, 요약하면 '조선시대 유자들에게 이단으로 배척당하였던 莊子의 사상과 문장에 대한 저자의 긍정적 인식'이라고 할 수 있다. 이 책은 비록 『장자』의 일부만을 주해하였다는 한계를 지니고 있으나 『莊子』 주해서가 극히 드문 근대 이전 우리 학계의 실정을 감안하면 대단히 주목할 만한 가치를 지는 것으로 생각된다. 더구나 학문적 수월성이 확인된 학자가 『장자』의 사상적, 문학적 가치를 환기하고, 역대 학자들의 견해를 비판적 시각으로 검토하여 나름대로 온당한 견해를 제출하려한 저술의도 그 자체에 정신사적 의의를 부여할 수 있다. 신경준의 주해 내용 또한 상대적으로 강한 사상적 개방성을 내포하고 있으며, 특별히 문예 미학적 측면에서 『장자』 문장에 대한 분석을 시도하고 있다는 점이 대단히 주목된다. 이를 통해 사상적, 예술적 자유를 추구하려 했던 조선후기 지식인의 의식의 한 국면을 확인할 수 있는 것이다.

이상의 논의만으로 『文章準則 莊子選』에 대한 검토가 온전히 이루어졌다고 할 수 없다. 이 책의 주해 내용을 면밀히 검토하여 박세당, 한원진 등 우리나라 학자들 및 郭象, 林希逸 등 역대 중국학자들의 주해와의 차이점과 그것이 지닌 의미를 구명해야 할 것이며, 文章論과 관련된 註解에 대한 심도 있는 분석과 이 책이 지닌 정신사적 의의에 대한 온전한 해명 또한 반드시 이루어져야 할 과제인 것으로 생각된다.

• 『한국학논집』, 제51호, 계명대 한국학연구소, 2013. 419~441쪽.

[출전]

- 제1장 『어문논집』 제27집[石軒 丁奎福博士 환력기념특집호], 고려대 국어문학연구회, 1987. 12. 1~12쪽.
- 제2장 『한국한문학연구』, 제19권, 한국한문학회, 1996. 633~656쪽.
- 제3장 『漢文學研究』, 第17輯, 啓明漢文學會, 2003.2. 183~202쪽.
- 제4장 『한문교육연구』, 제7권, 한국한문교육학회, 1993. 175~203쪽.
- 제5장 『韓國實學研究』 제7집, 한국실학학회, 2004. 06. 55~87쪽.
- 제6장 『漢文學研究』, 第19輯, 啓明漢文學會, 2005. 2. 91~108쪽.
- 제7장 『한국한문학연구』, 제21권, 한국한문학회, 1998. 273~296쪽.
- 제8장 『한문교육연구』, 제12권, 한국한문교육학회, 1998. 313~331쪽.
- 제9장 『韓國漢文學研究』, 제23집, 한국한문학회, 1999. 169~196쪽.
- 제10장 『한문교육연구』, 제10권, 한국한문교육학회, 1996. 283~314쪽.
- 제11장 『한국학논집』, 제19권, 계명대 한국학연구소, 1992. 177~201쪽.
- 제12장 『한국학논집』, 제36호, 계명대 한국학연구소, 2008. 349~381쪽.
- 제13장 『한국학논집』, 제51호, 계명대 한국학연구소, 2013. 419~441쪽.